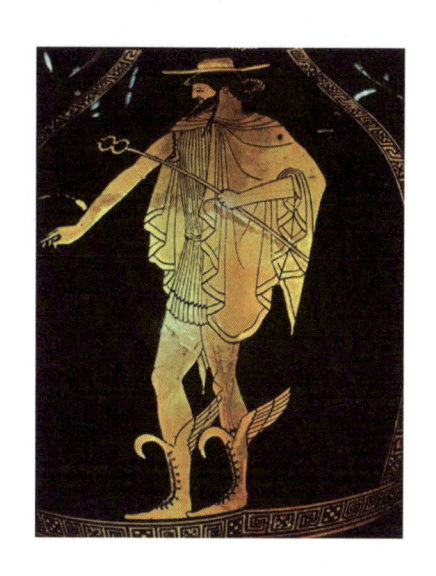

HERMES

在古希腊神话中,赫耳墨斯是宙斯和迈亚的儿子,奥林波斯神们的信使,道路与边界之神,睡眠与梦想之神,亡灵的引导者,演说者、商人、小偷、旅者和牧人的保护神……

西方传统 经典与解释
Classici et Commentarii HERMES
廊下派集
徐健●主编

剑桥廊下派指南
The Cambridge Companion to the Stoics

[加]布拉德·英伍德 Brad Inwood ｜ 编

徐健 等 ｜ 译

华夏出版社

古典教育基金·"传德"资助项目

"廊下派集"出版说明

距亚历山大大帝逝世二十余年即约公元前 300 年前后，基提翁的芝诺开始在雅典集市西北角的一个画廊（στοά ποικίλη）里讲学论道。起初那些听众被称为芝诺主义者，后来被唤作廊下派（Stoics，旧译斯多亚派或斯多葛派）。在亚里士多德以后的希腊化时期，廊下派成为三大主流学派之一，但其历史影响则比伊壁鸠鲁派和怀疑派重要得多。自芝诺到罗马皇帝奥勒留，廊下派共历时五百年左右，经早中晚三个发展时期，对塑造希腊化文明和古罗马文明起到了关键作用，并对后世思想保持经久不息的影响力：廊下派的自然法思想形塑了罗马法包括万民法的理论，廊下派的人神亲缘关系说及其隐忍博爱伦理则为基督教伦理提供了土壤……近代哲学（如斯宾诺莎等）中的泛神论，近代科学中的宇宙论，乃至从格劳秀斯到康德的世界公民观念等等，都有廊下派留下的深刻烙印。

廊下派将哲学分为物理学、伦理学和逻辑学，以伦理学为核心和目的，将三个部分内在地融贯成有机整体。为了创建自己的体系，黑格尔责难廊下派仅仅应用了片面而有限的原则，缺乏真正的思辨思维，没有什么独创性可言；新康德主义派哲学史家文德尔班也持类似的看法——德国唯心论的哲学史叙述对廊下派的贬低，在很长一段时间里主导着人们对廊下派的认识。二十世纪后半期以降，学者们逐渐抛弃德国唯心论的哲学史叙述，重新认识廊下派，从文本笺释到各类研究都取得了显著进展。

廊下派在西方古今文明变迁中起着承前启后的重要历史作用，我们有必要开拓廊下派研究。"廊下派集"以迻译廊下派著作为主，亦注重选译西方学界相关研究佳作，为我们研究廊下派奠定必要的文献基础。

古典文明研究工作坊
西方典籍编译部亥组
2012 年 10 月

目 录

中译本序言 … 1

导　　论	廊下派，一次智识的险途	英伍德	1
第 一 章	从芝诺到好战者狄都谟斯	赛德利	7
第 二 章	罗马帝国时期的廊下派	吉尔	36
第 三 章	廊下派的认识论	汉金森	66
第 四 章	逻辑学	鲍慈恩	100
第 五 章	廊下派的自然哲学（物理学和宇宙论）	怀特	151
第 六 章	廊下派的神学	阿尔格拉	184
第 七 章	廊下派的决定论	弗雷德	213
第 八 章	廊下派的形而上学	布伦施维克	243
第 九 章	廊下派的伦理学	斯科菲尔德	277
第 十 章	廊下派的道德心理学	布伦南	307
第十一章	廊下派与医学	汉金森	351
第十二章	廊下派对传统语法学的贡献	布兰克　艾瑟顿	368
第十三章	廊下派与天文科学	琼斯	390
第十四章	廊下派的自然论及其批评者	欧文	409
第十五章	哲学传统中的廊下主义：斯宾诺莎、利普西乌斯、巴特勒	朗格	432

参考文献 … 465
原作编目 … 491

中译本序言

"廊下派"与其说是一个"学派",不如说是一种跨越了上千年的思想形式,这种思想形式虽然因为不够"原创"而不大受学者追捧,但它毕竟是希腊后期、整个罗马世界以及中世纪乃至近代的"主流"思潮。在缺乏哲学创造能力的时代,廊下派的思想就是哲学的替代品,这足以说明,哲学即便有千般不是,也许都是人类不可或缺的精神需要。

以伦理思想著称的廊下派并不缺乏形而上学的兴趣,宇宙论、原因论(即形而上学)、神学、命运观等宏大的追问,恰恰就是政治和伦理的基础,甚至还是心理学和经济学的重要支柱——这种观念在今天可能已经变得非常陌生,因而值得关注。现代学科的分裂导致人类思想世界诸多学科各自为战,互不支援,一方面,竞相争宠的学术分支带来了精神上的混乱,另一方面,壁垒森严而互不通气的学科之间带来了思想上的相互冷漠,人类整个思想形态焉得不萎弱和迷惘?

体系化的思维模式已经成为过去,现代知识的极度膨胀似乎也不允许任何人有一统天下的狂想,不过,任由破碎的知识在世间孑然独行、随意飘荡,无论如何不是一件值得庆幸的事情——最近一个世纪的思想与现实、理论与实践、信仰与行动之间的严重脱节,似乎足以清楚地说明这一点。所以,人们都在高调地宣布我们已身处"知识大爆炸"的时代,这个说法不够确切,历史地观之,更为稳妥的说法或许是:我们可能被蜂拥而至的大量信息"炸"昏了头,而实际上是处在一个知识积累的时代,不过缺乏"统一场"理论或某种高度概括性的"纲领"而已——这当然需要漫长的时间。廊下派的兼综并蓄工作无论多么没有"原创性",对于深陷知识泥潭的现代人来说,却并非微不足道。

本书的导论由朱连增(西藏民族大学马克思主义学院副教授)翻译,第一章由马密(广西壮族自治区高级人民法院)和黄锐(华东理工大学社会学院副教授)合译,徐健(贵州大学公共管理学院副教授)校对,第二章由王铁柱(天津音乐学院思政教学中心讲师)和黄锐合译,徐健校对,第三、四章由朱连增翻译,徐健校对,第五、七、十一、十三、十四章由朱雯琤(东南大学人文学院讲师)和徐健合译,第六章由方旭(中共重庆市委党校哲学教研部副教授)翻译,第八章由罗勇(中山大学博雅学院助理研究员)翻译,徐健校对,第九、十二章由徐健翻译,第十章由朱连增和徐健合译,第十五章由罗勇翻译。徐健全书逐句校对并统稿。

程志敏
2020年2月4日
于海南大学社科中心

导论

廊下派,一次智识的险途

朱连增 译

[1]廊下派有着苏格拉底哲学活动的根脉。在这一丰厚的思想传统中,廊下派的历史行程却开始于基提翁的芝诺(Zeno of Citium),这位苏格拉底去世近一个世纪以后的人物,不但开始于他所给予的特别影响,并在他所创立的这一学派的兴衰中延续。中世纪时,尽管似乎可以明显看出廊下派哲学影响通过各种途径仍然在延续(这些途径有些很难清楚勾勒出来),但显然经历了一次长时间的中断。到了近代早期,廊下派又开始成为哲学舞台上重要的一部分,并且自此以后一直保持着颇有影响的智识力量。

在上个世纪中叶,波伦茨在一本书(Max Pohlenz 1948)中把廊下派描述为一场"智识运动"。尽管该书有其时代和地域所带有的文化力量的局限性,但"智识运动"这一隐喻的确把握到了廊下派中那些长久的和富于变化的东西。该隐喻中透露出来的动态含义应该说是恰当的,但我更喜欢"特殊类型的旅途"这一隐喻。从以下三个方面看,在智识上介入廊下派都是一次险途。第一,这一学派本身及其影响的历史轨迹充满了偏离、叙事性的点缀和不合情理的关联,虽然朝向的结局乃是明了的。第二,试图复原廊下派思想史这一任务在哲学史上是一种冒险。对于初学者来说,这是一次危险的旅程,他需要有各种技巧和秉性方面的引导,就像奥德修斯那样。[①]奥德修斯的称号

[①] [译按]奥德修斯是《荷马史诗》中的希腊英雄,在特洛伊战争取得胜利后,率部历经重重险阻回到故乡。奥德修斯在英语中引申为"险途"。

"polutropos"（具有多方面天赋的人）正好表达了初学者所需要的东西。第三，对于那些或诉诸纯理智的途径或通过道德想象来发现廊下派核心观念的读者来说，与廊下派的不断遭遇，将是一个提炼哲学直觉、挑战[2]想象与分析能力，并最终导向一种艰难的哲学选择的事件——这种哲学选择，如果严肃对待，将规定人们选择过何种生活。

这本《指南》的目的是，为以上面任何一种路径接近廊下派思想的不同类型的读者提供资料，不管这些读者是首次进入廊下派思想，还是有相当多的前期经验。本书的众位作者都是相关研究领域的行家，不过他们在智识和行文方式上有所不同，正如诸廊下派哲人在这些方面也有所不同一样。我希望不同才华、不同思考进路都聚合在这本《指南》中，很好地服务读者。

作为整个廊下派哲学传统而非只是某一哲人的指南，本书有着不同于一般的结构。开始两章描绘该学派在古代世界中的历史。赛德利（David Sedley，第一章）向我们展示了该学派从创立到其作为古代传统意义上的学术机构之终结这一过程。吉尔（Christopher Gill，第二章）接续前一章的讲述，描绘了该学派在罗马帝国时代的情况。这一时代常常被认为在哲学上少有创新性，但吊诡的是，这一时期为我们提供了古代廊下派主要的现存文本。因此，这一时期最具决定性地塑造了近代早期对于廊下派的理解——近代早期的哲人还不能像我们现在一样，进入对早期廊下派思想的历史重建之中。

本书最核心的几章论及廊下派体系的主要论题。我们从认识论（第三章，汉金森［R. J. Hankinson］）和逻辑学（第四章，鲍慈恩［Susanne Bobzien］）开始，在这两个领域中，廊下派的哲学影响仍以特定的方式持续着。古代廊下派在古代世界开创了一种最有影响的（也是颇有争议的）经验论版本，该学派的第三位领袖人物克律希珀斯（Chrysippus），也是该学派中智识成就最突出的人物之一，其逻辑学思想具有独特价值，这种价值直到现代命题逻辑而非词项逻辑的发展才变得明显起来。自然哲学显然建立在宇宙论和物质事物的分析上，因此，在第五章中怀特（Michael J. White）着手确立一个理论框架，规定了我们应该如何去阅读随后三章。神学（第六章，阿尔格拉［Keimpe Algra］）、决定论（第七章，弗雷德［Dorothea Frede］）和形而上学（第八章，［3］布伦施维克［Jacques Brunschwig］）完成了自然哲学中诸主题构成的整个系列，它们都以自己的方式开辟着一个哲学领域，使得廊下派为随后几个世纪设置了哲学思考的议题。由于廊下派传统可以追溯到苏格拉底，人们可能会把伦理学视为该学派的核心与灵魂，但这一点还处于争议之中；伦理学主题涵盖了两章内容，这两章以明显不同的道路通达该主题，即"伦理学"（第九章，斯科菲尔德［Malcolm Schofield］）和"道德心理学"（第十章，布伦南［Tad Brennan］）。

人们可能会认为，廊下派哲学公认的三部分内容全都已经包含在上述章节中，因为这几章已经覆盖了逻辑学、物理学和伦理学的主要论题。但是，廊下派哲学对自身之外领域的理智生活也有着深远的影响，因而，另三个较短的章节将考察廊下派与医学之间的关系（第十一章，汉金森）、廊下派与古代语法学和语言学的关系（第十二章，布兰克［David Blank］和艾瑟顿［Catherine Atherton］），以及廊下派与天文科学的关系（第十三章，琼斯［Alexander Jones］）。在每一情况中，一些过度突出廊下派之影响（无论是积极的还是消极的影响）的观点，都在这些专业性的古代科学史家对廊下派最新研究的视野中受到质疑、被削弱或被修正。

最后，《指南》还包含另外两章，这两章的目的是让读者略微感受到廊下派对后来可能的探索方式有何影响。廊下派对后来思想的影响经常见诸讨论，但是最近二十五年来，我们对古代廊下派的理解取得了根本的进展，以至于曾经被我们视为理所当然的观点，都必须接受重估。关于廊下派对中世纪哲学的影响，目前的研究状况还过于初步，以至于不能书写一部可靠的指南，但是，关于古代廊下派对近代哲学的影响，出现了一些重要的重估。第十四章（"廊下派的自然论及其批评者"，欧文［T. H. Irwin］）提供了特别有针对性的个案研究，涉及近代早期一直到巴特勒（Butler）对廊下派形式的伦理自然论哲学的回应。类似的研究也可能在其他哲学领域内得到了发展，但是，一个示例肯定足够说明问题了。第十五章，"哲学传统中的廊下主义：斯宾诺莎、利普西乌斯、巴特勒"，由朗格（A. A. Long）执笔，针对"哪里可以发现廊下派对后来可能的探索方式发生了影响"这一问题，提供了一个合适的、广义的说明。朗格评价了廊下派对近代早期历史的影响，所论对象涵盖了斯宾诺莎、利普西乌斯（Lipsius）和巴特勒，为进一步的一直到康德时期的研究打下了基础。

[4] 在整个《指南》中，读者将会发现各种不同的哲学进路，从斯科菲尔德关于伦理学的反思性考察，到鲍慈恩关于逻辑学的严谨解说。各位作者努力以最适合其主题的方式写作，结果正如廊下派传统本身所采取的理路一样，表现出各色形态。类似地，本书也并不企图强加给作者一套统一的有关哲学或历史的先行假定，这一点可明显见于赛德利与怀特和弗雷德各以不同的方式来评价亚里士多德对早期廊下派的影响：赛德利倾向于保守地估计亚里士多德对早期廊下派的影响，而怀特和弗雷德则把早期廊下派领袖的观点视作对亚里士多德著作的直接回应。

同样的差异也可见于本书的不同作者如何对待"古代廊下派那里所生造或使用的特别技术性的术语"这一问题，因为对这些术语的最好翻译取决于各位作者本人对术语的阐释。例如关于 kathêkon 这一廊下派伦理学术语，布伦南在第十章解释它的时候并没有进行翻译；赛德利则将之翻译为"合适的行为"（proper action）；吉尔将之翻译为"恰当的"（appropriate）或"合理的行为"（reasonable action）；汉金森译为"适当的行为"（fitting action）；布伦施维克跟从朗格和赛德利（1987）将之翻为"合适的功能"（proper function）。在这些例子中，作者们都澄清了这个原始技术术语的含义，从而使各章中出现的相关主题理解起来更容易。在这本《指南》中，读者肯定会发现主题方面的醒目重叠和交叉。古代廊下派自豪于（正确或错误地）其理论的整体性和内在连贯性，而体现廊下派哲学三部分教义内在相关这一特点的"混合的说明"（blended exposition）（《名哲言行录》7.40），同样也表现在任何关于廊下派著作的现代讨论中。

应该提醒读者的是，我们在这本《指南》中发现的各种不同阐释，在目前的廊下派学术研究界中非常具有代表性。对古代廊下派的研究，专家们中间很少有人持守传统见解，考虑到我们关于廊下派最初几个世纪历史之证据的状况，这种现象完全正常。尽管在大多数问题上我们无法确立"准绳"，可我们在某些最重要的、有助于廊下派研究的因素上，已经形成广泛共识，正如在对任何过去哲学运动的研究中一样。这些因素包括：理解它们时所需的原始资料、影响它们的外在历史，以及需要处理的首要问题。这种逐渐形成的共识体现于需要本书读者加以关注的大量优秀著作中。[5] 我们并不是要为读者提供更进一步阅读的指导性著作——这是一项根本无法完成的任务——我只想表明，这里的一些关键资料是任何读者都希望有所了解的。详尽的文献目录见于第十五章之后。

至于希腊化阶段的廊下派思想，可以在《剑桥希腊化哲学史》（Cambridge History of Hellenistic Philosophy，阿尔格拉等，1999）中，结合该书对这一时期其他哲学运动的全面阐释，获得更为充分和权威的理解。一手文本的英文翻译分散在不同的辑本和其他出版物中，其中许多文本，局限于英文的读者用起来将比较吃力。但是有两个特别有用的辑本：Long/Sedley 1987，该辑本包含了广泛的哲学讨论；以及 Inwood/Gerson 1997。还有几本在希腊化哲学领域相当有影响的论文集，例如，Schofield et al. 1980、Schofield/Striker 1986、Brunschwig/Nussbaum 1993。Brunschwig 1994a、Long 1996 以及 Striker 1996a，这几本文集富有挑战性的细致讨论也是非常不错的资料。但不可避免的是，初涉此门者要想在廊下派一手或二手资料中发现出路，就只能投入其中——本《指南》的目的在于，使这种投入比没有本《指南》时显得更为宜人、更少风险。

我希望更多读者将发现这一投入是值得的；他们若投入其中，作者和编者的辛劳就没有白费。廊下派哲学是各种智力挑战的奇妙混合。它将给那些对观念的历史演进具有强烈兴趣之人以回报，但它将为另一些人带来更大的回报，这些人能够在那些仍然富有挑战性的哲学问题的宽阔视域内关注廊下派思想，不管这些哲学问题对他们而言是首次面对，还是已经以与众不同的方式有所思考。它还将回报如贝克尔（Lawrence Becker 1998）那样的人，他们相信，以一种根本性的廊下派方式来解释理性在人类生活中的作用，对这个千年来说仍然是值得探索和发展的，正如对过去三个千年一样。

作为编者，我必须向许多人致以谢意。首先是本书的各章作者。在该项目整个漫长的酝酿过程中，他们一直充满真挚的友善，为了该书整体的完善贡献时间与思想，经常不计私人与工作上的不便。阿斯特（Rodney Ast）在专业上的帮助使最终文稿的准备时间比我的预期大为缩短。[6] 出版工作的经费支持来自加拿大政府的加拿大研究会主席项目和加拿大社会科学和研究委员会。我特别感谢剑桥大学出版社的耐心与变通（允许收入朗格撰写的那一章，那一章也出现于《希腊化哲学与早期现代哲学》[*Hellenistic and Early Modern Philosophy*] 中）。

但我最需要感谢的是我的家人，特别是我的妻子莎乐尔（Niko Scharer）。汇编这本《指南》时正值我们生命中特别繁忙的阶段，那时我们被大量烦心琐事和活动缠身，这些事务与廊下派的 tranquillitas [宁静] 远不相称。若不是她容忍了这种经常缺少家人陪伴的生活，这本关于廊下派的《指南》将永远不会完成。

英伍德
2002年6月于多伦多

第一章　从芝诺到好战者狄都谟斯

赛德利（David Sedley）　撰
马密　黄锐　译　徐健　校

1　阶段

[7] 廊下派历史传统上被划分为三个阶段：

1. 早期廊下派：从约公元前 300 年芝诺创立学派，到公元前 2 世纪末，其间有廊下派最伟大的领导者克律希珀斯。
2. 中期廊下派：帕奈提俄斯（Panaetius）和珀赛多尼俄斯（Posidonius）的时代。
3. 罗马廊下派：罗马帝国时期，由塞涅卡（Seneca）、爱比克泰德（Epictetus）、奥勒留（Marcus Aurelius）主导。

尽管廊下派传统的延续性至少与其历史分期一样重要，可历史分期毕竟反映出学派史研究不能忽略的关键转变。下文将把廊下派史大致划分为五个阶段，但同时承认它们之间有广泛的重合之处：

1. 第一代廊下派
2. 早期雅典廊下派领导人时代
3. 柏拉图主义化阶段（"中期廊下派"）

4. 公元前 1 世纪的去中心化时代

5. 帝国阶段

区分这些阶段的主要依据是，在某种程度上，每一阶段对于什么才是一个廊下派哲人有着不同的理解——也就是说，对于廊下派哲人忠诚于和信奉什么有着不同的理解。

2 雅典

[8] 前两个世纪的廊下派史是两个世界的联合史。创立和领导廊下派的主要人物，除少数的例外，都来自地中海的东部。然而，雅典这一希腊大陆的文化中心不仅提供他们活动的场所，而且给予他们身份上的认同。

据柏拉图《泰阿泰德》(Theaetetus, 173c–e) 中的苏格拉底所言，真正的哲人对于城邦环境全无了解。他不仅不知道去集市的路，甚至也没有意识到自己竟然不知道该如何去集市。然而吊诡的是，我们主要通过柏拉图辉煌的文学描述得知，苏格拉底事实上在哲学生活与雅典城邦之间建立起紧密的联系。在公元前 4 —前 3 世纪，雅典建立了那些重要的哲学流派，且直到公元前 1 世纪都是哲学活动中心。经过两百多年的放逐，到公元 2 世纪，哲学伴随着安东尼哲学教席（the Antonine chairs of philosophy）的建立而得以回归雅典，并差不多持续到古代其他时期。在整个这段时期，只有另外一个城邦亚历山大里亚（Alexandria）可以对雅典在哲学上的显赫地位构成持久的挑战。[1]

廊下派的创始者芝诺，从塞浦路斯的基提翁镇（即现在的拉纳卡[Larnaca]）来到雅典。他的继承人克勒昂忒斯（Cleanthes）是玫瑰

---

[1] 许多有价值的研究与哲学流派的历史和性质有关，(按时间顺序) 包括 Nock 1993，第十一章，"转向哲学"；Lynch 1972；Glucker 1978；Donini 1982；Natali 1996；和 Dorandi 1999。

岛（Troad，位于土耳其的西部）的阿索斯（Assos）的当地居民；他的另外一个继承人是克律希珀斯，这位最伟大的廊下派哲人来自西里西亚（Cilicia，位于土耳其的南部）的索里（Soli）。在克律希珀斯之后，两个重要的核心人物和学派领袖都来自东方：巴比伦的第欧根尼（Diogenes of Babylon）和塔索斯的安提帕特若斯（Antipater of Tarsus）。当然，这种能够进一步充分证实的模式不能用来区分廊下派与其他学派，因为后者的大多数成员也都来自东方；但它说明了那个时代的文化动态。由于亚历山大大帝的远征，希腊文化的影响已经覆盖整个地中海地区，甚至超出了这一范围。但是在那些受到影响的地方，被苏格拉底开创的哲学传统所特别吸引的人［9］可能被引向城邦的街道及其他公共场所，因为苏格拉底显然曾在雅典的这类场所过着质询和自我审查的生活。（就这一点来说，哲学不同于科学和文学，后两者在亚历山大里亚由于受到托勒密王朝的支持而极具竞争性的吸引力。）哲学和雅典结合得如此紧密，以致到了公元前1世纪二者开始分崩离析，正如我在第8节所指出的，哲学事业的整个本性改变了。

3 芝诺

廊下派创始人芝诺在其早期生涯宏伟地构建了希腊化哲学事业的基本特质。芝诺（可能）于公元前334年出生在基提翁，这个城邦虽有大量的希腊文化，但始终保留着相当的腓尼基文化特色，他也因此获得了"腓尼基人"的绰号。我们无法从他在智识、种族和文化上的腓尼基背景推出任何可靠的结论；但可以确定的是，至少从早先的20年起，他为雅典的哲学传统所深深吸引。据说这是因为他阅读了做商人的父亲从旅途中带回的关于苏格拉底的书。芝诺22岁移民到雅典，之后大约十年间，他全心跟随最能够代表真实的苏格拉底哲学的哲人们研习哲学。要解释廊下派哲学为何首先是苏格拉底哲学，理解芝诺的这一学习阶段至关重要。

据说芝诺最初师从犬儒克拉特斯（Crates），所以犬儒伦理学对廊下派思想具有决定性的影响。克拉特斯与他的哲人妻子希帕基娅（Hipparchia）以嘲笑社会规则闻名，而芝诺也认同这一隐含着苏格拉底思想的立场。苏格拉底认为，我们应当在道德上漠视声望和财富等传统价值。在芝诺 27 本有记载的著作中，《政制》（*Republic*）这部描写乌托邦政治的小册子最为激进，据说这很可能是他写于这一时期的第一部作品。该书以典型的犬儒方式取消了大多数城邦制度，比如神庙、法庭、货币、两性间有差别的服饰、传统教育、婚姻等等。这是理解芝诺后来成熟的哲学的关键，也体现出他意图挽救传统价值的伦理作用，虽然我们或许没有充分的证据来证明这点。

[10] 珀勒蒙（Polemo）是柏拉图学园的领袖，他和麦加拉学派的哲人斯提尔朋（Stilpo）均主要以道德立场闻名。与芝诺的其他老师相比，他们帮助芝诺发展了他独特的伦理导向。珀勒蒙维护柏拉图主义者和亚里士多德学派的观点：除了最重要的精神之善外，身体和外在之物也是善的，尽管是较小的善。相反，斯提尔朋最著名的学说是智者能够自足，认为降临在人身上和财产上的任何事情都无所谓好坏。芝诺支持斯提尔朋这一犬儒化观点，但似乎还继承并发展了珀勒蒙关于道德进步就是努力"与自然保持一致"的伦理立场。融合他两个老师的相反观点，我们就可以瞥见廊下派最具特色的论点。

在芝诺和他的继承者看来，身体优势和外部优势，如健康和财富，不是善的——就此斯提尔朋是正确的——但另一方面，人类追求它们也是自然的。所以在正常情况下，我们应该去得到而不是在乎它们，因为拥有它们不能使我们的生活变得更好。但是，获得它们我们便可以发展"合乎自然的生活"方面的技能，最终实现自然的"目的"，也就是说拥有完美理性、幸福和好生活。这样，廊下派巩固了关于社会和个人的十分传统的价值规范，从而对希腊化世界产生更加广泛的影响，超过了根本上持反传统立场的自己的先辈——犬儒主义。

还有，芝诺可能受到斯提尔朋的影响而反对柏拉图的形而上学，这也标志着他对珀勒蒙及其学派的重大背离。最终，芝诺与未来的逻辑学家斐洛（Philo）一起，研修了老顽固狄俄多若斯（Diodorus Cronus）的课。狄俄多若斯赞同苏格拉底传统中的辩证法，这为芝诺提供了训练逻辑和研究智术的机会。

世纪之交时，芝诺形成了他自己的哲学团体，起初被称为"芝诺主义者"（Zenonians），但当他们常在画廊（Stoa Poikilê）聚集后就最终被唤作"廊下派"。芝诺一直在雅典，直到公元前262年逝世，[11]他所创立的学派成为希腊化时期的重要学派。

芝诺的学派出现以后不久，他的老师斯提尔朋（"麦加拉学派"）和狄俄多若斯（"辩证法家"）所主导的小"苏格拉底"运动似乎已经从历史帷幕中消失了。表面上看，由于廊下派吸收了他们最重要的著作，所以实际上取代了他们。① 可事实上，有证据表明廊下派自身很乐意被归类为"苏格拉底学派"。② 其充分理由如下：他们的伦理学体系完全具有苏格拉底式理智论的特点，认为善即智慧，道德以外的"善"无关紧要（indifferent），可以排除。诚然，他们为自己理想中的"圣贤"设定的标准很严格，就连苏格拉底本人在他们看来也不完全符合标准。但毫无疑问，即便如此，一代又一代廊下派所总结的"圣贤"举止，仍然应该归功于苏格拉底的传奇生活。一个最好的例子是，圣贤对于"完全合理地退出"生活的首要选择，是以苏格拉底之死作为典范的。小卡图（younger Cato）和塞涅卡之类的罗马廊下派哲人甚至模仿苏格拉底式的死。

学园派则是芝诺另一个主要的灵感来源，但后来几十年中它几乎

---

① 同样，另外一个小苏格拉底学派，即主张享乐主义的库瑞涅学派（the hedonist Cyrenaics），则因伊壁鸠鲁派而显得黯然失色。

② 斐洛德谟斯，《论廊下派》（Philodemus, De Stoicis）卷十三3：廊下派"也愿意（thelousi）被称为苏格拉底学派"。这点有时被理解成廊下派非常积极地把"苏格拉底学派"当作自己学派的称号，但其实这是一种误解。

搁置了自己原本的教义,并在阿尔克西拉俄斯(Arcesilaus)的领导下以批判精神和怀疑态度而著称。人们普遍认为,这一"新学园派"主要针对的不是别的,正是廊下派,两个学派论战性的互动在接下来两个世纪中构成希腊化哲学史最激动人心的特征之一。在芝诺的时代,亚里士多德创立的漫游派(the Peripatetic school)现在由他的杰出继任者忒俄弗拉斯托斯(Theophrastus)领导,大体保留着原有的声誉和影响;但在希腊化时代的余下岁月里,只有哲学上相互对立的伊壁鸠鲁派才能与势头强劲的廊下派匹敌。

[12] 早期廊下派哲学具有一个明显的特征,即极少与亚里士多德哲学交锋,这一点引起了很大的争议。甚至亚里士多德哲学中一些最基本的、最有价值的概念工具,如潜在性与现实性的区分,也几乎没有出现在廊下派的思想中。对此学者很少能达成共识,[①] 但大部分学者仍然可能同意,至少相比对各种苏格拉底—柏拉图传统的回应,早期廊下派几乎没有直接回应亚里士多德主义。

直到进入中期以后(见第 7 节),廊下派才明显承认亚里士多德的重要性。亚里士多德及其学派在 4 世纪晚期的雅典属于真正具有创造力的思想家,在很多人看来,他甚至一直是整个西方传统中非常杰出的哲人。可是,在他之后紧接着出现的一个理论体系,却为何会这般忽视他的重要性呢?

一种可能的解释是,亚里士多德在其学派内部传阅的著作——即我们在解读亚里士多德时所凭靠的文献——虽颇具才气,但通常难以理解,因此它们在这一时期不像他那些更通俗的作品那样受到广泛的传播和研究。但另一种或者说补充性的解释似乎是,芝诺积极传承苏格拉底哲学,而漫游派并没有将自己看作苏格拉底的代言人。无论如

[①] 桑德巴赫(Sandbach 1985)宣称,亚里士多德在其学派内部传阅的著作几乎不为早期廊下派所知。但有些学者如哈姆(Hahm 1977)认为,亚里士多德哲学对廊下派思想的形成起到了非常重要的作用。

何，我们必须避免作出不符合历史事实的假设，认为亚里士多德独特的重要性明显被与他相近时代的人所承认，正如为我们所承认那样。

芝诺的哲学形式上由三个部分构成，伦理学、物理学和逻辑学。他的伦理学首先被描述成，为了使犬儒派的道德观在社会上受到尊敬而对其进行的修订。他的物理学在很大程度上来自柏拉图的《蒂迈欧》，但增加了关于火的内容，这可能是受赫拉克利特启发，也可能是反映了他的同仁克勒昂忒斯的观点。该物理学假定一个由神统治的世界是由被"神"这一积极力量所充满的原初"质料"（primary "matter"）构成的，而"神"和"质料"都是有形体的（corporeal），因为只有这样它们相互之间才有因果作用。正如一件好的完全理性的事物可以为我们所考察，这个世界也成为重要的研究对象，即便是出于道德目的的研究。[13] 最后，"逻辑学"不仅规范地研习论证等论述模式，还研习我们通常所说的"认识论"。因此，芝诺与他的那位柏拉图主义的老师之间就有了清晰的不同：芝诺发展出一套根本上属于经验论的观点，认为每个人通过普通的感觉器官就能获得的确定印象，能够可靠地指导他们追求外部真理，从而开启对这个世界的科学理解。

芝诺似乎比一个系统哲学的创作者更有洞见，他留给后人的任务是着手整理他的哲学思想，并使之规范化（尤见第5节）。

4 第一代廊下派

临时头衔"芝诺主义者"一定能够反映出芝诺在以他为核心的团体中的智识优势，但不是正式认可他的领导地位或任何正式的组织结构（几乎没有这方面的原始文献）。因为我们将看到，芝诺一生中没有任何迹象表明，雅典廊下派在他死后应当维持统一，也就是说应当正式承认他在哲学上的权威地位。他那些主要的同仁之间都具有高度的独立性和多样性，因此我们不该认为学派教义是完全统一的。例如，芝诺的杰出追随者之一，来自赫拉克莱亚的狄俄尼索斯（Dionysius of Heracleia，人们后来给他的绰号是"变节者狄俄尼索斯"），由于受到身体疾病的折磨而拒绝承认身体的痛苦是无关紧要的，并转而赞成享乐主义，随后便彻底离开了廊下派。可见，相较于后来的廊下派，第一代廊下派的教义没有明显的统一性。

这种内部分歧不会让人吃惊，因为它反映了古代世界对哲学的一般忠诚模式。以芝诺为例，某个人所领导的正规学派很可能是逐渐发展起来的，在此之前学派内部会不断出现哲学意见上的分歧。一般情形是，只有在创始人死后，他的思想和著作才会被奉为神圣，而学派成员也才会以某种隐含的承诺来维护它们。柏拉图的学派是沿着该模式发展的一个极好的例子。在柏拉图一生中，[14]学园派可以容纳柏拉图和他的主要同事（包括亚里士多德）在基本哲学问题上的分歧。在他死后的许多世纪，尽管他的继任者对于什么是柏拉图哲学这个问题看法不一（正如我们所见，新学园派认为柏拉图哲学在本质上是批判的哲学而不是教条的哲学），但他们都致力于维护和尊重柏拉图的哲学权威。甚至在专横的伊壁鸠鲁派中，也可以在第一代和其后几代人之间看到类似的特征。[1]

在第一代廊下派中，芝诺最著名的同仁是开俄斯的阿里斯通（Aristo of Chios），如果说他由于是芝诺圈子中的一员而能容忍"芝诺主义者"这个标签，那他肯定不会是在教义上的芝诺的忠实追随者。他明确反对芝诺所认可的哲学的两部分，即物理学和逻辑学。而在伦理理论上，他则比芝诺更接近当时的苏格拉底—犬儒主义传统，因为他拒绝芝诺如下的学说：身体和外部优势尽管在道德上"无关紧要"，但仍然可以根据自然可取（natural preferability）或不可取这条标准来对它们加以归类。在阿里斯通看来，我们只应抓住"无关紧要"这个术语的字面含义：健康或财富如果错误利用，将导致更大的疾病或贫困，因此它们在本质上都是不可取的。而典型的芝诺主义规则，诸如

---

[1] 关于学派在这方面或其他方面的忠诚问题，参照 Sedley 1989。

"其他因素不变的情况下，尽量保持健康"，则会使不动心理论变得难以理解。

或许只是在芝诺去世以后（公元前262年），随着他的思想被奉为神圣，阿里斯通的独特观点才开始显得像异端邪说。很可能就是在这个时期，他甚至建立了自己的学派（《名哲言行录》卷七161），据说位于雅典城墙外的赛诺萨吉斯（Cynosarges）体育馆。随后的廊下派传统选择敬畏芝诺而不是阿里斯通，而由于历史由胜利者书写，后者就开始被后人视为边缘人物和异端。这当然不是发生在阿里斯通活着的时候，因为他生时对雅典有着巨大影响。例如，带领学园派进入怀疑论阶段的阿尔克西拉俄斯就似乎跟阿里斯通有过辩论，至少像跟芝诺辩论一样。阿里斯通的学生包括重要的廊下派成员阿波罗法涅斯（Apollophanes），以及著名的科学家厄拉托斯忒涅斯（Eratosthenes）。

[15] 有迹象表明，哲学上的独立性同样出现在第一代廊下派的其他成员之中。迦太基的赫里洛斯（Herillus）对于道德"目的"持有异端观点，尤其体现在其著述中对芝诺的批评上（《名哲言行录》卷七165）。佩尔赛俄斯（Persaeus），作为一名土生土长的基提翁人，与同乡的芝诺无疑是亲密的合作伙伴，然而他却在所写对话中将自己刻画成芝诺的反对者（阿忒纳欧斯[Athenaeus] 162d）。据文献记载，第一代廊下派成员之一克勒昂忒斯坚决支持芝诺的观点，但我们都知道，相关证据完全来自公元前262年芝诺去世后的一段时期，那时克勒昂忒斯接管廊下派。自此，我们开始转向廊下派的第二个阶段。

5 后芝诺主义的廊下派

我们将会在第6节中看到，廊下派明显缺乏一个精心设计的制度框架，所以，学派意义上的认同或许必然来自对创始人芝诺的持续关注。还有，由于芝诺无法参与自己死后的辩论、教学等活动，因此，也许只能通过重新审视他的著作、阐述并捍卫他的教义，来维持他对廊下派的决定性作用。无论如何，廊下派核心成员之间的教义争论，不久便围绕着什么是对芝诺之言的正确阐释这一问题展开，而这明显地体现在克勒昂忒斯和克律希珀斯的争论上。二人之间大量的论辩导致后者在廊下派之外从事教学工作，但最终在公元前 230 年克勒昂忒斯去世之后返回廊下派，成为领导人。

一个典型的例子是关于 phantasiai（即"印象"[impressions]、"呈像"[presentations] 或"表象"[appearings]）的本质的争论。① 克勒昂忒斯主张 phantasiai 是对物体形象的临摹，并印刻在作为生物之有形体部分的灵魂中；相反，克律希珀斯认为不可能同时保留灵魂的这些印迹，它们不是字面意义上的印迹，而是灵魂的各种变形。现在最为关键的问题是辩论的形式，而非辩论的细节。[16] 柏拉图在《泰阿泰德》中将心灵比作蜡版，② 芝诺继承了这一著名的意象，将印象定义为心灵上的"印迹"，而克勒昂忒斯和克律希珀斯在各自位置上展现了芝诺的言论，并提出自己的解释。没有理由怀疑，二者的争论事实上聚焦于他们各自观点在哲学上的优势，但这些争论也从形式上很好地论证了芝诺在其死后的廊下派中的权威地位。

其他各种争论似乎也采取了这一形式。例如，芝诺将每种德性都定义成与一定的行为相关的智慧，那么，是否所有的德性都是同一种心灵状态，即智慧呢？在克勒昂忒斯看来就是这样，而克律希珀斯则认为不同德性乃是智慧的不同分支。③ 即使廊下派中最引人注目的、最持久的辩论，也是如此。它是关于道德"目的"（telos）的正确表述的争论，似乎从芝诺对于"一致地生活"的简洁措辞开始（虽然他可能后来通过添加"与自然"而进行了修正），他的继承人进行着无

---

① 恩披里柯，《驳学问家》（S. E. M）卷七 227-241。参照汉金森撰写的本书第三章。

② 柏拉图，《泰阿泰德》191-195。

③ 普鲁塔克，《论道德德性》（Virt. mor.）441a-c，《论廊下派的自相矛盾》（St. rep.）1034c-e。

休止的争辩，以阐发其精确的意义。[1]

除了学派内部纷争，还有来自外部的批评，这时芝诺的断言和论证也必须得到辨明和维护。因此，他的许多非常大胆的三段论需要得到辩护，以便回击相关的批评。其中一些三段论证明了整个廊下派都会毫不犹豫地支持的有神论，[2] 但有一个三段论的结论本身，从希腊化时期的解剖学来看越来越站不住脚，尽管克律希珀斯等主要的廊下派哲人都坚决认为它完全可靠——那就是理性的心灵位于胸部而非头部。[3]

实际上，这一切争论的权威源泉是芝诺的著作，芝诺的著作现在俨然成了廊下派的福音书。芝诺名下的作品无疑具有一定的 [17] 智识魅力，这使芝诺赢得了学派的领导权；但同样明显的是，它们远没有形成系统的知识，以致为解释上的争论留下了更多空间。在首部论著《政制》中，芝诺引人注目地赞同毫无节制地违背传统的社会实践，这令后来的廊下派感到尴尬，以至于其中一些人决定删除书中的某些内容，而另一些人则庆幸这本书是他年轻时的败笔，也就是说，那是他还没有创立廊下派时的作品，因此可以完全摒弃之。但还有一些人（几乎可以肯定包括克律希珀斯）却勇敢地捍卫书中那些备受批评的观点。[4]

克律希珀斯（约公元前 230—前 206 年的廊下派领袖）被公认为廊下派历史上最重要的思想家，很大程度上，本书中的廊下派哲学就是指克律希珀斯的廊下派哲学。但我们不能像通常人们所做的那样，将他的杰出成就误解成所谓的"克律希珀斯式正统"，仿佛他在某种程度上取代了芝诺。因为，后来的雅典廊下派以积极的态度表达他们

---

[1] 例见司托拜俄斯,《读本》(Stobaeus *Ecl.*) 卷二 75–76。

[2] 关于这些三段论以及后来的廊下派对其的辩护，见 Schofield 1983。

[3] 关于芝诺的这个三段论，以及克律希珀斯和第欧根尼对它的辩护和重构，见伽伦,《论希珀克拉特斯和柏拉图的学说》(Galen, *PHP*) 卷二 5。

[4] 对相关的主要证据的讨论见 Schofield 1991。

与克律希珀斯不同的意见，然而却一直没有批判芝诺。[①] 应当承认，克律希珀斯的重要性在于他百科全书式地阐述了廊下派思想，并将其系统化，这些体现在数量惊人的 705 部或更多的论著中。总的来说，廊下派的逻辑学——今天被广泛视为廊下派思想桂冠上的宝石——极大程度上应当归功于克律希珀斯。因此，他的"权威"体现在他的工作赢得了追随者的高度尊重，而并非依靠他在廊下派历史或组织中的外在地位。

在克律希珀斯死后六十余年间，廊下派只有两个领导人：塔索斯的芝诺（Zeno of Tarsus）和巴比伦的第欧根尼。在克律希珀斯全面革新廊下派思想后，这两位虽然在廊下派哲学体系中印上了各自的烙印，但无疑都相当浅淡。关于芝诺幸存下来的信息很少；而第欧根尼之所以在学派历史中崭露头角 [18]，很大程度上是因为他指导性地定义了辩证法和伦理学术语，也与他对基提翁的芝诺有争议的三段论论证的正式辩护有关。第欧根尼的主要贡献领域是美学，他在这一领域绝非只是巩固廊下派现有的知识成就，还暗示出我们当今盛行的智识观点：斐洛德谟斯保存了第欧根尼在音乐和修辞理论方面贡献的大量文本。

6 制度层面

相对于雅典的其他学派，我们对廊下派的制度特点知之甚少。也没有证据表明，芝诺给他的接班人在学校财产、财务结构以及组织的层级结构方面曾留下什么遗产。但能够充分证实的是，就像其他哲学流派一样，廊下派也有一个正式的领袖（"学派领导人"）。无论他是由前任提名的，还是在前任死后由选举产生的，一旦指定，他就开始

[①] 最好的一个例子就是，珀赛多尼俄斯公然挑战廊下派的一元论心理学（见第 7 节），赞成柏拉图关于灵魂的三分说。但不同于柏拉图，他把灵魂的三个部分安放在胸部（伽伦，《论希珀克拉特斯和柏拉图的学说》卷六 2.5 = 辑语 146 EK），这显然追随了芝诺明确的论证，认为理性的心灵位于胸部。珀赛多尼俄斯对克律希珀斯进一步的批评，参见证言 83，辑语 34，159，164–166 EK。

领导学派的日常事务。

尽管学派的制度结构还不清楚，但财务问题显然占很大比重。并非所有的学派信徒都是有钱人，尤其是克勒昂忒斯，据说他贫困到不得不受雇于他人。① 他的继任者克律希珀斯通过写作来维持生活，而他自己也是一样，② 他的接班人中至少巴比伦的第欧根尼亦如此。③ 在《论生计》(On livelihoods) 中，克律希珀斯扩展了这一问题，他提出哲人的各种恰当的谋生方式。总结起来，只有三条可接受的途径：为国王提供服务（如果一个人自己不能成为国王）、依赖朋友的接济以及教学。没有证据表明，克律希珀斯采用过第一条途径，而且据说芝诺曾经明确拒绝马其顿宫廷的邀请（《名哲言行录》卷七 6）。然而其他主要的廊下派成员并非如此，佩尔赛俄斯代替芝诺接受了马其顿的邀请，当时更年轻的斯菲若斯（Sphaerus）同斯巴达和亚历山大里亚的宫廷都有密切联系。

[19] 更不用说，其中一些王朝无疑对廊下派的财务命运在长时间内具有相当大的政治影响。④ 在雅典，廊下派的公共地位似乎已经很高。公元前 307 年间哲人被驱逐出城（讽刺的是，这将是他们在政治中重要性逐渐增长的标志），但这一短暂时期过后，所有的迹象都表明他们博得了很多民众的尊敬。除伊壁鸠鲁以外，我们听到的几乎所有的希腊化哲人都不是雅典人，但似乎很清楚的是他们中有许多人都被授予了雅典公民身份。⑤ 除了公民身份，哲人还被授予其他

---

① 斐洛德谟斯，《廊下派史》(Ind. St.) 19，见 Dorandi 1994。
② 普鲁塔克，《论廊下派的自相矛盾》1043b-1044a。
③ 西塞罗，《学园派》(Acad.) 卷二 98。
④ 这个方面的研究见 Erskine 1990。
⑤ 参见斐洛德谟斯，《学园派史》(Hist. Acad.) 卷三十二 6-8 Dorandi 1991，学园派卡尔玛达斯（Charmadas）从亚洲返回雅典，就"轻而易举地获得了公民身份，并在托勒迈昂（Ptolemaeum）开办了一所学校……"。关于这一令人起敬的实际情况，有碑文证据，见 Osborne 1981—1983。

荣誉。比如，基提翁的芝诺，据说他出于对母邦的尊敬而拒绝接受雅典公民身份，但雅典人在他逝世的时候依旧通过正式的法令授予他荣誉：[1]

> 基提翁的芝诺在本城邦献身哲学多年，在其他方面也是一位良善的人；他规劝那些前往他那里受教育的年轻人追求德性和自律，鼓励他们朝向至善；他以自己的生活为人们树立了榜样，因为他在各方面都真正做到了与他本人所给出的教导保持一致。鉴于其德性和自律，我们决定——也许效果很好——表扬墨纳赛阿斯（Mnaseas）的儿子、基提翁的芝诺，依照法律授予他金冠，并用公款在克拉美科斯（Kerameikos）为他修建墓地。（该法令接下来规定了指定负责这项工程的委员的工作细程。）[2]

从公元前2世纪中期开始，哲人在城邦中的地位似乎都十分显赫。公元前155年，当时的廊下派领袖（巴比伦的第欧根尼），以及学园派和漫游派的领袖，被任命为代表雅典出使罗马的谈判大使，[20]为雅典免于因洗劫俄洛珀斯（Oropus）而支付赔款做出辩护。[3]这次出使具有特殊的历史重要性，因为这些哲人在罗马的大量演讲虽引起了罗马当局的轩然大波，却也极有效地激起了罗马人对哲学的兴趣，哲学的魅力自此在古代余下的岁月中经久不衰，这对廊下派的未来发展也将具有特殊意义。

---

[1] 《名哲言行录》卷七 10-11。这一法令相当显眼地展示在阿卡德米学园和吕克昂学园中。

[2] ［中译编者按］译文参考拉尔修，《名哲言行录》，徐开来、溥林译，桂林：广西师范大学出版社，2010，页 311，有改动；下同。

[3] 伊壁鸠鲁派的代表没有位列其中，这证明了该学派所接受和推崇的反政治立场。

7　整合柏拉图主义

从公元前 2 世纪中期开始，廊下派发展的一个新趋势清晰可见，即修正柏拉图的遗产。有证据显示，这一趋势开始于巴比伦的第欧根尼（见第 5 节），但最有利的证据则表明，他的继任者塔索斯的安提帕特若斯（公元前 150—前 140 年的学派领袖）实际上才是真正的发起者。安提帕特若斯——最值得注意的是他在逻辑学上的创新——曾经写过一本书，名为《论柏拉图的学说：唯有有德性的才是善的》(*On Plato's doctrine that only what is virtuous is good*,《早期廊下派辑语》[SVF] 3 [安提帕特若斯] 56)，在此书中，他告诉我们，廊下派与柏拉图的教义事实上是一致的。虽然我们不知道他这一论述的动机，但这很可能与他同卡尔涅阿德斯（Carneades）关于廊下派道德"目的"的一致性问题的持续争论有着某种联系，后者是当时的批评家、怀疑论学园派最伟大的领袖。学园派强烈批判廊下派的伦理及其他方面的教义，但安提帕特若斯表明，这些教义事实上与学园派创始人主张的学说一致，这确实是一种很好的论辩策略。

不仅如此，公元前 1 世纪后期开始涉及柏拉图[1]与安提帕特若斯的继承人帕奈提俄斯（公元前 129—前 110 年担任学派领导人），以及与帕奈提俄斯的知名学生珀赛多尼俄斯（约公元前 135—前 51 年）的共同点。到这一阶段，动机就远远不只来自论战的需要。柏拉图的著作《蒂迈欧》对于早期廊下派的宇宙论产生了特别重大的影响，[21]很明显，珀赛多尼俄斯以《蒂迈欧》作为自己特定的研究课题和尊崇对象。其中最著名的是，他不同意克律希珀斯关于道德错误（"激情"）

---

[1] 安提帕特若斯似乎只有在形而上学领域才会在理解廊下派与柏拉图的理论关联时不抱有论辩的目的：他是第一个被认为论述过 hekta 即"性质"（properties）的廊下派哲人（辛普利基俄斯，《论亚里士多德〈范畴篇〉》[Simplicius, *In Ar. Cat.*] 209.11 以下，217.9 以下），这个常见的论题涉及柏拉图的形式（Forms）和廊下派中与之等效的实体（entities）的比较。

的分析，在补充说明这一问题时，他使用了三元论的心理学，即柏拉图在《蒂迈欧》及其他对话中发展出的那种心理学。然而，他这么做并不是要将柏拉图作为廊下派的新守护神。因此，他不仅仅像先前的廊下派那样来利用柏拉图的对话，后者要让这些对话与柏拉图本人的思想保持一定的距离，[1] 即把柏拉图作为苏格拉底（廊下派特别尊崇的人物）的生活和哲学的历史记录者，因为苏格拉底不是《蒂迈欧》中主要的发言人。反之，珀赛多尼俄斯则显然依靠（很可能是正确的）传统做法，将柏拉图的代言人蒂迈欧（Timaeus）作为毕达戈拉斯主义者——毕达戈拉斯（Pythagoras）是所有早期廊下派圣贤的崇敬对象——从而利用这篇关于毕达戈拉斯的对话，来一步步创立其学派的哲学。[2] 但他的正式立场表明，仔细研究柏拉图（以及亚里士多德）本人也十分有助于他自己的哲学思想风格的形成。

珀赛多尼俄斯利用毕达戈拉斯的模式，在某种程度上改写了廊下派的思想血统，我们归于帕奈提俄斯的任何贡献都不能与此相比。帕奈提俄斯像他的弟子一样渴望阅读柏拉图及其哲学继承者，但是有许多证据表明，在他看来，这些思想家背后的权威人物依然是苏格拉底。他不但写了一部关于苏格拉底的论著，据说，他还认为柏拉图的《斐多》是伪作，因为这篇对话坚持灵魂不朽（而这不符合廊下派的观点）；但他表明，柏拉图亲作的苏格拉底对话则是哲学上的权威。即使是他那经常被视为最引人注目的哲学创新，即灵魂分为理性和欲望

---

[1] 早期廊下派撰写的反柏拉图的著作包括，佩尔赛俄斯的《驳柏拉图的〈法义〉》(*Against Plato's Laws*,《名哲言行录》卷七36) 和克律希珀斯的《驳柏拉图的正义观》(*On justice against Plato*,《早期廊下派辑语》3.157, 288, 313, 455)。

[2] 伽伦，《论希珀克拉特斯和柏拉图的学说》卷五 6.43。不应认为毕达戈拉斯取代了芝诺的权威，而应认为，他更好地保障了芝诺的权威。珀赛多尼俄斯可能指的是芝诺的著作《毕达戈拉斯学派》(*Pythagorika*)，但我们不知道书名之外的任何信息（《名哲言行录》卷七4）。从这个时候起，廊下派越来越意识到建立一个古老的思想谱系的重要性，见 Boys–Stones 2001。

部分，[1][22] 也容易根据柏拉图的《高尔吉亚》(Gorgias) 而被视为苏格拉底的真实主张。[2] 而珀赛多尼俄斯的灵魂三分说第一次超出了廊下派公认的"苏格拉底"传统，并且援引了更早的"毕达戈拉斯"传统。[3]

除了上述那点之外，帕奈提俄斯和珀赛多尼俄斯的工作的其他许多特征表明，他们采取了非常一致的研究进路。例如，据说他们常常使用早期漫游派以及柏拉图学派的著作。[4] 他们具有亚里士多德主义百科全书式的博学特征，这是其廊下派前辈们完全没有的。除了平常的哲学课程，他们还广泛涉猎历史学、地理学以及数学等领域。仅珀赛多尼俄斯的历史著作——延续了珀律比俄斯（Polybius）的相关作品——就达 52 部。帕奈提俄斯和珀赛多尼俄斯两人，特别是珀赛多尼俄斯，都在地中海地区广泛游历，且都成为杰出的罗马政治家的密友（帕奈提俄斯是小斯基皮奥 [Scipio the Younger] 的密友，珀赛多尼俄斯是庞培与西塞罗的密友）。

这种新型的廊下派哲学在许多方面显示出学派后来的特征，对此下文会有更加明确的论述。另外，这一新进路对学园派的影响也与廊下派的发展有莫大的关系。帕奈提俄斯和珀赛多尼俄斯融合了三种哲学资源，即柏拉图主义传统的三个分支：早期柏拉图主义、亚里士多德主义、廊下主义。正如我们将要看到的，这个"大熔炉"明显影响

---

[1] 帕奈提俄斯，121–127 Alesse。

[2] 参见柏拉图，《高尔吉亚》493a–d。重要的是，这也可能被认为是基提翁的芝诺的观点，事实上珀赛多尼俄斯就是这么看的（伽伦，《论希珀克拉特斯和柏拉图的学说》卷五 6.34–37 = 辑语 166 EK）。

[3] 除了这些对珀赛多尼俄斯和《蒂迈欧》的评论，还应注意克律希珀斯也将三分法看作柏拉图而非苏格拉底的贡献（伽伦，《论希珀克拉特斯和柏拉图的学说》卷四 1.6），同时至少有一个传统（参见西塞罗，《图斯库卢姆论辩录》[Tusc.] 卷四 10，《名哲言行录》卷七 30）认为柏拉图的三分法源自毕达戈拉斯。

[4] 关于帕奈提俄斯，见斐洛德谟斯，《廊下派史》51；西塞罗，《论至善与极恶》(Fin.) 卷四 79。关于珀赛多尼俄斯，见斯特拉波，卷二 3.8 = 珀赛多尼俄斯证言 85 EK。

了当时比帕奈提俄斯更年轻的、阿斯卡隆的安提俄科斯（Antiochus of Ascalon）。① 安提俄科斯是学园派的一员，该学派此时在形式上仍具怀疑论倾向，但越来越对发展积极的学说感兴趣。从支持这一转向开始，他分享了中期廊下派的共同遗产，但不同之处在于，他为了柏拉图主义者的学园而有所取舍地利用这份遗产，或至少可以说，他只是接受了其中最好的部分，而排除了廊下派伦理学的一些核心内容。

安提俄科斯对柏拉图主义后来的发展有多大影响尚有争议，但毫无疑问，他极大地影响了晚期罗马共和国。在那里他吸引了很多信徒，其中主要的优秀分子如瓦罗（Varro）和布鲁图斯（Brutus）。西塞罗也认识安提俄科斯，虽然可能从来不是一个正式的安提俄科斯信徒，但他在自己的著作中显示出对安提俄科斯哲学的偏爱。因此，公元前1世纪廊下派对罗马的重要影响，在很大程度上是因为安提俄科斯主义的中介作用。比如，西塞罗在《学园派》中实际上展现的是廊下派的认识论，但从表面上看却是安提俄科斯的知识论。同样，瓦罗尚存的作品也说明，安提俄科斯主义有助于确立廊下派的基本语言理论知识在古代世界的贡献。总之，帕奈提俄斯所开启的思想大融合以种种方式，有力地促成了廊下派学说的广泛传播。

仍然需要追问的是，"中期廊下派"与之前廊下派传统是否彻底断裂了。帕奈提俄斯确实放弃了几个古老的廊下派教义。值得注意的是，他拒绝承认世界周期性地解体并归于神圣的创造之火（"宇宙大火"[conflagration]）的理论，而代之以亚里士多德的世界永恒论。在这一过程中，他一直有意识地让自己与廊下派的柏拉图主义先驱者相符——世界实际上是永恒的，这已经被柏拉图的某些接班人认同为对《蒂迈欧》的正确解读。但是，他并没有因此切断与廊下派传统的联系，相反，他的前任塔索斯的芝诺和巴比伦的第欧根尼就已经怀疑

---

① 关于安提俄科斯，见 Barnes 1989 和 Gorler 1994。

过宇宙大火理论。[1] 此外，是克勒昂忒斯首先为早期廊下派宇宙论引进了赫拉克利特的宇宙大火理论，所以拒绝这项理论根本不需要否定学派创始人芝诺的权威。[2] 无论如何，帕奈提俄斯对于 [24] 宇宙大火的看法跟随了他的前辈。据说，帕奈提俄斯还创造性地质疑了占卜，而珀赛多尼俄斯在这个问题上则似乎恢复了廊下派之前的观点，因此，我们在这里见证的依然只不过是学派内部常见的个人分歧。

我们或许还能以同样的方式论述帕奈提俄斯的其他创新之处。[3] 但不管怎样，主要的创新都以一种连续而不是遽变的方式出现。我们了解到，对于绝大多数哲学问题，帕奈提俄斯和珀赛多尼俄斯都坚定地投入与主流廊下派的争论中。他们友好地对待柏拉图和亚里士多德，

---

[1] 朗格合理地提出安提帕特若斯也否认宇宙大火，见 Long 1990，页286-287。《名哲言行录》卷七142中有明显相反的证据，但朗格认为这个证据是无效的，因为我们几乎可以肯定其中提到的安提帕特若斯是推罗的安提帕特若斯（同上，页139；我很感激巴克豪斯 [Thamer Backhouse] 向我指出了这点）。朗格令人信服地论证道，卡尔涅阿德斯的批评促使某些廊下派反对宇宙大火理论。

[2] 第欧根尼为芝诺的那些明确观点做了有力的辩护，但他最终反对宇宙大火学说，因为他认为这不是芝诺本人的观点。同时《名哲言行录》卷七142宣称，帕奈提俄斯断言世界是不灭的，而其他许多廊下派成员认为世界是可灭的，这些人包括芝诺和珀赛多尼俄斯，但是我们必须记住，在 kosmos [宇宙或世界] 的公认意义上（世界的所有阶段：《早期廊下派辑语》2.528，620），所有的廊下派成员都同意世界的永恒性，从而为调和表面上的差异留下了一定的空间。

[3] 一个经常被归于帕奈提俄斯的创新是将伦理学的焦点从圣贤转向非圣贤。但是，没有证据表明他的著名作品《论合适的行为》（*On properaction*，它是西塞罗《论义务》[*Off.*] 第一至二卷的主要来源或者原型）涉及任何这样的转变。廊下派所有关于这一主题的论著已经将最主要的目标置于为那些不智慧的人提供建议，而圣贤的指导则作为范例来援引。帕奈提俄斯的所谓创新可以从塞涅卡所记载的一段轶事中推断出来，见《致鲁基里乌斯的道德书简》（*Ep.*）116.5；在其中，他承认，为非圣贤提供的建议可能不会被应用于在圣贤身上。如果这个轶事是可靠的（但实际上是不可靠的），理论上的新颖性不在于聚焦于那些非圣贤身上，而是在于强调一个新的区别：圣贤恰当的行为和非圣贤恰当的行为。

这一创新之处使他们能够丰富自己所承继的廊下派哲学，并在有限范围内将其重新定位。尽管如此，他们显然依旧处于廊下派既定的传统之内。

8　哲学上的分离

哲学史上有一个重要分水岭出现在公元前 88—前 86 年。第一个漫游派哲人阿忒尼昂（Athenion），以及随后出现的伊壁鸠鲁派的阿里斯提昂（Aristion），在雅典暂时获得了绝对的权力；他们都与米忒里达特斯（Mithridates）站在一边对抗罗马人。[①] 具有讽刺意味的是，正是哲人所扮演的角色，使得持久的米忒里达特斯战争（公元前89—前84年）最后摧毁了雅典哲学在世界中心的地位。[25] 在阿忒尼昂短暂的专制统治时期，雅典被苏拉的军队严重围困，最后惨遭洗劫。

目前还不清楚这期间对学校传统的公共集会场所造成了多少损坏（包括城墙外的阿卡德米学园和吕克昂学园的木材，都被苏拉的军队掠去）。[②] 很有可能，战争使这些学校难以招收学生，尤其是来自国外的学生；此外，这些年间，哲人高调的政治姿态也使雅典成了哲人的危险之地。但不管确切原因是什么，公元前 86 年苏拉攻占雅典城之后，许多——尽管不是大多数——哲人都离开了，雅典的学校似乎也已失去制度上的重要性。比方说，在那之后我们几乎不再听到有关学派领导人的传承情况。拉里萨的斐洛（Philo of Larissa）和安提俄科斯为了柏拉图的衣钵，而分别自罗马和亚历山大里亚相互争斗，接下来几十年里，这两个城市中首先出现了新的哲学分支。

---

① 对这些事的充分讨论，见 Ferrary 1988, 页 435—494。

② 珀赛多尼俄斯称，阿忒尼昂在公元前 88 年认为当时体育馆已经变得污秽不堪，另外哲学学校也已消沉难续，但他没有提及原因（收于阿忒纳欧斯，213d）。

如果说哲学的重心现在已经从雅典转移,那么还有一个可能的原因是学派藏书的分散。在这一时期,斐洛德谟斯带着古老珍贵的伊壁鸠鲁的著作从雅典迁居意大利,这些藏书也许是从他的老师——西顿的芝诺(Zeno of Sidon)那里继承来的。[①] 可想而知,当时作为学园派领导人的斐洛搬至罗马时,也同样带着阿卡米德学园的藏书。而作为战利品,苏拉军队可能携带了不止一本藏书回到罗马(就故事所说,[②] 也包括丢失已久的亚里士多德学派的著述手抄本)。正如公元前287年雅典漫游派的忒俄弗拉斯托斯死后,斯塞普西斯的涅琉斯(Neleus of Scepsis)立即带着忒俄弗拉斯托斯留给他的书从雅典离开,自此该学派便走向衰落。可以说,公元前80—前90年代学校图书馆被毁,是导致雅典不再成为哲学中心的主要原因。这是个不错的假设,也更好地解释了一个事实,即亚历山大里亚以其宏伟的图书馆而超越雅典辉煌多年。[26] 根据这个模式,我们可以合理推测出类似的情况:帕奈提俄斯死后,廊下派书籍也大量流失,而其学派的重心也如我们所看到的那样,从雅典转移至玫瑰岛。

对于廊下派在这一流散时期的命运,我们缺乏可靠的信息。西塞罗曾以怀旧的口吻描述过公元前79年的雅典各学派(《论至善与极恶》卷五1-6),我们听到的主要还是过去的辉煌,一些迹象表明那里几乎已听不到哲学讲演和课程。西塞罗的描述中也没有提及廊下派的教学,各种理由都表明,这期间雅典的廊下派已经衰败。

事实上,廊下派很有可能早在二十年前就已经没落。因为没有确切的证据表明公元前110年帕奈提俄斯死后,廊下派还作为一个机构继续存在,也没有确切的证据表明帕奈提俄斯本人经常不在罗马。这两者很有可能反映出,也有助于解释当时的雅典已逐渐失去它作为廊下派中心的地位。

---

① 见 Dorandi 1997。

② 斯特拉波,卷十三1.54;普鲁塔克,《苏拉》(Sulla)26。

斐洛德谟斯撰写的廊下派史（见《廊下派史》辑语），结尾部分概述了学派领导人帕奈提俄斯及其学生们的事，并且在一句不完整的结语中说，自己现在已经论述了自芝诺以来的所有学派领导人。毫无疑问珀赛多尼俄斯是帕奈提俄斯最杰出的学生，他从未成为雅典学校的领袖，却在玫瑰岛执教。既然玫瑰岛是帕奈提俄斯而不是珀赛多尼俄斯的本土城市，一个合理的猜测就是，帕奈提俄斯——据说他保留了玫瑰岛的公民身份，甚至是玫瑰岛的林多斯（Lindos）镇上的家庭祭司，而拒绝归化雅典[1]——在那里已经开办了实质上的廊下派学校，尤其是（据推测）他在城市及其周边还都拥有财产。显然，这时的玫瑰岛学校实际上已经超越甚至取代了雅典学校。

赫卡同（Hecato）是当时另一位著名的廊下派学者，作为玫瑰岛人，他按理与玫瑰岛学校至少有些联系；[2] 我们至少还可以联想到其他两个人，他们都不是玫瑰岛人。塔索斯的帕拉谟诺斯是帕奈提俄斯的追随者，[27] 他似乎已搬到玫瑰岛，证据在于玫瑰岛上的一座雕像是由他出资竖立的。[3] 而帕奈提俄斯自己的孙子、尼萨的雅松（Jason of Nysa）最终成为学派领袖的这一事实，更进一步证实了玫瑰岛学校的完善体制。[4]

出现在公元前1世纪早期的玫瑰岛学校，却是个非玫瑰岛团体，这是个显著特征。它表明我们现在所看到的并不是哲学上的分散——这已经成了帝国时代哲学的标志——而更可能是向新的哲学大本营再

---

[1] 辑语 10 Alesse。

[2] 其他已知的玫瑰岛的同一代廊下派成员是某个叫柏拉图（Plato）的人（《名哲言行录》卷三 109），以及斯特拉托克勒斯（Stratocles：斐洛德谟斯，《廊下派史》17），可能还有勒俄尼德斯（Leonides：斯特拉波，卷十四 2.13）。有关玫瑰岛上的哲人的一份宝贵名单（尽管没有帕拉谟诺斯[Paramonus]），见 Mygind 1999。

[3] Ferrary 1988，页 461–462。

[4] 珀赛多尼俄斯证言 40 EK。

度集中的尝试。至少在一个短暂的时期内，玫瑰岛模仿雅典并成了与后者角色相当的大都会。虽然选择玫瑰岛可能会招致怀疑——至少部分是由于帕奈提俄斯的诞生地碰巧在此，但我们听说大约同一时间在玫瑰岛还有伊壁鸠鲁派的学校，这恐怕就不是巧合了。玫瑰岛的伊壁鸠鲁派成员在一定程度上独立于雅典总部学校，并且足以震惊至少一名雅典总部学校的拥护者。[1]

与此同时，在后帕奈提俄斯时期，雅典廊下派最重要的人物被西塞罗分别称为墨涅萨尔科斯（Mnesarchus）和达尔达诺斯（Dardanus）。[2] 这两人都出生在公元前160年左右，[3] 因而有理由认为，在公元前88—前86年那个伟大哲人纷纷逃离雅典的时期到来之前，他们一直都还很活跃。但是，没有证据表明他们中的哪一个，更不用说他们两个都成了学派领导人，[4] 事实上，他们二人常常被共同提及，这一情况也反驳了这类假设（如果其中一个曾是学派领导人，我们预期西塞罗会给予他特别对待）。他们的存在，用西塞罗的话来说，即雅典廊下派最重要人物的存在，一定与一个事实有关且几乎不可能是巧合，即他们两人实际上都是雅典人。他们出于个人动机而留在了雅典，哪怕其他人都已离开。这一点以及玫瑰岛学校成为新的主导这一事实有力地表明，廊下派的区域化进程早在公元前2世纪末就已经开始了。

[28] 如果说帕奈提俄斯在雅典确实没有正式的继任者，那么我们并不能知道其中原因。一种可能的解释是，学派内部有派系分歧，

---

[1]　证据来自斐洛德谟斯，《修辞术》（*Rhetoric*）第二卷，也见 Sedley 1989。

[2]　他们曾在一段时期内是雅典"主要的廊下派成员"（principes Stoicorum），当时安提俄科斯可能希望投靠他们（西塞罗，《学园派》卷二69），这肯定是在二十年以后，即珀赛多尼俄斯逝世后。

[3]　Dorandi 1999, 页41。

[4]　Ferrary 1998, 页457–464, Dorandi 1994, 页25。

但没有足够的证据支撑这一解释。[1] 另一种推测是,珀赛多尼俄斯正式继任为学派领导人,但他决定在玫瑰岛活动,致使雅典学校群龙无首,几乎绝迹——特别是如果上述假设成立的话,他一定继承并带走了学校的图书馆。

然而,公元前 88—前 86 年的分裂,仍可视为廊下派历史上具有决定意义的分水岭。那几年见证了所有重要哲学流派的大规模分散,整个哲学事业的性质也随之改变。那些总部在雅典的主流学派或消失,或不再重要。较小些的地方性哲学团体原先的数量已经相当可观,如今更是遍布整个希腊—罗马世界。尽管那些学校中真正雅典式的辩证对话环境已经不再,但它们还有书籍,各学派的追随者们首先转向基本经文的研究。[2] 因此,我们看到,从公元前 1 世纪中叶起,新兴学派开始注疏亚里士多德的论著和柏拉图的对话。对廊下派而言,虽然撰写或研究注疏从未成为学习哲学的习惯性模式,但从爱比克泰德来看,我们有证据表明,克律希珀斯的训诂学设置已经成为基本的教学工具。

整个哲学史观的重要改变似乎就从这个时期开始。我们已经看到,斐洛德谟斯的廊下派史以最后一代雅典廊下派结尾,而没有继续书写玫瑰岛廊下派,尽管他是有可能这么做的。同样的方法在随后的历史传统中盛行,因此,甚至很久以后的学述(doxographies)和传记性哲学史(包括廊下派)都只倾向于处理晚至公元前 1 世纪的早中期思想家。[29] 就廊下派而言,珀赛多尼俄斯以及雅典廊下派最后一代的其他成员通常被列入最后一批做出贡献的哲人之中。尽管我们知道后来还有众多廊下派哲人,但他们的学说极难与学派在黄金时期的学

---

[1] Ferrary 1988,页 457-464(参照 Dorandi 1994,页 25),作者相信在帕奈提俄斯逝世后学派分裂为彼此竞争的派系,分别以第欧根尼、安提帕特若斯和帕奈提俄斯为旗号。对这个证据的更好解释,见本章页 29。

[2] 见 Hadot 1987。对这一新风格的哲学的更进一步评论可见 Donini 1994。对主要活跃在雅典的哲学的抛弃,有一份相当好的描述,见 M. Frede 1999c,页 790-793。

说相提并论。

似乎哲学的历史也随着雅典学校的消逝走到了尽头。取而代之继续发展的哲人的首要任务,是去解释和理解,并且使别人也如此。哲学教学的新模式,包括对学校教科书的学术研究,是这幅图景必要的组成部分。不用说,这种前景趋势并没有在实践中妨碍新的重要哲学著作的出现,特别是在柏拉图主义阵营,也包括之后的廊下派。然而,即使是最具革新性的思想家,也多半会认为自己的作品复原、理解并再现了古人的智慧。

相对于同时期的其他许多哲学创作者,塞涅卡明显对古人鲜有感激。但毫无疑问,即使是他,至少也像与他大致同时代的克勒俄梅德斯(Cleomedes)等某些廊下派哲人那样,[1] 依然向雅典廊下派的各位哲人,特别是向其中最后一位主要代言人珀赛多尼俄斯认真学习。

但人们有理由怀疑到底哪个雅典廊下派成员才是最后的总结性代言人,对此他们有不同看法。我这样说是因为阿忒纳欧斯(阿忒纳欧斯,186a)在公元 2 世纪写道,相互竞争的廊下派系分别自称为"第欧根尼主义者""安提帕特若斯主义者""帕奈提俄斯主义者"。随着第欧根尼、安提帕特若斯、帕奈提俄斯成为最后三位雅典廊下派的正式领导,在雅典廊下派衰落之前,三人中的哪一个才是代表雅典廊下派传统巅峰的权威,可能就成了这些派系之间的分歧点。[2]

如果上述推测正确的话,[3] 那么,[30] 对后人依旧有着强大影响

---

[1] 见琼斯撰写的本书第十三章。

[2] 这个解释得自安提俄科斯的类似观点,为了展示自己是早期学园派的继承人,他特别强调了珀勒蒙的惠赠,认为珀勒蒙不仅是早期学园派最伟大的人物,而且(实质上)是学园在背离柏拉图之前的最后一名学派领导人,因此也就是学园派最好的终极代言人。

[3] 最近发现的莎草纸文献(柏林莎草纸文献[PBerol.]第 16545 号)中讨论了安提帕特若斯的认识论观点(见 Backhouse 2000),即使比较他的各种手稿,也依然可以认为这是一名"安提帕特若斯主义者"所写的著作。

的珀赛多尼俄斯，是否可能代表了第四阵营的某种名义上的领袖，又或者，他是不是——似乎如此——帕奈提俄斯一派所认可的其导师帕奈提俄斯的继任者？这仍是需要进一步探究的问题。遗憾的是，目前我们拥有的证据太少，无从确定帝国时期廊下派的派系结构，从而也就无从作出任何有益的推论。

新的哲学上的分散，对重要的文化中心雅典和亚历山大里亚产生了巨大影响，罗马所受的影响略次之，毕竟地区首府的变化总是要更为和缓。西里西亚的塔索斯提供了一个很好的例证：斯特拉波认定（斯特拉波，卷十四，673），在他所处的公元前1世纪后期，塔索斯的大多数教育机构，包括哲学学校，已超过了雅典和亚历山大里亚学校的规模，虽然他承认与后两者相比，这些机构吸引的只是当地学生。事实上，至少在前两个世纪，塔索斯这座城市诞生过一批杰出的廊下派哲人，包括两位学派领导人，塔索斯的芝诺和安提帕特若斯（即使是最伟大的廊下派哲人克律希珀斯［见第5节］，也只是那位来自塔索斯的父亲的儿子）；而且很有可能，先于斯特拉波时代很久，它就已有了自己的廊下派学校。但是，塔索斯作为一个哲学中心，其重要性的提高表明了公元前1世纪知识界正在发生的变化。

进一步见证塔索斯重要性提高及其学校已取得较高地位的事件来自奥古斯都。奥古斯都相继选择了两位哲人来治理该城，他们都是塔索斯本地人，其中之一便是廊下派哲人阿忒诺多若斯（Athenodorus）。斯特拉波能引述一长串在以往、当时以及各种宗派中的塔索斯人，他们都已成为专业哲人，其中大部分最终都效力于海外：他们挤满了罗马——斯特拉波告诉我们（斯特拉波，卷十四 5.14–15）。

到公元前1世纪中末期，罗马已名副其实成为廊下派的活动中心。人们往往说，是罗马贵族的价值体系让他们自然地成为廊下派成员。诚如我们所知，这一时期成为廊下派的罗马人出奇地少，尽管其中包括了最著名的罗马廊下派哲人卡图。[31] 事实上，我们知道共和国晚期的罗马人更愿意主张安提俄科斯主义、新学园派主义，甚至伊壁鸠鲁主义，而非廊下派思想。然而，毫无疑问的是，希腊廊下派在这座城市中占据了一个有力的立足之地，尤其是在从共和国到帝国的过渡时期。希腊廊下派的一些重要人物似乎都与奥古斯都有密切联系，因此有机会成为影响罗马世界的人物。

尤其应当提到阿忒诺多若斯和好战者狄都谟斯（Arius Didymus）这两位。公元前最后一个世纪末，他们据当时所需对廊下派的本质作了简要概述，可能就是这个概述为下一时期最著名的廊下派哲人塞涅卡提供了富有启发性的理论背景。我们对他们的了解涉及向君主和自己家族进行劝谏的综合实践，以及在哲学史方面的学识，且这哲学史绝不限于研究廊下派传统。

阿忒诺多若斯曾被奥古斯都任命为其出生地塔索斯的总督，[①]据称作为皇帝的道德顾问，他深受重视，在罗马度过了大部分职业生涯。他在公元前50年写的有关"高贵"的道德著作已为西塞罗知晓。[②]塞涅卡也参考了他的伦理学著作，在《论心灵的宁静》（De tranquillitate animi）中，塞涅卡就公共生活相对于私人生活的特征问题批驳了他的观点。但阿忒诺多若斯的伦理学著述至少在一定程度上是学述性的，因为我们发现，公元44年西塞罗投身于书写其哲学杰作《论义务》（基本可算一本廊下派论著），他对珀赛多尼俄斯有关"义务"的教义的注解正得自阿忒诺多若斯。[③]从阿忒诺多若斯全

---

① 很不巧，有两个杰出的廊下派哲人都叫塔索斯的阿忒诺多若斯，见 Goulet Dictionnaire 1989，页 654-659；但据书中之后的描述，我们还是可以将这二人区分开，其中一人的绰号为 Calvus ["秃头佬"]，又称"桑冬之子"（son of Sandon）。另一位与他大致同时代的塔索斯的阿忒诺多若斯，则主管佩尔伽蒙（Pergamum）图书馆，他删削了基提翁的芝诺的著作（《名哲言行录》卷七 34），绰号 Cordylion ["秃头佬"]。

② 西塞罗，《致友人书》（Ad fam.）第三封 7.5。

③ 西塞罗，《致阿提库斯书》（Ad Att.）第十六封 11.4。

集（oeuvre）的另一相关方面看，阿忒诺多若斯还融入了批判性注疏当时新近发现的或复兴的亚里士多德《范畴篇》（Categories）的浪潮。文本阐释——无论是对本学派还是其他学派的文本——和哲学写作成为同一事业的正反面。

［32］狄都谟斯的情况也有许多相似之处。同阿忒诺多若斯一样，他也是个宫廷哲人，赢得了奥古斯都的信任，并以倡导实践道德哲学而获得声名。他安慰奥古斯都的妻子利维雅（Livia，因儿子死亡而悲痛）的案例被塞涅卡[①]描述为情绪疗法的典范，还有其他大量传说也都讲到奥古斯都对他深为信赖。无论如何，事实再次证明，道德顾问和哲学学者这两种角色并不相互排斥：好战者狄都谟斯被广泛（尽管存在争议[②]）认作是写作《读本》（Epitome）的"好战者"，该《读本》总结了廊下派、漫游派、柏拉图学派以及其他学派的大部分哲学，被司托拜俄斯大量摘录。廊下派重要成员都参与哲学史的编纂活动是该时代的另一个标志（比较伊壁鸠鲁派中较狄都谟斯年长的同时代哲人斐洛德谟斯，他对诸学派历史的记录可能是其最出名的散文作品）。

在一定程度上，这可以反映出一个事实：到那时，当然还有随后的几个世纪里，[③]人们在观念上已经认为一个完整的哲学教育应当接受全部四个公认的主要部分的训练——柏拉图主义、亚里士多德主

---

① 塞涅卡，《致玛西娅的告慰书》（Ad Marc. de cons.）4.2–6.1。

② 反对的观点，见 Goransson 1995；而谨慎的赞同，见 Mansfeld / Runia 1997。

③ 据说泰安那的阿波罗尼俄斯（Apollonius of Tyana，斐洛斯特拉托斯，《阿波罗尼俄斯传》[Philostratus, Vit. Ap.] 17）在公元 1 世纪早期到中期，在埃迦伊（Aegae）附近为自己找了来自四个主要哲学体系的老师，同时还有一个毕达戈拉斯学派的老师以学习测量。伽伦在 2 世纪中叶能够在他的家乡佩尔伽蒙与那四个学派的代表一起学习，见伽伦，《了解并治疗灵魂疾病》（De cognoscendis curandisque animi morbis）8，收于《短论集》（Scripta minora）1.31.23 以下。

义、廊下主义、伊壁鸠鲁主义。这可能无关"折中论"（eclecticism）的哲学时尚，但却与时代有某种关联（Dillon / Long 1988），至少可以说，是学派边界的有益松动的一种前兆。

于是，一个人可以同时是哲学史学者、道德论著作者兼君王顾问，狭隘的哲学宗派主义也显得逐渐过时——正是在这种哲学大环境之下，"罗马"阶段的廊下派开始了。[①]

[①] 我在起草本章时得到了英伍德的有益帮助，在此表示感谢。

第二章 罗马帝国时期的廊下派

吉尔（Christopher Gill） 撰

王铁柱 黄锐 译 徐健 校

1 传统观点

[33] 按照传统观点看，罗马帝国时期的廊下派在哲学上没有做出什么创新。该"学派"在这一时期也没有明确的组织形式，其中包含大量的折中论成分，同时融合了各种不同的哲学观。这一学派讨论的主题是伦理学，留存下来的作品主要是基于数世纪前阐述的观念来践行务实的道德教化。因而不足为奇的是，在帝国晚期，一直活跃于哲学舞台的廊下派思想被复兴了的柏拉图主义所替代，并最终被日益精细化、理论化的某种形式的基督教所取代。

正如所有的传统观点一样，上述观点也有几分道理，然而它遮蔽了某些重要方面，如廊下派至少在公元头两个世纪曾作为一股活跃的哲学力量发挥作用。尽管廊下派在这一时期没有形成如同希腊化时期的那种组织机构性质的"学派"，然而却拥有许多廊下派教师，他们继续教授三门廊下派课程（逻辑学、伦理学和物理学），并在这些领域做出了持久而重要的努力。同时，作为这一时期占主导地位的哲学运动，廊下派深深植根于希腊—罗马文化中，在某种程度上说，也深植于政治生活中，而过一种严格意义上的廊下派生活这样的理想有着强烈的吸引力。公元 3—4 世纪及其后，新柏拉图主义者和基督教作家在建构思想体系时也广泛吸收了廊下派的重要观念。

2 阶段

［34］我们不可能像对待希腊化时期的廊下派那样，将帝国时期该学派的机构和智识的各发展阶段做明确区分（见第一章）。然而，我们可以突出各阶段的帝国统治及文化生活对廊下派哲学活动的影响，这有助于我们勾勒出公元头两个世纪廊下派在政治舞台上的卓越功绩。

从广义上说，朱里亚—克劳狄（Julio-Claudian）时代（从奥古斯都到尼禄）对廊下派和其他哲学派别都有积极的促进作用。我在第一章曾指出，奥古斯都拥有两位廊下派哲人，分别是塔索斯的阿忒诺多若斯和好战者狄都谟斯，他们都身兼道德顾问和哲学学者的角色。[①]尼禄统治时期，塞涅卡（公元前1年—公元65年）同样糅合了这两个角色，但相比前面两个人，他在政治和哲学上要重要得多。塞涅卡是青年尼禄的第一个家庭教师，后又成为尼禄的顾问，据说他对这位皇帝初期较为成功的统治（54—62年）具有重要影响。[②]后来塞涅卡（和其他廊下派成员，包括他的侄子卢坎［Lucan］）被怀疑阴谋反对尼禄，故而失宠，并在65岁时自杀身亡。关于他的死，塔西伦（《编年史》［*Ann.*］卷十五62-64）有过形象的描述，且在一定程度上效法了柏拉图《斐多》中所呈现的苏格拉底之死，因此，塞涅卡的死被认为具有一种反抗的和英雄般坚韧的姿态。塞涅卡一生中，尤其是在隐退之后，（主要）写了大量的廊下派哲学作品，这些作品集中在伦理学方面，但也论及天象学（《自然问题》*Natural Questions*）。此外，他还写作了一系列受廊下派影响的肃剧（见 Rosenmeyer 1989）。

---

① 见第一章第8节；司托拜俄斯把漫游派的伦理学要义归于"好战者"，这个问题我们将在这一章的后面来讨论。

② 所有的日期都为"公元"，除非另有标明。

塞涅卡的一生集中体现了公元1世纪的两个鲜明特征。一方面，许多上层罗马人士在廊下派思想中找到了政治参与所需的指导性伦理框架。另一方面，廊下派理想可以为人们从道德上谴责某个皇帝或他的行为提供理论基础，也可以为有原则地脱离政治或自杀提供理论基础。[1][35]在弗拉维亚王朝（Flavian emperors，从维斯帕先[Vespasian]到多米提安[Domitian]）及其继任者们的统治时期，包括在朱里亚—克劳狄时期，都可以找到相关范例。儒福斯（Musonius Rufus，约30—100年）作为罗马"骑士"（即社会第二等级中的成员）积极参与了罗马的政治活动，特别是在维斯帕先和尼禄统治时期，由于反对他认为错误的行为，两次遭到放逐。同时，他也是一位廊下派教师，其学生包括爱比克泰德和金嘴狄翁（Dio Chrysostom）；他所留存下来的作品全部是关于实践伦理学方面的。

爱比克泰德（约50—130年）是弗里吉亚（Phrygia）一个被释放的奴隶，他在尼科波利斯（Nicopolis，位于希腊西部）建立自己的学校之前，曾在罗马师从儒福斯。他口述的伦理学说被阿里安（Arrian）保存下来（《清谈录》[Discourses]），并成为这一时期重建廊下派教学典范的主要源泉。爱比克泰德尽管不能直接参与罗马的政治生活，却为许多罗马上层人士提供建议。他的学说反映了有原则地参与政治或脱离政治这一类型的思想，而这也是儒福斯或塞涅卡行为的基础。[2]

哈德良（Hadrian，117—138年）和安东尼王朝（Antonine emperors，从皮乌斯[Antoninus Pius]到康茂德[Commodus]，138—192年）统治时期总体上很有利于文人和知识分子的生活。这个时期见证了"第二

---

[1] 一些鲜明的例子，见普林尼，《书简》（Plin. Ep.）第三封，11、16；塔西佗，《编年史》卷十六，25、34.3（见 André 1987，页24、37-38）。受廊下派思想影响的自杀，见 Griffin 1986。塞涅卡作为一个政治家和哲人，见 Griffin 1976/1992 和 Griffin 2000。廊下派没有教导说这种帝国统治是错误的，因此我们需要谨慎对待"廊下派反对者"这一观念。

[2] 关于儒福斯和爱比克泰德，见 Gill 2000，页 601-603、607-611。

代智术师"(Second Sophistic)的巅峰时刻,这是一场繁荣的文化活动,它遍布希腊—罗马世界,主要集中在雄辩术(一种表演性的修辞学)上,但也包含哲学和技术研究。这场文化运动得到皇室大量资助:许多皇帝在罗马和其他地方设置讲授修辞学的教席。奥勒留在雅典(为廊下主义、伊壁鸠鲁主义、亚里士多德主义以及柏拉图主义)设立了四个哲学教席,[①]这标志着雅典再次成为重新焕发希腊—罗马文化活力的智识中心,当然这种中心还包括希腊化时期的一些首都(即佩尔伽蒙、士麦那 [Smyrna]、安条克 [Antioch] 和亚历山大里亚)。

格利乌斯(Aulus Gellius,大约活跃在 180 年)、路吉阿诺斯(Lucian,大约出生于 120 年)和阿忒纳欧斯(大约活跃在 200 年)这些著作家在其作品中通过一种高水平的哲学意识,展现了某种文化背景,包括廊下主义和他种智识生活和艺术生活。奥勒留是 161—180 年在位的罗马皇帝,他深受廊下派影响。他用希腊语写成的《沉思录》被当作某种类型的哲学日记,在这本书中,这位皇帝 [36](主要)利用廊下派原则来重建一种秩序框架,以应对他所经历的人类生活中的各种困境。

厘清 3 世纪廊下派活动的显著特征很困难,3 世纪下半叶的情况尤为如此。拉尔修的《名哲言行录》是古代哲学尤其是廊下派哲学的重要文献,他可能生活在 3 世纪上半叶,但他并没有论及 2 世纪稍晚时期的思想家们。不过,廊下派思想,尤其是爱比克泰德在《清谈录》中的论述,仍对古代晚期及后世具有深远的思想影响。普罗提诺(Plotinus,205—270 年)曾利用廊下派和亚里士多德学派的思想元素重新阐释柏拉图主义,到 6 世纪,辛普利基俄斯这位新柏拉图主义者为爱比克泰德的《手册》(Handbook)写下大量的注疏。爱比克泰德苦行式的道德主义吸引了像亚历山大里亚的克雷芒(Clement)和

---

① 卡西乌斯(Dio Cassius),卷一百七一 31.3;进一步参见 Lynch 1972,页 190;André 1987,页 53。

俄里根（Origen）这样的早期教父，也让中世纪基督教的禁欲主义者产生了兴趣。①

3 成为廊下派教师

在帝国时期，一个人成为"廊下派教师"意味着什么？很明显，这一时期没有组织机构性的廊下"派"，因此也就没有作为核心领导的权威教师。在这种意义上说，作为一个廊下派教师就意味着自称为廊下派教师，并且让别人也接受。但是，也有一些公认的廊下派教学特点。第一，廊下派教学都是基于公认的经典著作。尽管芝诺一直享有廊下派创始人的特殊身份，然而作为廊下派伟大的系统性思想家，克律希珀斯的著作构成了这时期廊下派作品的核心。尤其是，从爱比克泰德的论述中可以清楚地看出，"阐释克律希珀斯"和"成为廊下派教师"意思完全相同。②第二个重要特征是，哲学课程由三部分组成（逻辑学、伦理学和物理学）。虽然我们知道这一时期的廊下派内部未必同等重视[37]这三个部分，③但学者一直认为，廊下派的课程本身具有某种包含重要理论意义的典型特征。④

---

① 关于爱比克泰德的影响，见 Spanneut 1962，尤其是页 633-667。关于新柏拉图主义和基督教对廊下派的回应，见下文。最近的论述，见 Sorabji 2000。

② 例见爱比克泰德，《清谈录》卷一，4.6-9，17.13-18。这部分反映了爱比克泰德的学校对逻辑学的重视，在那里克律希珀斯的作品具有根本性地位；见 Long 1996，页 89-106。克律希珀斯作为廊下派哲学伟大的系统性建构者，见第一章第 5 节。

③ 塞涅卡轻视逻辑学（《致鲁基里乌斯的道德书简》45.5，49.5）；奥勒留没有充分领会逻辑学和物理学（《沉思录》卷一 17）。

④ 关于廊下派的三门课程，见《希腊化哲人》（LS）26。它们各自的研究规则是不同的，但主要的一点似乎就是要将这些研究结合起来。中期柏拉图主义大量采用了这一观点，Annas 1999，页 108-112；路吉阿诺斯（2 世纪）谐拟了伦理学和逻辑学的结合（《出售哲学》[Sale of Philosophies] 20–25）。

上述提到的这些人物并不都认为自己是廊下派"教师",至少在不同程度上如此。儒福斯和爱比克泰德因有明确的学生故被视为廊下派教师;对于爱比克泰德,我们甚至可以利用其明确的研究计划,来重构廊下派研究机构(位于尼科波利斯)的图景。[①] 其他人虽也被认作廊下派教师,但他们主要是充当皇帝顾问(如阿忒诺多若斯和狄都谟斯为奥古斯都服务)或罗马贵族的顾问。[②] 塞涅卡本身是位居罗马权力中心的一个贵族,尽管他也认为自己属于廊下派,并且也撰写了一些廊下派方面的文章,但是他不认为自己是"廊下派教师"。类似地,奥勒留(他少年时曾接受廊下派教师的指导,成年后也继续研究廊下派哲学)[③] 宁愿让别人告诉他怎样运用廊下派思想来过美好的生活,也不愿自称为廊下派教师。

廊下派哲人具有多种身份的事实,对廊下派的正统论和折中论问题(在第 6 节有所分析)产生了影响。与此相关,我们要区分以下两个方面:(1)以课程形式体现廊下派文本的正式阐述;(2)基于廊下派学说但以非专业的形式公开讲课、演说或讨论,听众或参与者不一定是廊下派的信奉者。爱比克泰德的《清谈录》为上述区分提供了很好的例证,同时也为廊下派半公开的言论提供了突出的案例。[④] 塞涅卡关于道德的文章和信件代表了第二类活动的书面版本。这两种类型都可以视为[38]"廊下派教学"方面的活动,但辨认出它们在目的和论说类型上的区别还是很重要。

[①] 逻辑学在他的课程体系中的地位,见 Long 1996,页 104-106;Barnes 1997,第三章;一般教学方法,见 Hijmans 1959。

[②] 见 Donini 1982,页 32-34。

[③] 《沉思录》卷一 7-8;进一步参见 Birley 1987,第二至五章。

[④] 例见《清谈录》卷一,7,17,25,其中强调了逻辑学(在一个完整的课程体系中)的重要性,但没有打算讲授形式逻辑。

4 专著及其原创性

体现廊下派哲学生命力的一个持续标志是，涵盖三门哲学课程的廊下派专著在这一时期仍不断产生，其中有一些得以完整或基本完整地留存下来（希腊化时期的任何作品则不可能如此）。活跃于 120 年左右的希耶罗克勒斯（Hierocles）著有《伦理学要义》(*Elements of Ethics*)，其中大量篇章都流传下来。这些篇章反映出他强调动物（包括人）发展所需的"自我感知"（self-perception）的观念，从而阐释了 oikeiôsis（"亲密"[familiarization]或"亲近"[appropriation]）较初级的阶段。①

科尔努图斯（Cornutus），大约活跃于 50—65 年的罗马，是诗人卢坎和佩尔西乌斯（Persius）的教师，写过一些在任何时期都可以保存下来的廊下派专著。他的《希腊神学传统概要》(*Summary [Epidromê] of the Traditions of Greek Theology*)是一本对希腊神话进行寓意阐释（allegorical interpretations）的集子，为用寓意法处理词源学提供了重要证据，并预示了廊下派的一种理论：语言不仅是一套传统的符号，更具有"自然的"含义。②

希耶罗克勒斯的著作主要论述伦理学，科尔努图斯则关注物理学，因为廊下派的神学属于自然研究范畴。这一时期还有另外两本著作（主要述及物理学）。塞涅卡的《自然问题》是一个大部头著作，但保存得不很完整，幸存篇章的编纂顺序也有争议。这部作品所关注的那些特定主题属于廊下派物理学中一个更具限定性和技术性的领域；但它还有更大的智识目的。概括地讲，它主要对诸如流星、风暴和地震这些现象（在"自然论的"意义上）进行理性分析，进而将其

---

① 他还区分了四种 oikeiôsis，一个是指向人类自己，其他三个针对外部；进一步参见 Long 1996，第十一章。

② 见 Most 1989；关于廊下派的词源学，见《希腊化哲人》第一卷，页 195；亦见 Boys-Stones 2001，页 49—59。

融入廊下派对宇宙所作的天意论分析中。①

克勒俄梅德斯在 1 世纪或 2 世纪写了一个小部头著作《论天体的循环运行》(Caelestia [Meteôra])，里面涉及廊下派物理学的基本议题：球面天文学和 [39] 陆地地理学。该书提供了一些争论点（如关于地球的测量）和天文学认识论，这些是我们从其他廊下派著作中所看不到的。②

我们是否可以说，这些专著只是提供了一些从早期廊下派思想发展出来的廊下派理论，还是说，它们实质上是原创的？但这里所说的"原创性"指什么？我认为，"原创性"在此不是指提出一系列全新观点，而是指在原有的（廊下派）思想框架内开启一个新的、重大的持久辩论。前面概述的廊下派论文在这方面各有不同。科尔努图斯的作品显然是一本教材，看起来像是为那些学习文学和修辞的十八九岁的青年转向学习哲学所准备的（如科尔努图斯的学生诗人佩尔西乌斯当时正值十六岁）。在这一类型的著作中，我们期待的不是原创性，而是清晰并综合地阐述原有的廊下派思想关于神话的寓意阐释。这似乎就是我们从书中能够发现的东西，尽管在其他地方没发现与此完全一致的论述。③

相比之下，克勒俄梅德斯的天文学著作却像论文或专著，而不是教材；同时，它似乎有其独特的理论定位，希望发展珀赛多尼俄斯的一个观点，即物理学应论证并解释天文学等专门科学所提供的数据。同时，克勒俄梅德斯也通过这篇论文，与其他学派在物理学必要的理论问题方面进行争论。他与漫游派在无限空间和宇宙稳定性的问题上进行了辩论，而与伊壁鸠鲁派争论的问题则是太阳的大小和我们对太阳的认知范围。从这个层面上说，尽管该专著的论述形式简洁而富于

---

① 见 Codoñer 1989，Hine 1996，以及 Inwood 2002。

② 见琼斯撰写的本书第十三章。

③ 见 Most 1989，尤其是页 2023-2034；也许更多的创新体现在他与尼禄时期的主流意识之间的隐蔽联系上（Most，页 2034-2044）。

概括性，但它有部分创新目的。[1]

塞涅卡的《自然问题》则显然有其独特的研究进路和研究计划，特别是该书的第六至七卷和第一至二卷（这似乎是正确的章节顺序）。塞涅卡提出，地震、流星和闪电这些现象——传统上被认为是诸神超自然的干预——需要在经验的基础上被仔细分析，进而给出合理的解释。这一解释进路看起来符合伊壁鸠鲁派的观点，[40]但却有一个根本不同的目的。伊壁鸠鲁派是想证明自然宇宙独立于神的干预，塞涅卡则提出整个世界都具有神性。事实上，在廊下派语境中，宇宙可以合理地解释为按照原因和结果的连贯和相互关系体现其"神圣性"。[2]

希耶罗克勒斯《伦理学要义》的观点在伦理学领域显得十分前卫。他从自我感知而非自我意识（self-awareness）的角度来分析动物发展和身心结合，这看起来是全新的做法。同时我们从这一分析中可以发现，对于那些反对他以自我感知来解释动物发展的人的观点，不管是基于事实的还是想象的，他都有过细致的考虑。[3]我们也可能发现，这一时期廊下派在其他领域的创新之处是关于命运和责任的主题，它涵盖了逻辑学、伦理学和物理学。最近对这一主题的出色研究表明（Bobzien 1998），廊下派在这方面只有两个重要的理论：一个来源于克律希珀斯，其学说曾经长达数世纪主导着廊下派思想的发展；另一个则出现在公元1世纪或2世纪，鲍慈恩将它归功于斐洛帕托（Philopator）（大约活跃于80—120年）。第二个理论的显著特征是对各种自然运动的层次化解释，由此可以全新地解释人类的行为"取决于人类自己"这点。斐洛帕托的最终目的与克律希珀斯一致，即证明命运和人类责任的兼容性，不过他采用的分析模式却是全新的。[4]

---

[1] 见 Todd 1989，页 1367-1371。

[2] 见 Codoñer 1989，Hine 1996，尤其是 Inwood 2002。

[3] 见《希腊化哲人》53B，57C；Inwood 1984，Long 1996，第十一章。

[4] Bobzien 1998，第八章。

5 实践伦理学

这一时期的廊下派哲学在实践或应用伦理学上有了明显创新。实践或应用伦理学在廊下派哲学中并不新鲜。它起源于两个重要的学术运动：在学派形成时期由芝诺发起并为克律希珀斯所接受，但遭到阿里斯通的反对。在芝诺和克律希珀斯看来，健康和财富这类利益是自然"可取的"，尽管其价值与德性具有实质上的差别，而只有德性可被称为"善"。与此相关的一个区别是（再次被阿里斯通所反对）：一种是由完美智慧的人做出的绝对正确的行为（katorthômata），[41]一种是由不完美、不智慧的人所做出的"恰当的"或合理的行为（kathêkonta）。① 这些区分关于不同价值类型方面的广泛论战，也为某种实践建议（advice）确立了基础。这里提到的实践建议（针对那些因不智慧而想变得智慧的人），特别关系到什么行为事实上是"恰当的"，此外也关乎生活中"可取的"利益与合乎德性（至少要趋向德性）的行为之间的正确关系。

在帝国时期之前，上述实践建议的第一个方面主要来自西塞罗的《论义务》（On Duties [De officiis = about kathêkonta]）。该书实质上是基于帕奈提俄斯著作中对这一话题的论述，但它也使用了至少源自第欧根尼和安提帕特若斯的实践建议和决疑论（即关于某些重要例子的分析）。按照西塞罗的阐释，帕奈提俄斯的研究进路有一个明显特征，那就是使用关于四种角色（personae）的理论来区别我们的伦理和社会角色，这为更合理地解释什么对我们来说是"恰当的"提供了参照。②

---

① 《希腊化哲人》第58–59节（朗格和赛德利把 kathe ̄konta 翻译成"合适的职能"[proper functions]），特别是第一卷，页358–359；以及 Sedley 1999a，页130–133。在第一章中，赛德利将其翻成"合适的行为"（proper action）。关于阿里斯通对廊下派思想的发展，见第一章第4节。

② 西塞罗，《论义务》，尤其是卷一107–121（关于四种 personae [角色]的理论），卷三，51–57, 63（廊下派决疑论）；以及 Inwood 1999，页120–127。

实践建议的第二个方面与情绪或激情（emotions or passions，pathê）有关。这些对于廊下派来说是一种特殊类型的错误，那就是把仅仅"可取的"利益视为像德性那样绝对善的东西。这种类型的错误激起强烈的反应（激情），从而扰乱人类身心的自然状态。这种失调被称为"疾病"，需通过分析其本质和起源并借助实践建议来"治疗"。西塞罗是前帝国时期廊下派这一思想的主要倡导者（《图斯库卢姆论辩录》第三至四卷），但它还可以追溯到克律希珀斯。

帝国时期有许多实践伦理学著作都运用了以上两个方面的思想元素。比如，塞涅卡的《论恩惠》（*On Benefits* 或 *On Favours*）和儒福斯的抨击（基于口头讲授）都吸收了廊下派关于各种具体情形下何为恰当行为的论述，塞涅卡的《论愤怒》（*On Anger*）也借鉴了廊下派关于 [42] 激情的本质及其治疗的思想。[①] 爱比克泰德的《清谈录》和奥勒留的《沉思录》则以前文所讲的方式结合了那两种思想元素。这些受廊下派影响的作品运用了不同的哲学传统（有时将其糅合）和越来越流行的思想，最终构成了希腊化晚期和帝国时期大量实践伦理学著作中的一部分。[②]

帝国时期的廊下派实践伦理学，如果说有创新之处的话，体现在哪里呢？一项创新（至少某种程度上是创新）关乎实践伦理学的主要种类或类型，这可以从作品本身所提供的指导类型中看出。不过这一主题也能在前帝国时期找到，例如，阿卡德米（柏拉图）学园里来自拉里萨的斐洛（公元前 158—前 84 年）提出三重指导类型：规劝（即

[①] 关于塞涅卡的《论恩惠》和《论愤怒》，见 Cooper / Procope 1995。《罗马世界的兴衰》（*Aufstieg und Niedergang der römischen Welt*），卷二 36.3（1989），其中有关于塞涅卡作品这一方面的一系列论文。

[②] 这方面的著作最近激起了越来越多的兴趣，部分是由于它们与当代所关注的应用伦理学和生理学相关：例见福柯 1986，Nussbaum 1994，Sihvola / Engberg-Pedersen 1998，Sorabji 2000。

鼓励某人提升自己)、治疗和实践建议。[1]塞涅卡提供了另一种三重伦理指导模式:(1)评估每一事物的价值,(2)对所追求的事物怀有一种合适的、可控制的驱动,(3)实现驱动和行为的一致。[2]

爱比克泰德的三重模式与此相似,但并不完全相同。其中,第一重与欲望和嫌恶有关,取决于对所欲求及所避免的事物的评定。我们欲望的满足或受挫导致激情的产生或消灭。第二重与驱动和拒绝有关,特别是关于"恰当"或"不恰当"行为的驱动;这个问题又与社会道德紧密相关。第三重与一贯正确性有关,尤其是对"印象"一贯正确的"认可"(这两个术语反映了廊下派的行为分析理论)。这看起来像是在集中论述一个人如何实现信念系统内部,以及信念与行为之间的完全一致性。[3]在奥勒留的作品中可以看出爱比克泰德三重模式的影子,但他修改了这一模式的内在次序,[43]并强调将所谓的"宇宙观"作为一系列可欲的信念和态度的一部分。[4]

有时,人们会认为爱比克泰德的三重模式完整地反映廊下派课程(分别对应物理学、伦理学和逻辑学)。[5]但是,我们也许最好将这三重模式解释成伦理学的分支,具体地说是实践或应用伦理学的分支。伦理学的理论主张与实践建议的关系是帝国时期讨论的主题,尤其是在塞涅卡的论述中。塞涅卡强调,伦理学的这两个部分既彼此有别又相互依赖,并且(与阿里斯通不同)他坚持认为它们各自具有不

---

[1] 司托拜俄斯,卷二 39.20–41.25。见 Brittain 2001,第六章,尤其是页 277–280。

[2] 《致鲁基里乌斯的道德书简》89.14。一种类似的模式归于"中期柏拉图主义者"欧多若斯(Eudorus,大约活跃于公元前 25 年):(1)理论探讨(关于生活的归宿和目标),(2)关于驱动,和(3)关于行为,司托拜俄斯,卷二 42.7–45.6。

[3] 《清谈录》卷三 2.1–15;Bonhöffer 1890,页 19–28;Dobbin 1998,页 91–94;关于这些术语,见 Inwood 1985,页 116–119。

[4] 《沉思录》卷八 7,卷三 11;以及 P. Hadot 1995,页 195–196。

[5] 例见 P. Hadot 1995,页 193–195。

同的功能。①

这些新的实践伦理学思想创造性地运用了文字或口头的教诲形式。例如，塞涅卡关于伦理指导的大量信件只写给一个人（即鲁基里乌斯［Lucilius］），这显示了对信件的独创运用，也表明两位具有哲学头脑的人对完美道德的终生追求。②由阿里安保留下来的爱比克泰德的口头讲授，不仅是（实践性）演说，而且无论是以独白还是对话的形式，都可看作之前提到的三重伦理框架下引导听众或对话者时采用的直接论述。爱比克泰德不断强调"审视你的印象"，并且依照那一框架来理解什么是或什么不是"取决于我们的"。爱比克泰德使用这些规则，是为了让对话者：(1) 重新审视他所欲求的全部目标；(2) 依照目标调整他的行为驱动和社会责任；(3) 从而实现信念、态度和心态的一致。③爱比克泰德直接而系统的发问强烈体现了苏格拉底的类似做法（柏拉图早期对话作品中展现了这种做法）。另外，苏格拉底相信，重新审视 [44] 基本信念将有助于对话者之间达成共识，也就是说，有助于他们一致认可作为人类思想和言论之基石的"前概念"；这一确信似乎也成了爱比克泰德论证的基础。④

从某种程度上说，更加值得注意的是奥勒留《沉思录》的形式。这本书虽只是奥勒留写给自己看的笔记或日记，却具有显著的文学——

----

① 《致鲁基里乌斯的道德书简》94.2，31，50-51，95.10-12，61，63-64（=《希腊化哲人》66I-J）；关于阿里斯通（绝对主义的）伦理立场，见第一章第4节。关于廊下派伦理学的细分，见《希腊化哲人》56，66。

② 塞涅卡对信件的这种运用，可能部分地受西塞罗给朋友阿提库斯（Atticus）的信件的启发。塞涅卡《论仁慈》(*On Mercy* [*De clementia*])的原创性集中在关于尼禄的论述上；关于这部作品和《论恩惠》之间不同的特征，见Griffin 2000，页535-543、545-551。

③ 对于这些规则，例见《手册》1；对于三重框架，见上文。

④ 朗格（2002）特别强调《清谈录》（例如卷一17）中的许多准苏格拉底方案；亦见Long 1996，第十二章；关于"前概念"，见《希腊化哲人》40。

哲学特征和力量。每一个孤立的评述——使人想起前苏格拉底思想家赫拉克利特的玄奥辑语——都旨在寻求深刻的真理。内容上，奥勒留的语录保留了前文所述的（高度廊下派化的）实践伦理学框架。然而在表述风格上，他却较少受廊下派的影响，而带有犬儒派和柏拉图学派的色彩。借助这种表述风格，他专门从宇宙论的视角论述了人类生活，包括他自己的人生。①

6　正统学说和折中论

按照以前学者的观点，希腊化晚期和罗马帝国时期是折中论哲学流行的时代，此时雅典主要的哲学流派已经衰败或消亡。"折中论"经常被解释为带有消极含义，是一种个人主义进路的"选取—混合"（pick-and-mix）的哲学研究方式。然而，在仔细审视了帝国时期的思想以及"折中论"这个概念以后，学者们开始怀疑这一偏见。②

正如在其他时期一样，这一时期大多数献身哲学的思想家自称具有明确的智识立场，并认为自己应当忠诚于某个学派及其创建者和理论框架（除非某人宣称自己要发起一场新的哲学运动）。③ 不可否认，有人可能会从更宽泛的意义而非一般意义上来理解廊下派或学园派，[45] 也就是说，可能把它们看成包含其他流派思想的学派。④ 还有一种可能是，他们会根据其他学派的立场来重新描述自己学派的立场。

---

① 关于《沉思录》的形式，见 R. B. Rutherford 1989，尤其是页 143–147、155–167；关于赫拉克利特的影响，见 Long 1996，页 56–57；关于奥勒留的哲学立场，见第 6 节。

② 见 Dillon / Long 1988，尤其是导论和第一章。

③ 见 Sedley 1989 和第一章第 5 节。然而须注意，我们切不可将对古代哲学流派的忠诚等同于对现代一神教的忠诚（因此，芝诺的作品不能被看成廊下派的"福音书"）。

④ 比如中期柏拉图主义，见下文。

例如，司托拜俄斯笔下的"好战者"所概述的漫游派伦理学，就是在廊下派关于 oikeiôsis 的理论影响下重新构思出来的，但这一构思依旧保留了漫游派理论框架的关键特征。[1] 换句话说，由于"折中"是帝国时期的一个重要概念，所以它指的是比通常所认为的更为有限，而且经过深思熟虑的哲学活动。

我们能从这一时期廊下派关于实践伦理学的专著及其他作品中发现多少折中论？在前面所指出的廊下派专著中（见第 4 节），我们很难找到折中成分。尽管我们对克勒俄梅德斯的宇宙论和科尔努图斯的词源学的比较评估缺乏有利的基础，但是这些著作中并没有任何异端化的论述。由鲍慈恩归于斐洛帕托名下的晚期廊下派决定论尽管将新的概念引入了（关于各种类型的运动和不同程度的责任的）论辩，在所有主要方面依然保留着克律希珀斯的研究成果。[2] 塞涅卡的《自然问题》相对比较开放，然而我们应当明白，他并不是一位标准意义上的廊下派教师。《自然问题》有其独特的构思框架，有时会采用伊壁鸠鲁派（关于现象的多种可行解释，卷五 20）的观点，有时批判廊下派思想家，还时而称赞亚里士多德（卷七 30.1-2）。尽管如此，从整体上来看，该书在概念和细节上仍是廊下派的：不比卢克莱修的《万物本性论》(Lucretius, *On the Nature of the Universe*)，这本书很少受到关注，但它挑战了伊壁鸠鲁派的世界观，特别是其中有关死亡的理解。[3]

在实践伦理学中，折中论问题显得更加复杂。这方面除了涉及不同类型的作者，还涉及[46]专业和非专业论述的关系以及参与的

---

[1] 司托拜俄斯，卷二 116.21-152.25；参照 Annas 1990a, 1993，页 279-287。关于这个"好战者"是不是"好战者狄都谟斯"的问题，见第一章第 8 节。

[2] 尽管理论重建所需的资源来自漫游派（阿弗洛底西亚的亚历山大[Alexander of Aphrodisias]）和柏拉图学派（诺美尼俄斯[Numenius]）；Bobzien 1998, 第八章，尤其是页 359-370。

[3] 卷六 32，对比卢克莱修，卷三，尤其是节 830-911。

听众（另外也涉及与正统伦理学的关系问题）。我首先从那些明确把自己作为廊下派教师的人开始。在儒福斯的教诲中，一个显著的特征是他对婚姻和家庭生活的高度赞扬（这也是现代读者特别感兴趣的地方）。例如，他认为女人与男人在德性（和哲学）上具有同等的能力，同时也批判了人们在对待男女婚外性行为上的双重标准。他指出，婚姻为"共享生活"、彼此关心以及抚养子女提供了平台，他甚至声称，婚姻和抚养子女与哲学活动可以兼顾。他建议人们应当有一个大的家庭，而非处理掉那些不想要的婴儿。[1]然而令人惊奇的是，他的思想结合了对婚姻的积极态度与犬儒派的苦行生活。他把克拉特斯和希帕基娅这两位犬儒派人物的婚姻，以及苏格拉底和克珊熙蒲（Xanthippe）的婚姻，视为婚姻与哲学兼容的典范；同时，他也赞扬犬儒派和苏格拉底所倡导的简单或苦行的生活。[2]

　　孤立地看，这些主张似乎是非正统的，仅仅反映了儒福斯的个人观点。但事实上，关于女性和男性在德性上具有同等的能力，以及婚姻是充分共享的生活的平台，这些看法都与早期廊下派的有关思想具有相似之处。[3]儒福斯关于妇女和家庭生活的价值的观点，源于廊下派的两个核心理论，即"所有人一开始都赋有德性"，以及"家长—子女关系是人际关系和德性实践的核心范式"。[4]与此相类似，对犬儒生活方式的理想化尽管是 1 世纪罗马文化中的一个重要主题，但也有其希腊化渊源，[47]因为犬儒思想部分塑造了早期廊下派哲学（克

---

[1] 见《清谈录》（Diss.）3-4，12，13A-B，14-15；关于文本和翻译，见 Lutz 1947；和 Gill 2000，页 601-603。

[2] 见《清谈录》14 和 19。

[3] 例见《名哲言行录》卷七 175（克勒昂忒斯），和司托拜俄斯，卷四 503.18-512.7（安提帕特若斯和希耶罗克勒斯）。

[4] 见《希腊化哲人》61L（自译），《希腊化哲人》57F（1-2）和（8），智慧的人既天生欲求婚姻和抚育子女，也天生欲求政治参与。见 Geytenbeek 1963，页 56-58、64-65、67。

拉特斯被认为是芝诺的一位老师)。[①] 儒福斯的创新之处在于，他以一种特有的方式发展了这些观念，并指出它们在实际生活中的意义。

爱比克泰德的《清谈录》以更尖锐的形式展现了折中论问题。几十年以来，朋霍费尔通过大量的系统研究（但最近被朗格［2002］所扩展）有力地表明，爱比克泰德的廊下派伦理学是正统的。[②] 最近的学者则更倾向于关注爱比克泰德的创新部分，尽管这些创新是在廊下派一贯的思想框架之内进行的。例如，他特别强调"什么是取决于我们的"（what is up to us）以及人类的"选择"能力或"理性能动性"（prohairesis），据说，这暗含了（更像是亚里士多德主义的）自由意志这样一个非决定论概念或"意志"这一现代概念。[③]

除了指出《清谈录》中至少有某些论述运用了准苏格拉底式的方法之外，朗格还注意到，爱比克泰德通过利用苏格拉底关于神的概念，促使人们将理性批判能力视为"心中的神"。[④] 同时我们还看到，爱比克泰德支持一种"隐忍"版本的廊下派哲学：不再强调选择"较可取的"利益在道德生活中的作用，并且向往犬儒的苦行理想，而不是传统生活方式中的德性实践。[⑤]

对于《清谈录》中折中论问题的考虑，重要的是必须明白该书并

---

① 爱比克泰德也将犬儒和苏格拉底视为典范（儒福斯 14 及其以下），例见卷四，1.114–116，156–158，159–169。犬儒派在廊下派起源中的作用，见上文；公元 1 世纪的犬儒理想，见下文。

② Bonhöffer 1890 和 1894（1996 年出版了英译本）。

③ 关于这些论述，分别参见 Dobbin 1991 和 Kah 1988；同时参见 Inwood 1985，页 116–119，其中论述了爱比克泰德心理学术语上的创新。

④ Long 2002；例见《清谈录》卷一，3，14.11–14，卷二，8.12，22；以及柏拉图，《苏格拉底的申辩》28e，30a–b（苏格拉底的使命在于把理性质询提升为"神圣的"事情），40a–b（守护灵和内心神性的声音）。

⑤ 爱比克泰德对健康和财富等"外在物"的轻视态度（例如《清谈录》卷一 1，《手册》1）看起来更像阿里斯通的立场，而非芝诺或克律希珀斯的观点（第一章第 4 节）；关于对犬儒生活方式的理想化，例见卷三，22，24。

没有细致而专业地展示廊下派伦理学（爱比克泰德在其学校讲课时也没有这么做），而更多向普通读者阐发廊下派伦理学的核心议题。[48]爱比克泰德反复对比"什么是取决于我们的"和"什么不是取决于我们的"，并特别强调 prohairesis [理性能动性]（而非我们的身体和"外在物"），我们最好将这一切理解为在传达廊下派伦理学的核心议题。

也许，在爱比克泰德看来重要的是以追求德性（原则上这是"取决于我们的"）来形塑生活，而不是得到一些"较可取的事物"（这些东西不是"取决于我们的"）。① 他使用的 prohairesis [理性能动性] 并不是一个标准的廊下派术语，该术语的心理学含义全都隐含在廊下派关于人类的理性和能动性的观点之中。② 鲍慈恩在研究廊下派决定论思想史时，认为《清谈录》中没有明显包含漫游派关于自由选择的非决定论观念。"自由"对于爱比克泰德，甚至对于整个廊下派来说，更像一个道德理想。③ 爱比克泰德把犬儒派教师（尤其是犬儒主义的建立者第欧根尼）作为典范，这无疑标志了一种更加"隐忍"或激进的廊下派哲学的诞生。

不过，这种形式的廊下派哲学在 1 世纪众多受廊下派影响的思想家那里也可以找到，而在廊下派传统中就更加普遍了。但这种形式的廊下派哲学还融合了主要由儒福斯提出的一个观点，即追寻美德可以与扮演传统社会及家庭中的角色（role）同时进行。④

---

① 参照上文所概述的实践伦理学的三重规划中的第一重。

② 廊下派理论认为人类心理是高度统一的，在其中情绪、信念与理性联结成整体；因此 prohairesis [理性能动性] 代表"意志"，这在廊下派思想中并不是新颖的。

③ Bobzien 1998，第七章，对比 Dobbin 1991。

④ 见 Griffin 1976/1992，页 111–112，其中论述了廊下派（包括塞涅卡）对犬儒德梅特里俄斯（Demetrius）的钦佩；关于狄翁对犬儒主义和廊下主义的融合，见下文。关于爱比克泰德称赞德性在维系传统角色中的作用，例见《清谈录》卷一 2，卷二 10。

所以，那些有时看起来是创新的或异端的观点，也许能够更好地解释廊下派伦理学标准的核心议题，这与运用那种更加隐忍和不妥协的廊下派哲学并不矛盾。[1] 需要注意，爱比克泰德及其他某些帝国时期作家们的实践伦理学虽面向普通读者，但并没有因此而弱化廊下派伦理学的基本观点，[49] 例如它对德性和中性事物（indifferents）在价值上做出了严格区分。

同样，我们在理解塞涅卡实践伦理学方面的作品时，也要注意，事实上他并不认为自己是廊下派教师，有时甚至宣称自己在学术上的独立性，如他在《自然问题》卷七 22.1 中极其明确地指出："我不同意我们学派的观点。"尤其是，他在《致鲁基里乌斯的道德书简》中经常兴致盎然且相当宽容地对待其他学派的观点，特别是伊壁鸠鲁派的观点。[2]

即使这样，仍然有很多理由认为塞涅卡的实践伦理学作品总体上受到廊下派原则的强烈影响。在《论愤怒》中有一个例子引起了许多重要的思考。总体说来，《论愤怒》试图论述一个重要的廊下派观点，即必须根除而非仅仅克制诸如愤怒之类的激情。[3] 塞涅卡在书中（卷二 4）解释了激情产生的过程，其中有些方面是我们所不熟悉的。他提出"前激情"（pre-passion）概念，并且指出情绪一旦形成，就会"不计代价"地付诸行动，无论对错。

塞涅卡是否提出了关于激情形成的原创性观点？关于这一点，我们不太熟悉的一个影响因素是，"前激情"观念（即一种尚待理性认可的本能性或冲动性反应）可以追溯到珀赛多尼俄斯，同时在其他廊

---

[1] 见 Gill 1988，页 187–194，其中比较了爱比克泰德角色概念的使用方式与塞涅卡更为约定主义的（conventionalist）使用方式；以及 Gill 1995，页 xxi–xxiii。

[2] 然而他这样做的目的完全在于表明伊壁鸠鲁派的某些洞见相应地支持了（更加系统更令人信服的）廊下派观点。

[3] 例见卷一，9–10，17，卷三，3。

下派哲人那里也能找到类似的观念。[①]并且,正如英伍德(1993)指出的,还有其他因素也在起作用。塞涅卡看起来吸纳了廊下派关于情绪的正统观点——情感依赖于一个人的理性同意,然而一旦生成却可能摆脱理性的控制——并用形象的非专业术语进行重构。[②]这是英伍德(1995a)提出的不总是受人待见的观点中的一部分。共和国晚期的西塞罗、卢克莱修等思想家致力于寻找希腊哲学的专业术语所准确对应的拉丁词汇,相比之下,塞涅卡似乎有一个更为积极的[50]目标:使用拉丁语创造哲学观念,包括重新思考术语和意象。[③]这绝不是"折中论",虽然往往会给人留下这样的印象。

奥勒留的《沉思录》反映了多少廊下派的思想?一方面,除了他对廊下派的忠诚外(例如卷一 7-8),其主要的论题也具有浓厚的廊下派色彩,尤其受到爱比克泰德伦理学框架的影响。但另一方面,他的思想风格也很特异,明显蕴含着赫拉克利特、犬儒派、柏拉图学派的观点。他的心理学看起来更像是反映了柏拉图的二元论,而并没有按照廊下派传统强调心理的统一性。[④]最令人费解的是,尽管他经常采取宇宙论的视角来描述道德生活,但有时又不屑于表明何种世界观是正确的,比如是廊下派的天意论,还是伊壁鸠鲁派关于宇宙是原子的偶然聚合的观点。在奥勒留看来,他原本就没有必要去论证学说的一致性。

---

① 见 Cooper 1998,他声称珀赛多尼俄斯关于"情绪运动"的观点要比通常认为的更加符合廊下派正统的情绪观;亦见《希腊化哲人》65Y。

② 关于塞涅卡继承与创新的问题,亦见 Pohlenz 1948,页 305–309,Grimal 1989,Rist 1989,Sorabji 2000,第三、四章。

③ 有人可能会认为这一做法在塞涅卡的作品中产生了内在的张力(例如,在使用暴力或军国主义的语言与根除激情之间的张力);见 Nussbaum 1994,第十一章,和 Wilson 1997。

④ 所谓的区分大致体现在心灵、灵魂(或气息[breath])和身体之间。例见《沉思录》卷二 2,卷三 16,卷六 32,卷十三 3。

但是，我们可以从他最为倚重的廊下派立场出发，来解释这些特征。就像爱比克泰德类似的做法，奥勒留关于心灵（或占支配地位的神性）和肉体的对比，可以看作是在表述廊下派伦理学的一个核心议题：追寻德性比满足身体需求更重要。[1] "天意论或原子论"的问题更加令人感到困惑，尽管这个问题在一些段落中看起来比在其他段落中更为开放。[2] 不过有一点也许很重要：在《沉思录》卷一17中，奥勒留承认自己实际上并没打算完成廊下派课程（包括逻辑学和物理学），但他也说，他通过这些课程获得了宇宙论的视角，从而能够理解自己的生活。因此，廊下派的天意论世界观是值得信赖的（实际上他几乎采取了完全信赖的态度）——也许他在提出"天意论或原子论"这个问题时，心中早已有了答案。[3]

7 与其他学派的关系

[51]正统和折中的问题很自然地引出了与其他学派的关系问题。在此应当从两个方面来探索：积极的论辩和争论，以及其他学派成员对廊下派思想的吸收。事实上，围绕廊下派观念展开的争论本身，已表明这些观念持续影响着帝国时期的智识生活，也表明廊下派理论在涉及某些问题时有其明确的界定。不过，其他流派的思想家对廊下派观念的接受，则凸显了这一时期智识生活的开放性。但这并不意味着对学派的忠诚没有意义，也并不意味学派的思想边界完全消失了。

---

[1] 参见 Gill 1997a，页 xi–xii。
[2] 《沉思录》卷四27，卷十6，卷十一18，其中虽提出了这个问题，但看起来像是预设了一种（廊下派的）答案，即天意论；而在其他地方（例如卷二11，卷六10，卷七32），这个问题更为开放。
[3] 见 Annas（即出）；关于其他解释，见 Rist 1983，页 29–30，Asmis 1989，页 2250–2251；对这一问题的深究，见 Gill 1997a，页 181–200。

这一时期的一个重要论辩在于情绪或激情方面，更笼统地说，是道德心理学。[1] 这一论辩涉及三个问题：应该克制还是"根除"情绪；人类心理应该是理性和非理性部分的结合还是根本上由理性所统一和塑造；以及，道德进步是由习惯和教育而来，还是仅通过理性来实现。对于这些问题，与柏拉图学派或漫游派有关的思想家往往赞同第一种观点，而廊下派更多采用第二种。[2] 普鲁塔克在《论道德德性》中总结了这一论辩，他明确支持第一种（即柏拉图学派—亚里士多德学派式的）观点而批判廊下派的观点。总体来说，这符合普鲁塔克（约45—125年）的身份，因为他把自己看作柏拉图主义者，尽管在激情问题上他有时更倾向于廊下派的看法。[3]

伽伦的《论希珀克拉特斯和柏拉图的学说》第四至五卷采取了与普鲁塔克极其相似的进路，但更为彻底地探索了这一问题，后来成为关于廊下派激情理论的主要文献（见布伦南撰写的第十章）。在该书的 [52] 第一至三卷，伽伦讨论了三重心理模式这一相关的问题，认为位于不同部位的大脑、心脏、肝是人类不同动机的源泉；而廊下派统一的心理模式则认为只有心脏才是动机的源泉，因为理性和情绪都处于心脏之中。伽伦（129—约215年）是一位具有哲学头脑的医生，他将柏拉图和亚里士多德的哲学与医学的成果，包括亚历山大所发现

---

[1] 见 Sihvola / Engberg-Pedersen 1998，论述了关于情绪的希腊化哲学及其在罗马帝国时期的延续。

[2] 西塞罗，《图斯库卢姆论辩录》卷三 22，卷四 39-46，塞涅卡，《论愤怒》卷一 7-14，其中对比了廊下派和漫游派与此类似的立场，并赞同前者而批判后者。然而，柏拉图学派和廊下派的立场有时是相联系的，例如欧多若斯和斐洛就这样认为。

[3] 例如，在《论心灵的宁静》(*On Peace of Mind*)和《论免除愤怒》(*On Freedom from Anger*)这样更不教条的论文中，普鲁塔克有时赞扬 apatheia（免除激情）(这一廊下派理想)，而非克制激情。见 Dillon 1997/1996，页 189、193-198；Babut 1979，页 298-301、316-317、321-333。

的大脑和神经在组织和心理上的作用，调和在一起。[1] 关于如何促进道德进步，他提倡结合运用理性和非理性手段。[2]

在上述论辩中，对廊下派立场的抨击长期存在，其中伽伦的主要抨击目标是克律希珀斯。[3] 然而，有时也会出现修正的廊下派观点。根据鲍慈恩所重构的关于决定论的论辩，斐洛帕托（活跃于80—140年）为回应中期柏拉图主义者和漫游派关于精神事件（及行为）的看法，曾修正了廊下派的观点。[4] 同时，斐洛帕托的贡献似乎也引起了漫游派的特别回应，那就是，亚里士多德注疏家阿弗洛底西亚的亚历山大（2—3世纪）所作的回应，他是斐洛帕托思想的主要源泉。斐洛帕托的理论对鲍慈恩所谓的新自由意志论的形成有着十分重要的影响，这种新自由意志论以亚里士多德主义有关既定条件下人可以自由选择其行为的观点为基础，同时预示了基督教的和现代的"自由意志"观。然而，斐洛帕托的观点根植于克律希珀斯的相容论（compatibilism），否认既定条件下行为选择的可能性。因此，他虽卷入了这场论辩之中，但并没有得出非正统的看法。[5]

持续的辩论显示出帝国时期廊下派与其他学派联系的一个方面。另一方面的联系在于那些主要效忠其他学派的人对廊下派思想的借用。[53] 一种中间情况是，有的思想家可能自称廊下派，然而他的思想中却掺杂了犬儒派和柏拉图学派的观点。此人便是普鲁萨的狄翁·科切阿诺斯（Dio Cocceianus of Prusa，后来称为"克律索斯托

---

[1] 关于伽伦对克律希珀斯的批判，见 Mansfeld 1991，Tielemann 1996，Gill 1998。

[2] 例见《论灵魂的激情与错误》(*On the Passions and Errors of the Soul*)；以及 Hankinson 1993，本书第十一章。

[3] 伽伦（也许错误地）认为珀赛多尼俄斯（约公元前135—前51年）更倾向于柏拉图的立场；见 Cooper 1998，Gill 1998。

[4] Bobzien 1998，页359。

[5] 进一步参见 Bobzien 1998，第八章，尤其是页396–412。

姆"["金嘴"],约 40—110 年)。这位复杂而神秘的人物从事修辞学和哲学研究。他在 1 世纪 60 年代曾师从儒福斯,但后来便否定并公开抨击自己老师的观点。狄翁后被多米提安逐出罗马和家乡比提尼亚(Bithynia)(约 82 年),他把这次放逐视为自己"转向"哲学的契机(第十三篇讲辞),开始以犬儒—廊下派的教师身份在帝国西部游历讲学。随后,他成为皇帝涅尔瓦(Nerva)和图拉真(Trajan)的智囊,并重新获得了原有的地位———一个富裕行省的领导者。[①]

狄翁现存八十篇演说辞,大都围绕哲学主题展开。其中的观点主要采用犬儒—廊下派模式,与儒福斯和爱比克泰德类似,但包含了一些柏拉图学派的思想。例如在第四篇关于王政的讲辞中(形式上呈现为犬儒第欧根尼与亚历山大大帝的对话),狄翁的观点引起犬儒派、廊下派、柏拉图学派的共鸣,那就是王政不仅依靠地位,也要依靠君主的品格,包括自制。[②] 在关于奴隶制的一篇对话里,他也提出一个类似的观点:真正的"自由"只能由德性赋予,因此君主若肆意妄为的话,也是不"自由"的。[③] 在第三篇王政演说中(36),狄翁参照两种模式规定理想国:第一个主要来自柏拉图,统治者只能是智慧之人(21);另一个更具廊下派色彩,即"君主按完全友好和和谐的法律来统治"(31)。后一种君主模式看起来像是融合了柏拉图理想君主和廊下派关于理性即宙斯所统一的宇宙的学说(35-36)。罗马帝国君主制似乎并未接受普遍的道德,却吸收和采纳了任何国家(甚至在进行演说的奥尔比亚[Olbia]这个偏远城邦)都受客观普遍的标准所统治的观点。[④]

---

① 进一步参见 Jones 1978,第六章;Moles 1978;Russell 1992,页 4-6。
② 第四篇讲辞,44-75;参照 Moles 1990。
③ 第十四篇讲辞;参照柏拉图,《高尔吉亚》467a-471e,《王制》(Republic) 579b-e,爱比克泰德,《清谈录》卷四 1。
④ 一个相对完整的摘要,见 Gill 2000,页 606-607;廊下派政治思想的背景,见《希腊化哲人》67;Schofield 1991,第三章。

[54] 狄翁没有为这种融合提供理论上的证明，但是我们可以在与"中期柏拉图主义"有关的思想家那里得到更多阐释。[1] 学园派阿斯卡隆的安提俄科斯（公元前 130—前 69 年，有时被认为是第一个中期柏拉图主义思想家）提出了这一融合模式。他声称要复兴原初的柏拉图主义，实际上却引入了廊下派和漫游派的许多思想。他断定亚里士多德和芝诺只是发展了隐含在柏拉图对话中的一些思想。[2] 这种说法被亚历山大里亚的两位柏拉图主义思想家欧多若斯（大约活跃于公元前 25 年）和斐洛（约公元前 20 年—公元 45 年）所采用。

首先，欧多若斯进一步探讨了该说法，（随着［托名］毕达戈拉斯资料的增多[3]）他认为柏拉图的思想是对毕达戈拉斯思想的发展，这一观点被后来的部分思想家所接受。随后，斐洛进一步扩展了这一观点，声称毕达戈拉斯的智慧得自摩西的追随者。由此一来，以柏拉图—廊下派的术语，并部分使用廊下派的寓意阐释法来解读旧约前五卷，就是合理的。[4] 那两位亚历山大里亚思想家的做法看起来有些怪诞和无诚意，并且致使对某种哲学原创者的忠诚显得荒谬起来（Sedley 1989）。不过，他们所暗示的某种观点类似于现代哲学的一个主张：各个思想家或思想体系尽管逻辑起点不同，但都可能"汇流于真理"。[5]

无需奇怪，中期柏拉图主义的主要论题更趋于柏拉图化而非廊下派化。其中包括：上帝思考自己（或形式），上帝是统一或完美的理

---

[1] 这种柏拉图主义出现在学园生活高度组织化的时期（新老学园派）之后，而在斐洛（公元前 88 年）和普罗提诺（204—269 年）的新柏拉图主义之前。

[2] 例见西塞罗，《论至善与极恶》卷四 3，卷五 22。安提俄科斯采用的廊下派观念包括：宇宙的积极和消极本源（active and passive principles）、"合乎自然的生活"的目标以及"亲近"（oikeiôsis）的发展。见 Dillon 1977/1996，第二章。

[3] 见赛德利撰写的第一章第 7 节。

[4] Dillon 1977/1996，页 117–121、143–144。

[5] 进一步参见 Williams 1985，第八章。

智存在，上帝是造物主或逻各斯，还有来自安提俄科斯的关于完美幸福（包括外在的善）以及克制而非根除激情的伦理观。[1]

然而仍有一些柏拉图主义思想家赞同廊下派相关的观点，例如，阿提库斯（Atticus，150—200年）[55]采纳廊下派而非安提俄科斯的看法，认为德性本身足以成就幸福。[2]斐洛的一些思想很接近廊下派；即使并不如此，他也会在表述上使用高度廊下派的词汇，以至于他的文本成了我们查找廊下派术语时常备的资料书。哲学是由伦理学、逻辑学和物理学组成的完整体系这样一种观念，在中期柏拉图主义者中也被广泛接受。[3]柏拉图主义吸收廊下派观念和语汇的趋势，导致这些观念和语汇出现在带有（众多）柏拉图主义元素的流行哲学著作中，如推罗的马克西姆斯（Maximus of Tyre）的《讲演集》（*Dialexeis*, lectures，2世纪）和赛贝斯的《箴言》（*Tablet* of Cebes，公元前或公元1世纪）。[4]

即便在廊下派哲学似乎不再发挥积极作用的新柏拉图主义时期，柏拉图主义哲人吸收廊下派思想这一趋势依然存在。普罗提诺与廊下派的观点相同，认为理性力量统一并组织了质料；但他主张这种力量就是柏拉图《蒂迈欧》中的世界灵魂，且能够根据亚里士多德关于自然官能的层次理论来分析。[5]辛普利基俄斯（约490—560年）关于爱比克泰德《手册》的长篇注疏充分体现了他对廊下派思想的称许，他宣称，《手册》概述了廊下派实践伦理学的核心议题，初学者在学习

---

[1] 见Dillon，"柏拉图主义"（"Platonism"），收于Zeyl 1997，页416-417。

[2] 见Dillon 1977/1996，页251-252。

[3] 见Dillon 1977/1996，索引，"哲学的划分"，以及Annas 1999，页109-112。廊下派的这种哲学三分法来源于早期柏拉图主义者克塞诺克拉特斯（Xenocrates）（恩披里柯，《驳学问家》卷七16）。

[4] 廊下派对这些作品的影响，见Trapp 1997，页1948，注12，和1997a，页170-171。

[5] O'Meara，"普罗提诺"（"Plotinus"），收于Zeyl 1997，页423。

新柏拉图主义复杂的形而上学体系之前得首先研究这本书。①

中期柏拉图主义对基督教教义的发展有着重要作用,从亚历山大里亚的克雷芒(约200年)开始,基督教思想家吸收了如创造性的逻各斯(理性)和自足的德性等廊下派观念,然而却以中期柏拉图主义的术语来理解这些观念。②同时,这一过程也伴随着基督教思想家开始认同斐洛所传播的观点,即哲学仅仅为理解那些包含神圣智慧的权威文本提供途径。③

8 廊下派和罗马诗学

[56] 帝国时期的一个显著特征是哲学的影响,特别是廊下派对罗马文学包括诗学的影响,古代其他时期都不具有这种特征。在共和国晚期,哲学对上层社会的希腊罗马人发挥着重要的教育作用。就罗马文学而言,廊下派哲学及其他哲学明显地出现在公元前1世纪末到整个公元1世纪的诗和散文中。④

但这种影响到底有多深呢?当然,在不同情况下,答案也不相同,因此这必然是个很复杂的问题。我们在这里只关注讽刺诗、史诗以及塞涅卡的肃剧。

首先,廊下派的语汇和概念出现在罗马三大讽刺诗人的作品中,但其中的贺拉斯(公元前65—前5年)和尤维纳尔(Juvenal,

---

① I. Hadot 2001,第三、四章。
② 基督教对廊下派激情理论的回应,见 Sorabji 2000,第二十二至二十六章。
③ Bos,"基督教"("Christianity"),收于 Zeyl 1997,尤见页 130-131。亦见 Boys-Stones 2001,第八、九章,作者认为这一过程始于中期柏拉图主义对廊下派思想的吸收。
④ 关于廊下派对罗马散文和诗学的影响的系统分析,见 Colish 1985;关于廊下派对罗马法的可能影响,见 Colish 1985,第六章(亦见 Johnston 2000,页 622–623、630–633)。

活跃于公元 2 世纪的早期）只是有限而取巧地运用了廊下派思想。贺拉斯善于使用廊下派的核心观念来进行讽刺，例如描写圣贤的完美和凡人的愚蠢与非理性（《讽刺诗集》[Satires] 第二首，3，7）。但在"罗马颂歌"（Roman Odes）中，他却将廊下派的论题和爱国情怀结合，创造出富有力量感的诗句。[1] 同样，尤维纳尔第十首讽刺诗（Satire 10，尤其是 346-366）使用半廊下派式的手法，描述了所有非善的人类欲望如何毫无意义；在第十三首讽刺诗中，他参照廊下派的观点描写了情绪治疗。但他的做法看起来只是为了营造消极的讽刺效果。[2]

佩尔西乌斯（公元 34—62 年）则不同，他十六岁师从科尔努图斯学习廊下派哲学，并和塞涅卡、卢坎等廊下派思想家交往密切。佩尔西乌斯在其《讽刺诗集》（Satires）中表明自己信奉廊下派伦理学，这明确体现在他献给自己的老师科尔努图斯的颂词中（第五首讽刺诗），也间接体现在某一批判性对话中（第四首讽刺诗）。在第一首讽刺诗中，他通过出色地描绘当时人们的堕落，也就是通过（[57]以地道的廊下派手法）交互表现心理、身体和社会的罪恶，为自己的讽刺诗做出了有力的辩护。[3]

相比之下，廊下派与罗马史诗的关系更加复杂。维吉尔、卢坎、伊塔利库斯（Silius Italicus），可能还有斯塔提乌斯（Statius），他们的诗歌在理论架构上肯定深受廊下派影响。但是，我们能在多大程度上说这些诗歌中的诗意想象直接反映了廊下派的世界观？在所有这些诗歌中，可能有两个主要的联系点：神与人在事件上的因果联系（包

---

[1] 《颂歌集》（Odes），第三首，2-3，5。这个问题是否对贺拉斯的哲学立场有所影响，见 Colish 1985，页 160-168。

[2] 关于第十三首讽刺诗，见 Braund 1997；关于尤维纳尔在所有讽刺诗中对愤怒和义愤（indignation）的态度，见 Braund 1988。

[3] 见 Colish 1985，页 194-203。对第一首讽刺诗的透彻研究，见 Bramble 1974。

括命运的作用），以及人物的道德心理写照。

维吉尔的《埃涅阿斯纪》回响着廊下派的某些论题，其中包括对命运的关注——正如廊下派所宣称的那样，维吉尔也认为命运可以与人的行为相容并由人的行为所诱发；同时，他还像廊下派那样，强调命运是道德回应的一个重要对象。另一个重要的方面是，维吉尔以德性（或理性）和激情的对照来刻画关键人物的性格特征。这种人物刻画中很重要的一点在于，它们呈现出人若屈服于激情就会导致某种精神错乱，维吉尔所塑造的狄多（Dido）、图尔努斯（Turnus）以及埃涅阿斯（Aeneas）都部分带有这一特征。

但是，难道这就意味着《埃涅阿斯纪》中的诗意想象基本上可以算作廊下派式的？有学者指出，该诗中的心理学和伦理学应理解为来自亚里士多德或荷马，而非廊下派；我们应该记住的是，欧里庇得斯的《美狄亚》（Medea）同样包含这一主题，也正因为这样才引起了克律希珀斯的关注。询问维吉尔对这个主题的运用更多受到其他文学还是哲学著作的启发，也许只是徒劳，而且，即使我们发现《埃涅阿斯纪》中的某些概念化语言深受廊下派影响，也仍然存在一个问题，那就是：一部在多数读者看来具有强烈肃剧式想象的诗歌，是否能够表达廊下派根本上积极的世界观？[1]

其他史诗也有类似问题，不过没那么难解。卢坎（39—65年）是塞涅卡的侄子，也是科尔努图斯的另一个学生。他和他的叔父一样，由于被怀疑参与了反对尼禄的皮索尼安阴谋（the Pisonian conspiracy）而被处以死刑。他的《内战记》（Pharsalia）描述了促使罗马共和国终结的内战，因此带有浓厚的政治味道。他的廊下派风格主要体现在，他把卡图［58］描述成典型的廊下派圣贤，又从强烈的伦理视角来评判庞培和恺撒。然而，把命运看作一种任意的和反复无常的力量，

---

[1] 见 Colish 1985，页 225–252，Gill 1983，Gill 1997，其中提到了其他相关研究。

这反映的是他的历史观而非他的廊下派立场。至于斯塔提乌斯（约45—96年）的《底比斯》（*Thebaid*）有时会被视为廊下派作品，但他彻底否定人与神或命运之间的积极关联，使得上述看法难以成立。他最可能具有廊下派色彩的论断在于，激情是一种极其有害的非理性力量，最终能够导致精神错乱和自我毁灭。伊塔利库斯（26—101年）的《布匿战争》（*Punic Wars*）看起来受到廊下派的重要影响，尤其体现在，他以反差强烈的伦理笔法来刻画迦太基和罗马的主要将军。[1]

最后一个问题是，塞涅卡的肃剧在何种程度上反映了廊下派思想，如果说他在其他方面深受廊下派影响的话。[2] 他主要的廊下派式论断是：不受控制的激情会导致精神错乱、毁灭和自我毁灭，且这一过程蕴含了宇宙论和伦理学的维度。但我们很难认为他对命运（戏剧中一个很有力量然而却很消极的因素）以及对苍凉暴力的全景所作的描述也源自廊下派世界观。还有，为了真实理解廊下派对帝国时期诗学的影响范围，我们必须明白的是，卢坎的《内战记》、佩尔西乌斯的《讽刺诗集》，可能还有塞涅卡的肃剧，都创作于文化氛围异常紧张的短暂的尼禄统治时期。[3]

---

[1] 见 Colish 1985，页 252-289；关于斯塔提乌斯，见 Fantham 1997；关于西利乌斯，见 Billerbeck 1985 和 1986。

[2] Rosenmeyer 1989。

[3] 塞涅卡肃剧的确切创作日期不得而知。

第三章　廊下派的认识论

汉金森（R. J. Hankinson）　撰
朱连增　译　　徐健　校

[59]廊下派的圣贤从不犯错。由于圣贤对世界的合乎天意的结构有着稳妥的理解，而世界之合乎天意的结构就是命运，命运又相应地与宙斯的意志相同一，[①]因此，圣贤按照宙斯的意志来安排自己的生活，使他们的意志融化于宙斯的意志之中，过着一种合乎自然的生活，并因而收获一种安谧的生活之流（smooth flow of life），也就是被人们所虔敬梦想的 eurhoia biou。[②]

很清楚，如果圣贤不仅仅是一种不可企及的、规定性的理想（即一种十足的"假设"），那么，廊下派就需要借助一种强有力的认识论形式，为这种"可以在现实中一直具备实践上的无错性"的看法提供强有力的理由。即使只是把圣贤看作一种理想人物，[③]但这一理想超越虚忽缥缈的愿望，应该至少有被接近的可能，而廊下派的确十分重

---

① 《名哲言行录》卷七 135 =《早期廊下派辑语》2.580；普鲁塔克，《论廊下派的自相矛盾》1049 以下，1056c =《早期廊下派辑语》2.937；参照 2.931，2.1076。

② 《名哲言行录》卷七 87=《早期廊下派辑语》3.4；西塞罗，《论至善与极恶》卷三 31，卷四 14–15=《早期廊下派辑语》3.15，3.13；参照 3.4–9，3.12–16。

③　廊下派怀疑这样的伦理认知上的超人是否真的存在过：恩披里柯，《驳学问家》卷九 133 =《希腊化哲人》54D；亚历山大，《论命运》(Fat.) 199.16 =《早期廊下派辑语》3.658 =《希腊化哲人》61N。

视 prokopê 这一概念，也就是"道德和认知上的进步"。①

但如果我们相信这种接近该圣贤理想的道路可能存在，那么就需要相信，我们事实上能够精炼和完善对世界的理解，用正确的意见替换先前的错误意见。即使是比圣贤理想更低的目标，仍然需要严肃的认识论支撑，而这种认识论上的支撑将必然使廊下派遭受怀疑论的[60]攻击。本章的目的是描绘廊下派认识论的起源，评价其可塑性，并追踪其在怀疑论火力下的发展。

公元1世纪的柏拉图主义者诺美尼俄斯②写道："cataleptic 印象（katalêptikê phantasia）的学说和其名称由他（即基提翁的芝诺，廊下派的创始人）首次提出，并在雅典受到高度推崇。"

但是确切地说，什么是"cataleptic 印象"？③ 根据拉尔修的记述，廊下派认为：

---

① 司托拜俄斯，卷五 906.18-907.5 =《早期廊下派辑语》3.510 =《希腊化哲人》59 I。

② 据优西庇乌斯的《福音的预备》(Eusebius' *Preparation for the Gospel*：卷十四 6.13 =《希腊化哲人》68G）中记述。

③ 相比其他几种可能合理的翻译，我更愿意音译 kataleptikê phantasia 中的 kataleptikê。kataleptikê 是从 kamalambanein（把握或抓住）而来的动词性形容词。它指向的是那种抓住了现实的印象。正是这一原因，某些学者使用"可把握性印象"（graspable impression）这一翻译，似乎把它的因果含义搞错了——它不是指向我们能够把握的印象，而是说，根据它，我们能够把握："把握性的"（grasping）这一译法也许是合适的，如果它不暗示一种贪欲。kamalambanein 还经常意味着"捕捉"（apprehend），如捕捉犯罪分子，因此，还可翻译为"捕捉性印象"（apprehensive impression），但这一翻译在英语中还是有些不妥，因为它明显带有一种畏怯的意思。朗格和赛德利的翻译是："认知性印象"（cognitive impression），但是，这一翻译似乎有些过强，并且带有一种多余的内在性意涵。无论如何，不管我们怎么翻译，该词都是一个专门的术语——我们需要时刻记住它的各种定义。实际上"印象"（impression）也许是对 phantasia 的过度翻译，更字面的翻译应该是"表象"（appearance），但是今天常作批判性使用的是"印象"一词。

有两类印象，一类是 cataleptic，另一类是 noncataleptic。他们认为，cataleptic 印象是事情的标准，是那来自存在的事物并与存在的事物本身相一致的印象，且是被铭印或印刻的（stamped and imprinted；enapesphragismenên kai enapomemagmenên）；① noncataleptic 印象或者来自并不存在的事物，或者即使来自存在的事物，也不与存在的事物相一致，并且它既非清晰的（enargês）也非分明的。（1）②

因此，廊下派并不持有伊壁鸠鲁主义者臭名昭著的观点，即所有感知都是真的，③ 不管这个观点确切地意味着什么。④ cataleptic 印象 [61] 满足以下条件：

CI1：它源自存在的对象；
CI2：它准确地表现那一对象；
CI3：它是"被铭印和印刻"于感官上的。⑤

---

① 这些复合性被动分词的字面意义值得注意：en（in）加上 apo（out of 或 from）前缀于完成式分词 sealed（被印封）或 stamped（被铭印）和 impressed（被印上）或 wiped upon（被打上），在每一情况中，介词的加入都反映了触发的内在位置和其外在原因。

② 《名哲言行录》卷七 46=《早期廊下派辑语》2.53=《希腊化哲人》40C；参照《名哲言行录》卷七 49–51=《早期廊下派辑语》2.52，55，61=《希腊化哲人》39A；恩披里柯《驳学问家》卷七 248=《早期廊下派辑语》2.65=《希腊化哲人》40E。

③ 《名哲言行录》卷十 31–32=《希腊化哲人》16B；卢克莱修，卷四 469–521=《希腊化哲人》16A；恩披里柯《驳学问家》卷七 206–210=《希腊化哲人》16E；见后边的文本 11。

④ 关于该教义及其阐释的讨论，见《希腊化哲人》第一卷，页 83–86；Taylor 1980；Everson 1990b。

⑤ 值得强调的是，并非所有印象都是感觉印象：有些印象在内容上是纯粹理智性的（《名哲言行录》卷七 51 =《早期廊下派辑语》2.61 =《希腊化哲人》

统而观之，CI1–3 代表芝诺的关于 cataleptic 印象的第一个定义（D1）。关于 CI1，"许多影响我们的印象来自不存在的东西，正如在疯子那里的情况，这些都属于 noncataleptic 印象"。① 至于 CI2，"有这样一些印象，尽管来自存在的对象，但是，它们并不表现那一对象，正如在疯子俄瑞斯忒斯那里的情况"（同上）。② 在 CI3 的情况中，他们认为 "cataleptic 印象带着对象所有的特殊属性（idiômata）被巧妙地铭印"（同上），也即，"因此，被表现的对象的所有特殊属性都被巧妙地铭印"③——它印有对象准确的和细节性的属性，就像灵巧工匠雕刻出来的一样。

但是，关于印象本身的观念仍然需要一些具体的说明。CI3 以某种形式规定了印象的产生方式，使之与单纯的幻象（figment；phantasma）相区别，根据马格尼西亚人狄俄克勒斯（Diocles of Magnesia）的看法，幻象是一种"思想上的臆测，如发生在梦幻中一样"，④ 是想象（phantastikon）的产物，"一种空的吸引，是没有压印者（impressor；phantaston）的灵魂激动（affection；pathos）"。⑤ 因此，

39A），如我们关于上帝的观念；而且，其他一些文本把条件命题如"如果现在是白天，那么太阳就不在地面之上"——"无说服力的印象"的例子之一——以及"不可判定的命题"如"星星的数量是偶数"，作为印象的内容（《驳学问家》卷七 243–244 =《早期廊下派辑语》2.65 =《希腊化哲人》39G）。但是，考虑到廊下派的经验论，感觉印象是最为重要的。

① 《驳学问家》卷七 249 =《早期廊下派辑语》2.65 =《希腊化哲人》40E。
② 俄瑞斯忒斯认为他的妹妹厄勒克特拉（Electra）是一位复仇女神，追踪他以报复他杀死自己的母亲（欧里庇得斯，《俄瑞斯忒斯》[Orestes] 256–264），俄瑞斯忒斯的故事在关于此类的认识论争论中是常用的例子：《驳学问家》卷七，244–245，259；卷八，57，63，67。
③ 《驳学问家》卷七 250 =《早期廊下派辑语》2.65 =《希腊化哲人》40E。
④ 《名哲言行录》卷七 50 =《早期廊下派辑语》2.55 =《希腊化哲人》39A［3］。
⑤ 埃提俄斯（Aëtius），卷四 12.4 =《早期廊下派辑语》2.54 =《希腊化哲人》39B。

印象，与幻象相对，由外在对象以某种得当的因果作用，实际地印刻在感知者那里（即满足 CI1 和 CI3）。实际上，根据埃提俄斯的看法，它"显示自身又揭示着产生它的东西"。当然，并非每一印象都满足 CI2；因而，并非每一印象都是 cataleptic 印象。

［62］与 CI3 所讲的意思相一致，拉尔修把印象定义为：

> 一种在灵魂中的印刻（tupôsis），这名称很恰当地取自印章在蜡上留下的印迹。(2)①

但是，如何按照字面来看待这一比喻的形象，在廊下派内部还是一个充满争议的问题。芝诺以及追随他的克勒昂忒斯是按照其表面意思来理解的，这无疑是受柏拉图《泰阿泰德》191c–195a "蜡块模型"（wax-block model）影响。但克律希珀斯持有不同看法，因为蜡块至多只能保留一个印记，任何随后的印刻都会破坏先前的印痕，并使得印象的积累变得不可能，进而排除了记忆和技能。②正是这一原因，他更愿意使用"变形"（alteration；heteroiôsis）这一在解释上并不起多大作用的中性术语。③

然而，克律希珀斯坚决主张"心灵接纳众多印象具有重要性"亦有其充分根据。因为，实际上廊下派对概念的形成的解释中，印象的积累性处于关键地位：

> 廊下派说：当一个人出生的时候，他就具有灵魂的支配性

---

① 《名哲言行录》卷七 45；参照卷七 50 =《早期廊下派辑语》2.55 =《希腊化哲人》39A［3］；以及下面的文本 4。

② technê，被廊下派定义为"相互关联的操作性印象的体系"：《驳学问家》卷一 75，卷二 10，卷七 109，等处。

③ 《驳学问家》卷七 230 =《早期廊下派辑语》1.58；卷七，227–230, 372–373 =《早期廊下派辑语》2.56。

（controlling；hêgemonikon）部分，如同拥有准备好被书写的纸。在其上，他铭刻（inscribes；enapographetai）[1]他的每一概念（ennoiai）。最先一类铭刻是通过感官实现的。因为在把某物感觉为白色后，当此物消失的时候，感官仍然保有关于它的记忆。并且，当许多同类型的记忆产生时，我们就可以说，我们具有了经验（experience；empeiria），因为经验表现为大量同类印象。关于概念，有些是通过上边提到的形式（modalities），无需有意识的努力而自然产生的，另外一些则是通过教导和注意产生的。只有后者才被真正称作概念（conceptions），而同时前者被称作前概念（preconceptions；prolêpseis）……概念（ennoêma）是理性动物心灵中的形象（image；phantasma），[2]因为当形象进入理性灵魂中，它就被称作概念，其名称［63］取自心灵（nous）。由于这一原因，只有进入非理性动物心中的内容才是真正的形象，而那些进入我们或诸神心中的，则是广义上的形象，具体而言就是概念。(3)[3]

这一段记述在某些方面明显反映出亚里士多德在《后分析篇》（*Post. An.*）卷二 19 和《形而上学》卷一 1 中关于概念之形成的粗略解释，在那里，亚里士多德认为感知导致记忆，然后在人那里形成 empeiria［经验］，最后，如果幸运的话，产生技能和知识——在此可比较廊下派把 technê［技能］定义为"相互关联的操作性印象的体

---

[1] 再次注意 en 与 apo 的组合：writing-on-out of（由……在……上书写）。

[2] 这里要注意的是，埃提俄斯并没有像他在紧接下来的段落（卷四 12.1-5）里那样，把 phantasma 局限于单纯的幻想，正如他也不像马格尼西亚人狄俄克勒斯所做的那样，《名哲言行录》卷七 50。

[3] 埃提俄斯，卷四 11.1-6 =《早期廊下派辑语》2.83 =《希腊化哲人》39E；参照西塞罗《学园派》卷二，20-22，30-31。

系"——在技能和知识中，前概念[①]作为初级内容被表达出来，并被给予明确的概念形式。

廊下派这种广义上的经验论色彩也更贴近亚里士多德；这里没有柏拉图认为的，内在观念在人一出生就有其位置，新生儿的心灵更像是洛克所讲的 tabula rasa［白板］。而且在我看来，廊下派对于原因的重视也体现出亚里士多德的影响。概念并不通过归纳推理的理性过程获得，而只通过感知印象的适当积累在灵魂中建立起来。

> 概念是一种印象，而印象是在灵魂中的一种印记……他们（即廊下派）把概念定义为一种被储存的思想（stored-away thoughts），把记忆定义为牢靠稳固的印记，同时他们认定，科学的理解（epistêmai）具有完全的不变性和牢固性。(4)[②]

关于概念形成机制的进一步理解，同样以典型的经验论者的方式提出：[③]

> 关于我们所构思的东西，有些是通过直接遭遇（confrontation；periptôsis），有些是通过相似性（homoiotês），有些是通过类比（analogia），有些是通过置换（transposition；metathesis），有些是通过组合（sunthesis），还有一些是通过对立（enantiôsis）来

[①] prolêpseis：这一术语在伊壁鸠鲁派那里也用作基本相同的意义。见《名哲言行录》卷十 33 =《希腊化哲人》17D。

[②] 普鲁塔克《驳廊下派的一般观念》[Comm. not.] 47，1084f–1085a =《早期廊下派辑语》2.847 =《希腊化哲人》39F；参照西塞罗《学园派》卷一 41 =《早期廊下派辑语》1.60–61；卷二 145 =《早期廊下派辑语》1.66 =《希腊化哲人》41A。

[③] 这里所讲的经验论者是休谟：《人类理解研究》(Enquiry Concerning Human Understanding)，第二部分。

构思的。(5)[①]

这些内容也源自马格尼西亚人狄俄克勒斯的记述,随后的文字是对上述观点的具体解释。感觉对象通过遭遇而被构思;相似性能够让我们形成与苏格拉底相似的形象;类比能够帮助我们通过放大或缩小的方式来形成概念,关于地球的中心就是通过类比其他[64]那些我们能够直接考察其结构的球体来构想的;置换使我们能够想象"长在胸上的眼睛",像人首马身的怪物则是组合的产物;对立能让我们形成死亡的概念。这些列举仍然没有穷尽:

> 另外,有些东西是通过转移(transition;metabasis)被构思的,如意义(meanings;lekta)和地点;善与恶是自然地(phusikôs)被构思的;[②] 还有些东西是通过剥除(privation;sterêsis),如没手的人。(6)[③]

恩披里柯还把下面这一明显的经验论口号归于他们:"每一种构思(conceiving;noêsis)或者通过感知产生或者不能没有感知,也就是说,或者从遭遇产生或者不能没有遭遇":[④]——nil in intellectu quod non prius in sensibus [没有什么在理智中的东西不首先在感觉之中]。可以看出,这也是对亚里士多德"思考或者是想象(imagination;phantasia)或者不能没有想象"[⑤]这一名言的延伸(或许也是一种重新

---

① 《名哲言行录》卷七 53 =《早期廊下派辑语》2.87 =《希腊化哲人》39D;参照《驳学问家》卷八 58–60。
② 这是最接近廊下派所接受的天赋概念机制的说法;他们所想的是他们的亲近(oikeiôsis)观念,即动物具有的寻找对其最有利之物的自然的本能驱动:见 Brunschwig 1986;和 Hankinson 1997,页 191–192、198。
③ 《名哲言行录》卷七 53 =《早期廊下派辑语》2.87 =《希腊化哲人》39D。
④ 《驳学问家》卷八 56 =《早期廊下派辑语》2.88。
⑤ 《论灵魂》[De Anima] 卷一 1,403a8–9;卷三 7,431a16–17。

阐释）。亚里士多德的 phantasia［想象］在含义上不同于廊下派的印象——但是这使得这种借用和重新阐释显得更加有针对性。

因此，cataleptic 印象还不是知识。实际上，芝诺

> 把领会（apprehension；comprehensio：西塞罗对希腊词 katalêpsis 的翻译）置于知识和无知之间，指出它既不属于善的事物也不属于恶的事物，但认为就其本身来说是可信的。由于这一原因，他认为感觉是可靠的，因为，正如我们在前边所说，在感觉中产生的领会似乎对他来说既是真实的也是可以信赖的，并非是因为它领会了对象中的每一方面，而是因为就它所可能面对的东西而言，它并没有遗漏什么，还因为自然让它作为科学理解（scientia）之某种准绳，并且作为其自身的来源，使得随后关于事物的概念能够印刻于心灵上，而且，通过它，不仅首要性原理，而且理性发现之更宽阔的道路被打开。但是，错误、草率、无知、意见和怀疑以及总而言之，一切与稳定、牢靠的认可不一致的东西，他都使之与德性和智慧相分离。(7)[①]

［65］恩披里柯赞同说：

> 他们［即廊下派］说，存在着三种彼此相关的东西：知识、意见以及处于二者之间的领会。在这三者中，知识是可靠和稳定的领会，不能被理性所改变，意见是弱的［和错的］[②]认可，而领会则居于二者之间，是对于 cataleptic 印象的认可。根据这些人的看法，cataleptic 印象是那种真的因而不可能是假的印象。(8)[③]

[①] 西塞罗，《学园派》卷一 42 =《早期廊下派辑语》1.60 =《希腊化哲人》41B。

[②] 括号内的词几乎可以肯定是抄写者的笔误：见 Maconi 1988，页 240 注 26；Hankinson 1998c，第五章，注 13。

[③] 《驳学问家》卷七 150–152 =《希腊化哲人》41C。

对于 cataleptic 印象的认可，或 katalêpsis［领会］，还不是知识，知识必然更为稳定、更具结构性。① 但对 cataleptic 印象的认可要比单纯的意见更好，单纯的意见被他们定义为"对于没有领会的东西的认可"（《驳学问家》卷七 156），并且，没有真正的圣贤会容忍意见。② 实际上，正如文本 7 中所表明的，意见和无知之间并没有真正的区别。意见也许碰巧是真的——但是，仅仅碰巧为真并非足够好的东西，至少对任何要求把自己的行为奠基于可靠的德性基础上的人来说还不够好。

在印象能够作为驱动之根源（在印象涉及关于事物之评价的情况下）之前，印象必须经过认可。根据西塞罗的看法，这种对认可之中介性地位的强调③是芝诺的原创思想：

> 对于那些通过感觉而被接受的印象这种东西，他加入了心灵的认可，他认为，认可来自我们并且由我们自愿做出。（9）④

cataleptic 印象仅仅作为值得认同的东西呈现自身，但是否承认它们的可靠性仍然取决于心灵。

但是，这种可靠性到底确切指什么？如果 cataleptic 印象是廊下派的真理标准，人们可能就会认为，我们最好能够识别出这一点来。从表面上看，仅仅说"cataleptic 印象满足 CI1–3 的条件"似乎不够：

---

① 见上面的文本 4；芝诺把印象比作伸开的手掌，把认可比喻为手指的轻弯，把 katalêpsis［领会］比喻为手攥成拳头，而把知识比作那一拳头被另一只手牢牢抓住：《学园派》卷二 145 =《早期廊下派辑语》1.66 =《希腊化哲人》41A。

② 司托拜俄斯，卷二 111.18–112.8 =《希腊化哲人》41G；参见下面的文本 10。

③ 这对廊下派的行为理论也很关键：见 Inwood 1985。

④ 西塞罗《学园派》卷一 40 =《早期廊下派辑语》1.61 =《希腊化哲人》40B。

［66］因为如果 cataleptic 印象作为标准，认知者就必须知道他的印象是 cataleptic 印象。但是，到哪里获得这种保证的根源？文本 1 的最后一句话表明，cataleptic 印象由其清晰性和分明性所标志——但是，这些概念本身并不比笛卡尔对这些概念更为著名且众所周知的含混使用更清晰更分明。

怀疑论的观点可以相对简单地表述为：如果清晰性与分明性是印象本身的内在特点，那么，有什么理由可以支持"仅仅由于这种现象上的特点，它们就为我们提供了真理"这种观点（即满足 CI1-3）？反过来，如果这些术语指关于印象之来源的客观且外在的事实，且它以某种恰当的方式真正地来自某个实际的对象，那么，我们如何能够认识到这些外在事实具有这些特点？文本 8 最后一句暗示了一种尝试性的回答：cataleptic 印象是（CI4）一种不会出错的印象。但是，这不过使问题重新产生：当 CI4 满足的时候，我们是如何知道这一点的？

因此，毫不奇怪，在这一语境中，阿尔克西拉俄斯（约公元前 315—前 240 年）的怀疑论学园派发现有广阔的领域来运用其大规模摧毁教条的武器。廊下派援引 CI4 可能是他们回击怀疑论的猛攻的第一个阶段。

阿尔克西拉俄斯在公元前 272 年成为学园派的领袖，但毫无疑问，在这之前的一段时间里，他一直使用经过自己改造的苏格拉底式辩驳技巧。尽管他随时准备对任何确凿的教义提出质疑，但在原始资料中，他以对廊下派特别的关注而闻名，也许是因为廊下派提出了最有哲学趣味也最吸引人的教义——我们不必接受诺美尼俄斯的看法，他认为阿尔克西拉俄斯对芝诺的攻击是出于对其名声的嫉妒：名声本身就具有足够的驱策力。

［67］在接下来的两百年中，廊下派和学园派的哲学命运紧密交织在一起。克律希珀斯（约公元前 280—前 205 年）力图维护并修复被怀疑论论证所破坏的廊下派教义。"如果克律希珀斯不存在，也就

不会有廊下派"这一说法后来作为廊下派的口号传开,[1] 卡尔涅阿德斯着重采用它并对它做了适当修改,成为"如果克律希珀斯不存在,也就不会有我"(《名哲言行录》卷四62)。本章后面的大部分内容将试图梳理二者辩证相关的共生历史。

西塞罗写道,阿尔克西拉俄斯

> (1)可能诘问芝诺,如果圣贤不领会任何事物,并且如果不形成意见也是圣贤的特点,那么,圣贤将会是什么样子呢?(2)我猜想,芝诺的回答是,他[即圣贤]不形成意见是因为他能够领会某种事物。(3)是何种事物?我想,是印象。(4)是何种印象?是由事物本身压印、封印和模塑的印象。(5)阿尔克西拉俄斯接着会问,假使存在着一个真的印象,它在形式上和某个假的印象完全一样,上述说法是否还站得住脚。(6)在此,芝诺足够机敏地看到,对于某一来自存在之物的印象,如果存在着某个在形式上完全与之相同但却是关于某一不存在之物的印象,那么,没有印象是能够被领会的。(7)阿尔克西拉俄斯认为这一关于那种印象之定义的补充是合理的,因为如果对于某一真的印象,总存在着某个和它一样的假的印象,那么,人们就不能领会某一印象。(8)然而,其有力的论证是为了表明,对于某个存在之物的印象,并非不存在某个在形式上与之相同但却是关于某一不存在之物的印象。(10)[2]

恩披里柯对此做了一点补充:

> (1)他们之所以加入"就某类印象而言,它们不能从不存在

---

[1] 《名哲言行录》卷七183 =《早期廊下派辑语》2.6。
[2] 《学园派》卷二77 =《早期廊下派辑语》1.59 =《希腊化哲人》40D。

之物而来",是因为学园派并非像廊下派那样认为,对于某一印象,不能够发现在所有方面与之类似的印象。(2)廊下派断言,那些拥有可领会印象(apprehensive impression)的人,具有如工匠般的技艺,关注事物的客观差异,因为这一类型的印象有着与其他印象相比不同的、属于自身的特点,就像长角的蛇相比于其他所有蛇而有所不同一样。(3)但是,学园派认为,我们可以发现某个错误的印象,但它与可领会的印象难以区分(aparallaktos)。(11)①

[68]因此,在阿尔克西拉俄斯的施压下,芝诺通过增加新的从句 CI5 "就某类印象而言,它们不能从不存在之物而来"(参照《名哲言行录》卷七 50),修正了定义 D1,这一新的限定大概是对 CI4 的进一步具体化。阿尔克西拉俄斯的挑战很好理解:即使我们为了论证的原因承认存在着符合 CI1-3 这些条件的印象,但只要有这样一种可能,即,对于某个满足 CI1-3 的印象 I,存在着另外一个印象 I*,该印象在轮廓上与 I 难以区分,但它并不能满足前种印象的定义——它来自别的对象或根本不来自任何对象,仅仅是单纯的幻象——那么,廊下派关于 cataleptic 印象的定义就不能作为标准。我们无法仅仅通过审视印象本身知道它是否符合上述那些条件。②

西塞罗作为学园派的怀疑论者,总结道:

> 存在着四个一般性的前提,它们被归结为"没有什么能够被认识、领会或理解"这一观点,整个争论都围绕着这一观点展开:[A](1)存在着某些假的印象;(2)它们是不能够被领会的;(3)如果有一些印象,它们之间不存在区别,那么,其中某些可领会某些不可领会是不可能的;(4)对应于某一源自感觉的真的印象,

---

① 《驳学问家》卷七 252 =《早期廊下派辑语》2.65 =《希腊化哲人》40E;参照《驳学问家》卷七,152, 163, 248, 416, 426。

② 对这些以及随后的问题的更详细的处理,见 Hankinson 1997,页 168-183。

存在另外一个与之相一致的但却不能被领会的印象。在这四个前提当中，每个人都会承认（2）和（3）。伊壁鸠鲁不会认同（1），但同时，你们［即廊下派及其追随者］，我们的论辩对手，会认可这一前提。所有分歧涉及（4）。（12）[①]

［A］是学园派的论证。伊壁鸠鲁派不接受 A1 而接受其余论点。廊下派接受 A1–3，但不接受 A4。他们为什么要这样做？

学园派支持 A4 的理由可以通过下述例子来说明：在很多情况下，受蒙骗的人以为自己看到了一对同卵双胞胎中的某一个，但实际上他们看到的是另一个；没有人能够把两个充分相似的鸡蛋区分开。但如果是这样的话，可以考虑这样一个特殊的印象形成的情况：我看到同卵双胞胎中的一个，比如卡斯托（Castor），我产生出印象并认可这一印象，承认"它是卡斯托"——刚好这是正确的印象。但是，仅仅通过审视印象，我完全能够说，［69］也许它是珀洛克斯（Pollux）。这也明显是合理的，即使我完全不知道卡斯托还有一个同卵双胞胎兄弟或姐妹；实际上，正是在这种情况下，我可能草率地让自己相信它是卡斯托。因此，A4 是合理的。正如西塞罗所说："并不存在辨别真印象和假印象的标志。"

对此，廊下派做出了反击："你们［中译编者按：指廊下派］说万物的本性并没有这种程度上的相似性。"（《学园派》卷二 84）没有两种事物完全相似，这正是廊下派的莱布尼茨式形而上学的一项结论，[②] 对于印象来说这恐怕也是正确的。此外，正如我们看到的，

[①] 《学园派》卷二 83 =《希腊化哲人》40J［部分］；参照卷二 40–41。

[②] 大致的理由是，特殊性质是同一性的决定因素，因而，如果相同的性质属于不同时空中的基质（substrates），那么这意味着，同一个事物存在于不同的地方，显然这是荒谬的。普鲁塔克不屑一顾地评论说，接受"不存在虽然不同但是差异却难以识别的对象"这种观点，比拒绝提出这种看法的形而上学更难。例见普鲁塔克，《驳廊下派的一般观念》1077c–e =《希腊化哲人》28O。

cataleptic 印象被假定成"巧妙地复制了其对象特殊属性（idiômata）"的东西。

但学园派不为所动：

> 让我们承认那一点。当然，这种程度的相似性可能存在，因此它会迷惑我们的感觉；但是，如果这种相似性只是一种假象，那么，任何事物都将被抛入怀疑之中。因为，如果没有认知上的那一恰当的标准，即使你们看到的和你认为你们看到的是同一个东西，你们也不能像你们认为的那样，根据那种假的东西所不可能具有的标记（nota）做此判断。(13)[①]

恩披里柯在《驳学问家》卷七 402–435 中反驳了廊下派所谓的标准。他首先表明，可以找到"在清晰性和强烈性（idiôma）方面"与真印象无差别的假印象，然后表明，可以找到"在铭印与印刻的方面"与真印象无差别的假印象（即二者在笛卡尔所谓的内在轮廓上没有区别）。

但是，在这里廊下派将会反驳说，cataleptic 印象准确地表现对象的独有特性，即对象的 idiômata（《驳学问家》卷七 250–251）；对象的特有 idiômata [特性] 直接产生 cataleptic 印象的特有 idiômata [特性]（《驳学问家》卷七 252）。这样，cataleptic 印象就由它们所表现的对象的本质特征所规定，[70] 这种本质特征保证了关于同一对象的 cataleptic 印象分有相同内容。[②]

但是，确切地说，廊下派和对手之间的争议在于，是否以及——

[①] 《学园派》卷二 84 =《希腊化哲人》40J [部分]。

[②] 我并不意在表明，印象将可能使你直接发现事物内在的本质特征——毕竟，印象本身只是复现那些"面对"它的对象。但是，由于该对象是（特殊）事物，即，由于该对象本质上的个别性，所以在廊下派看来，它会揭示出其印象具有一种独一无二的面貌。

如果是的情况下——何以两个不同的印象可以分有相同的内容。这需要更细致地说明。让我们把印象视为那特殊的感知性事件的标志——如果这样的话，每一印象都是 sui generis [独一无二的]，并且没有印象能够重复出现。但是，相同类型的印象的确能够重复出现——那么两个学派之间的争议就是，这种情况何以发生，以及在何种环境中会发生。现在让我们把某一印象 I 的内在内容（C1）规定为涉及它所表现的结构的内容。[①] 我们现在可以说，对于印象集 S{I1，I2，I3……In}，其中所有 Ii 中的 C1 是不可区分的，那么，该印象集中的印象就是相同的类型。

现在，廊下派和怀疑论者之间的争议可以鲜明地表现为：是否存在由分有相同内在内容的同类印象构成的印象集，其中的印象并非都是对同一对象的印象。如果回答是肯定的，那么，怀疑论者的说法就是合理的。如果回答是否定的，则廊下派就可进入下一轮战斗。但是，即使答案是否定的，怀疑论者仍然可以回击说，真正的问题不在于 S 这样的印象集——它所包含的印象在内在内容上确实是不可区分的；毋宁说，分歧的关键在于，是否存在这样的印象集 S*，在其中，对于某一拥有这些印象的人来说，它们是难以区分的。如果存在，那么廊下派还将面临困难。[②]

但廊下派将会回应说，这并不足以使怀疑论者的观点更可取。世界上充满了愚蠢的人、认知上贫乏的人，他们塞满了像 S* 那样的印象集，但这恰恰表明，他们的所有印象，或至少落入这种印象集中的印象，都不是 cataleptic 印象。毕竟，廊下派并不要求 [71] 每个人

---

① 我之所以这样说，是因为最好不要仅仅因印象的现象上的特征，就把该内容理解为个别性的，否则，我在光线良好的中午关于你的印象，与光线晦暗的晚上关于你的印象将会在内容上有所不同。我之所以在此留有不明，是因为很难做到在这一领域内获得确切的认识，并且我认为至少在这里也没必要搞得那么清楚。有关现代试图进行的类似区分，见 Goldman 1977。

② 《学园派》卷二 85 =《希腊化哲人》40J，以及文本 8。

都具有这种分辨印象的能力——只有那些在认知上的进步者才应该具备此能力。

现在，情况显得有些僵持不下。毕竟（至少为了论证的目的），怀疑论者设定了 A4，而这看起来是一个很强的主张。设定"每一真印象都完全可能伴有一个与之难以区分的、假的同类印象"是否真的合理？毫无疑问，如果我完全处于清醒中，并且现在很明显是白天，那么，设想"我现在获得的印象可能不是对我的电脑的印象"是很无聊的。即使做出这样的设想是正确的，也还是不够的；应该指出，我们完全有可能在任何事情上都陷入错觉。①不过，怀疑论者对这一论点的需要似乎是为了防止廊下派说，他们所设想的"没有一些与之同种的假印象"这一条件只适用于某些印象。

另一方面，廊下派显然还需要向我们解释，cataleptic 印象之标准形式本身何以能够被这些印象的主体所识别。认为在这些形式中主体能够确认他们的印象符合 CI1-5 这些条件，这很明显是不够的，因为仅主观的确认对于良好的怀疑理性来说并不是一个绝对可靠的向导。很多人确认的东西最后都被表明是错误的。但如果存在某种特殊类型的内在确认，那么，廊下派需要向我们解释这一内在确认是什么样子，以及我们在怀有这种确认时如何能够绝对无误地识别出它。

在这里值得指出的是，他们并不需要声称没有人会在印象是不是cataleptic 印象方面弄错，甚至也无需声称——如实际上他们做的那样：见文本 15——没有人会在接受 cataleptic 印象的时候无法识别它从而没有对它作出认可。

这是一个重要的区分，但在怀疑论的证明中常常被忽略：假设

---

① 注意，并非每个人在每一件事上都可能完全陷入错觉（◇(x)(p)[如果 x 认为 p，那么 ¬p]）——怀疑论者不需要根据全面出现的错觉这种非常强的可能性来产生他们的主张——而是，任何人可能在任何事情上都会陷入错觉（¬(□x)(□p)¬◇[x 认为 p，但 ¬p]）。但是，这一主张仍然过强，以至于缺乏内在的合理性。

（1）——当你自己并不处于条件 C 的时候，你可能错误地认为你自己处于该条件中——是一回事，而假设（2）——你处于条件 C 中，但却错误地认为自己并不在其中——则是另一回事。至少对于 C 的某些具体情况，（1）看起来很有可能，但是（2）显然（起码从证明方面看）不太可能。至少"类型（1）[72] 有时甚至可能经常发生"这一事实本身，已没有任何倾向性地表明，类型（2）的情况也必然可能会发生。考虑这样一个例子，用"处于清醒中"替代 C：当我不处于清醒中的时候（即当我处于睡梦中的时候），我可能错误地认为自己处于清醒中，这一事实并不表明，当我处于清醒中的时候，我可能错误地认为自己不在清醒中。他们真正需要的是这样的例子，在其中，cataleptic 印象呈现着，能够被识别并且被认可，在这些例子中没有怀疑的空间存在。

正是由于这一原因，学园派试图表明，完全不存在符合条件 CI5 的印象。为此，他们引入一些成为后来认识论论证中经常使用的例子。廊下派强调清楚分明的印象所具有的推动性力量——如果你愿意，也可以说是它们具有的休谟意义上的力量与活力；但是，学园派不为所动：

> 因此，如果印象是 cataleptic 指的是，它们使我们倾向于认可它并且因它们而产生相应的行动，那么，由于假的印象也具有这类特点，我们必然会说，non-cataleptic 印象与 cataleptic 印象是难以区分的（aparallakoi）。英雄［即赫拉克勒斯］把握了从自己的孩子那里产生的印象，即他们是欧律斯透斯（Eurystheus）的孩子，正如他以同样的方式把握了从箭那里产生的印象（即它们是箭）。① 因此，既然二者都以相同的力量推动他，那么必须承

---

① 可以接受海因茨（Heintz）合理补充的 hôs toxôn。

认，二者是难以区分的。(14)[①]

恩披里柯在这里讨论的是赫拉克勒斯发疯的例子。他把自己的孩子错看成敌人欧律斯透斯的孩子，从而杀了他们。赫拉克勒斯的印象——假的，因而肯定是 non-cataleptic——即他面前是他敌人的孩子，在恩披里柯看来（在这里像在其他地方一样，几乎肯定是依据学园派最初的论证），在内在特征和推动力方面与他对箭的清楚分明的印象并没有什么不同。但是，那印象是假的印象；因此，尽管赫拉克勒斯可能有对欧律斯透斯的孩子的真实印象，但是，他所具有的这一印象并不一定能够符合 CI5。因此，他有可能在任何事情上都不具有 cataleptic 印象。

对此，廊下派仍然可以回应说，赫拉克勒斯可能认为其印象是 cataleptic 印象，但实际上它并非如此。他们的教义并不蕴含这样的看法，即表面上看是 cataleptic 印象的，都必定是[73]cataleptic。因此，观点的对峙仍然僵持不下。实际上，学园派执意主张，印象无论显得多么"完善"，仍然可能是假的。廊下派则执意认为，在每一错觉印象的例子中，如果仔细审视，就会发现它们缺少真正的 katalêpsis 所要求的清晰与分明。很难看出，两者通过使用这种方式的论证会达到他们各自的目的。

此时，我们应该考虑一种新的可能选项，它在弗雷德一篇很有影响的文章（1983）中提出。按照弗雷德的观点，使 cataleptic 印象得以区分出来的，并非某些不可错性的内在特征，也就是不能通过这些内在特征来识别出它为何物；毋宁说，使之得以区分出来的，是其因果起源的因果特征，根据这种因果特征，它具有一种特殊的推动力量。

[①] 《驳学问家》卷七 405–407；参照《驳学问家》卷八 67，《学园派》卷二，38，90；普鲁塔克，《驳科洛特斯》[Col.]，1121e，1122c。

这一主张是说，存在着特定的印象，它们事实上以某种恰当的方式产生，正是由于它们以这种方式产生，它们具有一种让我们认可的强烈倾向，"似乎可认知印象的特有标志是一种因果特征，而不是可以通过反思审视的现象学特征"（Frede 1983，页 85）。弗雷德指出了文本 14 第一句话中的因果论色彩，以及其他类似的段落（亦见文本 17）。

这一阐释的问题是，它若是正确的，就会使学园派的批评变得无关紧要。[1]西塞罗的《学园派》中廊下派化的认识论代言人鲁库卢斯（Lucullus）不断主张，为了解释我们具有在世界中躲避危险的能力，我们必定知道个别的事实，并且知道我们知道它们（《学园派》卷二，23–26，27–29，30–32，33–36，37–39）。而且，这将使得那个标准成为这样一种东西，即我们可能拥有它，却对拥有它没有意识。这一点尽管对廊下派来说不是决定性的思想，但至少看起来缓和了对廊下派关于智慧乃至接近智慧这些观念的普遍抨击。

我们将在后面回到这一点。但是，不论我们怎样思考因果性的启示，很明显的是，廊下派在怀疑论的强大火力下被迫转向另一策略性撤退：

> 尽管老廊下派宣称 cataleptic 印象是真理的标准，但更新近的廊下派则增加了"假如没有妨碍（enstêma）"这一从句。因为有时候，当某个 cataleptic 印象［74］产生，可是由于外在环境的原因，它是不足信的（apistos）。（15）[2]

在这里，合适的古希腊神话例子是阿德墨托斯（Admetus），赫拉克勒斯把他的妻子阿尔刻斯提斯（Alcestis）从死神那里挽救回来

---

[1] 正如安纳斯（Annas 1990，页 195 注 25）所指出的，如果这是正确的，那么"很难看出廊下派和怀疑论者的争论何以延续了这么长时间"。

[2] 恩披里柯《驳学问家》卷七 253–254 =《希腊化哲人》40K；参照文本 17。

并带到他面前［译按：他以为是别的女子］；墨涅拉俄斯（Menelaus）在船上离开海伦的幻影后——当时他以为是真的——在普罗透斯（Proteus）的房子里见到了真正的海伦［译按：却认为她不是海伦］。在这两个例子中，他们获得的印象都符合cataleptic印象的条件，但是都由于相当合理的理由而不相信它们。

> 阿德墨托斯的推理是，阿尔刻斯提斯已经死了，而人死不能复生，尽管也有某些魔鬼会不时游荡。而墨涅拉俄斯则思忖，他在船上已经离开了受到看守的海伦，他在法洛斯（Pharos）看到的不是海伦而是某种超自然的幻影。(16)[①]

廊下派的回应很简单：

> cataleptic印象并不是无条件的真理标准，而是当没有什么妨碍它的时候，它才可以成为标准。在这种无妨碍的情况下，它是明证性的和醒目的，正如他们所说，这些明证、醒目的印象像拽着我们的头发拖着我们认可它们。(17)[②]

换句话说，我们可能面对cataleptic印象而没有认出它。这并不是由于这种印象本身的任何缺陷（它始终符合条件CI1–5），而是因为我们所具有的其他信念，这些信念使我们拒绝接受那些即使是清晰的感觉证据。

在《驳学问家》卷七424（=《希腊化哲人》40L）中，恩披里柯说，根据廊下派的观点，要使印象具有要求认可的力量，需要有五个条件"同时存在"：感觉器官、被感知的对象、环境、方式和理智。如果

[①] 《驳学问家》卷七256=《希腊化哲人》40K；参照《驳学问家》卷七180；《皮浪学说述要》[PH]卷一228。

[②] 恩披里柯，《驳学问家》卷七257；参照文本8。

有任何一个条件不具备，那么，该印象就缺少认可力："因而，有些人认为 cataleptic 印象并不是在所有情况下的标准，而是当没有什么妨碍它的时候，它才可以成为标准。"

但是，要想使这一能够发挥其功能的标准易于被我们察觉，我们需要知道这些条件是否实际上同时存在，可在面对我们所熟悉的怀疑论反驳的情况下，我们如何能够做到这一点？墨涅拉俄斯的例子（文本 16）在这里十分合适，因为墨涅拉俄斯两次被欺骗：把 noncataleptic 印象错认为 cataleptic 印象，把 cataleptic 印象错认为 noncataleptic 印象。在开始，他把假的海伦影像接受为真的时候，到底哪里发生了错误？［75］可以推测，他当时并没有神志失常，感觉也没有错乱（尽管他被欺蒙），（从对象的物理特征来看）错误只来自对象并不是真正那一个。难怪恩披里柯会抱怨，cataleptic 印象的观念和真实对象的观念相互定义，无法使我们独立地掌握其中任何一个（《驳学问家》卷七 426）。

但可以推测，正如在阿尔刻斯提斯的例子中表明的，某些深植于我们内心的信念会阻止我们对被给予之印象的认可。还有一些例子实际上表明，印象之所以具有让人认可它的力量，是因为它与我们所具有的其他印象和信念相一致。现在，这一标准在实践上显然行不通——问题是，廊下派所坚持的"通过适当的练习和应用，我们能够使自己成为更好的认知者"这一看法是否正确（参见《学园派》卷二，20，56–58，86）。

重要的是，廊下派始终信奉真理。有意思的是，学园派的卡尔涅阿德斯则利用阿尔刻斯提斯的例子发展自己的"善辩的认识论"（epistemology of plausibility）。[①] 印象可以仅仅貌似合理（即乍一看让

[①] 他这样做是出于自己的理论目的，还是仅仅属于与廊下派辩证性论战的一部分，这一问题超出我们考察的范围，不过我赞同前一种阐释：Hankinson 1998c，第五、六章；Hankinson（即出）；但也可以参见 Allen 1994/1997。

人信服），或是貌似合理且可检验的（diexôdeumenai），或是貌似合理、可检验且不可逆的（aperispastoi）。它们可以通比较来自其他感觉通道的报告而被检验，例如通过触摸某物来看看它是否真的结实，还是看起来结实；也可以通过改善最初印象的产生条件的方式来检验，例如走近一点看或打开灯来看：[1] 实际上卡尔涅阿德斯所做的是，允许[2]那些令人信服的、因其可证实性和一致性而被恰当地检验的东西，作为我们是否接受和是否按其行动的非常有效、实用的依据。他所拒绝的观点是，这种东西需要通过求助于真理而建立在某种形而上学的基础之上，或者说，他不承认它对知识来说是充分的尺度。

到此为止，我们集中讨论了被廊下派视为真理标准的 cataleptic 印象。但是，拉尔修的文本提供的证据表明，在学派内部，有关真理标准的观点并不一致：

> 他们说 cataleptic 印象是真理的标准……克律希珀斯在其《物理学》（Physics）第二卷中就是这么说的，安提帕特若斯和阿波罗多若斯（Apollodorus）也是这么说的。波厄托斯（Boethus）[76] 承认更多的标准：理智、感觉、欲望以及科学的理解。但克律希珀斯在其《论理性》（On Reason）第一卷中，和他自己别处的说法相矛盾，认为感觉和前概念是标准（前概念是关于万物的自然概念）。有些老廊下派哲人把正确理性（orthos logos）作为标准，如珀赛多尼俄斯在其《论标准》（On the Criterion）中就是这么说的。（18）[3]

---

[1] 《驳学问家》卷七 158–175 =《希腊化哲人》69DE；《皮浪学说述要》卷一 227–229。

[2] 同样，他这样做可能是为了自己的理论目的，也可能是出于与廊下派的对话。

[3] 《名哲言行录》卷七 54 =《早期廊下派辑语》2.105, 1.631 =《希腊化哲人》40A = 辑语 42 EK。

这一简短的记述引起大量批评性的讨论,[①]而且我们完全不清楚这一记述的可靠性程度。但似乎可靠的结论是,至少在学派内部,存在着关于标准之本质的争论,这种争论至少可以回溯到克律希珀斯。如果严肃看待最后一句粗略提到珀赛多尼俄斯的事实,那么,这种争论可能还要更早。[②]

当涉及标准这一观念本身的多变本性时,情况变得更为混乱。恩披里柯区分了该概念的三种主要含义(主体[agent]、工具[instrument]和机制[mechanism]),并进一步表明,关于它们的独断式争论使得这一观念无法理解(《皮浪学说述要》卷二 18–79)。在《驳学问家》卷七 29 中,他首先区分两类标准(行为的和真理的),接着他又将后一种标准划分为三种,即一般性的、特殊性或技术性的,以及个别的(《驳学问家》卷七 31–33);最后一种是"理性的标准",它被按照《皮浪学说述要》卷二 21(《驳学问家》卷七 34–37)的区分来理解。《驳学问家》第七卷其余的部分涉及对有害的标准观的讨论。

然而,从文本 18 中凸显出两点。首先,似乎有些廊下派哲人至少想让某种形式的理性充当标准。感觉和理智都可以视为标准的,这在某种意义上已经成为一种通常的看法,[③]西塞罗的《学园派》中通过展示安提俄科斯的廊下派化了的认识论突出了这种看法。但是,理性并不表现为一个独立的标准;毋宁说,它是在已经由感觉提供的材料的基础上,以一种适当的经验论方式发挥其效用(卷二,19–20,31,43–44,45)。

这把我们带到第二点上。克律希珀斯引入前概念作为进一步的标

[①] 例见 Pohlenz 1938;Annas 1980;Kidd 1989。

[②] Kidd 1989,页 143–145,其中论证了珀赛多尼俄斯把正确理性这一标准归于"老廊下派"是一种错误。

[③] 恩披里柯(《驳学问家》卷七 217–218)把它追溯到漫游派,确切地说,追溯到忒俄弗拉斯托斯,尽管这一追溯经常受到质疑,但我赞同朗格(1988,页 199,注 59)的看法,即不存在明显的理由做出这种质疑。

准。但是，前概念确切地说是 [77] 前理论性的，实际上甚至是前表达的，它是关于万物的"自然的"概念化（例如，"白"或"动物"）：它"无需有意识的努力而自然产生"（见文本 3）。这一点表明，至少对克律希珀斯而言，标准所发挥的一切效用，都先于我们对标准所派生的概念所作的任何理智考察。相对于文本 18 所表明的，即其他廊下派哲人更看重理性的地位而言，克律希珀斯的这一看法显得有些奇怪。

但是，这一争论最终达到的结论，不过是标准这一观念之确切范围的不一致性。这一观念是否应该仅限定于基础性的东西，其他知识结构再根据这一基础而得以建立？或者，它可以延伸为一种机制，通过这种机制，知识大厦被建构起来？正如我们在恩披里柯那里看到的，古希腊对标准的观念无疑具有很大弹性，足以含摄上述两种含义。如果我们采纳廊下派的一般立场，那么，为了从人们的印象开始，依据演绎和抽象并获得对事物的最终理解，人们的准备工作最好符合一种恰当的操作规程：

> 这样，心灵利用感觉，创造出技能（artes）这种第二性的感觉，并且推动哲学本身达到创造德性这一目的，只需此，整个生命就能够被安排得恰到好处。（19）①

尽管这里的言说者是安提俄科斯主义者鲁库卢斯，但没有理由怀疑这里的观点也是其同时代廊下派的观点。

但是，显然存在着心灵或理性的参与，它在 cataleptic 印象的领域内完成着另外一种功能。一旦你承认，cataleptic 印象只有在没有重大妨碍的情况下可以接受为真理的标准（文本 15、17），那么，把该印象和其他印象和信念加以比较这一特殊的心理操作就会发生。当

---

① 西塞罗，《学园派》卷二 31。

然，正如例子所表明的，有时候，这种比较使我们拒绝接受实际上是 cataleptic 印象的印象，因为我们被其他错误的信念所误导。但是，同样可以合理地设想，这一比较的过程同样能够，而且也许是经常能够使我们拒绝接受一开始看起来可信但实际上并非 cataleptic 印象的印象，因为它们和我们的其他信念不相称。

[78]如果这是真确的，那么完全可以猜想，后期廊下派起码在吸收了怀疑论的沉重打击之后，试图使得作为某种意义上的标准的一系列心理内容（信念、印象、记忆、概念）协调起来。安纳斯（1980）甚至将之称为廊下派标准中的"融贯性观点"（coherence view），她通过对廊下派文本的考察发觉了这一点，并且把这一观点与她所说的"一致性观点"（correspondence view，她认为这种观点非常令人遗憾）加以对比，按照一致性观点，每一个 cataleptic 印象由于与实在直接的表象性关联，其本身就成为标准。

安纳斯承认，在这里，"一致性"这一说法并不是特别恰当。而且，值得强调的是，廊下派像所有古人一样，坚定地相信关于真理的一致性理论：命题之所以是真的，正是因为它们反映了现实的事态。廊下派或任何其他相关的古代理论家并没有暗示这样的观点，即融贯性本身对真理来说就是充分的尺度，甚至就是真理的唯一要素。出于同样的原因，他们最有可能支持的是一种与一致性的真理观显然完全相容的关于知识，也许准确地说是关于正当性的融贯理论。

但是，廊下派是否真的持有这种融贯理论？很少或没有直接的证据表明这一点。那些认为他们持有这一观点的人，依据的是廊下派形而上学的一般特点，尤其强调他们的天意决定论（providential determinism）以及他们对于一切事物之间共感性关联（sympathetic interconnectedness）的信念。当然，由于廊下派圣贤使自己的自然完美地置入作为整体的自然之结构中，并且在不可避免的事物进程中只怀有那些能够实现的欲望（因而也就是与宙斯的意志、命运本身相一致的欲望），因此，他们所实现的是一种对于自然之总体结构的理解

（这一自然正是我们进入其中的）。

但是，这一事实本身并没有表明廊下派赞同把融贯性的思想纳入他们关于知识、理解和正当性的解释之中，除非是在这样一种不太重要的意义上，即关于事物的总体性理解（epistêmê）或握紧拳头式的把握是一种整体性的活动，它至少需要诸事实之间相互融贯。

人们在此可能同样会援引廊下派的证明（demonstration）概念，他们把证明视为一种导向最好解释的推理，目的是使 [79] 我们从现象事实进入它们的隐蔽解释（《皮浪学说述要》卷二，142，169-170，179）。[1] 世界是这样一个世界，它将引导勤勉和富有经验的探究者通过逻辑上无懈可击的推理，从明显的事实通达不可感知的事态。这一推理必将成功，如果现象如其所是地存在的话。这就是 sêmeion endeiktikon 的认识论或指示型迹象（indicative sign）的认识论。毫不奇怪，这一观念同样处于怀疑论持续、强劲的火力攻击之中。[2]

廊下派会论证说，例如出汗这一明显事实足以表明，皮肤上分布着不可见的毛孔。[3] 除了其他原理外，这一推理还由"没有物理对象能够渗入另一坚实的物理物体之中"这一原理所支撑（《驳学问家》卷八 309）。但这个例子充分显示出的是，为了恰当地推理，我们需要援引我们关于世界之物理图景的其他观念（在此，世界的物理图景可能只靠先验的理性来确保）；它并没有显示出，整个推理前后一致的事实本身能够保证推理为真。

---

[1] 关于这一点，见 Barnes 1980；也可见 Brunschwig 1980。

[2] 《皮浪学说述要》卷二 97–133；《驳学问家》卷八 141–299。埃涅希德谟斯（Aenesidemus）通过摈弃斐洛和安提俄科斯领导下的学园派日渐加重的独断倾向，以重建皮浪主义。此人用了八论式中的一个论式来反对因果解释论者（《皮浪学说述要》卷一 180–186），认为一组现象并不蕴含单一的解释（《皮浪学说述要》卷一 181），这一看法预示了杜海姆（Duhem）和奎因（Quine）提出的用经验素材检验理论具有不确定性这一观点。

[3] 《皮浪学说述要》卷二 140；《驳学问家》卷八 306；《名哲言行录》卷九 89。

但是在这一语境中,我们还需要考虑另一段文本:

> 斯菲若斯,作为克勒昂忒斯的学生和克律希珀斯的同仁,其行为并非不机智:他被国王托勒密传唤到亚历山大里亚,到达那里的时候,在晚宴上,有人向他展示一些蜡做的鸟,当他伸手试图去捕捉那些鸟的时候,国王指责他认可了假的东西。但是,他聪明地回答说,他并没有认可"它们是鸟"这一主张,而只是认可,"'它们是鸟'是合乎逻辑的(reasonable;eulogon)"。因为 cataleptic 印象与合乎逻辑的印象不同,前者是不可能错的,而合乎逻辑的印象则有可能变成假的。(20)[①]

正如文本 20 所表明的,斯菲若斯是早期的廊下派哲人,这是支持珀赛多尼俄斯所主张的"早期廊下派偏向于把正确理性用作标准"(见文本 18)的唯一文本。[80] 尽管不能保证里面故事的准确性,但该故事显然在古代后期广为人知。这类传说虽然从某种意义上讲确实是杜撰的,但是,如果排除派系偏见,那么它们所要说明的哲学观点通常是可信的。因此,我打算有所保留地承认,文本 20 的确说明了一种真正的廊下派策略。

初看起来,回到合乎逻辑性似乎更像缴械投降,而不是一种战略性的撤退。貌似肯定的是,廊下派摈弃了"任何(一阶的)印象就其自身而言就是标准,它自身就可以保证其为真和可接受的"这样的主张。在实践领域内,当面临阿尔克西拉俄斯的论证时——即,由于按照廊下派自己的解释圣贤没有单纯的意见,并且 cataleptic 印象是无法获得的,或至少不能无误地表明自身,因此圣贤应该悬置其判

---

① 阿忒纳欧斯,卷八 354e =《早期廊下派辑语》1.624;参照《名哲言行录》卷七 177 =《早期廊下派辑语》1.625 =《希腊化哲人》40A。在拉尔修那里的记述差不多足以表明,他们从相同的来源获得这个故事。只不过,在拉尔修的版本里,向斯菲若斯展示的是蜡做的石榴而不是蜡鸟。当然,这一区别并没有多大意义。

断[①]——廊下派也做出了和上述摒弃相类似的转变。

廊下派在一定程度上回应说：所有通往圣贤之路的廊下派追随者有关未来的欲望、驱动和信念，都会被一种心灵上的"保留"（reservation；hupexaiesis）所防护：[②] 我今天想要去市场，只要神希望如此。[③] 类似地，他们在行动的领域使用"合乎逻辑的"（eulogon）这一概念。斐洛德谟斯记述巴比伦的第欧根尼——卡尔涅阿德斯同时代的廊下派哲人——时写道：

> 关于那些源于经验的事情，我们完全相信它们是合乎逻辑的，正如当我们在夏天起航时，我们也相信我们会安全到达。（21）[④]

只有圣贤会在其恰当理解的基础上，在所有时间中、在每一件事情上都显得正确——他的行为都会是正当的行为（katorthômata）。与之相对，那些只是处于进步中的人将做出 kathêkonta（适当的）行为，这种行为被认为"是生活中非常重要的，当它被做出来的时候，具有一个合乎逻辑的理由（reasonable justification）"。[⑤]

［81］阿尔克西拉俄斯在解释"何以一个人在每一件事情上悬置判断但却能够正常生活"的时候也使用了"事后性的（ex post facto）合乎逻辑的理由"这一标准，并因而避免了"论证失用症"（apraxia

---

[①] 《驳学问家》卷七 151–157 =《希腊化哲人》41C。

[②] 司托拜俄斯，卷二 115.5–9 =《早期廊下派辑语》3.564 =《希腊化哲人》65W；塞涅卡，《论恩惠》卷四 34 =《早期廊下派辑语》2.565。

[③] hupexairesis（有所保留）这一主题非常棘手且充满争议：见 Inwood 1985，页 119–126、165–175、210–215；Brennan 2000；Brunschwig（即出）。

[④] 斐洛德谟斯，《论迹象》[Sign.] 7.32–38 =《希腊化哲人》42J。

[⑤] 司托拜俄斯，卷二 85.13–86.4 =《早期廊下派辑语》3.494 =《希腊化哲人》59A；参照《名哲言行录》卷七 107 =《早期廊下派辑语》3.493。也可能是"辩护"：apologia。

argument)。① 有意思的是，他把这种行为描述为 katorthômata [正当的行为]，这是廊下派描述圣贤之完美行为的术语，这种完美行为无需任何那样的辩护。有可能 katorthômata [正当的行为] 在阿尔克西拉俄斯的论证中并不具有廊下派意义上的特定含义。② 但是，也许阿尔克西拉俄斯有意要用这个语词指出，这种理性的（reasoned）行为本质上是我们所能想到的最好行为，但它们足以应对日常生活。③

无论如何，现在，廊下派追随者将表面上以那些看起来合乎逻辑的东西为基础做出行动，并且知道这种行为可能最终并无成效，或与之相关的信念可能是错误的。作为好的廊下派追随者，他们能够平静地接受上述结果——宇宙不可能不以现在的样子运行。在廊下派的宇宙中，没有任何让人产生愧疚的余地。④

文本 20 中还有一个值得注意的特点。斯菲若斯并没有认可"这些东西是鸟"这一印象，据说，他声称他所认可的是另外的东西，即"'这些东西是鸟'是合乎逻辑的"这一印象。因为他认可的那个内容——"可以合乎逻辑地认为'这些东西是鸟'"——必定具有 cataleptic 印象的形式：正是这一内容符合条件 CI1-5，并且其本质由其自身显示出来（但能否真正说该内容表现了某一对象？）。但是，这一嵌入在印象中的内容是可错的，而且确实是假的。

人们很容易把这种向二阶内容的倒退视作一种狡辩，一种廉价获取无错性的方式。此外，廊下派越是做出这种退让，就越是和怀疑论者难以区别，尽管在斐洛和埃涅希德谟斯领导下的后卡尔涅阿德斯学

---

① 《驳学问家》卷七 158 =《希腊化哲人》69B。"论证失用症"指的是，不具有任何信念的怀疑论者，将会被认为是不能行动的，见普鲁塔克，《驳科洛特斯》1122a-f =《希腊化哲人》69A；亦见 Hankinson 1998c，页 87-89。还可参见弗雷德撰写的本书第七章第 5 节。

② 见 Ioppolo 1981，页 147-151。

③ 亦见 Maconi 1988；Hankinson 1998c，页 86-91。

④ 参见塞涅卡，《论恩惠》卷四 34 =《早期廊下派辑语》3.565。

园派时期，学园派更加坚持强硬路线者（如埃涅希德谟斯）的独断论。大约公元前80年左右，当斐洛形成其新的认识论（西塞罗，《学园派》卷二 18）且被安提俄科斯激烈反对的时候，学园停止了作为训练性学校而存在，这并非偶然。①

[82] 这里不是评价斐洛认识论之创新性的地方，②但从西塞罗那里可以清楚地知道，他拒绝廊下派 cataleptic 印象这一标准，但却坚持认为知识是可能的。而恰恰是令人吃惊的安提俄科斯认为，只有接受廊下派的标准，知识才得以保证，由此也表明这个教义是他那个时期标准的廊下派教义。

当然，问题是，这一教义到底是什么？安提俄科斯始终坚持CI1-5，斐洛拒绝CI5但主张我们仍然可以认识事物。安提俄科斯论证说，除非存在着 cataleptic 印象，否则就不会有技艺和科学上的确定性，而这种确定性在技艺和科学上显然是存在的。实际上，他宣扬的是某种形式的自然主义认识论。廊下派习惯诉诸所有生物的自然本能，所有生物都自然地保存自身，这是世界作为生物归属（appropriation；oikeiôsis）（即生物在世界中寻找那些实际上最适合自身特殊构造的东西）之天命结构的表现。③安提俄科斯本人论证说（《学园派》卷二 24-25），为了行动，我们需要 cataleptic 印象，否则，我们将不能够基于跟我们本性相一致的驱动（hormai）来做出行动：

> 那些能推动人们行动的，必须首先能够被他们看到和相信，如果某一事物的表象不能同错误的表象相区分，那么，该表象就不能推动人的行为。但是，如果表象不被视为与相应对象的

---

① 关于学园派后来的历史，可以具体参见 Glucker 1978 和 Barnes 1989。

② 见 Barnes 1989；Hankinson 1997，页 183-196；1998c，页 116-120；Striker 1997；Brittain 2001。

③ 参见《名哲言行录》卷七 85-86；塞涅卡，《致鲁基里乌斯的道德书简》121.6-15；希耶罗克勒斯，《伦理学要义》1.34-2.9。

本性相一致或异于其本性,心灵怎么能够被推动去追求其愿望?(22)(《学园派》卷二 25)

在安提俄科斯的融合论的但严重廊下派化的伦理学中,同样遍布着"诉诸自然本性"这样的观点。对此,西塞罗的《论至善与极恶》卷五 9—74 中有所记述。[①] 卷五 36 赞颂了感觉能够自然地感知到它们的对象,而

> 自然本性……能够使心灵与心灵的其他必要能力完美地结合,正如它对身体所做的那样:因为它给心灵配备感觉能力,感觉适合于对事物的感知,而很少或不需要证明的帮助。(23)(《论至善与极恶》卷五 59)

这样一种观念在漫游派的传统中同样十分常见。正如我们在前文(见文本 3)所看到的,传统廊下派认识论在很大程度上一直持有这一观念。

[83] 这一观念在《学园派》中得到强化:诸感觉像我们能够希望的那样好,[②] 并且能够在训练中变得更为敏锐(卷二 20)。它们能够产生一般性的概念(koinai ennoiai),我们据此将宇宙秩序化(卷二 21—22)。这些一般概念首先从特殊示例中,通过抽象出一般的性质,如白、甜而获得。接着,通过组合它们而产生实体的指称性概念(nominal concept),例如人、马等。最后,从这里进入真正的定义,而定义是所有科学考察的根源(见文本 3 和 4)。但是

> 如果存在着这样一种错误的观念,或存在着由那些与真实的

---

① 见卷五,24—26, 27, 31, 33, 34—37, 39—40, 41—43, 44, 46—47, 55, 58—59, 61, 66。

② 卷二 19,这一看法后来被西塞罗所反驳:卷二 81—82。

印象难以区分的错误印象烙印在心灵中的观念，那么，我们该如何使用它们呢？我们该如何知道，哪个与特殊对象一致，哪个与之不一致呢？（24）(《学园派》卷二 22）

如此一来，记忆将会变得不可靠，科学知识总体也会动摇（同上，卷二 22）。

因此，我们自然的能力蕴含着我们具有 cataleptic 印象，这是安提俄科斯坚持的立场，可以推测这也是其同时代廊下派的立场。该立场抵御一切怀疑论的反对，甚至在接受"我们可能会误把 non-cataleptic 印象视作 cataleptic 印象，或更有危害性地把 cataleptic 印象视作 non-cataleptic 印象"的情况下，也是如此（见文本 16 和 17）。也有这种情况，即所有环境都合适且它们的 cataleptic 特点展现无遗：我们将在所有环境的基础上进行认识，并且知道我们对所有环境的认识。

这恰恰是斐洛所否认的。如果我是正确的话，他承认我们能够认识事物，也承认对我们来说，（1）知道某物即相信它，因为（2）它是真的，并且对我们来说，（3）我们处于对它的正确认知关系中。但这就是全部。这样产生的印象无需符合实际上也不可能符合 CI5。关键在于我们不清楚（1）-（3）为何成立：我们从来不能够确定地知道它们是否成立。因此，斐洛既是可靠论者（reliabilist），也是外在论者（externalist）。诺美尼俄斯写道：

> 但是，随着时间的推移，他的 epochp［悬置判断］的观点因平常生活的结果而逐渐淡出，他不再牢牢地坚持关于这方面的信念，相反，他的经验的清晰性（enargeia）和一致性（homologia）扭转了他的看法。（25）（见优西庇乌斯，《福音的预备》卷十四 9.2）

尽管诺美尼俄斯的敌意很明显，但证据足够清楚。斐洛被其感知经验的稳定性以及它们之间进行互证的倾向（homologia）所打动。[84] 这使得他认为，他的某些——也许非常多，甚至绝大多数——感觉印象是真的，并且在知识上满足（1）-（3）。当然，他从不确定地知道，它们哪一个是真的——而这一点正是安提俄科斯所恼火的。他认为，对于一系列印象，只有我们能够完全确定它们展示着真相，我们才有资格声称具有知识。我认为，后面这一点构成了廊下派cataleptic 印象观念中不能妥协的内核，即使遭受最严峻的怀疑论攻击，他们也绝不打算放弃它。

第四章　逻辑学

鲍慈恩（Susanne Bobzien）　撰

朱连增　译　徐健　校

[原文注]本章在之前拙文（1999b）的基础上进行了修正和大幅度简化，这里涉及的所有主题在那篇文章中都有更具体的展开和更多的文本证据，对于没有希腊文和拉丁文背景的读者也容易理解。对廊下派逻辑学的有益的和相当全面的阐释，另外还有：Frede 1974 和 Mates 1953（后者某些部分有些过时）。值得阅读的还有 Kneale / kneale 1962，第三章。廊下派逻辑学留存下来的文本证据收录于《廊下派辩证法辑语》（FDS），有两本文集：Brunschwig 1978 以及 Döring / Ebert 1993。

[85]廊下派逻辑学从根本上说是命题逻辑学。廊下派推理关注的是具有命题结构的对象之间的关系。这些具有命题结构的对象被称作断定（assertibles；axiômata）。它们是真值的首要承担者。相应地，廊下派逻辑学分成两个主要部分：推理理论（the theory of arguments）和断定理论，断定是构成推理的成分。

1　"可说内容"与断定

什么是断定？根据廊下派的标准定义，它是：

> 一种自身完整的可说内容（sayable），就其自身而言能够被加以陈述（state）。（恩披里柯，《皮浪学说述要》卷二 104）

这一定义把断定置于自身完整的可说内容这一类属中，因此，任何广泛适用于可说内容或自身完整的可说内容的东西，也同样适用于断定。可说内容（lekta）是处于单纯发声（vocal sounds）和世界之间的对象。大体而言，它们是意义（meanings）："我们所说的东西，事实上就是可说内容。"（《名哲言行录》卷七 57）可说内容就是在我们说或想的一切中所包含的意义；它们存在于[86]我们所具有的任何理性呈像之中（恩披里柯，《驳学问家》卷八 70）。但是，一般来说，即使没有人实际地说到或想到它们，它们仍然存在。[1] 廊下派进一步认为：

> 有一些可说内容是自身完整的（autotelt），另一些则是不完整的（ellipê）。不完整的可说内容就是那些具有不完全表达的东西，例如"写"，因为我们可以追问：谁在写？自身完整的可说内容是那些具有完整表达的东西，例如，"苏格拉底在写"。（《名哲言行录》卷七 63）

自身完整的可说内容包括断定、疑问、询问、命令、发誓、祈求、类断定（assertible-likes）、疑惑、诅咒和假设（《名哲言行录》卷七 65-68）。其中，除了断定，只有假设和命令似乎在狭义逻辑学（即关于推理的逻辑学）的语境中被考虑。[2]

使断定和其他自身完整的可说内容相区别的是：（1）它们能够被

---

[1] 参见 Barnes 1993/1999；M. Frede 1994a。关于另外一种看法，见《希腊化哲人》。

[2] 关于廊下派的命令逻辑，参见 Barnes 1986；关于廊下派的假设逻辑，参见 Bobzien 1997。

陈述且（2）就它们本身而言可以被陈述。断定能够被陈述，但断定本身并不是一种陈述。它们独立于是否被陈述出来，正如一般而言可说内容独立于它们是否被说而存在。尽管如此，能被陈述，是断定最典型的功能。一方面，它们是我们形成陈述时所用的唯一实体；另一方面，对于断定来说，没有比"能被陈述"这一功能更首要的功能。这后一方面的说明把断定规定为：

通过说它，我们就形成了一个陈述。（《名哲言行录》卷七 66）

"说"在这里能指着断定的首要功能：如果不用陈述它，人们也就不能真正说出一个断定。说出一个断定不仅仅是说一个表达它的句子。例如，"如果狄翁（Dio）走路，那么狄翁运动"是一个复合断定，更准确地说是一个条件断定，它包含两个简单断定，"狄翁走路"和"狄翁运动"。当我说"如果狄翁走路，那么狄翁运动"这一句子的时候，我共提到了三个断定。然而，我实际上只断言一个条件断定，我所真正说出的，只是"如果狄翁走路，那么狄翁运动"这一件事。

[87] 按此来理解，断定定义中（1）这种说法（能够被陈述）足以使其与其他种类自身完整的可说内容划出界线。（2）中的说法，即"就其自身而言"，有何意义？这种说法并不是对断定的进一步限定，而是为了事先避免一种误解：在理解"能够被断言"这一提法时，人们很可能会无形中把某些被廊下派视为断定的对象排除掉。陈述某一断定需要两个要素：一是断定本身，二是陈述断定的人。根据廊下派教义，人们需要具有一种理性呈像，断定相关于理性呈像而存在。但是，许多断定的存在并不需要任何人具有与之相关的呈像。在这种情况下，断定之"可陈述性"的必要条件就未得到满足。在此，"就断定自身而言"这一限制就被引入。它切断了那一外在条件。对于某一对象来说，它是不是断定，与它实际是否被某人所陈述无关。

廊下派对断定还有进一步的说明，即认为断定的"可陈述性"与

它们具有的真值相关:

一个断定，或者是真的，或者是假的。(《名哲言行录》卷七65)

这样，真和假就是断定的性质，并且，是真或是假——在一种非衍生的意义上——就是某物作为断定的充分必要条件。此外，我们可以认为，某人只能陈述那些具有真值的东西。

断定在很多方面类似于弗雷格的(Fregean)"命题"，但是二者也存在重要差异。最具深远意义的差异是，真或假是断定的暂时性质。它们在某个时间属于某一断定，但是在另一时间却不再属于它。这一点可以通过真值条件被给出的方式来说明：断定"现在是白天"是真的——当现在是白天时(《名哲言行录》卷七65)。这样，当廊下派说"'狄翁走路'是真的"时，我们不得不将之理解为"'狄翁走路'对于现在是真的"，并且，完全可以合理地追问"过一阵它是否还是真的"这样的问题。由于与"狄翁走路"这一断定相关的是狄翁现在走路，但是当明天我再说出它时，它相关的是狄翁明天走路，如此等等。这种断定(之真值)的暂时性对廊下派逻辑学有着很多后果。具体来说，断定在原则上可以改变真值：断定"现在是白天"现在是真的，但过一阵就成了假的，[88]而到了明天，又成为真的。廊下派把可以改变真值的断定称为"可改变的断定"(changing assertibles；metapiptonta)。廊下派所举的大多数断定的例子都属于这种类型。

2 简单断定

在断定中最基本的区分（可对比现代逻辑在原子命题与分子命题之间的区分）是简单断定(simple assertibles)与非简单断定(non-simple assertibles)之间的区分。非简单断定由一个以上的断定所构成（见第3节）。简单断定以否定性的方式被定义为那些不是非简单断定的断定。有不同种类的简单和非简单断定。没有地方告知我们这些区分的最终标准,但我们应该记住,廊下派并不试图给出一种语句的语法分类。毋宁说,他们的这些分类是关于断定的,并且,这些类型之间区分的标准在根本上说是逻辑的。这导致如下困难:通达断定的途径只有语言,但是,在断定和陈述句之间,并不存在一对一的对应关系。同一(给定类型的)语句可能表达自身完整但却属于不同类型的可说内容。同样,两个不同语法结构的语句可能表达同一断定。那么,我们如何知道某个语句到底表达哪一断定?在此,廊下派似乎以如下方式来推进其设想:为了清除(结构上的)含混,他们开始对语言进行规范的设计,以使语句的形式能够毫不含混地显示出它所表达的断定的类型。这一计划的优点是,一旦人们同意并坚持这种给定的语言使用标准,断定及其构成物的逻辑性质便可以通过考察表达它们的语言而变得易于发觉。

现在,让我们看看不同类型的简单断定。① 我们的资料给我们提供了(1)三类肯定性断定——谓述型或称中间型断定(predicative or middle ones),catagoreutical 或称确定的断定,以及不确定的断定;(2)三类否定性断定——否定(negations)、否认(denials)和缺失(privations)。② 在每一情况下,语句的首词都表示这一简单断定属于哪一类型。

[89] 谓述型(katêgorika)或中间型断定的例子包括两类:"苏格拉底坐着"和"(一个)人在走路"。这种断定被确定为包含着一个主格"项",如"狄翁",和一个谓词,如"走路"(《名哲言行录》卷七70)。之所以被称为"中间型断定",是因为这些断定事实上既非不确定的(它们确定它们的对象)也非确定的(它们并不是指示性的)(恩披里柯,《驳学问家》卷七97)。"(一个)人在走路"这种类型的

---

① 也可参照 Ebert 1993, Brunschwig 1994。
② 《名哲言行录》卷七 69–70;恩披里柯,《驳学问家》卷八 96–100。

断定在廊下派逻辑学中极少出现。

至于确定的（hôrismena）或 catagoreutical（katagoreutika）的断定，其标准的语言形式包含一个指示代词作为其主语。[①] 一个典型的例子是"这个人在走路"。它们作为断定，在表达它们的语言中包含着 deixis[指示]（恩披里柯，《驳学问家》卷八 96）。在廊下派那里，何谓"指示"？克律希珀斯有一处谈到指示的时候，指的是当我们在说"我"的时候所伴随着的那种指示，即要么指着指示的对象（在这里即指我们自己），要么是一种用头部做出的姿势。[②] 因此，普通的指示似乎是一种非语言的、指示某物的物理行为，与此同时还要讲出包含着代词的句子。

确定的断定如何将其内容具体化？一个表达确定断定的句子（类型）显然不足以确定其表达的具体内容：指着忒翁（Theo）说出"这个人在走路"的人所表达的断定，显然不同于指着狄翁并说出这句话的人所表达的断定。然而，我现在指着狄翁说"这个人在走路"，和我明天再次指着狄翁并说出这句话，在廊下派看来，这两个陈述有着相同的断定。这样，一条理解确定断定的具体化的方式就是，区分指示的类型（deixis type）与指示的符号（deixis token）：指示的类型由指示的对象所决定（且独立于何时何地由谁做出指示的行为），相同的对象有相同的指示类型。与之相对，指示的符号则是，在指向某一对象的物理行为的同时说出的"这个人"这一特定表述。因此，在指向忒翁的指示类型中，"这个人在走路"断定的是忒翁，而在指向狄翁的直指中，这句话断定的是狄翁，如此等等。

但是，如何区分确定的断定和与其相对应的谓述型断定？例如，"这个人走路"（指向狄翁）与"狄翁走路"区别何在？［90］它们不是以两种不同的方式表达同一断定吗？对廊下派来说，并非如此。从

---

① 关于确定断定，还可参见 Denyer 1998。
② 伽伦，《论希珀克拉特斯和柏拉图的学说》卷二 2.9–11。

克律希珀斯模态理论（modal theory）包含断定例子的段落中，我们知道，在同一时间说"狄翁死了"和"这个人死了"（指向狄翁），可能其中一个是真的，而另外一个则否（亚历山大，《论亚里士多德〈前分析篇〉》[In Ar. An. pr.] 177.25–178.4）。因为在狄翁还活着的时候，后一断定被说成是假的，但一旦狄翁死了，这一断定就瓦解了，而前一个断定在狄翁死了这种情况下只是改变了真值，即由假的变成了真的。确定断定之所以瓦解的理由是，一旦狄翁死了，指示的对象狄翁就不再存在。在此，一个断定的瓦解只能意味着，它终止了存在，从此不再能够满足作为断定的所有条件。这应该与指示有某种联系。所以，可能在确定断定的例子中，与它相关的陈述变得只有部分指示能力，而廊下派关于陈述的指示能力，内在地需要其所指示的对象存在。这一点不仅是在（断定者所面对的）特殊处境中的实际陈述所需的条件，还是识别确定断定所需的条件，即作为这一特定断定的条件。

不确定（aorista）的断定被界定为，由一个不确定的成分所主导的断定（恩披里柯，《驳学问家》卷八 97）。[①] 这类断定由一个或更多不确定成分和一个谓词构成（《名哲言行录》卷七 70）。这些不确定的部分就是"某人"或"某物"。不确定断定的一个例子是"某人坐着"。当相应的确定断定（"这个人坐着"）为真时，这一断定就被说成是真的，因为如果没有一个特定的人坐着，那么就没有"某人在坐着"的示例（恩披里柯，《驳学问家》卷八 98）。

在否定断定中，最重要的类型是否定（apophatikon）。对廊下派来说，关于否定的表达形式是，否定词"并非："（not:）置于一个断定之前，例如，"并非：第俄提玛在走路"（Not: Diotima walks）。这样就避免了日常语言表达中"预设存在"（existential import）而造成的含混，例如"第俄提玛没有走路"（Diotima doesn't walk）："第俄

---

① 关于不确定断定，也可见 Crivelli 1994。

提玛没有走路"可算作一个断言，它并不像"并非：第俄提玛在走路"，因为其真值依赖于对第俄提玛存在的预设。[①] 廊下派所讲的否定是真值函项性的（truth-functional）：否定词如果加在真断定之前，[91] 则产生假的断定；如果加在假的断定之前，则产生真的断定。[②] 每一否定都是关于某个断定的否定，或者说，通过前置的"并非："来构成对这个断定的否定。这样，"并非：现在是白天"是对"现在是白天"的否定。一个断定与其否定形成一对矛盾项（antikeimena）。

> 矛盾（断定）是这样的（断定），其中一个对另一个而言，增添了一个否定词，例如，"现在是白天"和"并非：现在是白天"。（恩披里柯，《驳学问家》卷八 89）

这暗示，如果一个断定是一对断定——其中一个是另一个的否定——中的一个，那么，它就是另外一个的矛盾项（参见《名哲言行录》卷七 73）。对于矛盾断定来说，如果其中一个是真的，那么，另外一个肯定是假的。

廊下派还把否定词置于非简单断定之前，目的是形成复杂的否定。简单断定的否定本身还是简单断定；非简单断定的否定还是非简单断定。这样，增添一个否定语并不能使一个简单断定变成非简单断定。否定词"并非："并不是廊下派连接词（connective；syndesmos），因为连接词串接的是言辞的不同部分，而否定词则并非如此。

否定的一种特殊形式是所谓的高阶否定（super-negation；hyperapophatikon），或者我们所说的"双重否定"。这种形式的否定是对否定的否定，例如，"并非：并非：现在是白天"；它仍然是一个简

---

① 阿普列乌斯，《解释篇》（Apul. *De int.*）177.22-31；亚历山大，《论亚里士多德〈前分析篇〉》402.8-12。参照 A. C. Lloyd 1978a。

② 恩披里柯，《驳学问家》卷八 103。

单断定。其真值条件和"现在是白天"一样(《名哲言行录》卷七 69)。

否定断定的第二种类型是否认(arnêtikon),由一个否认成分和谓词构成。例如"没人走路"(No-one walks)(《名哲言行录》卷七 70)。这一类型的断定有一个复合的否定语作为主词。与上述否定词不同,这里的否定语如果和一个谓词结合,就可以构成一个完整的断定。廊下派关于否认的真值条件问题并没有传下来的资料,但看起来很显然:"没人 ϕ's"肯定会是真的,如果并不存在某人 ϕ's 的实例。否认必定与简单非确定断定如"某人 ϕ's"处于矛盾关系。

最后,缺失(sterêtikon)断定被规定为包含着一个缺失成分和一个潜在断定的简单断定,如"这个人是缺少友善的"——《名哲言行录》卷七 70 原本的说法是"缺少友善的是这个人",选择这种语序大概是为了使否定要素处于句子的前端。缺失成分就是否定之词缀 α-(un-)。

3 非简单断定

[92] 非简单断定是那些由一个以上的断定或一个断定被使用两次(《名哲言行录》卷七 68-69)或更多次所构成的断定。这些作为构成成分的断定由一个或多个命题连接词所连接。连接词是言辞中没有发生变格的部分,它连接着言辞的其他部分(《名哲言行录》卷七 58)。第一种类型的非简单断定的例子有"或者现在是白天或者现在是夜晚";第二种类型的例子有"如果现在是白天,那么现在是白天"。

为了确定某种特殊的非简单断定,廊下派采用了一种可以称作"形式主义的"(formalistic)方法。在定义不同种类的非简单断定时,他们提到了命题连接词的特征,这些连接词包含一个或多个部分,并且明确了这样的部分在非简单断定(所在语句)中的位置。连接词在相关的作为构成成分的简单断定(所在语句)中的位置有着严格的规定,按照这种规定,该断定前边的首个连接词标明了该断定所属的非简单断定的类型,并且,在通常情况下,连接词的领域很少有含混性。

非简单断定可以由两个以上的简单断定构成（普鲁塔克，《论廊下派的自相矛盾》1047c–e）。有两种方式使这种非简单断定成为可能。一种方式在现代逻辑学中有其对应形式：从非简单断定的定义来看，非简单断定的构成成分本身也可以是非简单断定。一个例子是"如果现在是白天且太阳在地面以上，那么现在有光亮"。这一复合断定所属的非简单断定的类型，由该断定的总体形式所规定。在该例子中，此非简单断定的类型就是条件断定（conditional）。第二种包含两个以上组成部分的非简单断定显得十分不同。合取和析取连接词被认为，不只是包含两个变项，而是与日常用法相一致，包含两个或两个以上的变项。因此，我们可以看到包含三个析取枝的析取断定："或者财富是善的，或者（财富）是恶的，或者（财富是）中性的。"（恩披里柯，《驳学问家》卷八 434）

所有非简单断定都有某个连接词或连接词的一部分置于第一个断定成分之前，正如在否定的例子中，这样做的主要目的是避免含混。考虑下面这一陈述：

p 和 q 或 r（p and q or r）。

[93] 在廊下派规范化的写法中，该断定或者写成：

不仅 p，而且或者 q 或者 r（Both p and either q or r）。

或者写成：

或者 p 和 q，或者 r（Either both p and q or r）。

这样，最初那一断定中的含混就被消除了。而且，正如波兰表示法（Polish notation），廊下派前置连接词的方法在一般情况下可以承担现代逻辑学中括号的功能。廊下派在非简单断定中取消交叉指示的做法，其背后的动机也许同样是避免含混。这样，日常语言中的"如果柏拉图走路，那么他运动"这一语句，廊下派则把主词重复了一遍，说"……柏拉图运动"。

在关于非简单断定的真值条件这一问题上，廊下派并不意在完全涵括连接词在日常语言中的含义。毋宁说，廊下派试图提炼连接词本质上的形式特征。先不考虑否定——它是简单断定——只有一种非简单断定，即合取断定（conjunction），是真值函项性的。在其余的例子中，模态关联（modal relations，如不和谐）、部分真值的函项，以及基本关联（basic relations）如对称性和不对称性，在不同的组合中也可以作为真值标准（truth-criteria）。

在克律希珀斯那里，我们知道只有三种非简单断定的类型：条件断定、合取断定和互斥—完备析取断定（exclusive-cum-exhaustive disjunctive assertibles）。后来的廊下派思想家进一步增加了几类非简单断定：伪条件断定（pseudo-conditional）和因果断定（causal assertible），两类准析取断定（pseudo-disjunctions），两类比较断定（comparative assertibles）。也许，加入这些类型的原因主要是逻辑学上的，因为它们可以使得克律希珀斯体系中不能容纳的有效推理得以确立。一定程度的语法兴趣也许同样可以视为引入上述类型的原因。

合取断定（sumpeplegmenon，sumploku）被定义为"由特定的合取连接词联系起来的断定"，例如，"现在是白天并且现在有光亮"（《名哲言行录》卷七 72）。正如现代的合取，廊下派所讲的合取连接的是整个断定：它是"柏拉图走路和柏拉图谈话"而不是"柏拉图走路和谈话"。与现代合取不同的是，合取断定以这种方式被规定，即它可以连接两个以上的平级的合取枝（参见格利乌斯，卷十六 8.10）。其标准形式包含两个或两个以上部分的 [94] 连接项："……并且……并且……"。其真值条件同样以包含两个或更多合取枝的方式得以确立：一个廊下派的合取断定是真的，当构成它的所有断定都是真的，除此而外都是假的（恩披里柯，《驳学问家》卷八 125，128）。合取断定就是这样作为真值函项的。

对条件断定（sunêmmenon）的界定是：由连接词"如果"所连接构成的断定（《名哲言行录》卷七 71）。其标准形式是"如果 p，那么 q"。在克律希珀斯的时代，关于条件断定的真值条件的争论由逻辑学家斐洛和狄俄多若斯所引发，持续了很久。[1] 有关条件断定的一个共识是，它宣称了一个结果性的联系，即其结果伴随其前件（同上）。处于争论中的是，"伴随"意味着什么以及与之相关的真值条件是什么。最小的共识似乎是：对"伴随"的"宣称"表明，就真的条件断定而言，其前件如果是真的，就会有一个真的结果。考虑到这里对于二值原理（principle of bivalence）的认可，我们将得到一个关于条件断定的真值的最低要求，即，必定不能出现"前件为真而结果是假"的情况——我们在资料中也明显发现了这一要求（《名哲言行录》卷七 81）。这和斐洛的标准相同。

克律希珀斯提供了一种与斐洛和狄俄多若斯不同的真值标准。[2] 该标准也被视为那些引入一种新关联（connection；sunartêsis）的人的标准；[3] 这一关联只能理解为处于前件和结果之间。对这类关联的需要，必定是为了避免斐洛和狄俄多若斯的观点所引发的"矛盾"。在真值标准本身那里，这一关联被间接确定，奠基于冲突或不兼容（machê）这一概念：一个条件断定完全是真的，如果其前件与其结果的对立项发生冲突（《名哲言行录》卷七 73）。按照这一标准，"如果大地飞起来，那么阿克希俄忒娅（Axiothea）进行哲学思考"就不再是真的，而对于斐洛和狄俄多若斯来说，这一断定是真的。因为，大地飞起来且阿克希俄忒娅并未从事哲学思考，是完全有可能的。为了充分理解克律希珀斯的标准，我们需要知道，他心中所想的"冲突"

---

[1] 关于斐洛和狄俄多若斯的逻辑学，见 Bobzien 1999b。

[2] 西塞罗，《学园派》卷二 143；《名哲言行录》卷七 73；西塞罗，《论命运》（*Fat.*）12。

[3] 恩披里柯，《皮浪学说述要》卷二 111。

是哪种形式的冲突。在此，我们的资料提供的信息很少。[95] 但是一些后来的文本说道，如果两个断定不能同真，那么它们就是冲突的。这表明冲突是某种类型的不兼容性。

克律希珀斯所谓的冲突是基于经验的、分析的，还是形式逻辑上的？从历史的角度讲，这一追问并不妥当，因为在希腊化哲学中没有适用于这种区分的概念框架。不过，我们可以有把握地认为，我们所讲的形式上不兼容，对于克律希珀斯来说也算是一种冲突："如果现在有光亮，那么现在有光亮"这样的断定之所以被视为真的（西塞罗，《学园派》卷二 98），也许是因为结果的对立项和前件之间的矛盾关系可能反映了某种最强的冲突。同样，还有一些人们可能视为"基于分析的不兼容"的例子也被廊下派所用：例如"如果柏拉图走路，那么柏拉图运动"就被廊下派视作真的。并且，有一些我们可能标示为"基于经验的不兼容"的例子，看来也被一些廊下派思想家所采用：包含因果关联的条件断定，如"如果忒俄格尼斯（Theognis）心脏受伤，那么忒俄格尼斯将会死亡"，就可能被他们看作真的。[①] 但另一方面，在占卜性的命题（"如果你在天狼星下出生，那么你将不会死于海中"）中表达出来的关联看起来是个例外。克律希珀斯否认这类命题可以成为条件断定，但认为它们可以成为（不确定的）合取之否定，这种断定的第二个合取枝是否定的（西塞罗，《论命运》11–15）。[②]

一些廊下派思想家引入另外两种非简单断定，它们建立在条件断定概念的基础之上（《名哲言行录》卷七 71–74）。这两类非简单断定可能都是在克律希珀斯之后才加上的。第一种被称为"伪条件断定"（parasunêmmenon），最早出现在克里尼斯（Crinis）那里，其标准形

---

① 恩披里柯，《驳学问家》卷八 254–255。

② 参照 Bobzien 1998，第四章第 2 节。[译按] 就该例子来说，作者的意思似乎是，克律希珀斯尽管认为"如果你在天狼星下出生，你将不会死于海中"并不是真正的条件断定，但可以是"并非：'你在天狼星下出生'且'并非：你不会死于海中'"，这是第二个合取枝是否定的合取断定的否定。

式是"既然 p，那么 q"。这种断定的真值标准是：（1）"结果"必须伴随"前件"，（2）"前件"必须是真的。第二种类型被冠以"因果断定"（aitiôdes），其标准形式是"因为 p，所以 q"。之所以有这一叫法，是因为或可能是因为 p 被视为 q 的原因或基础（aition）。因果断定的真值条件相比伪条件断定的真值条件增加了一个新条件，即（3）如果 p 是 q 的基础或原因，q 就不能是 p 的基础或原因，这一点具体体现为，"因为 p，所以 p"这一断定是假的。

[96] 英文 or 所对应的希腊词（ê）作为连接词时有几种不同的功能，而在其他语言中，这些功能是用不同的词汇来表示的。该希腊词涵盖拉丁文的 aut 和 vel，同样也涵盖英文的 or 和 than。作为连接词，它在至少三种不同类型的非简单断定中承担功能。

早期廊下派似乎专注于一种类型的析取关系：完备—互斥的析取关系，被称为 diezeugmenon，这里翻译为"析取"。它也是在克律希珀斯的三段论中被设想的唯一一种析取断定。它被定义为"由析取连接词'或者'所隔开的断定"，如"或者现在是白天或者现在是夜晚"（《名哲言行录》卷七 72）。析取连接词可以连接两个以上的析取枝，并且在我们的资料中有这样的例子（恩披里柯，《皮浪学说述要》卷一 69）。因而，连接词就是"或者……或者……或者……"，其中，第一个"或者"被置于第一个析取枝之前。下面的资料给出了析取断定的真值条件：

……（1）所有析取枝必须彼此冲突，并且（2）它们的对立项……必须彼此相矛盾。（3）所有析取枝中，必定有一个是真的，剩下的是假的。（格利乌斯，卷十六 8.13）

在这里，首先给出的是两个不具有真值功能的标准，即（1）（2）；接下来是一个具有真值功能的标准，即（3）。我认为（3）这一标准是无争议的最低需要，正如在条件断定中的最基本共识一样。因为，对于析取断定的真值来说，其中一个析取枝是真的，肯定是一个必要条件，但是，大多数资料暗示，这一点对廊下派来说并非是充分的。他们所讲的真值条件更为严格，并且一般都要涉及"冲突"这个已经在条件断定中提到并为我们所熟悉的术语。廊下派的析取断定还包含着另外两个条件：（1）和（2）。第一，各析取枝必须相互冲突；这意味着，这些析取枝中，最多只有一个是真的。第二，这些析取枝的对立项必须彼此相矛盾；这保证，并非所有对立项都是真的，因而，至少有一个最初的析取枝是真的。这两个条件结合在一起意味着，"必然刚好有一个析取枝必定是真的"。正如在条件断定的例子中一样，对于真值标准的充分理解，需要人们知道廊下派心中所想的"冲突"是何种形式的冲突。

一些廊下派思想家区分了两种所谓的伪析取断定（paradiezeugmenon）（格利乌斯，卷十六 8.13-14）。[97] 在大多数例子中，它们的标准形式是"或者……或者……"，有时是"……或者……"；还有一些具有两个以上的伪析取枝。这样，这两类伪析取断定似乎在语言形式上与析取断定很难区分，而且这两类伪析取断定彼此也很难区分。它们的真值标准只是真正析取断定两个真值条件中的一个。如果第一类伪析取断定的伪析取枝彼此相冲突——这意味着它们中最多只有一个是真的，则第一类伪析取断定是真的。如果第二类伪析取断定的伪析取枝的对立项彼此相矛盾——这意味着这些伪析取枝中至少有一个是真的，则第二类伪析取断定是真的。

正如在前边提到的，英文 or 所对应的希腊词还有另外一个功能，相当于英文中的 than。因此，我们有时在讨论析取断定的语境中，发现另外一种类型的非简单断定，即比较断定，它通过使用比较连接词而形成（参见 Sluiter 1988）。有两类这样的非简单断定为人所知（《名哲言行录》卷七 72-73），它们是"更多是……而不是……"（It's rather that ... than that ...)，以及"更少是……而是……"（It's less that ... than that ...)。在这里，连接词由两部分组成，反映连接词特征的那一部分置于第一个断定成分之前,这样便能确认整个断定的类型。关于这两类断定的真值条件的讨论,并没有相关资料保存下来。

非简单断定的定义似乎表明,非简单断定可以把任何种类的简单断定作为其组成部分,并且,通过正确的、"符合语法规则的"方式将连接词和简单断定连接起来,所有廊下派的非简单断定就都能够被构造出来。但是,事实显然并非如此:那些由简单的不确定断定所构成的非简单断定,会产生一些特殊的困难。与确定的断定和中间型断定不同,人们可以设想出两种不同的方式来连接不确定的断定。

首先,我们严格按照廊下派的规则,把两个简单的不确定断定构造为一个合取断定或条件断定,最终我们会得到如下这般的断定:

> 如果某人呼吸,那么某人活着。
> 某人走路且某人谈话。

分别来看,如果"某人正在呼吸"和"并非:某人是活着的"不兼容,那么,按照廊下派的标准,"如果某人呼吸,那么某人活着"就是真的;如果"某人(比如第俄提玛)走路"是真的,并且"某人(比如忒俄格尼斯)谈话"也是真的,那么,按照廊下派的标准,"某人走路且某人谈话"就是真的。[98]而包含不定代词作为其语法主词的复合断定通常呈现为如下类型:

> 如果某人呼吸,那么那个人(他,她)活着。
> 某人走路而且那个人谈话。

在此,两类非简单断定的真值条件是不同的,因为它们的第二个"断定成分"并不独立于第一个"断定成分"。实际上,在廊下派提到的例子中,我们没有发现第一种类型的不确定断定的组合,但却发现好多第二类组合的情况。① 可见，廊下派明确处理过第二类组合，并且，"不确定的合取断定"和"不确定的条件断定"这些称呼似乎就是针对它的。在该类断定中，为了表达第二个"断定成分"与第一个"断定成分"的共同所指，一种标准的做法是，在第二部分中，用"那个人"（ekeinos）来代替前半部分的"某人"。

廊下派把这些类型的断定作为特殊范畴挑选出来是有道理的。很明显，他们所面临的一般问题是量化（quantification）的问题。现代人构造和表达这类量化的命题的方式，在廊下派那里不存在。在现代的逻辑学中，涉及量化的命题，其语法主语并没有一个所指（"对于任何一个对象，如果它是F，那么它是G"）。我们不知道廊下派对于他们的标准表达式背后涉及的量化问题理解到什么程度，但是我们知道，他们认为，诸如"所有S都是P"这类语句，应该被重新表述为"如果某物是S，那么那个事物是P"。②

廊下派关于断定的说明，显示出其与现代命题逻辑学家有许多相似之处。很少有人会怀疑廊下派努力使他们自己的逻辑学系统化。然而，他们的系统逻辑似乎十分不同于命题演算。具体来说，廊下派的逻辑学是关于有效推理的逻辑，而非关于逻辑公理或逻辑真理的系统。当然，廊下派认识到一些逻辑原理，这些原理确实对应于命题演算的公理。但是，尽管他们对于元语言与对象语言的区分有着清楚的观念，但那些能够表达逻辑真理的逻辑原理并没有明显地被赋予不同于元逻辑原理的特殊地位。对这些涉及断定的原理进行考察也许是有用的。首先，存在着二值原理（西塞罗，《论命运》20），它是一条元逻辑原理。另外，[99] 我们发现，还有一些相应于逻辑真理的原理：

- 双重否定原理，被表达为，一个双重否定（并非：并非：

---

① 例如，《名哲言行录》卷七 75，82。
② 恩披里柯，《驳学问家》卷十一 8-9。

p）与一个被两次否定的断定（p）是等值的（《名哲言行录》卷七 69）；

- "同一断定被两次使用而形成的条件断定（如"如果 p，那么 p"）都是真的"这一原理（西塞罗，《学园派》卷二 98）；
- "包含相互矛盾的析取枝的析取断定（如"或者 p 或者并非：p'"）都是真的"这一原理（恩披里柯，《驳学问家》卷八 282）。

而且，一些廊下派思想家可能还通过关于断定的调位（inversion；anastrophê）和变换（conversion；antistrophê）的概念，来处理诸如可交换（commutativity）和换质位（contraposition）的关系。[①] 调位指的是，在由两个部分组成的非简单断定中，改变这两个断定成分的位置。因此，可交换性通过"对于合取和析取断定，调位是合理的"这一说法而表达出来。在变换中，两个断定成分不仅仅交换位置，而且每一个被另外一个的对立项所替换。廊下派似乎认识到，变换对于条件断定是有效的，这意味着他们似乎接受换质位原理（参《名哲言行录》卷七 194）。

最后，关于连接词可以相互定义的问题，没有证据表明，廊下派想要把连接词减少到最小数量。对于早期廊下派，我们同样没有证据表明他们试图用一种连接词来说明另一种连接词，或者声称它们是逻辑等值的。

4 模态[②]

正如前面几节表明的，廊下派区分了许多不同类型的断定，这些断定一般通过它们的语言形式来识别。除此之外，廊下派还根据一些

[①] 伽伦，《逻辑学引论》（*Institutio logica*）卷六 4。

[②] 参见 Bobzien 1986/1993/1998，第三章第 1 节。

不属于语言形式的性质来划分断定。最显著的是，除了真和假这些性质外，还有模态性质（modal properties），即可能性、必然性、不可能性、非必然性。这类性质还包括合情理性（plausibility）和[100]或然性（probability）(《名哲言行录》卷七 75–76)：一个断定是合情理的（pithanon），如果它诱导人们认可它（即便它实际是假的）；一个断定是或然的或有道理的（eulogon），如果它是真的概率高于是假的概率。

廊下派的模态逻辑不是关于模态命题（比如"可能现在是白天"或"可能现在真是白天"这种类型的命题）的逻辑，这种模态命题由限制事件或命题状态的模态算子（modal operators）所构成。与之不同，廊下派的模态理论是关于非模态化命题（如"现在是白天"）的，因为非模态化命题具有可能性、必然性等模态性质。模态性首先被视为断定的一种性质，正如真和假一样，它属于断定，也具有时间性；因此，一个断定的模态值原则上是可以改变的。克律希珀斯像他的希腊化逻辑学前辈斐洛和狄俄多若斯一样，也区分了四种模态概念：可能性、不可能性、必然性和非必然性。

廊下派关于这些模态的定义可以从一些不完整的段落中比较合理地重构出来。[1] 我们可以肯定地认为，这些定义出自克律希珀斯。[2] 与斐洛和狄俄多若斯的模态观一样，这些定义满足一般模态逻辑的四个要求：（1）每一必然命题都是真的并且每一真的命题都是可能的，每一不可能的命题都是假的并且每一假的命题都是非必然的；（2）对可能性和不可能性的说明和对必然性和非必然性的说明是相互矛盾的；（3）必然性和可能性可以相互定义，因为确切地说，如果一个命题的对立命题是不可能的，那么这个命题就是必然的；并且（4）每

---

[1] 《名哲言行录》卷七 75；波厄托斯，《论亚里士多德〈解释篇〉》(*Int.*) 卷二 234.27–235.4。

[2] 参见普鲁塔克，《论廊下派的自相矛盾》1055df。

一命题，或者是必然的，或者是不可能的，或者既是可能的又是非必然的：

一个可能的断定是这样的，(A) 它能够是真的，并且 (B) 是不被外物阻挡而成为真的；

一个不可能的断定是这样的，(A') 它不能够成为真的 [或者 (B') 虽然它能够成为真的，但是，它由于受外物的阻挡而无法成为真的]；

一个必然的断定是这样的，(A') 它是真的，不能是假的，或者 (B') 它能够是假的，但是由于受外物的阻挡而无法成为假的；

一个非必然的断定是这样的，(A) 它能够是假的，并且 (B) 是不因外物的阻挡 [而成为假的]。

在可能性和非必然性的例子中，两个条件（A 和 B）都需要被满足。在必然性和不可能性的例子中，[101] 两个条件中的一个（A' 或 B'）需要被满足，这导致两种类型的必然性和不可能性。定义中的第一部分（A，A'）几乎与斐洛的模态定义相同。第二部分（B，B'）的特点在于描述了必会或必不会阻止断定具有某种特定真值的"外物"。我们并没有关于这种外物的例子，但它们应该是外在于断定之逻辑主语的东西。例如，阻止断定为真的东西应该包括平常的物理性阻碍：一场风暴，或一堵墙，或者阻止你到达某处的锁链。

这种解释在关于阻碍的另一方面的问题上使我们处于晦暗之中，即何时需要它们在场（或不在场）的问题。关于这一点的知识是充分理解模态的关键。有一处文本，即亚历山大《论亚里士多德〈前分析篇〉》177–178 表明，某个断定的可能性对外物阻碍之不存在的要求，涵盖现在和未来的时间，而这与该断定的表达方式相关。因为，我们从克律希珀斯那里知道，（就现在而言）"狄翁死了"是可能的，如果它在某一时间里能够是真的；同样，"这个人死了 [指向狄翁]"这一断定是不可能的，但是，如果它在某个后来的时间能够成为真的，尽管现在它是假的，那么，（就现在而言）该断定就并非不可能的。如果人们把"能够是真的"作为克律希珀斯所要求的"能够是真的并且是不被阻止而成为真的"的缩略说法，那么，似乎对克律希珀斯来说，一个断定是可能的，如果（A）该断定能够是真的，并且（B）在随后的某个时间而不仅仅是现在，它不被外物阻止成为真的。例如"萨福（Sappho）在读书"在克律希珀斯看来是可能的，只要萨福从现在开始没有持续地被阻止读书。相应地，一个断定会陷入关于不可能性之定义的第二部分所讲的条件中，如果（B'）它能够是真的，但是从现在开始，被阻止成为真的——在上边的例子中，如果萨福突然遭遇了不可治愈的失明或者死亡，那么该断定就是不可能的。克律希珀斯关于第二种类型（B'）的必然性需要在时间上持续阻止其为假；非必然性则需要——至少在某一时间——这种阻止消失。

5 推理

廊下派逻辑学第二个主要部分是他们的推理理论。推理（logoi）构成完整的可说内容的另一个类别（《名哲言行录》卷七 63）；它们既不是思想过程，也不是信念，而且也不是语言表达；毋宁说，它们像断定一样，是有意义的、无形体的 [102] 实体。① 然而，它们并不是断定，而是断定的组合。

一个推理被定义为由诸前提和某结论所构成的体系或复合体（《名哲言行录》卷七 45）。这些前提和结论都是自身完整的可说内容，严格地说，就是断定，我们将把它们称为推理的"组份断定"（component assertibles）。下面就是一个典型推理：

---

① 恩披里柯，《皮浪学说述要》卷三 52。

P1　如果现在是白天,那么现在有光亮。
P2　而现在是白天。
C 　所以,现在有光亮。

在推理中,有一个非简单断定(P1)作为它的一个前提,还有一个简单断定(P2)作为它的另一个前提。非简单的前提通常首先列出,被视为"主导性前提"(leading premiss;hêgemonikon lêmma)。另外一个前提称为"伴随性假定"(co-assumption;proslêpsis),一般是一个简单断定。倘若它是非简单断定,那么它所包含的断定成分要比主导性前提所包含的断定成分少。伴随性假定由"但是"或"现在"引导,结论由"所以"引导。推理必须包含一个以上的前提,这一点是廊下派的正统观点。

在恩披里柯所作的段落中,有关于"前提"和"结论"的定义:一个推理的前提是这样一些断定,它们为了确立结论而被人们一致地接受;结论是由前提所确立的断定。[①] 这一说明的困难是,似乎某物如果算是推理,其前提至少对于讨论者来说显示为真的。这实际上把那些包含着明显是假的或真假未知的前提的推理排除在外了。有些推理中包含假前提,但这是为了引出荒谬的结论;有些推理中包含真假尚未知晓的前提,但这是因为这些推理涉及将来行为的过程。

诸如此类的困难似乎推动廊下派提出关于假定和假定推理(hypothetical arguments)的设想:廊下派认为,有时候,人们必须作一些假定,作为随后推理的踏脚石。[②] 这样一来,推理的一个或更多的前提便可以是一种假定而非断定;假定推理就是这种在其前提中包含假设的推理。显然,"假设现在是夜晚"而非"现在是夜晚",才是

---

① 恩披里柯,《驳学问家》卷八 302。
② 爱比克泰德,《清谈录》卷一 7.22。

这里所指的前提。[①] 它们可以作为假设而被接受；也就是说，讨论者同意进入一个由相关假定建构的非现实的"世界"，但是，他们[103]保留这样一种意识，即，这一假定和任何由之而来的结论，都只相对于"该假定已然被给出"的事实而言才有意义（参见 Bobzien 1997）。

推理中最重要的区分是有效推理与无效推理的区分。廊下派的一般标准是，如果某个条件断定是真的，那么，与之相对应的推理就是有效的。这个有效推理的前提就是该条件断定的前件，结论就是该条件断定的结果。[②] 例如，如果断定"如果（P1 且 P2……且 Pn），那么 C"是真的，那么，推理"P1，P2……Pn；所以 C"就是一个有效推理。这种以条件断定的真来确定相应推理之有效性的标准似乎是克律希珀斯的标准：一个推理是有效的，如果其结论的对立项与合取的诸前提是不兼容的（《名哲言行录》卷七 77）。这样，廊下派关于有效性的概念就与我们现代人的理解类似（亦见第 6 节结尾处）。但是我们应该记得，根据克律希珀斯的标准，条件断定的真并不必然局限于逻辑推论。这为廊下派有效性的概念带来一些缺点，因为就这个概念而言，所需要的只是逻辑推论。把条件断定中的"前件—结果"关系和推理中的"前提—结论"关系都用一个概念（即"推论"[consequence]）来表达，是一种遗憾。另外，在任何情况下，"冲突"的概念看起来都太过含混，不足以作为有效性的恰当标准。

除了有效性问题，廊下派还认为推理具有真和假两种性质。一个推理是真的（我们将称之为"可靠的"[sound]），如果它除了是有效的以外，还包含着真的前提；一个推理是假的，如果它是无效的，或者包含着假前提（《名哲言行录》卷七 79）。这里对推理之真假的判断以构成前提的断定之真假为依据，因而是一种衍生意义上的判断。推理的真与假的意义是认识论方面的：只有真的推理才能保证结论的

---

① 爱比克泰德，《清谈录》卷一 25.11–13。
② 恩披里柯，《皮浪学说述要》卷二 137。

真理性。

由于推理之真理性的概念基于断定之真理性的概念之上,而断定的真值可以改变,因此,推理的真值也会改变。例如,在上面所举的推理中,如果是在白天,该推理就是真的,但是,如果到了晚上,它就是假的。看起来,倘若推理之前提的真值确实(或能够)发生改变,那么该推理就被称为"可变的推理"(changing arguments; metapiptontes logoi)。①

[104] 廊下派认为推理也可以是可能的、不可能的、必然的和非必然的(《名哲言行录》卷七79)。这些模态方面的判断同样是一种衍生意义上的判断。按照克律希珀斯的模态论,一个必然的推理可被解释为,其或者不能是假的,或者能够是假的,但是由于受外在环境的阻碍而无法成为假的。其他三种推理的模态也按照类似的方式得以说明。

6 三段论②

就逻辑学本身而言,更重要的是有效推理的分类,而分类主要基于推理的形式。对于有效推理,最一般的区分方式是分为三段论推理(或三段论)和被称为"在特殊意义上有效的"(perantikoi eidikôs)推理。后者是推断式的(即它们满足一般的有效性标准),但并不是三段论式的推断(《名哲言行录》卷七78)。三段论包括:第一,不可证明的推理(indemonstrable arguments);第二,那些可以还原为不可证明的推理的推理。

不可证明的三段论之所以是"不可证明的",乃是因为它们不需要证据或证明(《名哲言行录》卷七79),要知道,它们自身的有效

---

① 爱比克泰德,《清谈录》卷一7.1。
② 关于廊下派三段论的详细讨论,参见 Bobzien 1996。

性十分明显。① 对于五种不可证明的推理的讨论指涉五种推理类型，每一类型通过一个特定的基础推理形式来刻画，而与某一基础推理形式相对应的那一类推理，就被认为是有效的。克律希珀斯区分了五种类型的推理，后来的廊下派思想家将其增加到七种。

廊下派通过描述不同种类的推理形式，来定义不同种类的不可证明的推理。据描述，克律希珀斯的五个类型如下。② 第一种不可证明的推理有一个条件断定及其前件作为前提，而条件断定的结果作为结论。下面是该种类型的一个例子：

> 如果现在是白天，那么现在有光亮。
> 现在是白天。
> 所以，现在有光亮。

第二种不可证明的推理有一个条件断定及其结果的对立项作为前提，并有［105］该条件断定的前件之对立项作为结论。例如：

> 如果现在是白天，那么现在有光亮。
> 并非：现在有光亮。
> 所以，并非：现在是白天。③

第三种不可证明的推理有一个合取断定的否定以及其中一个合取枝作为前提，并有另外一个合取枝的对立项作为结论。例如：

---

① 恩披里柯，《驳学问家》卷二 223。
② 恩披里柯，《驳学问家》卷八 224–225；《名哲言行录》卷七 80–81。
③ ［译按］原文前提第二行是"并非：现在是白天"，结论行是"所以，现在有光亮"。显然与对第二个自明推理的说明不符，也与条件断定的逻辑原理不符。疑为印刷或书写失误。

并非：柏拉图死了且柏拉图是活着的。
柏拉图死了。
所以，并非：柏拉图是活着的。

第四种不可证明的推理有一个析取断定和其中一个析取枝作为前提，并有剩下一个析取枝的对立项作为结论。例如：

或者现在是白天或者现在是夜晚。
现在是白天。
所以，并非：现在是夜晚。

最后，第五种不可证明的推理有一个析取断定和其中一个析取枝的对立项作为前提，并有剩下一个析取枝作为结论。例如：

或者现在是白天或者现在是夜晚。
并非：现在是白天。
所以，现在是夜晚。

这五种不可证明的推理类型，其最简单的例子都有一个非简单断定作为主导性前提，一个简单断定作为伴随性假定，还有另一个简单断定作为结论。主导性前提中只使用克律希珀斯区分的连接词。

上述对于各种不可证明的推理的界定，可以包含远多于这些例子所表明的推理形式。理由有三。首先，在第三、四、五种不可证明的推理中，关于推理形式的界定规定了"可交换性"，也就是说，在两个合取枝或析取枝中，我们可以选择其中任意一个或它的对立项作为伴随性假定。

其次，上述对于不可证明的推理的界定，都是以断定和断定的对立项的形式给定的，而非以肯定或否定的断定的形式。[106] 在所有这五个例子中，第一前提中的两个断定可以根据肯定和否定而有四种组合方式，例如，在第一和第二个不可证明的推理中（如果我们把肯定断定符号化为 p、q，否定断定用"并非：p""并非：q"来表示）可以有如下几种组合：

如果 p，那么 q。
如果并非：p，那么 q。
如果 p，那么并非：q。
如果并非：p，那么并非：q。

考虑到这两个理由，我们可以得到第一种和第二种不可证明的推理的四种亚类型，以及第三、第四、第五种不可证明的推理的八种亚类型（总共可以得到 32 种亚类型）。

第三个可以增加不可证明的推理之类型的理由基于这一事实，即，上述对于这些类型之界定，允许主导性前提的断定成分本身是非简单的。并且，事实上，我们拥有这种可被视为第二种不可证明的推理的例子，它符合我们这里所讲的情况：

如果 p 且 q，那么 r；现在，并非：r；所以，并非：[p 且] q。

廊下派不仅在元层级（meta-level）界定不可证明的推理的类型，还采取另外一种方式来规定它们的基础形式，即通过样式（modes；tropoi）来规定。样式被定义为"一种推理的图式"（《名哲言行录》卷七 76）。关于第一种不可证明的推理，它的样式（或，它的一种样式）的例子是：

如果"第一项"，那么"第二项"；现在，"第一项"；所以，"第二项"。

这种表述与第一种不可证明的推理的不同之处在于，它用序数替代主导性前提中前件和结果的位置，当前件和结果在伴随性假定和结论中再次出现的时候，这些序数也被再次使用。当与某样式相应的、具有同样形式的推理是三段论推理时，该样式是三段论的。看来，样式以及样式的部分，在廊下派推理理论中至少承担三种功能。

首先，样式作为一种形式，其中，不同的不可证明的推理以及其他推理得以被提出并与之相参照。[①] 例如，如果某人希望提出一个第一种不可证明的推理，样式则提供了一个语法上的标准形式，那么（理论上讲）他必须以之为参照。样式若以这种方式使用，则相当于推理形式：序数并不代表任何特殊的断定，毋宁说，它们在功能上相当于示意字母。因此，任何符合某个特殊三段论样式而提出的推理，都是有效的推理，但是，样式本身并不是推理。[107] 由三段论样式所表现的逻辑形式是判定特殊推理形式之有效性的根据。据此功能，样式可以用来检验推理的有效性。

样式以及序数也在另外两种方式中被利用，序数似乎用来代替断定，样式被用来作为特殊推理的简化写法而不是推理形式。因而，在复杂三段论的分析中（在本节的后边有讨论），为了简明清晰的目的，简单断定在后继的出现中可以用序数来替代。[②] 在所谓样式—推理（logotropoi）中，其断定成分在首次出现的时候以完整的形式给出，但随后被序数所代替，正如下面所表现的：

> 如果现在是白天，那么现在有光亮。
> 现在，第一项。
> 所以，第二项。（《名哲言行录》卷七 77）

---

① 恩披里柯，《驳学问家》卷八 227。
② 恩披里柯，《驳学问家》卷八 235–237。

那么，在哪些方面，所有且只有不可证明的推理是基本的和自明的？我们可以从不可证明的推理的展示中推断，这种推理的有效性奠基于其形式。我们也能够列出一些能够反映这种基本性和自明性的方面，这些方面不可能得到克律希珀斯的认同。第一，克律希珀斯似乎并不持有缩减连接词的观念（见原书第 3 节页 99）。第二，克律希珀斯并不考虑缩减不可证明的推理之类型的数量，因为，通过第一 thema［论题］的帮助，第二种不可证明的推理可以还原为第一种不可证明的推理（反之亦然），第五种不可证明的推理可以还原为第四种不可证明的推理（反之亦然），这一点应该不可能逃过他的注意。第三，克律希珀斯似乎也并不意在从可能具有最小效力的前提中推导出结论。因为，对任何能够从第一或第二种不可证明的推理（其主导性前提是"如果 p，那么 q"）中推出的结论，人们也能够从相应的第三种不可证明的推理（其主导性前提是"并非：p 且 q"①）中推出。相比于合取断定的否定，在条件断定真值条件中额外的要求，即前件与结论的对立项相冲突这一要求，似乎与人们可以推出的结论无关。

什么是克律希珀斯选择这些不可证明的推理的确凿标准？在这些不可证明的推理中，以及在所有三段论中，所有且只有克律希珀斯的连接词（"和""如果"［108］"或者"）和否定（"并非"）被用来构造非简单断定。在这些非简单断定中，克律希珀斯区分出特殊的一类，冠以"样式—构成性断定"（mode-forming assertibles；tropika axiômata）的名称。它们显然就是条件断定、析取断定，以及合取断定的否定。所有不可证明的断定中，作为其主导性前提的断定都是这种"样式—构成性"断定，也许，不可证明的推理所具有的演绎力量被认为以某种方式奠基于它们之上。这也许是因为，不可证明的推理的有效性之所以无可置疑，就是因为对样式—构成性前提的理解就

---

① ［中译编者按］原文是 Not: both p and not: q，不符合前文关于第三种可证明的推理的界定，疑误，应改为 Not: both p and q。

可以表明相应的不可证明的推理的有效性。理解"并非：p 且 q"意味着知道，如果 p、q 中的一个是有效的，那么另外一个就是无效的；理解"如果 p，那么 q"意味着知道，(1) 如果 p 是有效的，那么 q 也是有效的，(2) 如果 q 是无效的，那么 p 也是无效的；如此等等。但是，按照这一标准，将会排除下面这种推理作为不可证明的推理的地位，尽管它在某种意义上也是简单和自明的：

p，q，所以，p 和 q。

它之所以不被视为不可证明的推理，是因为，对于 p 的理解并不意味着知道，如果 q，那么"p 和 q"。

克律希珀斯还认为，在第五种不可证明的推理中可以有多个析取枝，这一事实使情况变得更为复杂。①

或者 p 或者 q 或者 r。
现在，既不是 p 也不是 q。
所以，r。

这类推理在形式上显然不同于前面提到的第五种不可证明的推理。这类推理不能够还原为不可证明的推理的某种组合，这也许就是为什么克律希珀斯把它们视作不可证明的推理的原因。然而，正如克律希珀斯对这类推理的界定所显示的，他并没有把它们作为"第六种不可证明的推理"引入，而是把它们作为第五种不可证明的推理的特殊形式，即它们属于第五种不可证明的推理。我们若严肃地看待这一点，就不得不更新对第五种不可证明的推理的理解。我们应该认为，在第五种不可证明的推理的主导性前提中，包含着两个或两个以上的

---

① 恩披里柯，《皮浪学说述要》卷一 69。

析取枝，并且，人们在理解析取连接词的时候所把握的"基本观念"，应该指的是"在多个可选项中必然的、确切的一个"而不是"在两个可选项中必然的、确切的一个"。因此，人们同样不得不调整［109］对于伴随性假定的理解：在对它进行描述时，"其中一个析取枝的对立项"应该调整为"其中一个或多个析取枝的对立项"，前者只是后者的一种特殊情况，增加的可能情况可以归结为"除了一个析取枝之外的所有其他析取枝之否定的合取"。这种伴随性假定的标准表达式是"既不……也不……"。①

在某些拉丁作者那里，我们发现七种基本的三段论，它们可能起源于廊下派。② 这七种类型在不同资料中有细微差别，但前五种类型常常与克律希珀斯不可证明的推理一致。也许，第六种和第七种类型试图把伪析取断定作为主导性前提，不过，这一点无法得到文本的明确支撑。

并非所有廊下派三段论都是不可证明的推理。因为，可证明的三段论可以包含两个以上的前提，从而要比不可证明的推理更为复杂，但它们也可以只有两个前提。我们在资料中发现，廊下派可证明的三段论有如下类型：

如果 p 且 q，那么 r；并非 r；p；所以，并非：q。
如果 p，那么 p；如果并非：p，那么 p；或者 p 或者并非：p；所以，p。
如果 p，那么，如果 p 则 q；p；所以，q。

廊下派区分并讨论了几种三段论（既包括不可证明的也包括可证

---

① 例如恩披里柯，《皮浪学说述要》卷一 69。
② 例如西塞罗，《论题篇》(*Topics*) 53–57；卡佩拉（Martianus Capella），卷四 414–421。

明的）的特殊情况。首先，有一些"笨拙的结论性推理"（indifferently concluding arguments；adiaphorsô perainontes），诸如：

> 或者现在是白天或者现在是夜晚。
> 而现在是白天。
> 所以，现在是白天。①

这一推理的形式是：

> 或者 p 或者 q；p；所以，p。

这种推理之所以被冠以上述名称，大概是基于"其有效性与第二个析取枝无关"这一事实。经常与"笨拙的结论性推理"并提的还有一种所谓"复制性推理"（duplicated arguments；diaphoroumenoi logoi）。②看起来，后者的名称建立在"其主导性前提是一种'复制性的断定'"这一事实的基础上，也就是说，[110] 在主导性前提中，同一个简单断定，被使用两次或多次（参见《名哲言行录》卷七 68-69）。标准的例子是：

> 如果现在是白天，那么现在是白天。
> 而现在是白天。
> 所以，现在是白天。

该推理是第一种不可证明的推理的特殊情况。

第三种类型的三段论是那些包含两个样式—构成性前提的三段

---

① 亚历山大，《论亚里士多德〈论题篇〉》（In Ar. Top.）10.10-12。
② 亚历山大，《论亚里士多德〈论题篇〉》10.7-10。

论；也就是说，其前提中包含两个样式—构成性断定，其结论是一个简单断定。我们把这种三段论推理的形式写成：

如果 p，那么 q；如果 p，那么并非：q；所以，并非：p。

下面是廊下派给出的一个例子：

如果你知道你死了，那么你是死了。
如果你知道你死了，那么并非：你是死了。
所以，并非：你知道你死了。（俄里根，《驳科尔苏斯》[*Contra Celsum*] 卷七 15）

很可能，廊下派还进一步区分了其他类型的三段论。[①]
所有这些类型的推理都是三段论推理。并且，由于所有三段论推理或者是不可证明的，或者可以还原为不可证明的推理，因而如果这些推理本身不是不可证明的推理，那么，它们同样应该可以被还原为不可证明的推理。按照廊下派的说法，对三段论推理的还原就是，通过分析使之成为不可证明的推理（《名哲言行录》卷七 195）。这种分析的目的是什么？它作为一种方法，通过表明某一推理与某种不可证明的推理的特定关系，来证明前者在形式上是有效的。有待分析的推理和不可证明的推理之间的最基本关系，或者是，有待分析的推理由几个不可证明的推理所构成，或者是，它是不可证明的推理的一种变形，或者，是前两种情况的混合。分析按照特定的逻辑元规则来进行，被称为 themata［论题］，它们确定这些关系形式。论题是推理的规则，也就是说，这些规则只能适用于推理。它们把一种推理还原为另一种推理，而不是把一种断定还原为另一种断定。我们的资料表明，

---

① 亚历山大，《论亚里士多德〈前分析篇〉》164.27–31。

有四类这样的规则。① 我们还知道，廊下派有一些逻辑元规则，被称为 theorems［原理］，这些原理与对推理的分析有关。② 由于廊下派认为，对于可证明三段论推理的分析而言，有论题就已然足够，［111］因此，他们假定有些原理的功能是辅助分析。

严格讲来，廊下派的分析是一种向上的分析（即朝向不可证明推理方向的分析），而不是向下的分析（即从不可证明推理开始的分析）。分析总是从一个给定的可证明推理开始，所面临的问题是，它能否通过论题被分析成不可证明的推理。没有迹象表明，廊下派曾试图通过论题，系统化地确立何种形式上有效的可证明推理可以从一套不可证明的推理中推导或衍生出来。

与这一点相关的是，廊下派的分析事实上通过推理本身而不是推理形式进行——尽管这种分析确切地说依赖于推理的形式。这似乎表明，分析不得不一次次从头开始，每一次，某个可证明推理的（形式）有效性都需要探讨。但也并非必须一直这样：廊下派似乎引入了一套特定的元规则，它们规定，如果某一推理是这样或那样的形式，那么，它就是三段论推理，或可以通过这样或那样的方式被分析成不可证明的推理。③ 有时候，样式也被用来辅助这一还原。也就是说，序数被用来作为断定成分的缩写。④ 通过这种缩写，可以看清推理的形式，并且容易看出应该使用哪种论题。

廊下派的分析如何具体地操作？⑤ 论题以及原理如何运用于推理？让我们首先看一看第一个论题：

---

① 亚历山大，《论亚里士多德〈前分析篇〉》284.13-17；伽伦，《论希珀克拉特斯和柏拉图的学说》卷二 3.188。
② 《名哲言行录》卷七 195；恩披里柯，《驳学问家》卷八 231。
③ 恩披里柯，《皮浪学说述要》卷二 3；俄里根，《驳科尔苏斯》卷七 15.166-167。
④ 恩披里柯，《驳学问家》卷八 234-236。
⑤ 注意：后文的讨论会有些技术性。

当从两个断定推出第三个断定的时候，从这两个断定前提中的一个连同那结论的对立项，可以推出另一个前提的对立项。（阿普列乌斯，《解释篇》191.6—10）

在这一规则的表述中，前提的顺序是不确定的。该规则可以形式化地表示为：

（T1） $$\frac{P1, P2 \vdash P3}{P1, \text{ctrd } P3 \vdash \text{ctrd } P2}$$

[112] ctrd 表示"对立项"，"⊢"表示"所以"，P1，P2……代表断定。在规则的运用中，有待分析的推理在横线的下端，由之而分析出的三段论推理处于横线的上端。例如，如果我们有一个如下类型的可证明推理：

p；并非：q；所以，并非：如果 p，那么 q。

它可以还原为如下第一种不可证明的推理：

如果 p，那么 q；p；所以，q。

这里以如下方式来使用第一个论题：若从"p"和"如果 p，那么 q"，推出"q"（这是一个不可证明的推理），则可以从"p"和"并非：q"，推出"并非：如果 p，那么 q"（这是一个可证明的推理）。或者可以形式化地表示为：

（T1） $$\frac{\text{如果 } p，\text{那么 } q；p \vdash q}{p；\text{并非}：q \vdash \text{并非}：\text{如果 } p，\text{那么 } q}$$

一旦这一过程可以导出五种不可证明推理中的一种,那么,这一有待分析的推理就是一种三段论推理。把上述规则运用到所有可能的简单可证明推理,就可以还原得到另外四种类型的三段论推理。正如我们将看到的,第一个论题还能够在同一个还原中运用多次,或者与其他一个或多个分析规则联合使用。

在讨论其他三个论题之前,考虑下作为"辩证原理"(dialectical theorem)的元规则是有帮助的。

> 当我们从一些前提中推导出某一结论的时候,我们也就使该结论隐含在这些前提之中,尽管它在前提中并没有明确表达出来。(恩披里柯,《驳学问家》卷八 231)

这一原理被假定成可以像第二、第三、第四论题那样进行对推论的还原。显然,正如它表现出来的,它并不足以充分地确定一种分析方法,它只是一个原理的一般性表达。但是,恩披里柯的某个段落[1]通过把它运用于两个推理,展示了分析是如何进行的。在其中第二个例子中,分析首先通过推理样式来进行,随后使用推理本身。让我们看一看第一部分,也就是"通过呈现有待分析推理的样式来开始"这一部分。

[113]正如人们可以从分析中习得的,这一类型的推理包含第二种和第三种不可证明的推理,如果我们为了展示而如下这般使用样式,这一点将变得更为清楚:

> 如果第一项和第二项,那么第三项。
> 但是,并非第三项。
> 而且,第一项。

---

[1] 恩披里柯,《驳学问家》卷八 230-238。

所以，并非：第二项。

由于我们有一个条件断定，该条件断定的前件是第一项和第二项的合取，结果是第三项，并且，我们还有该条件断定之结果的对立项，即"并非：第三项"，所以，我们将由此推导出前件的对立项，即"所以，并非：第一项和第二项"，这是根据第二种不可证明推理得出的。但实际上，这一命题本身隐含在推理中，因为，我们可以根据前两行的前提推导出它，尽管这一命题在该论证的展示中并没有出现。通过把它和剩下那个前提相结合，即"第一项"，我们将根据第三种不可证明的推理推导出结论，即"所以，并非：第二项"。这样，该推理就包含两种不可证明的推理，其中一个是：

如果第一项和第二项，那么第三项。
但是，并非：第三项。
所以，并非：第一项和第二项。

这是第二种不可证明的推理。另外一个则是第三种不可证明的推理，以如下方式表现：

并非：第一项和第二项。
但是，第一项。
所以，并非：第二项。

这就是按照样式来进行分析的例子，同样，还有与之相类似的、按照推理来进行分析的例子。（恩披里柯，《驳学问家》卷八 235–237）

通过辩证原理进行还原推理的一般程序如下：考察有待分析的推理的任何两个前提，尽量从中推导出一个结论，这个推理过程是一种不可证明的推理。然后，考察"隐含的"结论，并看一看是否增加某个已有的前提，便可以推导出另外一个结论，并且，这个推理过程也是一种不可证明的推理。（原有的前提仍然有效，并且，如果需要的话，可以再次使用，正如在恩披里柯的第一个例子中所明显展示出的：恩披里柯，《驳学问家》卷八 232-233。）按照这种方式操作，直到所有前提都至少使用过一次，并且，最后推导出的断定就是原来推理的结论。如果是这种情况，那么便已经表明，有待分析的推理就是一个三段论推理。

[114] 这样，辩证原理便成为连锁推理（chain-arguments）的一个规则，通过此种规则，一个复杂的可证明推理被分成两个组份推理。该原理应该足以分析所有复合的推理，也就是所有具有下列潜在或"隐藏"结构的推理。（这一结构表现为三角形式，推理的两个前提占据上面两个顶点，结论占据下面的点。P1……Pn 表示诸前提，C 表示有待分析的推理的结论；Pn* 表示作为"隐含结论"的前提，它并不在有待分析的推理中出现。每一次，有待分析的推理类型都在底部标出。）

类型（1）（三个前提的推理）

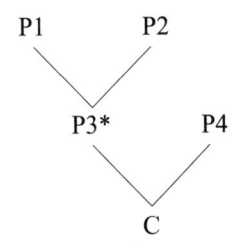

```
    P1      P2
      \    /
       \  /
       P3*      P4
          \    /
           \  /
            C
```

P1, P2, P4 |- C

例如，上边所引的推理就是这种类型。

类型（2）（四个前提的推理）

类型（2a）

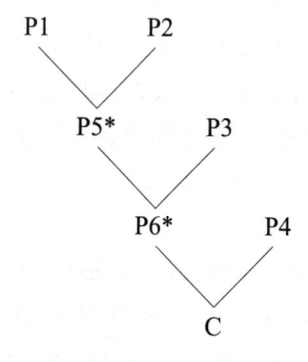

```
        P1    P2
          \  /
          P5*    P3
            \   /
            P6*    P4
              \   /
                C
```

类型（2b）

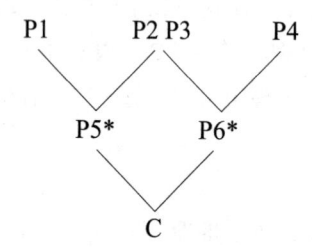

```
     P1   P2 P3   P4
       \  /    \  /
       P5*     P6*
          \   /
            C
```

P1, P2, P3, P4 |- C

类型（2）的两种拓展形式是通过在原来的推理上加入包含两个前提的推理而产生的，而该推理的结论就是原来推理中没有星号的某个前提。这样的 [115] 结论也被算作"隐含的"，也就是说，在有待分析的推理中并没有出现，因而，它们相应地被加上"*"。正如在恩披里柯的分析的第一个例子中清楚显示的，[①] 辩证原理也覆盖这样一些推论，在这些推论中，相同的前提会被默默地使用多次，但在原来的推理中只出现一次。其最基本的类型是这样的：

---

① 恩披里柯，《驳学问家》卷八 232–233。

类型（3）

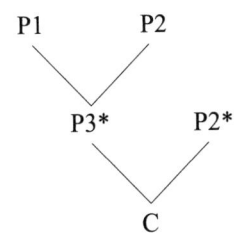

```
      P1   P2
       \   /
        \ /
     P3*   P2*
       \   /
        \ /
         C
```

P1, P2|- C

恩披里柯的第一个例子，属于"如果 p，那么，如果 p 则 q；p|- q"这种形式的推理，它就符合这里的类型（3）。更复杂的例子是：

类型（4）

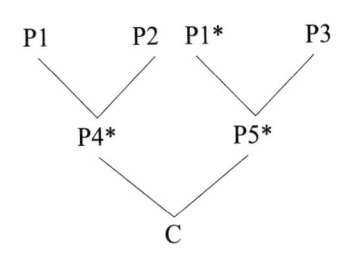

```
   P1   P2   P1*   P3
    \   /     \   /
     \ /       \ /
     P4*       P5*
       \       /
        \     /
           C
```

P1, P2, P3 |- C

这两种类型的任何拓展和变形，以及它们与类型（1）的任何结合，同样可以通过反复使用辩证原理而被分析。我们如果把第一论题和辩证原理相结合，就可以在它们的帮助下将我们所知的所有廊下派三段论中的可证明推理分析为不可证明的推理。

接下来是廊下派的第二、第三和第四论题。第三论题的形式在两份资料中保存下来。[①] 第二和第四论题并未流传下来。然而，我们依

[①] 辛普利基俄斯，《论亚里士多德〈范畴篇〉》237.2-4；亚历山大，《论亚里士多德〈前分析篇〉》278.12-14。

然有可能尝试性地重构它们,并重构利用论题进行分析的一般性方法,因为[116]有一系列要求是这三个论题不得不满足的:

- 第二、第三和第四论题一起应该能够和辩证原理一样,覆盖相同的基础。
- 这些论题必须是可使用的,通过使用它们,人们能够识别一种推理是不是三段论推理。
- 它们必须足够简单,以便用普通希腊语表达。
- 第二论题,可能与第一论题并提,必须能够对笨拙的结论性推理以及包含两个样式前提(mode-premisses)的推理进行还原。
- 第三和第四论题应该展示出一些类似性,或者在某些分析中被联合使用。[①]

下面就是能够满足上述要求的一个重构。[②] 有文献是这样呈现第三论题的:

> 若从两个断定中推出第三个断定,并且从这个被推出的断定[即第三个断定]和另外一个附加的假定中可推出一个新的断定,那么,这个新的断定可以从前两个断定和附加的伴随性假定中推出。(辛普利基俄斯,《论亚里士多德〈范畴篇〉》237.2-4)

这样,像辩证原理一样,第三论题是一种连锁推理的规则,该规则让人们把一个复杂的推理分离为两个组份推理,或者形式化地表示为(P1,P2……代表非附加前提;E,E1,E2……代表附加前提;C代表有待分析的推理的结论):

[①] 伽伦,《论希珀克拉特斯和柏拉图的学说》卷二 3.188。
[②] 该重构基于 Bobzien 1996。有关另外一些重构,见 Mueller 1979, Ierodakonou 1990, Mignucci 1993。

$$\frac{P1, P2 \mid\!- P3 \quad P3, E \mid\!- C}{P1, P2, E \mid\!- C}$$

在分析超过三个前提的推理时，我们需要第三论题的拓展版本，在该版本中，其中一个组份推理具有两个以上的前提。我们如果修改辛普利基俄斯的版本，使得第二个组份推理具有一个以上的"附加前提"，也可以得到这种类型。这一拓展版本可以说成：

[117] 若从两个断定中推出第三个断定，并且从第三个断定和一个或更多附加断定中可推出一个新的断定，那么，这一新的断定可以从前两个断定和那些附加的断定中推出。

或者，形式化地表示为：

(T3) $$\frac{P1, P2 \mid\!- P3 \quad P3, E1 \ldots En \mid\!- C}{P1, P2, E1 \ldots En \mid\!- C}$$

有两种类型的复合推理，对它们的还原并不被第三论题所涵盖。首先是这样一些推理：其中并不包含"附加"前提，但第一个组份推理中使用的前提，在第二个组份推理中再次被使用。其次还有这样一些推理：其中第一个组份推理中的一个前提以及一个或多个附加前提在第二个组份推理中被使用。我猜测剩下两个论题覆盖这两种情况。它们应该这样安排：

若从两个断定中推出第三个断定，并且从第三个断定和前面两个断定中的一个（或两个）中可推出一个新的断定，那么，这个新的断定可以从前两个断定中推出。

形式化地表示为：

（T2） $$\frac{P1, P2 \vdash P3 \quad P1, (P2,) P3 \vdash C}{P1, P2 \vdash C}$$

以及：

若从两个断定中推出第三个断定，并且从第三个断定和前面两个断定中的一个（或两个）以及一个（或多个）附加断定中，可推出一个新的断定，那么，这个新的断定可以从前两个断定和附加断定中推出。

形式化地表示为：

（T4） $$\frac{P1, P2 \vdash P3 \quad P3, P1, (P2,) E1 \ldots En \vdash C}{P1, P2, E1 \ldots En \vdash C}$$

这样，第二到第四论题中的每一个都有一个适用的典型推理类型。但是，它们也能够在一次还原中使用多次或联合运用。回到在讨论辩证原理时区分的推理类型会发现，类型（1）中的推理使用了一次第三论题；类型（2a）和（2b）中的推理则使用了两次第三论题。更复杂的推理——没有暗含增加的前提——会使用更多次这一论题。类型（3）中的推理使用第二论题一次；类型（4）中的推理则使用第四和第三论题各一次。更复杂的推理可能要联合使用第二、三、四论题，有时还需要加上第一论题。[118] 总体来看，第二、三、四论题确切地覆盖了辩证原理的领域。

论题如何被使用？在描述分析的一般方法之前，还有一些例子。首先还是恩披里柯段落中给出的第二个例子。[①] 有待分析的推理是如下这种类型：

如果 p 且 q，那么 r；并非：r；p ⊢ 并非：q。

这里有三个前提，并且使用了一次第三论题。仅仅通过把这一推理"插入"论题中，我们得到：

若从两个断定中
[即，如果 p 且 q，那么 r；并非：r]
推出第三个断定
[即，并非：p 且 q（通过第二种不可证明的推理得出）]
并且从第三个断定和一个附加断定中
[即，p]
可推出一个新的断定
[即，并非：q（通过第三种不可证明的推理得出）]
那么，这一新的断定
[即，并非：q]
也可以从前两个断定和那个附加的断定中推出。

或者，用形式化的论题表示为（T3）：

$$\frac{\text{如果 p 且 q，那么 r；并非：r} \vdash \text{并非：p 且 q} \quad \text{并非：p 且 q；p} \vdash \text{并非：q}}{\text{如果 p 且 q，那么 r；并非：r；p} \vdash \text{并非：q}}$$

---

① 恩披里柯，《驳学问家》卷八 230–238。

从一些特殊类型的可证明推理中，我们得到可以利用第二论题分析的例子。笨拙的结论性推理，如：

或者 p 或者 q；p ⊢ p。

使用一次第二论题，可以使之还原为一个第四种和一个第五种不可证明的推理：

(T2) $\dfrac{\text{或者 p 或者 q；p ⊢ 并非：q 或者 p 或者 q；并非：q ⊢ p}}{\text{或者 p 或者 q；p ⊢ p}}$

包含两个样式前提的三段论推理，如下面类型：

如果 p，那么 q；如果 p，那么，并非：q；所以，并非：p。

[119] 它使用第一论题两次，第二论题一次，并还原为两个第一种不可证明的推理。分析同样从底端线（a）向顶端线（d）一步步进行。

(d) $\dfrac{\text{p；如果 p，那么，并非：q ⊢ 并非：q}}{\text{(T1)}}$

(c) $\dfrac{\text{如果 p，那么 q；p ⊢ q p，q ⊢ 并非：如果 p，那么，并非：q}}{\text{(T2)}}$

(b) $\dfrac{\text{如果 p，那么 q；p ⊢ 并非：如果 p，那么，并非：q}}{\text{(T1)}}$

(a) 如果 p，那么 q；如果 p，那么，并非：q ⊢ 并非：p

因而，运用论题把某个推理分析为不可证明的推理，其一般方法似乎以如下方式进行。最开始的一步是，检查所要分析的推理是不是不可证明的推理。如果是，它本身就是有效的。如果不是，就要尽力从有待分析的推理的诸前提中选择两个前提，从中可以推导出一个结论。这一推导符合某种不可证明的推理。如果这个有待分析的推理是一个三段论推理，那么，按上述推导出的结论，和其余的（诸）前提（如果有的话），以及（或者）一个或两个上面已经被使用的前提，共同蕴含着这一有待分析的推理原本的结论。这一推导或者符合某种不可证明的推理，或者可以通过上述四个论题而被分析成一个或多个不可证明的推理。随后，判断上述其余前提中的一个加上目前推出的那个结论，是否可以导出另外一个不可证明推理的前提（在这种情况下，你可以利用第三论题）；如果没有剩余的前提，或剩下的前提都不能被使用，就需要考察已经在第一步中使用的某个前提是否就是另外一个不可证明推理的前提（在这种情况下，可以利用第二或第四论题）。如果以此方式构成的第二个组份推理也是不可证明的推理，并且所有前提都至少被使用过一次，并且最后的结论就是有待分析推理原本的结论，那么分析完毕。所分析的推理是三段论推理。

如果不是，对于不是不可证明的推理（即第二个组份推理，它的结论是有待分析推理原本的结论），再重复上面的分析程序，直到第二个组份推理的前提可以暗示出有待分析推理原本的结论，并且，这一推导符合某种不可证明的推理。如果无论如何也无法通过分析构造这样的不可证明推理，第一论题也许能派上用场，即，如果结论的否定可以产生一个所需要的前提，也就是说，这个前提和另外一个可用的前提，可以构成某个不可证明推理的一对前提。如果在［120］任何步骤中，都无法通过论题的使用产生两个可以用来构造不可证明推理的前提，那么，该推理就不是一个三段论推理。

这一还原的方法实用且简单。人们只需要知道所有的论题和五类不可证明的推理，再加上四类可以通过第一论题还原为不可证明推理的简单推理。按此方法进行还原的必要步骤是有限的。即使是在复杂的推理中,步骤也不会特别多。该方法看起来是有效的。

廊下派三段论推理是一个体系,其中包含五个基本类型的三段论,以及四条可把所有其他三段论还原为基本类型的推理规则。[①] 廊下派并未明确声称这一体系的完备性,但他们声称,所有可证明的三段论都可以还原为不可证明的推理,这也可以视为对完备性的某种形式的表达。同样可以合理地设想,廊下派认可了对三段论式推理的某种前技术性见解(pretechnical notion),他们认为,不可证明的推理加上所有的论题"把捉"(capture)到了这一前技术性见解,或许还使之变得更为确切了。这给我们留下的问题是,我们如何能够发现廊下派单独为三段论式推理制定的标准,也就是说,我们如何确定,廊下派这一体系的哪些特征先于他们对于逻辑规则的选择,哪些特征又只是他们引入这些逻辑规则的结果。然而,关于什么是廊下派对三段论式推理的前技术性见解,证据很少,我们不大有望确定廊下派是否以他们自己的方式使得三段论式推理体系变得完备。我们所能做的,只是确定廊下派这一体系中那些与该体系的完备性相关的特征。

廊下派的三段论式推理体系,与形式逻辑的现代语义解释分有了下述有效性条件:关于推理的有效性,必然不能前提是真的而结论却是假的。相应地,关于形式的有效性(指推理是三段论式的),下面这一条件也是必然的,即,对于三段论或有效形式的推理来说,真的前提不能推出假的结论。对此,我们还可以对廊下派的三段论式推理增加两个必要条件,这两个条件并不是现代意义上的形式有效性的要求,它们可以表明,廊下派的三段论最多是现代意义上有效推理的某种合适的亚类。

第一,存在着一个限定三段论式推理的形式条件,该条件不是通

[①]《名哲言行录》卷七 78,参照恩披里柯,《皮浪学说述要》卷二 156-157;194。

过否认特定推理的有效性，而是通过否认［121］特定断定组合的推理地位，来判断其是否为三段论推理的：廊下派的推理概念要比现代逻辑学的推理概念狭窄，因为在廊下派那里，推理必须至少包含两个前提和一个结论。廊下派三段论理论只把如下形式的推理算作推理：

Δ⊢A

其中，Δ指至少包含两个（不同）断定的一系列前提。廊下派三段论理论并不处理如下形式的推理：

⊢A；A⊢B 或 Δ⊢。

在有效推理和逻辑上真的条件断定之间也没有一一对应的关系。这样一种对应只在条件断定的某一适当的亚类——即具有"如果A且B且……，那么C"这种形式的条件断定——和有效推理之间发生。

第二，通过前提的非冗余性这一要求来限定三段论推理的有效性：如果一个推理包含着一个或多个从外边引入且多余的前提，那么，由于这种冗余性，该推理便是无效的。[①] 在可证明推理的情况下，人们可以把从句"从外边引入且多余的"解释为不存在这样一个推导：在其中，如此引入的前提以及推理中的其他前提蕴含着结论。非冗余性要求意味着，下述类型的推理被视为无效，尽管在所有标准的命题演算中，它都是有效的：

p；q；所以 p。
如果 p，那么 q；r；所以 q。

---

① 恩披里柯，《驳学问家》卷二 431。

我们现在能够表明，廊下派三段论体系所把捉到的三段论推理的前技术性要素，由上述要求所规定。首先，只有一个前提或没有前提的推理是不能被还原的，因为每个不可证明的推理都有两个前提；并且每个论题都只适用于包含两个或两个以上前提的推理。第二，含有多余前提的推理不能够被还原：不可证明的推理中没有"冗余的"前提，并且，论题需要有待分析推理的所有前提都是分析该推理而来的不可证明推理的组份——或者作为前提，或者作为结论的否定。至少就此而言，廊下派的三段论理论与他们关于三段论推理的前技术性见解相一致。

7　在特殊意义上有效的推理

［122］最后，我们来面对由廊下派区分出来的第二组有效推理，它们被认为"在特殊意义上有效"（《名哲言行录》卷七 78-79）。有关这类推理留存下来的信息非常稀少，并且许多细节还处于争论之中。至少有两个亚类被区分出来。一个是"亚三段论推理"（subsyllogistic arguments；hyposyllogistikoi logoi），另一个被叫作"无条理的结论性"（unmethodically concluding；amethodôs perainontes）推理；也许还有其他的种类。廊下派认为，所有有效推理都通过不可证明的三段论而被构造（同上）。如果我们按照这种讲法的表面含义来看，特殊意义上有效的推理，其有效性也应该从三段论的有效性中得到判定。可以预期，这一判定在不同亚类之间各不相同。

亚三段论推理和与之相对应的三段论推理的不同之处仅仅在于，它们所包含的一个或多个组份断定在语言形式上不一致，尽管在内容上相同。[①] 下面是亚三段论推理的一种例子：

"p"从"q"中推出；但是 p；所以 q。

---

① 伽伦，《逻辑学引论》卷十九 6。

它并不同于第一种不可证明的推理。我们可以猜测，亚三段论推理之所以不是三段论推理，其原因在于，它们并不具备三段论推理的标准形式。这一区分展示出廊下派对于对象语言和元语言之区别的某种意识：一个条件断定事实上和"一个断定从另一个断定中推出"的陈述并不是同一的。亚三段论推理的有效性，可能通过构造一个与之相对应的三段论推理并指出二者的等值性来确立。

下面是廊下派关于无条理的结论性推理的一个例子：

你说现在是白天。
而你所说的是真的。
所以，现在是白天。（伽伦，《逻辑学引论》卷十七 2）

该推理并不是一个三段论。它既不是不可证明的推理，也不能够还原为不可证明的推理，因为它并不包含非简单断定作为其组份。这种推理何以有效？也许，它们之所以被称作"无条理的结论性"推理，是因为［123］并没有一个形式性的方法可以表明其有效性。但尽管如此，其有效性也应该在廊下派那里已经以某种方式被判定——并且，如果我们严肃对待《名哲言行录》卷七 79 中的评论，这种判定应该涉及某些与无条理的结论性推理有适当关联的三段论推理。但是，关于怎样发现"与之相对应的三段论推理"，我们并不像亚三段论推理的情况那样拥有直接证据。

还有一些其他推理也被某些廊下派思想家们视为有效推理，其中一部分可能算作特殊意义上有效的推理。第一，单一前提的推理（the single-premiss arguments；monolêmmatoi）。廊下派的正统观点是，推理必须至少包含两个前提。然而，安提帕特若斯承认单一前提的推理，并且他也许至少把其中一部分视为有效的。如果我们信任阿普列乌斯的记录，安提帕特若斯举了如下推理的例子：

> 你在看。
> 所以，你是活着的。（阿普列乌斯，《解释篇》184.16–23）

我们并未被告知他承认这种推理的原因。安提帕特若斯不太可能认为这些推理是三段论推理，因为它们在形式上是无效的。安提帕特若斯也许把它们视为无条理的结论性推理，因为它们好像包含着"如果某人在看，那么某人是活着的"这种不明确的假设。

第二，存在着包含不确定的断定作为其主导性前提以及一个确定的断定作为伴随性假设的推理，对此我们先前在讨论非简单断定时有所述及。一个典型的例子是：

> 如果某人走路，那么某人运动。
> 这个人走路。
> 所以，这个人运动。

尽管该推理和第一种不可证明的推理有相似性，但它并不直接等同于第一种不可证明的推理。廊下派何以判认其有效性？也许是通过指认该推理之主导性前提的真值条件。由于它的真暗示出所有从属于它的断定的真，人们便总是可以从这个前提中推出所需要的特殊条件断定（"如果这个人走路，那么这个人运动"），并且由之构成所需的三段论——在这种情况下，就是构成第一种不可证明的推理。不确定的条件断定和相应的确定条件断定之间的关系，可能被算作一种隐含的假设性关系，正是因为这种假设性关系，推理的有效性被确认（但是，即便添加了这一假设性关系，推理在形式上也不会变得有效）。

第五章 廊下派的自然哲学（物理学和宇宙论）

怀特（Michael J. White） 撰

朱雯琤 徐健 译

1 导论

[124]据拉尔修所言，从基提翁的芝诺以来，大多数廊下派哲人都将哲学理论划分为三部分：物理的、伦理的和逻辑的。拉尔修本人也用三句比喻朴实地描述了哲学这三部分之间的联系：（1）哲学就像一只动物，逻辑学有如动物的骨骼和肌腱，伦理学像实在的血肉，而物理学则是其灵魂；（2）哲学就像一枚鸡蛋，逻辑学是"外在"（蛋壳），伦理学是"中间物"（蛋白），而物理学则是"最中心部分"（蛋黄）；（3）哲学就像一块丰产的田地，逻辑学是外围的篱笆，伦理学是庄稼，而物理学是土壤和树木（《名哲言行录》卷七40）。

且不论这三句明喻可能包含着多少确切意义，廊下派无疑将物理学说与伦理学之间的关系看得相当密切。在廊下派看来，人生活的目的就是"依照自然而活"（to homologoumenon têi phuei zên，《名哲言行录》卷七87），于是，物理学作为哲学中关于自然的部分，就拥有了"依照自然"活着的含义，同时明显也拥有了伦理性意味。物理学说与伦理学之间的第二种联系在逻辑上不同于第一种联系：当代学界普遍认为，可以且有必要以"价值中立"的眼光来考察自然问题，但这在廊下派看来简直不可理喻。实际上，大量所谓的廊下派哲学命题影响着他们的物理学说，其中包括一些［125］廊下派物理学说中非常技术性的层面。尤其是，廊下派认为宇宙是一个统一和凝聚的整体，并且有一个贯穿一切的神圣理性控制着整个宇宙，这两个命题构成了廊下派物理学发展的基本核心。

2　什么是物理学

拉尔修说，廊下派把他们的物理学说分出几种主题，分别关于物体（bodies）、本源（archai）、元素（stoicheia）、诸神、边界或界限（perata），以及位置和虚空。他认为，这是对物理学主题的"种的"（specific）分类。而"属的"（generic）分类则将物理学主题分为关于宇宙的、关于元素（仍叫 stoicheia）的，以及关于原因的考察（aitiologia）。① 因此，廊下派明显拥有着较亚里士多德的定义来说更为宽阔的物理学或自然哲学概念，也就是说，他们对 kinêsis［运动或改变］以及改变中的诸因素（范围、位置和时间）进行概念性的考察。② 廊下派的物理学作为其哲学中的一个重要分支，不仅仅包含了后来称之为"自然哲学"的内容，也包括了宇宙论和那些在"第一哲学"或形而上学里的主题。

在"种的"分类模式中，一开始人们或许对廊下派关于本源和元素的区分感到迷惑，因为 archai 和 stoicheia 经常被当作同义词使用——比如亚里士多德会时常用 archai kai stoicheia 来描述前苏格拉

---

① 《名哲言行录》卷七 132。"种的"和"属的"分类之间的差异，其意涵难以道明。在本书第八章，布伦施维克暗示，或许种的分类"所考虑的物理学是一种自我包含的 eidos［理念］，而（属的分类）所考虑的物理学则是某种更大的 genos［属］中的一部分"，于是他预设，"'属的'分类中的某些主题"，比如宇宙论和原因论，就被物理学和其他学科如天文学和医学所共同分有。在此，我自然无法给出比这种区分更为可行的解释。

② 见亚里士多德，《物理学》（*Phys.*）卷三 4.202b30–31。

底哲人的探索对象，又如"元素"（stoicheia）概念在几何学意义上的使用情况。有广泛的证据表明，廊下派拥有两种 archai，一种是被看成积极本源（to poioun）的理性和神（尤其重要），另一种则是被看成消极本源（to paschon）的无定性实体（unqualified substance；apoios ousia）或质料，我们会在后面详细讨论这两种本源。拉尔修认为，廊下派区分 archai 和 stoicheia 的关键在于，[126]前者，即本源，是不可生成也不可毁灭的，但后者，即元素——在传统范畴中元素包括火、水、气、土——则会在世界大火或 ekpurôsis 中毁灭（《名哲言行录》卷七 134）。在廊下派的通常用法中，本源是一种更为基础的、本体论上的概念，而元素则具有一种更为派生性的宇宙论（和宇宙演化论）意味。但在后面一节我们还将会看到，此种解释下本源和元素之间的关系也存在不少问题。

廊下派同样也意识到，数学家和物理学家在关注宇宙论问题上有所区别。数学家们对宇宙的合理关注在于思考那些可能被归于数理天文学范畴的问题，① 物理学家们则合理地考察宇宙论方面的问题，比方说，什么是宇宙的"实体"（ousia），太阳和星辰是否由质料和形式构成，宇宙是不是生成的，它是否拥有灵魂，它会不会毁灭，以及它是否由天意所指引（《名哲言行录》卷七 132–133）。同时，拉尔修还谈到对原因的数学考察与非数学考察之间也有类似的区别。属于前一类考察范畴的有光学、反射光学，还有对云、雷、虹、光晕和彗星的起因探究（《名哲言行录》卷七 133）。我们并不知道廊下派哲人内部是否在珀赛多尼俄斯之前就已经开始落实"数理物理学"。但我们确实有可观的证据表明，珀赛多尼俄斯在公元前 1 世纪前半叶极其宽泛地涉猎学术、历史、数学和科学等多个领域。②

---

① 见本书琼斯撰写的第十三章。
② 珀赛多尼俄斯取得了诸多成就，他写过一本书，捍卫欧几里德几何学，反对伊壁鸠鲁派的西顿人芝诺对几何学的攻击。而针对珀赛多尼俄斯那本遗失的书《论海洋》（*On Ocean*），基德（I. G. Kidd）评论道："珀赛多尼俄斯的这本书

物体、本源、元素、诸神、位置和虚空成了廊下派物理学中的首要主题，这并不令人惊奇。所有这些主题在古希腊的自然哲学中要么自身意义重要，要么历史渊源颇深，[127]要么皆而有之。然而，perata（界限或边界）也应享有如此殊荣则或许是个令人惊讶甚至困惑的事实。在这一章的最后，我将会对这个问题进行更深入的探讨。

3 廊下派物理学中第一信条的作用

宇宙的统一和凝聚，以及存在着一个贯穿一切、控制宇宙的神圣理性，这两个廊下派论题可以看作廊下派物理学中首要的、统摄性的"第一信条"（prior commitments）——这里我借用了蓝格描述亚里士多德物理学的概念。① 换句话说，这两个论题极大地塑造了廊下派物理学中各类重要的议题和难点，以及廊下派对这些议题和难点所说之辞的实质。当然，并不能因此就说这两个主题完全确定了廊下派的物理学研究进程，但我们可以说，廊下派物理学对第一信条的重视程度，远远大于亚里士多德物理学对它的重视。

亚里士多德认为，不仅人（的感觉）以 ta phainomena［印象、呈像、表象］的形式在体验事物，ta endoxa［意见］也在自然哲学中承担着一种重要的规范作用，后者表明"我们"这种大多数人，以及我们周遭的少数智者，是如何思考和谈论我们周围的世界的。然而，廊下派则显然更准备与惯常的思考和言说模式划清界限。

来自学园外部的对廊下派的批评，比如普鲁塔克的观点，认为廊下派的众多观点都与"一般观念"相矛盾。西塞罗说道，廊下派某些学说在他看来 admirabilia contraque opionem omnium［令人吃惊且违背所有人的信念］，但廊下派自己则称之为 paradoxa［悖论］（西塞罗，

横跨了从数学理论到对欧多克索斯（Eudoxus）的生动叙述等多种方面，无论在内容还是形式上都有着令人咋舌的涵盖面。"

① Lang 1998, 页 280 等处。

《论廊下派的自相矛盾》4）。西塞罗所讨论的是廊下派那些伦理学和认识论方面的 paradoxa［悖论］，但显然，在廊下派的物理学主题方面也有相似的问题。比如克律希珀斯在论及完全混合（total blending；krasis di'holôn）学说时说过，若将一点点酒倒入海中，那整个海就都渗透着酒。[①] 普鲁塔克笔下的发言者，《驳廊下派的一般观念》里的狄阿杜美诺斯（Diadumenus）［128］实际上强调，廊下派的物理学说就像他们的伦理学说那样，完全与"一般观念"（koinai prolêpseis）相抵牾（《驳廊下派的一般观念》1073d）。

我们不知廊下派哲人是否会同意这种评价，比如作为普鲁塔克批判对象的克律希珀斯会怎么想。但我们可以说，廊下派使物理学探究和一般观念相对分离，所导致的一个结果就是扩大了自然哲学中第一信条的作用。而且对廊下派来说，关于自然世界的知识本身并不是目的，追寻这种知识是为了让我们能够依照自然而生活，这一事实会加深第一信条在廊下派探寻自然中的影响。

下文将围绕廊下派物理学说的某些核心特征来讨论这种影响。当然这不是唯一通向廊下派物理学的途径，或许也不是最为显著的途径：这种途径掩盖了某些细微差别和困难，正如它也掩盖了不同廊下派哲人的学说中某些重大差异。但就目前这种简介式的、劝勉性的讨论而言，这种方法或许特别有用。

4 形体论与生机论

哈姆在他的著作《廊下派宇宙论的源起》（*The Origins of Stoic Cosmology*）第一章中有一番观察：

在廊下派哲学中，没有什么观念能比这样一种信念更加根深

[①] 普鲁塔克，《驳廊下派的一般观念》1078e。

蒂固了,即坚信一切实在的东西都具有形体。(Hahm 1977,页3)

这句话听上去相当正确,但可能有必要附加两项条件。第一项是这里"一切实在的东西"指的是存在物(to onta)。廊下派对"某东西"(something；ti)的范畴有着非常宽泛的理解,除了包括存在物(物体),还包括无形体或"准存在物"(subsistents；ta huphetôta),比如虚空、位置、时间和"可说"之物(ta lekta：意义)。[①]

第二项条件则在于廊下派对宇宙的形体性的观念,他们根本没有暗示出17—18世纪自然哲学的观点,说宇宙是一个由惰性质料构成的有形体的世界,或者像Randall巧妙描述的那样,认为宇宙是仅仅由"固体的、坚硬的、厚重的粒子,[129]以机械性因果关系所联系起来的实体"所构成的世界。[②]恰恰相反,廊下派依循一批前苏格拉底哲人和柏拉图所提供的先例,认为"整个宇宙是一个生物(或动物：zôion),赋有灵魂和理性,而它的统治性本源(ruling principle；hêgemonikon)就是以太(廊下派也常将以太等同于火)"(《名哲言行录》卷七139)。据克律希珀斯和珀赛多尼俄斯所言,"理性(nous)延伸到宇宙的每个部分,就像灵魂延伸到我们身体的每一部分一样"(《名哲言行录》卷七138)。廊下派把宇宙看成有界限、呈球型的一(one),这种思想也相当平常。他们同亚里士多德一样认为宇宙不存在虚空,但用于引证这一点的理由却是,"协力"或"共呼吸"(sumpnoia)以及"张力"(tension；suntonia)使天上和地上的东西凝聚在了一起(《名哲言行录》卷七140)。

廊下派的这种"生机论"(vitalism)有一点很不寻常。他们明确主张,那种积极的、给予生命的、理性的、有创造性的和方向性的宇宙本源,与那种消极的、"质料性的"本源一样,都具有形体。在阿

[①] 见布伦施维克撰写的本书第八章。

[②] Randall 1962,第一卷,页60。

里斯托克勒斯（Aristocles）看来（来自优西庇乌斯的记述），基提翁的芝诺像赫拉克利特那样认为火是万物的 stoicheion［元素］，而又像柏拉图那样觉得火的 archai［本源］是质料和神：

> 但他［芝诺］说，这两种东西——积极本源和消极本源——都是物体，而［柏拉图］说，第一积极因是非质料性的。①

俄里根也评论了"廊下派神"的形体性，认为廊下派曾说，在宇宙的周期性大火（ekpurôsis）期间，"统治部分［即神］是全部实体"，但在宇宙内在循环（diakosmêsis）里，统治部分"存在于它之中的某一部分"。② 俄里根在这里指的是廊下派独树一帜的宇宙循环学说。据拉尔修所言，神"是宇宙循环的'德穆革'，按照一定的时间周期，为自己消耗尽（宇宙的）全部实体，然后又从自己那里产生出它们"（《名哲言行录》卷七 137）。因此，神作为 dêmiourgos［德穆革］或工匠，内在于宇宙中，是宇宙积极的、理性的和有形体的本源，且特别等同为创造之火（pur technikon），[130] 世界循环从这种火开始，后来又周期性地归于它。

宇宙的积极本源具有形体，这一廊下派观念引起了后来哲人们的强烈反对。在这些反对声中就有普鲁塔克和普罗提诺，他们认为廊下派将神等同为"理智的物体"或"质料中的 nous［理性］"，这种做法让神沦为形式和质料的混合物，从而危及神作为纯粹的第一本源或 archê 的地位。③ 普鲁塔克总结道：

> 如果理性和质料是同一的，那么［廊下派］把质料界定为非

---

① 阿里斯托克勒斯的论述，见优西庇乌斯，《福音的预备》卷十五 =《早期廊下派辑语》1.98。
② 俄里根，《驳科尔苏斯》卷四 14 =《早期廊下派辑语》2.1052。
③ 普鲁塔克，《驳廊下派的一般观念》1085b。

理性就是不正确的。但如果二者是不同的，那么神就成了它们的某种托管员，不再是单一的，而是一种合成物——理性加上质料的有形体。(《驳廊下派的一般观念》1085c)

普罗提诺的争辩则集中在"物体产生于质料和形式之中"这一根本假设上。① 然而，我们没什么理由相信廊下派会接受这样的先定假设。② 廊下派通常定义下的物体是"从长、宽、高三维进行延伸的东西"(《名哲言行录》卷七135)，"除了抗性（resistance，antitupia）外还产生三维延伸"，③ 其中似乎没有任何像亚里士多德所言的形质论（hylomorphism）的意味。实际上廊下派还争辩说——用哈姆的话来说——"如果一样东西的构成材料是物体，那么这样东西本身就是物体"（Hahm 1977, 页4）。廊下派似乎用这种原则总结出一个结果，即有形物的属性（qualities）本身就是有形体的。④

---

① 普罗提诺，《九章集》（*Enneades*）卷六1.26.12。
② 用拉琵奇的话来说："阿弗洛底西亚的亚历山大、俄里根、普罗克洛斯（Proclus）和叙里阿诺斯（Syrianus）都宣称，theos［神］和hulê［质料］之间的不可分割性是廊下派宇宙论中不能被过分强调的一项特征。归根结底，卡尔基狄乌斯（Calcidius）太过强调廊下派一元论中的这一特征。"（Lapidge 1973, 页243–244）
③ 伽伦，《论无形的属性》（*Quod qualitates incorporeae sint*）10 =《早期廊下派辑语》2.381。
④ 一些证据（例如《早期廊下派辑语》2.376和379）显示，廊下派认为，属性就是"以一种特定方式存在或被赋予习性的质料"（hulê pôs echousa）。然而布伦施维克向我强调，［来自普罗提诺的］前一段落相当有争议，而［来自阿弗洛底西亚人亚历山大的］后一段则模棱两可，不能确定廊下派学说中的属性是"以一种特定方式存在或被赋予习性的质料"（hulê pôs echousa），还是"以一种特定方式存在或被赋予习性的普纽玛"（pneuma pôs echon）。这里的问题在于辛普利基俄斯（《论亚里士多德〈范畴篇〉》66–67 =《早期廊下派辑语》2.369）所说的，廊下派关于范畴的一则纲领貌似将属性从"习性"（dispositions；pôs echonta）和"相对习性"（relative dispositions；pros ti pôs echonta）中区别了出来。另一方面，辛普利基俄斯（《论亚里士多德〈范畴篇〉》214 =《早期廊下派辑语》2.391）还说，

[131] 恩披里柯的反对意见与普罗提诺相似,他反对那个被他归在廊下派名下的由推动者组成的无尽链(an unending chain of movers)。恩披里柯得出结论,有一种"力量能够凭借自身运动,它是神圣和永恒的……于是这种力量就能以一种有序的方式推动并影响它们,这种创生和改变是永恒的。其结果就是,这种力量就是神"。① 这一论述中值得注意的地方在于,它忽视了亚里士多德对推动者的看法,即自动的推动者不可能是终极的推动者。在《物理学》里,亚里士多德论述道:

> 所以,那自己推动自己的事物必然有两个部分:(1)不被推动的推动者和(2)那被推动但不必然是推动者的部分,它们各自和对方相互接触。②

在《形而上学》第十二卷中,亚里士多德又得出结论:否认推动者所组成的无尽链会导致一个后果,那就是"有某种永恒而不被推动的实体,独立(kechôrismenê)于可感事物而存在。这种实体被显示没有大小、没有部分且不可分割"。③

从廊下派的视角看来,这里的 kechôrismenê[独立]显得尤为重要。廊下派当然不接受任何关于第一推动者"独立"于宇宙的看法,就好像他们也不接受普鲁塔克和普罗提诺关于神(或神的形式,或

廊下派用 hekta 来指称属性,这个措辞无疑来自"习性"及"被赋予习性是以这种或那种方式进行的"(pôs echon)所源出的动词(echein)。我相信这里的要点在于,辛普利基俄斯承认属性的有形"主体"与"属性本身"之间有着"存在论上的分离性",从而拒绝了廊下派的观点。

① 恩披里柯,《驳学问家》卷九 76 =《早期廊下派辑语》2.311。
② 亚里士多德,《物理学》卷八 5.258a18–21。
③ 亚里士多德,《形而上学》卷十二 7.1073a3–7。[中译编者按]译文参考亚里士多德,《形而上学》,苗力田译,收于《亚里士多德全集》,苗力田主编,北京:中国人民大学出版社,1993,第七卷,页 279,有改动;下同。

hêgemonikon［统治性本源］）的存在的看法——用普罗提诺的原话说，神作为一位"无形体的创造者"（to poiêtikon asômaton）而存在。① 廊下派之所以不接受这种意见，是因为他们确信无形体的东西不能施动也不能受动。西塞罗写道，芝诺否认"任何东西都能像克塞诺克拉特斯和其他老思想家所说的灵魂那样受无形体物的影响而动，因为，不是物体的东西绝无可能［132］让任何事物动起来，也绝无可能受任何事物的影响而动"（西塞罗，《学园派》卷一 39）。实际上这一苛评成了廊下派对有形体的通常观点，他们普遍觉得有形体就是那种"要么施动要么受动的东西"，正如哈姆所正确归纳的那样，这是廊下派的物体解释中"最重要的"一点。②

漫游派对柏拉图那"独立的"形式所产生的因果效力存在担忧；而廊下派心中似乎也装着漫游派的这种忧虑，尽管并没有明显的结论性证据可以加以证明。但是，亚里士多德说有某种无形体的不被推动的推动者，它独立（kechôrismenon）于自己所推动的事物，这也很可能产生相似的问题，特别是当我们认为亚里士多德的如下说明并没有对某东西的因果运动做出令人满意的解释时，情况就更是如此了——他说，"［目的因］作为欲望的对象而造成运动，但其他东西被推动而运动"。③

非一元本体论的历史，诸如 17 和 18 世纪多种二元论的发展史向我们表明，要对两种全然不同类型的实体的相互作用做出合适解释，实有诸多不易。实际上，如马勒伯朗士（Malebranche）的偶因论（occasionalism）这样的理论发展显示出，这种二元论并不想要描绘一个单一的世界秩序，而想要描绘彼此或多或少有所分离的多样共存的诸世界秩序。如果可以认为亚里士多德想统一柏拉图二元论下各

---

① 普罗提诺，《九章集》卷六 1.26.14—15。
② Hahm 1977，第二章。见布伦施维克撰写的本书第八章。
③ 亚里士多德，《形而上学》卷十二 7.1072b3—4（译自罗斯［Ross］的校订本）。

自独立的世界秩序，那么我们就不难理解，廊下派以假设亚里士多德主义并没有在这方面行进多远作为自己的理论出发点。哈姆评论道：

> 显然，廊下派所做的是……在两种实体之间分配[亚里士多德的]四大因，把质料因归给一种实体[消极本源]，而将动力因、形式因和目的因归给另一种实体[积极本源]。（Hahm 1977, 页44）

因为积极本源是有形体的，所以廊下派关于宇宙统一与凝聚的"第一信条"就能够成立。不存在那样一些"独立的"本源或原因，它们与质料性世界的秩序的联系可能是成问题的。

当然，积极本源所产生的因果效力是局部的，但这种效力不仅仅通过"表面性"接触，还通过某种彻底的渗透和弥散来实现。据阿弗洛底西亚的亚历山大所言，[133] 廊下派曾说，"神被混合了质料，并渗透（dihêkonta）质料全部，塑造和形成质料，由此创造了宇宙"。[①] 而据拉尔修描述，克律希珀斯认为"nous[理性]渗透（dihêkontos）[宇宙]的每个部分，就像灵魂之于我们的身体一样，尽管有的地方多一些，有的地方少一些"（《名哲言行录》卷七138）。作为形体因果作用之典范，积极的、生产性的本源的作用是局部的，并且这在某种意义上"通过接触"来实现。但这种接触是"彻头彻尾的接触"，并非17、18世纪的形体因果作用观念中那种"机械性的"动力因果作用，比如一个台球撞击另一个台球，或是钟表里的齿轮相互联动。比起机械式的解释，对廊下派观念中的形体因果作用进行生物式的描绘显得更为恰当，比方说希珀克拉特斯在《论人性》（*De natura hominis*）中所描述的，身体体液或液体进行着有形体的、局部但贯

---

① 阿弗洛底西亚的亚历山大，《论混合物》（*Mixt.*）卷二 =《早期廊下派辑语》2.310。

穿性的作用。①

5 本源、元素、神和世界循环

关于宇宙凝聚与统一的根本的第一信条，当然还体现在廊下派对宇宙组成的解释上。然而，其中出现了各种不同的理论张力，我们拥有的关于廊下派物理学说的辑语证据又显不足，这给我们的阐释造成了困难。

首先，一些问题出现在从本体论上看明显更为基本的本源（archi）与不那么基本的元素（stoicheia）之间的关系上。其中一个明显的问题与火的地位有关。有时候，火被等同于积极本源或神，特指"创造之火"（pur technikon）。普鲁塔克从克律希珀斯的《论天意》(*On Providence*)第一卷中引述道：

> 当宇宙彻头彻尾地燃烧时，它就单纯地是自己的灵魂和支配性本源（hêgemonikon）。但当它转变成水并且保留了灵魂，它就以一种特定方式转变成了身体和灵魂，从而成了这二者的合成物；这时候它就有了另一种结构。②

[134] 类似地，俄里根写道：

> 每当出现宇宙大火时，廊下派的神就拥有整个实体（tên holên ousian）并成为它的支配性本源。但当出现世界循环（diakosmêsis）时，神就开始成为循环的一部分。③

---

① 《希珀克拉特斯全集》(*Oeuvres Complètes d'Hippocrate*)，É. Littré 编，第六卷（1849，1962 重版），页 32–68。
② 普鲁塔克，《论廊下派的自相矛盾》1053b =《早期廊下派辑语》2.605。
③ 俄里根，《驳科尔苏斯》卷四 14 =《早期廊下派辑语》2.1052。

而问题就在于,有其他文献显示,神或积极本源"首先生成了四元素,火、水、气和土"(《名哲言行录》卷七 136)。那么,火作为一种有创造性且显然可被毁灭的元素,就拥有某种作为附属的、本体论和宇宙演化论上的地位。司托拜俄斯的区分似乎就是要处理上述问题:

> 存在两种类型的火:一种是无创造力的,它把自己的滋养物[即燃料]转化成自身;另一种则是有创造力的,它是诸如植物和动物的成长和保存的因,是它们的"本性"(phusis)和灵魂。这种火就是星辰的实体。①

在本源和元素的作用之争上,一个更进一步的问题是,"气息"(breath)或普纽玛(pneuma)通常被认为在自然进程中发挥着一种积极的和指导性的功能。普纽玛通常被看成由火和气这两种元素构成。有一种解释认为,可以把普纽玛视为构成无生命体的独特本性的"稳定条件"(stable condition;hexis),也是植物的"本性"或 phusis、动物的灵魂和人类的理性灵魂。②而在涅美希俄斯(Nemesius)的阐述中,普纽玛则被解释为一种"张力运动"(tonikê kinêsis),"它同时向内和向外运动,向外的运动产生了量与质,而向内的运动则形成了统一与实体"。③

塞姆伯斯基在《廊下派的物理学》(*Physics of the Stoics*)中认为,这种廊下派的概念预示了后来西方物理学中的"力场"(force field)概念(Sambursky 1959,页 31-32),这种解释还没有得到业内的普遍

---

① 司托拜俄斯,《读本》卷一 25.3 =《早期廊下派辑语》1.120。
② 见亚历山大里亚的斐洛,《论上帝的不变性》(*Quod dues sit immutabilis*)35 =《早期廊下派辑语》2.458。
③ 埃美萨(Emesa)的涅美希俄斯,《论人性》(*De natura hominis*)70–71(译文采自《希腊化哲人》第一卷,47J,页 283)。

赞同。但塞姆伯斯基确实正确地强调了"类似普纽玛的 tonos［张力］在把宇宙制造为一个单一凝聚的整体"上的宇宙学作用。[1]［135］尽管相关的原始文献细节可能永远地佚失了，但廊下派的 pneumatikos tonos［类似普纽玛的张力］的功能看起来明显部分地体现在，它技术性地表达了廊下派关于宇宙统一与凝聚的根本的第一信条。

然而还有一个问题，普纽玛产生作用的方式似乎与积极本源（创造之火或神）非常相似——而从本体论地位来看，普纽玛又几乎不算作元素，而是一种诸元素的合成体。这个问题一方面可能要归因于我们的证据数量过少且质量难辨，正如关于火的本体论地位的文献情况那样；另一方面则要归因于各个廊下派思想家的理论有所不同，而我们现在很难精确重构其中的差异。我们还有理由把第三个原因归结为，廊下派将已有的自然哲学和物理解释的传统，融合进了他们关于宇宙统一与凝聚的根本信条所要求的一元本体论框架之中。

在廊下派之前就有的思想传统之一是四大元素或"根源"——火、气、水、土。在廊下派看来，这些元素当然不是"基本"（elemental）元素，因为每一种元素都是最为基础的、独一无二的质料，四种元素之间无法相互转化或生成。但就这种强烈的意义而言，无论是柏拉图还是亚里士多德都不会承认这四种元素为"基本的"。根据亚里士多德《论生成和消灭》（De generatione et corruptione）卷二 3 中的学说，四大元素里每一种都具有两项属性，这两项属性分别任意取自两对含有相反属性的属性组，冷与热、干与湿：土又冷又干，水又冷又湿，气又热又湿，而火则又热又干。在《天象学》（Meteorologica）第四卷中亚里士多德描述说，热和冷是积极的属性，湿和干是消极的属性，并认为冷和热所引起的"凝结"（sunkritikon）是变积极的方式。[2]

---

[1] Sambursky 1959，页 5。见亚历山大里亚的克雷芒，《杂缀集》（*Strom.*）卷五 8 =《早期廊下派辑语》2.447；阿弗洛底西亚的亚历山大，《论混合物》10 =《早期廊下派辑语》2.441。

[2] 《天象学》卷四 1.378b21–23。

据拉尔修所言，廊下派将火和"热"、水和"湿"、气和"冷"，以及土和"干"关联起来。[1] 他们还明显区分了积极（drastika）元素和消极元素：气和火是积极的，土和水是消极的。[2] 显然，从廊下派对元素和两两相反的属性所进行的配对来看，上述理论架构意味着冷和热是积极的，湿［136］和干是消极的——这与亚里士多德在《天象学》中的界定相同。只不过亚里士多德对属性和元素的配对更为复杂，他把积极的和消极的属性共同分配到这四种元素中。廊下派更改了亚里士多德的思想，从而让冷和热这些积极本源与火和气这些元素关联起来，且普纽玛或"热的气息"也由火和气所构成。伽伦指出，如果我们打算从变密或变薄以及收缩的角度来思考事物的变化，那么冷和热就是特别合适的积极本源。[3]

廊下派改编亚里士多德的元素论，其目的似乎是让它更好地适合于有关 pneumatikos tonos［类似普纽玛的张力］之能动作用（agency）的学说。然而，普纽玛和"创造之火"的关系仍旧晦暗不明。二者的关系或许如拉琵奇所示，前者实际上替代了后者来解释宇宙积极的本源或部分。[4] 不管怎样，除开廊下派那些轻蔑批评者的部分不谈，他们想要做的似乎就是保留宇宙积极本源的形体性。

爱利亚学派（Eleatics）业已证明，要用严格意义上的一元论词汇去"做宇宙学"会产生非比寻常的困难，不管这种一元论是不是唯

---

[1] 《名哲言行录》卷七 136。
[2] 涅美希俄斯，《论人性》164 =《早期廊下派辑语》2.418。
[3] 伽伦，《论自然官能》（*De naturalibus facultatibus*）106 =《早期廊下派辑语》2.406。
[4] 拉琵奇表明，克律希珀斯将 pneuma 介绍为宇宙积极的本源或"部分"，这或许在一定程度上是为了解决芝诺与克勒昂忒斯思想中的宇宙论难题："我们马上会看到，接受 pneuma 作为廊下派宇宙论中的核心能动者，将让我们业已开始思考的诸区分——archê［本源］和 stoicheion［元素］之间的区别，以及 pur technikon［创造之火］和 pur atechnon［非创造之火］之间的区别——被弃置。"（Lapidge 1973，页 273）

物论的。这种困难或许挑战了廊下派整个体系的一致性。但廊下派似乎并没有太过担心这个问题，而只是调用了希腊传统的宇宙学、医学和神学中的二元论或多元论词汇。一旦廊下派哲人开始理解到"宇宙整体"实质性的统一与凝聚，那么，火（pur）、支配性本源（to hêgemonikon）、普纽玛（pneuma）、神（theos）、理性（nous）、精子（sperma）、稳定条件（hexis）和张力运动（tonikê kinêsis），从这些术语中挑选哪个来称呼实质为有形整体的宇宙中的"积极部分"，这个问题就显得不太重要了。尽管这些术语中还是有些情境上的微妙或不那么微妙的差异，但它们都指称同一种（有形体的）东西或"材料"，且都暗示这种材料的积极部分。[①]

[137] 廊下派调整了他们本体论上的一元论，使之适应关于实在的更加常见的思考和言说方式，这种倾向在廊下派有关宇宙循环的某项特色理论中也有所体现。像斯宾诺莎那样的一元论者认为，神和自然的同一性是不证自明的。[②] 而正统的廊下派哲人认为，他们的宇宙循环学说能在一定程度上"限制"神和自然的同一性。也就是说，在宇宙循环中的大火（ekpurôsis）时期，神也许完全"以自身"而存在。在先前所引述的俄里根的文段中也曾说，"每当出现宇宙大火时，廊下派的神就拥有整个实体（tên holên ousian）并作为它的支配性本源"。[③] 普鲁塔克指出，在这一时期，神祇以最为纯粹的形式存在：在大火中，"不仅任何恶都不再存在，宇宙整体也变得贤明而智慧"。[④]

宇宙循环中这种"神的时期"让神出现某种类似超越的状态，从而让廊下派得以更为自然地将神祇作为世界秩序的创造者，作为

---

① 这是某些当代学者所谓的廊下派"唯名论"所具有的一个特点。尤其是，从很多例子都可以看出，廊下派的一元唯物论实际上保证了，语言表述上的差异并不会导致这些不同表述的指示对象有差异。

② 见朗格撰写的本书第十五章。

③ 俄里根，《驳科尔苏斯》卷四 14 =《早期廊下派辑语》2.1052。

④ 普鲁塔克，《驳廊下派的一般观念》1067a =《早期廊下派辑语》2.606。

"创造之火,含有命运在安排万物的产生时所需的一切生殖性本源(seminal principles;spermatikous logous),而系统地创造了这个宇宙",[1]且作为"某种种子,内部装有一切已经出现、正在出现和将要出现之事物的本源和原因——它们之间的交织性和有序性就是存在物的命运、知识、真理以及某种无可逃避的必然法则"。[2]

然而在世界循环剩下的时期,神内在于宇宙之中,作为宇宙的灵魂,或宇宙的理性的支配性本源而存在。根据普鲁塔克的记述,克律希珀斯宣称"宇宙的灵魂不是分离的,而是持续成长,直到它为自己消耗尽它的质料为止"。[3]在这一时刻,世界循环中宇宙大火下的"神的时期"明显就会再次出现。因此,从世界循环中各个暂时的时期中可以看出,正统廊下派哲人[138]指派给神一个时期,在其中神显现出某种类似超越的完美状态,此外他们还将神和宇宙等同,从而创造出关于存在物的统一与凝聚的一元论信条。

6　因果关系与宇宙凝聚

我们已经看到,积极本源、神或创造之火创造出了宇宙的统一与凝聚,且这种创造行动通常被等同为命运(heimarmenê)。在西塞罗的《论命运》里,命运被等同为"起始因"(antecedent cause)("自然的起始因"或"永恒的起始因"),这种因也被描述成"协助的和相邻的因"(causae adiuvantes et proximae),从而区别于"完备的和首要的因"(causae perfectae et principales)。克律希珀斯做了这种区分,他的目的之一似乎在于发展出某种"温和决定论的"相容论,对这一主题的讨论可见第七章。

---

[1]　埃提俄斯,《学说》(*Placita*)卷一 7 =《早期廊下派辑语》2.1027。

[2]　阿里斯托克勒斯语,见优西庇乌斯,《福音的预备》卷十五 =《早期廊下派辑语》1.98。

[3]　普鲁塔克《论廊下派的自相矛盾》1052c =《早期廊下派辑语》2.604。

而在这一章中我们需要将关注点更多地放到克律希珀斯的决定论上，这种决定论明显与他的起始因概念有关。据《论命运》20-21 的描述，克律希珀斯给出了两个前提，分别是：每一个命题（axiôma）要么是真的要么是假的；以及，如果运动的产生不伴随某种原因（motus sine causa），那么并非每一个命题都将要么是真的要么是假的。他通过 modus tollens［否定后件推理］得出一项结论，即运动的产生都伴随某种原因。接着他推论出，所有事物的出现都由在前的因（causis fiunt antegressis）所致，这就意味着所有事物的出现都由命运所致。克律希珀斯的推理中显然含有一个重要的假设，那就是，有着未来式含义的命题真假之中包含着起始因的存在，而起始因带来了（或者相应地排除了）会让这种命题为真（或者相应地为假）的事件状态。

廊下派把命运解释为一种"原因之链"（即一种无法变更的序列和串联），[①] 在西塞罗的《论占卜》（De divinatione）中，廊下派发言人昆图斯·西塞罗（Quintus Cicero）认为这是一项物理学问题而非迷信。[②] 阿弗洛底西亚的亚历山大在某段文本里则把廊下派观念中贯穿一切的原因纽带（causal nexus）与廊下派对宇宙的统一与凝聚的关注直接联系起来：

> ［139］宇宙中不可能生成出这样的事物：它后面没有跟随着另一个除了依附于它并将它当作某种因以外别无其他选择的事物。另一方面，也不可能生成这样的事物：它不和在它之前生成的某些事物产生联系，以至于没有跟随着其中某个好像与它绑定的事物。相反，每个已经生成的事物后面，都跟随着另一个必然依赖于它并将它当作某种因的事物，同时，每个生成的事物都

---

① 埃提俄斯，《学说》卷一 28 =《早期廊下派辑语》2.917。
② 西塞罗，《论占卜》卷一 126。

有一个先于它的事物，并将其当作某种因而与之产生联系。宇宙中任一存在或生成的事物都有一个因，因为宇宙中的任一事物都不可以和所有预先产生的事物相独立或切断联系（apolelumenon te kai kechôrismenon）。如果出现任何无原因的运动，那么宇宙将会被撕成碎块，而永远不再是个单一体，也不再依据单一的秩序和结构而被组织起来；而如果所有存在和生成的事物都不拥有那些它们必然跟随的［且］事先生成的因（progenonota = antecedentes），那么无原因的运动就会出现。[1]

几行之后，亚历山大又陈述了廊下派决定论中的根本原则：

> 廊下派说，对所有（廊下派区分的原因类型）而言都同样正确的是，当所有围绕着（periestêkotôn）原因和结果的环境都相同时，事情应该以某种方式发生在某个时候，而不能以同种方式发生在其他某个时候。若非如此，［他们说］就会有某种无原因的运动。（《论命运》192, 22–25）

这种原则实际上已然成为对因果决定论的典型表达。它被廊下派当成了这两项信条的必然结果，即关于宇宙的统一与凝聚的信条，以及关于宇宙受某种贯穿一切的神圣理性控制的信条。而这一决定论的原则自身亦推出了两个显著的廊下派物理学说："不明显的""模糊的"或"隐藏的"（adêla）因果因素，以及世界秩序的永恒轮回（eternal recurrence）。

当然，这一普遍因果决定论的原则似乎并不是绝对正确，没有例外；也就是说，所有相关的因果因素都"相同"，似乎并不完全意

---

[1] 阿弗洛底西亚的亚历山大，《论命运》192, 3–14（译文采自 Sharples 1983，页 70–71）。

味着它们总产生相同的结果。廊下派哲人们那两项优先的信条，使他们以一种严格普遍的形式遵守着上述原则，但像他们这样的思想家所做的一大改进［140］是引入了原因之特征的概念，原因的特征很难（实际上是不可能）被发现，可它们的存在和缺席却十分明显地产生出很不同的结果。在冯·阿尼姆（von Arnim）的辑本《早期廊下派辑语》中有许多引文可以证实，廊下派采纳了这样一种关于偶然（chance；tuchê）的解释：偶然是一种"对人的计算、思考或理性来说不明显的原因"（aitia adêlos anthrôpnôi logismôi / anthrôpinêi dianoiâi / anthrôpinôi logôi）。[①] 在《论廊下派的自相矛盾》中普鲁塔克清楚表明，克律希珀斯将诸如此类的不明显的原因放到严格的因果决定论语境下讨论。虽然这类不明显的原因会在行为的协调度与尺度方面产生不同的结果，但"当它们以这种或那种方式指引我们的驱动时，我们并不会注意到它们"。[②] 实质上，这类 aitiai adêlos［不明显的原因］重现在当代的混沌理论（chaos theory）所关注的现象之中。在这种现象中，"初始条件"或者说"原因的噪音"（causal noise）差之分毫，结果即差之千里。就廊下派中的大部分人来说，关于不明显的原因的学说似乎使得他们对特定自然现象的因果解释的发展讳莫如深。弗雷德在评论斯特拉波那与珀赛多尼俄斯有关的论述（"与他［珀赛多尼俄斯］一起，我们找到了许多原因论［aetiology］和许多亚里士多德化的东西，这些东西因为在原因问题上模糊不清而被我们学园的成员所规避"[③]）时说道：

> 据斯特拉波所言，廊下派一般不愿研究原因论，因为真实的原因都是隐藏和模糊不清的；珀赛多尼俄斯却是个例外，正因为如此他更像一个漫游派。（Frede 1987，页 130）

[①] 见《早期廊下派辑语》2.965, 2.966, 2.967, 2.970, 2.971。
[②] 普鲁塔克，《论廊下派的自相矛盾》1045c。
[③] 斯特拉波，《地理志》（*Geographica*）卷二 3.8.23–25。

弗雷德进一步指出，伽伦在《论希珀克拉特斯和柏拉图的学说》里"反复抱怨"克律希珀斯，因为他"未能陈述原因，或者声称真正的解释不可确定或极难理解"（Frede 1987，页131）。

尽管对克律希珀斯来说，要对特定事件或事件状态做出原因论解释有相当大的困难，但在那项根本的决定论原则的形势下，关于宇宙的统一与凝聚的信条［141］仍需要有这样一种原因论。我们可以确定，那项一般物理原则的信条作为对宇宙统一与凝聚的某种表达，在大多数廊下派哲人看来比其他限制更重要——"隐藏"原因的存在把这些其他限制强加给了对特定物理现象的解释。廊下派物理学的这种思想特征凸显出一种一般观念，即廊下派期望作为哲学的一个重要分支的物理学去实现的，不是许多经典的现代和当代物理学思想中"解释自然"的理想，而是一种名义演绎的（nomic-deductive）图景。据此，物理学的"普遍经验法则"（covering laws），加上对某个瞬时的世界状态的完备描述，使得一个全知的观察者可以预测后续世界历史的方方面面。

我们之前已经碰到过的廊下派学说，即永恒轮回的世界秩序或宇宙循环，也与决定论的根本原则密切相关。这种学说的一种经典形式似乎是指一种精确的永恒轮回，也就是涅美希俄斯所说的"将要出现的事物与从前出现的事物相比并无差异，万物会以完全相同的方式再现，即使最细微的地方也毫无二致"。[①] 上述学说的这种形式很可能是最为正统的，因为它似乎在最严格的意义上尊重廊下派因果决定论中的那项原则。尽管该决定论原则并不牵涉精确轮回的学说，但这一原则似乎意味着，如果出现了宇宙的一种"整体状态"Y，它和先前整体的宇宙状态 X 在所有细节上别无二致，那么就可以说在 X 和 Y 之间出现了宇宙历史的永恒循环。

廊下派很可能用了古代常见的"大年"（annus magnus 或 perfectus）

---

① 涅美希俄斯，《论人性》38 =《早期廊下派辑语》2.625。

学说来支持他们的推测，即上述条件命题的前项被满足了。大年学说在柏拉图的《蒂迈欧》（39d）和西塞罗的《论神性》（De natura deorum，卷二20）里都有提到，指诸天体回归其精确的相关位置。在《驳科尔苏斯》卷五21里，俄里根在某种占星决定论的语境下将这种学说归给"柏拉图主义者和毕达哥拉斯学派（Pythagoreans）"："在某些固定的循环中，星体采纳了同样的形态和对彼此的关系，[142] 他们说地球上的万物都处在和上一次相同的位置，正如宇宙中的星体也仍具有同样的相互关系。"① 前引涅美希俄斯的文段表明，大年学说被廊下派挪为己用：

> 廊下派说，当行星回到从前相同的位置，考虑到倾斜度和偏差度，它们各自回到了宇宙初建时的起点，在某些特定时期引起了宇宙大火与万物的毁灭。而当宇宙再一次从开始回到相同状态，当天体再一次回到相同位置，这时每个前一时期出现的事物都将别无二致地再次出现［即重现它过去的形态］。②

当代许多评注家注意到，廊下派的永恒轮回学说有多种变体，其中一种变体明显出于考虑到个体、事件等各自在宇宙循环中的同一性。据辛普利基俄斯所述，廊下派"合理地问道：现在（存在）的我和当时（存在）的我是不是同一种东西；或者，我是不是被宇宙循环一个接一个的秩序所碎片化（diaphoroumai）的东西"。③ 所以，俄里根所述的关于精确轮回的正统学说有一个变体，那就是：

---

① 俄里根，《驳科尔苏斯》卷五21（译文采自Chadwick 1965 [重版]，页280）。

② 涅美希俄斯，《论人性》38 =《早期廊下派辑语》2.625。见本书第一章，赛德利论述了廊下派思想的其他毕达哥拉斯化方面。

③ 辛普利基俄斯，《论亚里士多德〈物理学〉》（In Ar. Phys.）886.13–16 =《早期廊下派辑语》2.627。

[像苏格拉底那样的个体]不会再一次出现,但是苏格拉底别无二致的对应者(aprallaktos)会和克珊熙蒲别无二致的对应者结婚,会被阿尼托斯(Anytus)和美勒托斯(Meletus)的别无二致的对应者起诉。[1]

如巴恩斯指出的,这种变体似乎和大多数廊下派哲人接受的"不可区分之同一性"(identity of indiscernibles)原则相冲突(Barnes 1978,页10-11)。普罗提诺似乎将不可区分之同一性原则限制在单一的宇宙循环之内,[2]但我们并不知道是否有廊下派哲人采用了这种解决方法。我们同样不知道,是否有廊下派哲人想要区分"循环时间的概念(以一个世界循环的[143]'加入'为起点,并以 ekpurôsis[宇宙大火]为终点)和线性时间的概念(但其中事件或事件状态的一种特定序列会精确而永恒地重复)"(White 1985,页174)。

尽管这些问题相当吹毛求疵,但还是有一种轮回学说的经证实的变体切中了廊下派自然哲学的要害。这种变体来自俄里根的《驳科尔苏斯》卷五20,它允许不同循环之间可以有一些小差异。亚历山大不出意料地用亚里士多德的术语来阐释这种变体,认为它允许不同循环之间可以在"偶然"属性方面有一些变化。[3]巴恩斯无疑正确地注意到,这种变体将会导致因果决定论的弃用。他的观点同样可信的地方在于,既然决定论对廊下派自然哲学如此关键,那么,一种不正统的学说变体就只能为该学派历史中某个次要的人物所持有(par un personage de peu d'importance dans l'histoire du stoïcisme, Barnes 1978,页10)。

从永恒轮回和决定论之间的关系来看,我们有必要重新强调一

---

[1] 俄里根,《驳科尔苏斯》卷四68 =《早期廊下派辑语》2.626。
[2] 普罗提诺,《九章集》卷五7.2.21-23。
[3] 阿弗洛底西亚的亚历山大,《论亚里士多德〈前分析篇〉》(*In Ar. An. pr*) 181.25-31 =《早期廊下派辑语》2.626。

下，廊下派认为这两种学说都能够表明贯穿一切的神圣理性控制着宇宙。朗格和赛德利说道：

> 然而，或许将永久轮回作为廊下派决定论的一种纯粹机械性结论是错误的。神是一位至高的理性能动者，而关于宇宙大火最有趣的事实就是它无处不彰显神意……神与他自身同一，他就是一种原因纽带……；于是因果序列则是一种神圣理性和天意的法令。既然每一个先前的世界都是卓越的……，神就没有理由去改进任何一个后来的世界。[1]

廊下派坚信宇宙的统一与凝聚来自合乎天意的神圣理性的控制，这种思想降低了人的自主性的作用，毕竟这种自主性会危及宇宙的凝聚与神圣理性的支配地位。然而，大多数廊下派哲人似乎都想承认某种关于人的责任的观念。其结果就是产生了西方思想上最初明确出现的诸多温和决定论中的一种［144］——也就是说，他们既确信那项因果决定论原则，又认为"什么是取决于我们的"(to phe' hêmin)这一观念与决定论彼此相容。据西塞罗所述，克律希珀斯希望"找到一种中间位置"，他既不认为"万物的出现来自命运，因为命运承载着必然性这种力量"，也不赞成"心智运动是自主的，不依靠任何命运"(西塞罗，《论命运》39)。 尚不清楚克律希珀斯或其他廊下派哲人是否发展出不止一套策略，来为一种温和决定论标定居间位置。但清楚的是，西塞罗相信克律希珀斯最重要的策略就是区分了原因的不同类型：

> 既然克律希珀斯既拒绝了必然性，又不希望任何事物不通过先定原因(praepositis causis)而产生，那么他就区分了原因的

---

[1] 《希腊化哲人》第一卷，页311。

不同种类，这或许让他摆脱了必然性却保留了命运。(《论命运》18.41）

廊下派以其辨识出亚历山大所称的整个"原因群集"（smênos aitiôn）而闻名于世（或臭名昭著），[①] 而且很可能，藏在廊下派"对原因的考察"（aitiologia）背后的主要动机，就是找到他们的温和决定论思想。这让廊下派既能够保有以一种普遍因果决定论的原则形式存在的关于宇宙统一的信条，同时又无需完全放弃人类能动者至少在某些情况下要为自己的行为负责的常理。

当代评论者为廊下派的各种因果图式做了较为可观的澄清，但还是有许多细节内容尚处争议之中（尤见 Bobzien 1998）。然而西塞罗清楚地说明，对（某一版本的）克律希珀斯的温和决定论来说，最重要的是弄清"完备的和首要的"（perfectae et principales）因与被认为是"协助的和相邻的"（adiuvantes et proximae）"起始"因之间的差别。

首要的和完满的因似乎与廊下派那独特的"维系"（sustaining；sunhektika）因是一种东西，因为克雷芒还把后者称作"完备的"（autotelê）因。[②] synektic 或维系的因显然（1）使其结果成为必然；（2）与其结果在时间上吻合；（3）按照弗雷德的话说，[145] 被廊下派当成带来了其效果的一种"存在于[其所在事物]内部的活力，……某种积极的东西，某种施加力量的东西"（Frede 1987，页140）。据西塞罗所言，克律希珀斯对此给出了些许例证：一个圆筒和陀螺"如果没有被推动，就没法运动起来，但一旦它们动了起来，他就认为这个圆筒和陀螺凭借着自身的本性（suapte natura）而继续滚动或旋转"（西塞罗，《论命运》42）。这种"本性"就是产生圆筒和陀螺运动的 synektic [维系] 因。而这种本性在廊下派看来不仅仅是某种纯粹消

[①] 阿弗洛底西亚的亚历山大，《论命运》192，18。
[②] 亚历山大里亚的克雷芒，《杂缀集》卷八9 =《早期廊下派辑语》2.351。

极的、必要的"固定条件"。

廊下派的维系因,或许可以看成某种与漫游派的形式因类似的东西,即这种因产生出其持有者的典型行为或"存在方式"——尽管这种因事实上被廊下派看作积极的、有形体的本源。在人类行为的问题上,西塞罗在描述克律希珀斯时坚持认为,"认可"的行动(acts of assent)需要的起始因以感觉印象的形式出现,但这些感觉印象却不是这些认可行动的维系因。于是,认可行动"将会为我们所掌控"(sed assensio nostra erit in potestate),因为它是某种明显表达了我们的理性本性的维系因的结果——"用这种方法就可以解释那个圆筒,尽管它被外力所推动,但它的运动却凭借自己的力量和本性"(《论命运》44)。

第七章会讨论到廊下派对"自由与责任"的解释。而我目前的兴趣只限于廊下派的这一主题与他们关于宇宙统一与凝聚的信条的关系问题。廊下派以外的不相容论者,像亚历山大,坚定地要让能动者与宇宙的其余部分形成某种程度上的"因果分离",从而划定人的责任。而很明显,廊下派坚信宇宙的统一,并且由此推论出某种贯穿一切的、合乎天意的宇宙理性,这些都不会为亚历山大式的策略留有余地。像后来的决定论者如斯宾诺莎那样,正统廊下派哲人把重心从人的责任转移到人的价值和尊严上——或用价值和尊严重新阐释了人的责任。似乎可以合理地认为,人的尊严或价值不必需要人类与宇宙其余部分形成某种因果分离。[146] 作为理性能动者、神圣理性的"碎片",我们可以把自己想成神圣理性的使者,而神圣理性构成了宇宙的统治性本源或 to hêgemonikon。事实上据西塞罗描述,克律希珀斯从人的尊严和价值中(通过暗中诉诸廊下派的一个前提,即整体不可能比它任何一部分"低下"),推出神存在的结论:

> 唯有[人]身上才有理性,而不可能存在比理性更卓越的东西。但有一种人却相信,全世界没有任何东西比他们更好,这

种人既愚蠢又傲慢。所以,神一定存在。(西塞罗,《论神性》卷二 16)

7 反微粒论与宇宙凝聚

在廊下派成立之初,亚里士多德得出了一种对变化的详细的概念解释。但因为亚里士多德的解释主要诉诸无形体的形式(还有他那独特的形而上学概念,潜在性和现实性),这样的解释很可能不为早期廊下派所青睐。当时对变化作唯物论解释的只有微粒论者(corpuscularian)——他们是前苏格拉底哲人和伊壁鸠鲁派原子论者。但他们的解释似乎冲击到廊下派有关宇宙统一和凝聚的根本信条。因为每一颗微粒(原子)都是独立而自足的,虚空使其独立于其他原子,所以从表面上看,那些构建了宇宙的微粒并没有构建出一个凝聚统一的宇宙。廊下派对微粒论的回应就是发展出一种反微粒论形式的唯物论。按照这种解释,构建了宇宙的物体有一种无缝隙的彻底连续性。由廊下派这种反微粒论,能推论出一条经充分证实的学说,即廊下派特有的完全混合(krasis di' holôn)学说。此外还能推出他们取消了"鲜明的分割",诸如宇宙的表面等形式的界限都被取消了,不过在证明这一点时猜测成分要多得多。

关于前一种学说——完全混合学说,被阿弗洛底西亚的亚历山大的《论混合物》和普鲁塔克的《驳廊下派的一般观念》批评为充满了矛盾。亚历山大将它与廊下派的质料彻底连续性学说联系在一起,即与这样一些人联系在一起:他们[147]"认为质料是完全统一的,或主张它对所有生成物来说都是同一的"。[①]据亚历山大所言,廊下派对

---

① 阿弗洛底西亚的亚历山大,《论混合物》216,1–2 =《早期廊下派辑语》2.470。

混合物的观点存在一些分歧。

亚历山大进而集中关注克律希珀斯的学说,认为尽管克律希珀斯主张整个宇宙或实体(ousia)是统一的,因为普纽玛(火与气的混合物)渗透其中,但他却把宇宙中物体的混合分出三种类型。第一种仅仅是大"块"的不同材料(克律希珀斯以豆子和麦粒的混合物为例)之间的并置(juxtaposition;parathesis),这种混合在克律希珀斯看来产生于"相互匹配"或接合(harmê),其中每一种组成物都保留它原本的本性和属性。当然,从原子论视角来看,所有混合以及所有变化都产生于这样的微粒论下的并置。另一种混合类型则是完全结合(sunkrisis di'holôn),在这种混合里,组成物实体和它们所包含的属性完全被破坏,从而创造出某种与原来的组成物在属性上不一样的事物。亚历山大没有给予克律希珀斯的这种混合类型以过多关注,但廊下派必定会认为,在既定的质料性基础上,这种混合类型完全用一套新的关于属性的测定(qualitative determination)来取代原来的那一套——廊下派是从有形体角度来构想"关于属性的测定"本身的(比如根据不同等级的质料"张力")。第三种类型的混合则是完全混合(krasis di'holôn)或真正混合(blending proper),"认为混合物里的两种或更多种物体都保留自身原本的本性和自身的属性"。[①]

针对这最后一种混合类型,完全混合,亚历山大和普鲁塔克共同批判其充满了各种矛盾。亚历山大记述了一段很可能属于克律希珀斯的关于完全混合的解释:

> 在如此混合而成的物体中,那些被混合的物体彼此贯穿(chô rountôn di'allêlon),它们没有任何一部分是不分有其他所有部分的。若非如此,那么结果就不再是一种混合(krasin),而

---

① 《论混合物》216,28–31 =《早期廊下派辑语》2.473。

成了一种并置（parathesin）。①

要点似乎在于，不论一个人把这种完全混合的物体所占据的三维空间想得有多小，［148］这个空间都被这种混合物的所有组成物占据。于是，我们就无法设想，这样一种完全混合由非常微小但彼此分离的粒状、块状、球状或滴状的原初被混合的元素所实现。如果这些原初被混合的元素微粒在混合中都有其表面，那么在低于三维的空间里这些元素之间就无法融合。

亚历山大指出了这一观点的后果，即原初组成物的任何部分在混合中都不可能有其表面（epiphaneia）。他论证道，这一事实意味着原初组成物在混合中不会被保留，也不能被分离出来——正如克律希珀斯所声称的那样——但它们将会"共同熔化和毁灭"。② 在这些论述中，廊下派的完全混合学说被认为是难以理解的，因为混合物中（组成性元素或物体的假想的微粒）存在着表面这种观点，与廊下派的完全混合观念相悖。廊下派对此批评最为彻底的回应，或许是完全否认表面具有"物理实在性"，我将很快回到这个问题上来。

然而，在对廊下派完全混合学说的众多批评中，最主要的批评似乎是说它完全违背了混合实体在量上的事实。完全混合学说中明显暗含一种思想，即每种组成材料或物体都是彼此的容器。批评者认为，这就意味着每种大量的组成材料的空间容积都是彼此的容器。所以普鲁塔克说，如果一勺酒和两勺水完全混合，那么这酒就会既拥有一勺的容积（因为这是它起初所拥有的），也"通过均衡的混合"（tês kraseôs exisôsei）而拥有两勺的容积，因为水的容积据说成了与水完全混合的酒的容器（普鲁塔克，《驳廊下派的一般观念》1078a）。普鲁塔克将此视为某些人的"把一些物体塞进某个物体"学说的充满矛

---

① 《论混合物》217，10–11 =《早期廊下派辑语》2.473。
② 《论混合物》220，37–221，15。

盾的结果（《驳廊下派的一般观念》1078b）。

普罗提诺也记述过类似的批评。一种混合物（通常）占据比它任何一种组成材料都要大的空间——也就是说，组成物所占空间的总和——这一事实导向了对廊下派完全混合说的批判。[149]因为，如果存在着完全混合，那么完全混合而成的合成物所占据的空间，就应该和某种组成材料的空间相同——但是，是哪一种材料呢？[1]

没有任何记载显示廊下派对这种批评作了回应，但他们可能作出的回应是强调两种量（quantity）的概念之间的差别。一种意义上的"量"像是现代意义上的"重量"（mass），物体或材料的这种量在各种变化中保持恒定。另一种意义上的"量"则像是指"容积"（volume），这种量相当易变：重量不变的材料（比如水[H_2O]）可以在经历各种变化过程时拥有许多相当不同的空间容积（比如成为冰、水[water]或水蒸气）。正如我之前已经表明的，这使得克律希珀斯主张，在完全混合这种变化过程下，相同的重量具有不同的空间容积。因此如下论述在演绎上（a priori）显得并不荒谬：

在完全混合以前，某种量（指重量）的酒拥有一定的容积（也就是一滴）。在和海水完全混合后，同样量（指重量）的酒则拥有了更大的容积（也就是等同于海水的容积或完全混合后的酒水的容积）。（White 1986，页386）

我们倾向于假定，两种不同量的材料彼此混合后，其容积应该就是未混合前的两种材料的容积值之和。但没有演绎上的原因可以解释这种假定为何正确。这种共同信念的形成毫无疑问是经验的结果。但如沙维所指出的，经验有时候会将这种假定证伪：将10立方厘米的水与10立方厘米的酒精混合后，却只产生19立方厘米的混合物

---

[1] 普罗提诺，《九章集》卷二 7.1 =《早期廊下派辑语》2.478。

(Sharvy 1983，页 451）。

我们已经习惯于接受那些假定质料具有某种量子结构的物理理论，所以廊下派的反微粒论或许让我们觉得特别古怪，甚至从物理基础上看毫无前途。廊下派的这一学说主张质料性材料都有某种彻底的连续性结构。然而我们完全不清楚这种学说内部是否存在矛盾，以致招来了亚历山大、普鲁塔克和普罗提诺所提出的那种演绎上的驳斥。[150] 对廊下派而言，反微粒论确实是一种对承认宇宙的统一和凝聚来说非常重要的明证。

同样可能的是，廊下派关于界限（比如表面、边缘和边界）的学说，也和他们所承认的宇宙凝聚和反微粒论紧密相连。有大量证据表明，廊下派学说否认界限拥有形体状态。据普罗克洛斯所述，廊下派认为界限"仅仅存在于思想中"（kat' epinoian psilên huphestanai）。[1] 普鲁塔克的理解则明显是，廊下派所谓的界限属于他们本体论意义上的无形体（asômata）范畴，从而不能算作存在的东西。[2] 然而拉尔修提到，珀赛多尼俄斯主张表面（epiphaneia）"既在思想中又在现实中"（kai kat' epinoian kai kath' hupostasin）存在（《名哲言行录》卷七 135）。拉尔修似乎还暗示，与之相反的是，在更为正统的廊下派观点中，表面和其他此类界限只存在于理智中（in intellectu）。朗格和赛德利推测说，

> 廊下派将界限当作某种心智构念……正因如此，廊下派很可能会认为它们完全落在了有形体—无形体的二分之外。[3]

实际上二人表明，界限属于廊下派的某种本体论范畴，这种范畴

---

[1] 普罗克洛斯，《论欧几里德〈元素〉第一卷》（*Primum Euclidis elementorum librum commentarii*）89.16。

[2] 普鲁塔克，《驳廊下派的一般观念》1080e。

[3] 《希腊化哲人》第一卷，页 301。

里还包括虚构的实体。① 当然，我们也可以把廊下派有关表面等此类界限的学说解释得非常平实而不那么怪异：因为这类实体缺乏物体所具有的三维中的一维或多维，所以，它们不可能是有形体的，进而（从廊下派将有形物与存在物相等同的做法来看）也是不存在的。然而，朗格和赛德利，还有我，都倾向于一种更为有力的假设，即廊下派将界限实体解释为某种"心智构念"，它们是"几何学家的虚构，进而某种程度上误传了"物理实在（White 1992，页 286）。而布伦施维克提出了另一种可能，即界限完全不属于"某东西"的范畴。它们"可以被认为是纯粹的心智建构，没有客观的实在，也就是说，是 NSTs［not something，非某东西］"（Brunschwig 1994a，页 97）。

［151］我在别处曾试图发展出一套更为详细的关于界限说的物理学意义解释，其中极大弱化甚或直接拒斥了界限的实在性。这套解释运用了某些来自当代的"模糊"点集拓扑学（"fuzzy" point–set topology）的基本概念（见 White 1992，第七章）。从相对不那么技术性的视角来看，

> 廊下派将界限实体从物理世界中剔除，这让整个物理宇宙（to holon）出现了某种直觉性的或"前分析性的连续性"。物理对象与其环境在拓扑学意义上相互连通，因此可以说，在它们之间没有任何接缝；它们无可察觉地相互混合……对于这种直觉意义上的连续性，不应该仅仅视之为由认知上的限度所致，它还是一种本体论事实，它源于界限实体从物理世界中被剔除，并源于移除这些 kath' hupostasin［思想中的］界限所导致的本体论上的不确定性。（White 1992，页 324–325）

当然，这种对廊下派的界限学说的解释包含许多猜测之处。然而

---

① 见《希腊化哲人》第一卷，页 163，其中讨论了廊下派所作的本体论区分的"谱系"。

正如本章开篇所提到的，拉尔修在阐述廊下派分类学中对物理学的细分时给予"界限"（perata）以重要地位，这就显示出廊下派的界限概念具有非常重要也许还是与众不同的意义。所有这种界限实体都是作为几何学意义上的虚构概念，对此我们已有详述。这一概念当然有可能相当重要且与众不同。如果廊下派确实发展出了这种概念，那么，它几乎肯定是廊下派承认宇宙的统一与凝聚的又一明证。在此，我完全拥护布伦施维克所定的基本原则，他把界限置于"非某东西"的"范畴"之中：他说，这一解释"看起来是最合理的，只要我们牢记廊下派将物理宇宙设想成具有根本的连续性"（Brunschwig 1994a，页 97）。

8　结语

关于廊下派物理学或自然哲学，我们拥有的许多证据都来自敌对的文献，很多时候，这些文献试图让廊下派的学说看上去要么内部[152]紊乱，要么与常识相抵牾。因而，一个经久不衰的解经难题就是，撇开这些证据存有明显偏见的特点不谈，它们到底该被理解成对廊下派学说或多或少的精确阐述，还是说它们通常是在歪曲或误传廊下派学说。完全而恰当地解决这个问题似乎不太可能，甚至只关注某个证据源头，如普鲁塔克或阿弗洛底西亚的亚历山大或俄里根，也显得非常困难。因此，留给我们的选择只有解经。

如果我们至少在一开始不去假定那些文献对廊下派自然哲学存在误解或误传，那么，我们就依旧应该关注这些文献在谈论廊下派物理学说时，涉及了怎样一些常让我们觉得违反直觉或奇怪的学说。时不时将这些学说置于根本的廊下派"第一信条"的背景下考虑，就能有效缓解它们所引起的突兀感。我们似乎很有必要时不时地提醒自己：作为希腊化思想家，廊下派哲人主张所有的人类知识最终都是"实践性的"，能够告诉我们过一种什么样的生活为最好。"物理学"或自然哲学也绝不能除外。

第六章 廊下派的神学

阿尔格拉（Keimpe Algra） 撰

方旭 译

1

［153］廊下派神学的研究对象是宇宙的支配性本源，我们也可以将其称为"神"。廊下派将神学视为物理学的一部分，更进一步来看，廊下派神学并非注重宇宙进程的细枝末节及纯物理学问题，它更关注宇宙进程中的整体凝聚性、目的论和天意计划，并着力回应这种宇宙论神学与流行的信仰和崇拜形式之间的关系。[①] 廊下派神学的论题包括宇宙的神圣本源的本质、其他神的存在与本质、我们对待诸神的恰当态度（即，虔敬［eusebeia］这一美德及其对应的不虔敬［asebeia］这一恶德，包括我们应该如何对待传统的神话和仪式），以及与命运和天意相关的论题，其中包括人类如何通过神谕和占卜来知晓宇宙的天意秩序。

相反，作为廊下派的创始人，基提翁的芝诺则在其关于宇宙论的代表作《论整全》(*On the whole*)中表达了他的神学观点，[②] 而他的后继者们则将神学置于更重要的位置，视其为一门独立的学科。比

[①] 对希腊化思想语境中廊下派神学的概述，见 Mansfeld 1999。对古代哲学性神学的总体考察，见 Babut 1974 和 Gerson 1990。

[②] 关于芝诺对廊下派物理学的影响，见 Algra（即出）。

如，克勒昂忒斯明确将神学从物理学的其余部分，或者从狭义的物理学中区分出来（《名哲言行录》卷七 41），并专门撰写了《论诸神》（*On the gods*）一书。佩尔赛俄斯撰写了《论不虔敬》（*On impiety*）一书。斯菲若斯则似乎 [154] 是廊下派首位专门撰写《论占卜》（*On divination*）的作者。克律希珀斯不只发表了《论诸神》（*On the gods*）和《论宙斯》（*On Zeus*），还专门撰写了关于命运、天意、占卜以及神谕的作品。他似乎紧跟克勒昂忒斯的思想轨迹，把神学视为一门独立的分支学科。他宣称，神学无论如何都应被视为物理学这门终极学科的一部分，故而将神学放在这门课程的最后阶段（物理学研究作为一个整体，置于逻辑学和伦理学之后）。由此他甚至宣称，神学可被称作一种"启示"（initiation，teletê；普鲁塔克，《论廊下派的自相矛盾》1035A–B）。① 我们可以找到一份资料印证这些观点：

> 只有当灵魂得到了坚固和加强，并不受未启示的灵魂的影响时，我们才能学习所有理论中最终极、最顶端的关于诸神的理论。因为知晓关于诸神的正确观点并把握它们，需要我们付出极大的努力才行。（《词源大典》[*Etymologicum Magnum*] 词条 teletê =《早期廊下派辑语》2.1008）

克律希珀斯的学生塔索斯人安提帕特若斯不仅在其《论宇宙》（*On the cosmos*）第七卷和第八卷中讨论了一般的神学论题（《名哲言行录》卷七 148，139），还撰写了共计两卷的《论占卜》（*On divination*）一书（西塞罗，《论占卜》卷一 6）。帕奈提俄斯似乎在某种程度上是个例外。他认为谈论诸神"毫无意义"，且没有表达过任何关于神学的具体细节的积极观点，他极度怀疑占卜的效力。但他还是写了《论天

---

① 把宇宙与宗教奥秘相比较亦可归于克勒昂忒斯（厄皮法尼俄斯，《驳异端》[Epiphanius *Adv. Her.*] 卷三 2.9 =《早期廊下派辑语》1.538），并且也出现在塞涅卡《自然问题》卷七 30.6 中。

意》(On providence)这样一部作品。[1] 珀赛多尼俄斯的作品是《论诸神》(On the gods)和《论英雄和精灵》(On heroes and daemons),以及冠名为《论命运》(On fate)和《论占卜》(On divination)的作品。最后是罗马帝国时代最伟大的廊下派哲人们,他们对神学领域的讨论集中于他们那些以伦理学为主导的著述中,[155]但正如我们可能会料到的,塞涅卡也将神学论题放在《自然问题》一书中讨论。

从广义上说,廊下派神学是物理学的一部分,初看起来,这使神学学科共享了物理学有点模棱两可的哲学地位。从教育的观点来看,物理学似乎位于哲学课程的最高位置,为高等级哲人研究合适的对象提供了空间,或许最恰当的说法是,这门课程只适合于有德性的人(即智者)。我们知道克律希珀斯曾为这种观点辩护,但我们也可在后世的作者如克勒俄梅德斯和塞涅卡那里看到此种观点。[2] 从另一方面看,物理学(包括神学)可为廊下派哲学的其余部分,尤其为伦理学提供基础。[3] 这点由普鲁塔克发扬光大,他强调正如那些颁布公

---

[1] 西塞罗,《致阿提库斯书》卷十三 8 = 辑语 33 Van Straaten = 辑语 18 Alesse。关于帕奈提俄斯的神学观点,尤其是厄皮法尼俄斯关于神学无任何意义的论点(辑语 68 Van Straaten = 辑语 134 Alsees),中允的讨论见 Dragona-Monachou 1976,页 269–278。我们没有理由认为帕奈提俄斯反对廊下派神学中泛神论的核心观点(他显然相信天意)。他可能怀疑人是否有可能知晓神做工的细节(这也许可以解释他对宇宙终极大火和占卜的怀疑——关于这点,见辑语 70–74 Van Straaten = 辑语 136–140 Alesse)。可能他完全希望神学首先成为哲学性神学,而任何将哲学性神学与传统宗教因素(比如多神论和占卜)联系起来的努力都被认作"毫无意义"。

[2] 克勒俄梅德斯,《论天体的循环运行》卷二 1.410–412 Todd;塞涅卡,《自然问题》卷一 6。

[3] 伦理学—物理学(逻辑学放在伦理学之前)——这种排位顺序归于廊下派,也在恩披里柯的作品中作为教育的顺序(《驳学问家》卷七 22–23)。另一方面,"物理学居首"的论题在《名哲言行录》卷七 41 归于帕奈提俄斯和珀赛多尼俄斯,同时通过著名的比喻——哲学的各部分及其相互关系被比作果园或鸡蛋的各部分及其相互关系——而普遍预设了这个论题的有效性(《名哲言行录》卷七 40;恩披里柯,《驳学问家》卷七 17)。

共法令的人首先会说"好运",克律希珀斯则先说"宙斯、命运、天意以及由某种力量凝聚起来的唯一而有限的宇宙"。[1]普鲁塔克通过逐字援引克律希珀斯的《论诸神》和他的《物理学诸命题》(Physical propositions)以支撑他的观点(普鲁塔克,《论廊下派的自相矛盾》1035B—C)。在西塞罗的《论至善与极恶》中,关于廊下派伦理学的阐述也以同样的观点作结(《论至善与极恶》卷三73):

> 除了依靠自然的整体计划甚至诸神的生活的知识,没人可以正确判断出善的事物和恶的事物。

作为廊下派最高的哲学课程兼伦理学的基石,廊下派的神学通常被视为整个哲学体系中的重中之重,此前我们援引的这些书名就揭示了神学论题在大多数廊下派哲人思想议程中的突出地位。

2

[156] 廊下派并非第一批从哲学视角探究神祇的存在和本质的古代思想家。希腊哲学早期就已经有了那种可称为哲学性神学的思想。爱奥尼亚的(Ionian)宇宙论者关注的是自然和宇宙,认为那些支配着宇宙的物理本源具有传统上属于神祇的属性(也就是生命、永恒以及力量)。其他的思想家则选择直接关注神或者诸神的本质,并且试图通过哲学论证来确定这种本质,由此揭示传统神话和宗教在某些(或者很多)方面乃误入歧途。因此,克塞诺芬尼(Xenophanes)一方面以 reductio ad absurdum [归谬法]批判了传统的神人同形同

---

[1] 这些词本身并未暗示,克律希珀斯认为人们应该在从事伦理学研究之前完全掌握物理学。它们只是包含这样一种显然正确的观点,即廊下派伦理学的基础在于,世界总体上被视为具有目的论秩序且受命运和天意的支配。亦见 Brunschwig 1991。

性论（anthropomorphism），另一方面则试图通过考察什么属性符合（epiprepei）神这种存在者，以确定神的某些特征（无论如何，不动即神的特征之一）（辑语 B26 Diels-Kranz）。在柏拉图的作品中，宇宙论的方法和更为严格的神学方法共存，前者要显得更为突出，例如在《蒂迈欧》中，前者用来讨论可见的和被创生的"宇宙"诸神，后者则在《王制》的某些篇章中被用来讨论神是善的，且只是善的原因，是独一且不可变化的，从而不可能是欺骗人的。①

神学方法和宇宙论方法都产生了"被启蒙的"虔敬这种新形式。②然而，[公元前] 5 世纪涌现出不同的研究方法。这类心理学或者病原学的方法关注的是宗教信仰的起源。宗教信仰产生于对雷鸣、闪电之类的物理现象的恐惧（德谟克利特 [Democritus] 辑语 A75 Diels-Kranz），或者初民对那些养育我们和利于我们的事物表达的感恩，以及他们对那些发现对人类文明有用之物的人的感恩（此观点的辩护者有普洛狄科斯 [Prodicus，辑语 B5 Diels-Kranz]、[公元前] 4 世纪的欧赫美若斯 [Euhemerus]）。抑或，宗教信仰产生于诸神作为有用的统治工具为善行提供了超自然的支持 [157]（这个观点参看所谓的西西弗斯辑语 [Sisyphus-fragment]）。③ 这些观点无疑暗示，传统诸神不过是人类的发明——其实这是某种无神论。

在廊下派的神学中，我们发现了刚刚讨论的三种研究方法的踪迹。我们在关于诸神存在的各种所谓证明中发现了宇宙论的方法，这些证据几乎可以归结为宇宙是充满灵魂且具有理性的。另一方面，我们看到廊下派试图像克塞诺芬尼那样，利用更为严格的神学方法来确定一般概念意义上的神的属性。可是，克塞诺芬尼的阐述看起来始于

---

① 柏拉图，《王制》377b–383c。

② 关于色诺芬、柏拉图、亚里士多德、廊下派以及西塞罗的宇宙神学的概论，见 Festugière 1949，页 75–340。

③ 关于西西弗斯辑语（克里提阿 [Critias] 辑语 B25 Diels-Kranz）和它的作者（可能是欧里庇得斯或克里提阿），以及希腊理性神学背景，见 Kahn 1997。

神独立于任何经验和宇宙论因素的概念，廊下派（至少是克律希珀斯以降的廊下派）的起点则是神的"前概念"（prolêpsis），在他们看来，这个前概念基于对整个世界及其结构的反复体验而形成于人类心灵之中。[1]

前概念被定义为对"某种事物的普遍特征的自然概念"。[2] 此处的"自然"一词暗指人类心灵事实上具有完全相似的结构并按照同一种方式运行；只要我们不受错误的推理和外在的意识形态影响，只通过某种"自然"、简单、无意识的精神活动，而无需特殊的精神关切，从经验提供的信息中得到我们的概念，那么，前概念就是我们所有人所能获得的普遍概念。[3] 廊下派似乎认为我们关于神的前概念不仅涵盖神的永恒 [158] 和不灭，最重要的是，这个前概念还涵盖他的意旨和仁慈。[4] 根据普鲁塔克（《论廊下派的自相矛盾》1051D–E）的观察，克律希珀斯在批判伊壁鸠鲁的观点时特别强调后者，因为伊壁鸠鲁虽承认我们关于神的自然前概念具有神学上的重要性，但据说他排除了意旨成分，从而曲解了这个前概念。

廊下派所信奉神的前概念预设了"自然"起源，这帮助我们解释了，为何他们中至少有些人运用了前面指出的心理学或者病原学这第三种方法，尽管他们确实没有由此得出任何形式的无神论结论。显然，在他们看来，这种方法有利于说明初民如何表达——至少部分表

---

[1] 即便克律希珀斯确实引入了术语 prolêpsis，我们掌握的关于芝诺的资料中也有谈到某些基于经验形成的 notiones [概念]，这些概念是更进一步探查的起点（西塞罗，《学园派》卷一 42；至于这些概念 [notiones] 作为"起点"，这个观点可以比较普鲁塔克，《驳廊下派的一般观念》1060A，他认为前概念是整个哲学体系的生长源或种子）。克勒昂忒斯似乎也明确提到神的概念（notio）的自然形成，可见西塞罗，《论神性》卷二 13。有关"前概念"认识论地位的讨论，可参见本书第三章。

[2] 《名哲言行录》卷七 54：ennoia phusikê tôn katholou。

[3] 见 Sandbach 1971b，页 26。

[4] 克律希珀斯的论述，见普鲁塔克，《论廊下派的自相矛盾》1051E。

达了——正确的前概念。因此正如我们所知,佩尔赛俄斯宣称"普洛狄科斯所写的未必没有可能",即前人认为诸神是有用之物的发现者,也是养育我们和利于我们的事物本身。[①] 然而普洛狄科斯的论证可能有某种意图,或者至少可能被视为有某种意图,他削弱了传统宗教的观点,我们可以猜测,在佩尔赛俄斯作品的廊下派语境中,这个论证具有更加积极的倾向。佩尔赛俄斯大概相信,在赋予有用之物以神圣之名时,初民领会了神向人类展现自身时所用的一种基本形式:神是一种有意旨的物理性力量。[②] 他们把发明者和被发明的物件当作诸神,故而将这些视为神的 prolêpsis [前概念] 的特殊呈现形式。

克勒昂忒斯(西塞罗,《论神性》卷二 14)似乎用同样的方式解释了宗教源自对宇宙事件的恐惧,我们也可参看德谟克利特的观点。但是,我们可能认为德谟克利特的潜台词是,这些激起人们的宗教情感的自然现象,最终能够且应该以自然论的方式来解释,而不是诉诸神圣的原因。而克勒昂忒斯则相信,这些自然现象使得初民认识到神圣的宇宙(至少是天)的力量。

一些学者批判克勒昂忒斯对传统论证的回收利用。毕竟,这种不加限制的运用似乎 [159] 给神强加了一些属性,这些属性在廊下派看来本不该安在神身上,因为它们是可怕且有害的。[③] 然而,正如佩尔赛俄斯提及普洛狄科斯并非就意味着他认同后者每一方面的立场,同样,克勒昂忒斯也很可能只是认为,对天象的原始恐惧的古老论证中包含着某些真理成分,而并非相信该论证所涉及的恐惧本身是合理的。西塞罗向我们明确指出,克勒昂忒斯提及这种原始心态并不表明他完全(in toto)赞同此心态。据西塞罗所说,初民的这种直觉的关

[①] 斐洛德谟斯,《论虔敬》(*Piet.*)卷二 28- 卷三 11,文本收于 Henrichs 1974,页 13-14。还有西塞罗,《论神性》卷一 38;亦见卷二 62。

[②] 关于功用和神祇之间的联系,亦见西塞罗,《论神性》卷二 70。

[③] 见 Sandbach 1971b,页 31,以及 Dragona-Monachou 1976,页 82-88。

键在于，它"向人类提供了某种天的和神圣的力量之存在的观念"，[1]而廊下派显然完全承认这一观念。我们知道［公元前］2 世纪廊下派的安提帕特若斯可能曾宣称，有些哲人取消了诸神的仁慈之心，这在一定程度上（apo merous）与我们关于诸神的前概念存在矛盾。[2] 同样，早期的廊下派必定也有可能将某些原始的观点解释成在一定程度上预示了正确的前概念。

3

在西塞罗和恩披里柯的作品中，我们拥有讨论廊下派神学最丰富的资料，他们以自己的方式从怀疑论视角考察了他们的主题。相应地，这些文本也考察了廊下派如何自认为能够证实自己的神学观。[3] 现在我们将转而讨论廊下派关于神或诸神存在的"证据"。

先得注意，我们是在处理几个彼此关联的论题。根据西塞罗的描述（《论神性》卷二 3），廊下派认为神学包含四个主要问题：

> 首先，他们证明诸神的存在，其次，他们解释诸神的本质，再者，他们揭示世界是由诸神统治的，最后，他们揭示诸神照料着人类的机运。

［160］事实上，在《论神性》第二卷中，西塞罗根据这四个问题精心构建了自己的阐述，但这些问题在廊下派的哲学训练中也彼此相关。廊下派关于神或诸神存在的证明，通常需要回答这些神的本质这一问题，也正因为如此，廊下派一般先要证明自己所认为的这些神是存在的。这就是说神的存在意味着他统治宇宙，或者更确切地说他

---

[1] 西塞罗，《论神性》卷二 14。
[2] 安提帕特若斯的论述见普鲁塔克，《论廊下派的自相矛盾》1052B。
[3] 关于神学领域的怀疑论观点，见 Burnyeat 1982 和 Long 1990。

就是宇宙。这也解释了，为何关于神的存在的某些证据，完全证明了宇宙本身是一个理性而有序的生命体。另一方面，在基于占卜的论证中，神祇的存在问题和天意的问题似乎也交织在一块。占卜的存在证明了诸神的存在（因为"如果有人阐释了某些存在者的意志，那么这些存在者必然存在"，《论神性》卷二12），同时也证明了诸神那合乎天意的关切，因为"诸神显明了关于未来事件的预兆"（《论神性》卷二12；162–163）。

此外，由于在廊下派神学中神的前概念很重要，诸神存在的证据也就多多少少与神的概念的起源问题相关。例如，克勒昂忒斯所说，有四种因素能够形塑人们心灵中神或诸神的概念（《论神性》卷二13-15）：（1）对未来事件的预见；（2）自然馈赠给我们的诸多好处；（3）我们在面对惊人的自然现象时表现出的恐惧和敬畏；以及（4）天的匀速运动。这些有关神的概念起源的解释——至少（1）和（4）——在别处被作为诸神存在的直接论据。作为要我们认可的论据，它们用更加清晰明确的方式表达了我们神的自然前概念所笼统（in nuce）而无意识表达的意思。换句话说，廊下派诉诸神的普遍前概念证明，与他们细述的"证据"，两者之间并不存在真正的冲突。也许可以认为，后者清晰地解释了显著的前概念是如何首先产生出来的。[1]

恩披里柯（《驳学问家》卷九60）和西塞罗（《论神性》卷二4-12）列出四种主要类型的论证（恩披里柯将它们称为 tropoi），作为他们讨论诸神存在的证据的序言。[2] [161] 然而，这两个人所列举的论证方式有所不同。西塞罗所列举的论证中有一些不太可能是正统的，而大概是为对话的具体罗马背景（和读者群）所量身定制的。[3] 在我们

---

[1] 亦见 Schofield 1980，页 305。

[2] 见 Dragona–Monachou 1976，其中概述了廊下派关于诸神存在（和意旨）的论证，对我们很有帮助。

[3] 西塞罗《论神性》卷二4-12 中提到以下四个理由：（1）天的有序运动，（2）人类的共识，（3）对诸神显现的记录，以及（4）占卜。西塞罗的第三个理

当前讨论的语境中，我们最好采用恩披里柯所列举的论证方式。

事实上，恩披里柯的前三种论证类型提供了有用的分类框架，能够解释廊下派已有的大多数论证。[①] 第一种论证援引了所谓的事实，即人们时时处处都相信诸神的存在：宗教看起来是一种普遍的人类现象。这就是后来著名的公意（e consensu omnium）论证。正如我们所见的，这种论证实际上克勒昂忒斯使用过；这点也得到了克律希珀斯的证实（《早期廊下派辑语》2.1019）。

第二种论证即设计论证，这种论证认为，神是对宇宙那理性而有序的结构做工，尤其但绝非只是对星辰的规则运动做工。这便是后来所谓的神的做工（ex operibus dei）论证。芝诺、克勒昂忒斯和克律希珀斯记录了很多具体采取这种宇宙论或目的论的论证方式。一般而言，我们尽管不能直接感知到神，却可以通过某种最小限度的反思，从这个世界有序、美好以及有益的结构中推断神的存在。据此，我们可以接受一个人面对自然时产生的惊异感和宗教敬畏感。廊下派的论证较亚里士多德的宇宙论论证更直接地吸引我们，即亚里士多德《物理学》第八卷以及《形而上学》第五卷为第一不动的推动者提供的论证，[162] 阿奎那的诸多文本中极好地撰录和澄清了这些论证。据亚里士多德的说法，神的存在与其说是从宇宙向我们呈现自身的方式中直接推出的，不如说是基于某种更具理论性的宣称，即所谓的无限系列的原因令人难以置信。[②]

由记载了据说发生在罗马诸多历史场合中的诸神显现事件，这看上去是特别为他对话中的罗马背景所定制的，并且难以匹配廊下派的正统立场，即传统拟人化的诸神观需要重新阐释。同样，西塞罗给出的第四个理由也具有浓郁的罗马味道。

① 恩披里柯列出的第四个 tropos 意在揭示，那些反对者（即无神论者）的论证是经不起推敲的。就我所见，这个 tropos 没有出现在恩披里柯随后的阐述（和反驳）中，这大概是因为，按照恩披里柯的策略，以否定式论证来反对其他独断论者（无神论者）是无需多言的。

② 我们还可以比较柏拉图的《法义》第十卷，那里论证了世界灵魂是作

第三种论证注意到反对者的立场（即无神论）事实上含有不可接受的结论。该立场认为，许多普遍接受的现象如宗教仪式和占卜是毫无意义的。正如我们所见，克勒昂忒斯援引了占卜现象，以及恩披里柯（《驳学问家》卷九 132）提出了不知出处的基于占卜的论证。还有另一个否认诸神存在时所产生的令人迷惑的结论——克律希珀斯（西塞罗，《论神性》卷二 16）暗示，若是诸神并不存在，自然中就没有任何高于人的事物。这个论点的另一种形式被恩披里柯归给了克勒昂忒斯（《驳学问家》卷九 88-91）：如果（正如经验所教导我们）某些生物优于其他生物，那么（如果我们想要避免无尽的等级链条）肯定存在一种最优的生物。在此，既然经验表明人类（易伤的、有死的、易作恶的等等）并非最优，那么肯定有某种生物优于人类（即神）。这类论证也就成了后世著名的存在阶梯（ex gradibus entium）论证。[1]

许多保存下来的论证都以典型的三段论形式来表达，尤其是芝诺以及克律希珀斯的论证，相反，其他一些哲人则没有固定的表达方式。或许，我们可以假定所记录的三段论被刻意设计为鲜明且简洁的论证，其实这些论证能用更长的篇幅表达。至少，西塞罗就是如此。[2]这些三段论在我们的资料中非常突出，[163]并且具有相当的严肃性，

为自动者而存在的，因此是宇宙运动的第一因，从而"证明"了神的存在（尤见 894d-895a）。西塞罗在《论神性》卷二 32 中考察了廊下派的相应观点，其中略微提到了柏拉图的这个论证，但一般而言，廊下派的宇宙论论证似乎集中于神是秩序的原因，而非运动的原因。

[1] 亦见亚里士多德的《论哲学》（*On Philosophy*，辑语 16 Ross）。一些学者称，克勒昂忒斯的论证预示了笛卡尔以及莱布尼茨所呈现的本体论论证（例见 Dragona-Monachou 1976，页 96），但我们可以反对说，克勒昂忒斯的论证没有直接诉诸完美性必然意味着存在性这种假设。

[2] 西塞罗，《论神性》卷二 20："芝诺通常将我们的长篇大论压缩成这种形式（sic premebat）。"芝诺有可能是因为辩证法才选择三段论，见 Schofield 1983，页 49-57。

这暗示了它们不只是一种趣味游戏（jeu d'esprit）。然而，它们看起来并未特别强调廊下派式的论证。它们展现了严格的论证，但其中大部分顶多是貌似合理的论证，故而容易遭到批评。无论如何，西塞罗笔下的廊下派代言人巴尔布斯（Balbus）抱怨说，相比篇幅更长、修辞更华丽的三段论，这些简洁的三段论较易引起争议，也较少具有说服力（《论神性》卷二 20）。事实上，我们知道那些反对者——尤其是辩证法家阿勒克希诺斯（Alexinus）——通过"模仿"（parabolai）来讽刺芝诺的三段论。因为，具有同样逻辑结构的另一个论证肯定违背了廊下派的某些假说。

芝诺的一个三段论论证在现代的廊下派研究者中间广为传播，主要是因为他们有时认为这个论证（或者至少是经过巴比伦的第欧根尼重构和辩护的论证形式）预示了坎特伯雷的安瑟尔姆（Anselm of Canterbury）的"本体论"论证。我们的资料并不只是保存了芝诺这个三段论，还保存了怀疑论者对其的模仿（Parabolê），并且包括两个后来的廊下派哲人尝试为芝诺这个三段论所做的辩护——他们反对怀疑论者的模仿。芝诺原本的三段论是这样描述的：

（a1）人可以理性地尊荣诸神。
（a2）人不能理性地尊荣不存在的事物。
（a3）所以诸神存在。

我们并不清楚前提（a1）究竟为何会被视为正确的，也就是说，不知为何尊荣诸神是某种理性的（eulogôs）行为。[1] 但是我认为前提（a1）和（a2）可以看作与公意（e consensus omnium）论证相关。在这种情况下，我们有理由认为（a1）是正确的，因为事实上，对诸神

---

[1] 关于这个问题，见 Schofield 1983，页 38–39，以及 Brunschwig 1994，页 175–176。

的信仰即便不是普遍存在，起码也是十分常见的。（a2）则揭示出为何这一事实与诸神存在的问题有着密切的联系。模仿者虽是匿名，但很有可能是阿勒克希诺斯，①他或许抓住了该论证的致命缺陷，[164]即，从诸神因为理性的理由（不管这些理由是什么）而受到尊荣，推出他们是真实存在的。这个推论为前提（a2）所预设，但即便根据廊下派自身的假说，它也是不成立的。因为模仿者或我们会说：

（b1）人可以理性地尊荣圣贤。
（b2）人不能理性地尊荣不存在的事物。
（b3）所以圣贤存在。

在此，甚至对于廊下派而言，结论（b3）都是不可接受的，因为恩披里柯说"智者至今未被发现"。

恩披里柯记录了试图为芝诺的论证作的两个辩护。第一个辩护来自巴比伦的第欧根尼，并与我们这里的论述相关。②根据第欧根尼的观点，（a2）中"不存在的事物"应该理解为"不具有作为存在的本质的事物"，这样，"具有作为存在的本质"显然意指"在某时肯定存在"这一物理学意义上的"能够存在"。③通过赋予（a2）和（a3）以及（b2）和（b3）新意义，并揭示自己最终没有导出可疑的结论，此

---

① 见 Schofield 1983，页 38–40，其中大致重构了模仿后的三段论的历史，也重构了巴比伦的第欧根尼收集的模仿后的三段论以及对其的讨论。

② 关于这个辩护的详细分析可见 Brunschwig 1994。这个分析在某些方面与我所提到的论点有所不同，但我从中获益良多。

③ 在此，"具有作为存在的本质"，不应理解为指严格的"逻辑可能性"意义上的可能存在（廊下派的模态逻辑 [modal logic] 涵盖了永远不可能真实发生的所有事件，以至于不能从"具有作为存在的本质"推出"存在"），也不指必然存在（因为倘若如此，则我们无需进一步的步骤来完成从"具有作为存在的本质"到"存在"的推论），见 Brunschwig 1994，页 181。

项解释拒绝了模仿后的三段论。因为尽管圣贤可能此时不存在,廊下派却认为他可能在某时存在。

第欧根尼继续揭示,(a3)新的和有缺陷的版本(诸神具有作为存在的本质)可转化为更有力度的版本(诸神存在),相反,在(b3)中则不可能实现此项转化。据第欧根尼的说法,圣贤和诸神之间的关键区别在于,后者在某时存在的说法直接暗示他们此时存在,因为这是神不可创生和不可毁灭的观念(ennoia)中的必要部分。[165]所以,如果诸神在某时存在,他们将永存,并因此他们此时亦存在。而这并不适于圣贤。① 换句话说,第欧根尼试图揭示模仿后的三段论是无害的,因为(b3)修正后的版本——"圣贤具有作为存在的本质"——完全可自证其说。唯一重要的是:与(a3)不同,(b3)修正后的版本不允许进一步推出圣贤是真实存在的。

我们现在可以看到,此论证在有关方面与"本体论"的论证相去甚远,后者在安瑟尔姆的《布道集》(Proslogion)中以祷告的形式表达。根据这种本体论的论证,由于神的概念所具有的真实性质,神的存在是必然的:神被定义为"我们所能想象到的最伟大的事物",② 因此他的这一本质意味着他的存在。巴比伦的第欧根尼和芝诺的三段论都没有以这种方式来论证神的存在,也就是说,它们都不认为神的存在性包含在神的本质即直接和显明的真理性之中。称诸神具有作为存在的本质,这个结论首先来自他们是人可以理性尊荣的存在者这一事实。因此,要通过(1)他们具有作为存在的本质,和(2)如果他们存在,他们将永存这两个事实,来推断他们真实存在。

---

① 我们注意到在廊下派的逻辑学中,正确性是断定所具有的一种当下性质。因此如果圣贤现在存在,那么"圣贤存在"是正确的。也就是,在说话的这一刻,他存在。关于这点可见 Bobzien 1999a,页 95。

② 尽管在古代文本中有相类似的方案(比如西塞罗,《论神性》卷二 18;塞涅卡,《自然问题》卷一序言,13),但安瑟尔姆采用的是新的论证方式。

4

关于神或诸神的本质，廊下派给出的答案相当复杂，初看起来像是令人吃惊地混合了泛神论、一神论以及多神论。① 据廊下派关于神最为著名且共同的描述（《名哲言行录》卷七 147），神是

> [166] 有生命的存在，是不朽的、理性的、完美的，会思考幸福，不允许任何恶进入其中，庇佑宇宙和其中的一切事物，但他不具有人形。他是整个宇宙的德穆革，故而可以说是万物之父，无论在总体上，还是在他那渗透万物的特殊部分的意义上都是如此。他的特殊部分因其不同力量而被冠以许多名称。

这段描述的第一部分显然是为了适应单一宇宙神这种一神论的观念。然而，最后一句却给某种多神论留有余地，我们还可以看到这个唯一的神所展现的可见部分也被冠以许多名称。事实上，芝诺似乎已经论证了星辰、年代以及月份，简而言之即唯一和永恒之神的空间与时间部分，都可以视为诸神（西塞罗，《论神性》卷一 36）。这解释了为何很多文本中廊下派的"神"或者"诸神"可互换。根据普鲁塔克的说法，克勒昂忒斯和克律希珀斯称，一神与他所包含的诸多部分或展现形式之间有重要区别，因为事实上后者是可朽的——毕竟，宇宙中的所有部分都将在大火中毁灭，某种世界秩序在此终结（参见下文的讨论）——相反，宙斯这唯一的神则得以永恒。②

如果我们此刻以这种方式定义廊下派所描述的单一的宇宙神，可

---

① 一神论和多神论并置在我们看来难以理解，但在古代哲人眼中却要合理得多。关于"单一主神论"（henotheism，此理论是指只有一个主要的神，但是这个理论并未排除那些次要的神的存在），见 West 1999, Frede 1999a, 以及 Versnel 1990。

② 普鲁塔克，《驳廊下派的一般观念》1066A。

能会为这个神增加一些特征。神是物质(毕竟,神被等同为创造之火或者普纽玛,《早期廊下派辑语》2.614,1133,1134),[1] 且是有限的,因为宇宙是有限的。[2] 然而,埃提俄斯在撰写学述时补充说,神自身不具有任何特殊的形式——这一古怪的说法在我们看来是对神不具有人的形式这种观点(见此前对第欧根尼的援引)的略微改动,也可能代表着这样一种看法,神一旦与质料相接触,从而产生宇宙及其组成部分,他就"具备"某种形式。[3] 不论哪种情况,我们都不会对西塞罗的廊下派代言人的言论(《论神性》卷二 46)表示惊讶,他不理会伊壁鸠鲁派的嘲笑,而更愿意相信神具有宇宙的真实形式,并认为他是"旋转的和球形的"(volubilis et rotundus)。

[167]据说,芝诺与克律希珀斯都主张宇宙是"神的实体"(《名哲言行录》卷七 148)。此外,克律希珀斯更直接地把宇宙与神视为同一(西塞罗,《论神性》卷一 39),这种同一性也可以从狄都谟斯对廊下派一般性观点的某些记述中找到。[4] 然而,廊下派还认为神(God)是积极本源,或是具有创造力的普纽玛,对宇宙做工。[5] 这揭示出,单一的神这个概念在廊下派看来总体上具有泛神论的特征。

但是,对此的理解有两个主要的视角:一元论或二元论的视角。廊下派的哲学体系常被贴上"一元论"的标签,因为它承认存在唯一一个宇宙,其质料与神圣形式紧密相连,它不承认任何一种超验的实在。但事实上它也体现出二元论的特征,因为它区分了神和质料,

---

[1] 作为第一本源(archê)的神的形体性,见本书第五章(怀特)和第八章(布伦施维克)。

[2] 埃提俄斯,卷一 6 =《早期廊下派辑语》2.528。

[3] 参见《名哲言行录》卷七 134 中的说法,本源(archai)是无形体的(amorphoi)。

[4] 辑语 29 =《早期廊下派辑语》2.428;辑语 31 =《早期廊下派辑语》2.527。

[5] 埃提俄斯,卷一 7.33 =《早期廊下派辑语》2.1027。

神显然为最高的本源，其重要性远非质料可比。[1] 更进一步说，他们描述的神以不同的程度存在于物理世界的各个部分之中，但最主要存在于宇宙的"统治部分"（hêgemonikon, governing part），即存在于以太中（《名哲言行录》卷七 138），或者根据克勒昂忒斯的说法，存在于太阳中。[2] 后者的观点更为接近星辰宗教（astral religion）的形式，正如我们在晚期廊下派哲人克勒俄梅德斯的作品中所读到的"太阳颂"（《论天体的循环运行》卷二 1.336–403 Todd），并且也接近神（God）最纯粹的形式，神处在"最高的位置"，从而在某种意义上超越所有可朽者的世界。这种二元论的视角很容易产生我们在塞涅卡作品中看到的那类观点，他说神既是宇宙的心灵又是人类的理性，是"下降到"物体中的，[3] 或者，不像人类，神是一种"纯净的灵魂"。[4] 我们不应认为晚期廊下派是受到柏拉图思想的侵染才持有这些观点，[168] 因为正统的廊下派思想都有此类特征。[5]

廊下派泛神论拥有如此的"两面性"（一元论和二元论）。但廊下派关于神的其他内容，倒像是采用了一种很是不同的、非常严格的一神论。神据说是一种内在的创造性本源，"根据他"，特殊的宇宙秩序才得以产生并完善（好战者狄都谟斯辑语 31）；并且，因为在每个宇

---

[1] 一元论的思路是对赫拉克利特观点的创造性改编，对此参见 Long 1975/1976，页 45–46。这些二元论要素可能（部分）受到学园派的影响（参见埃提俄斯，卷一 7.30 中关于克塞诺克拉特斯和廊下派的比较，以及恩披里柯，《驳学问家》卷九 107 中关于柏拉图的世界灵魂与廊下派内在的神之间的一般性比较），以及漫游派形质论的影响。关于学园派和漫游派的背景，总体性的论述见 Hahm 1977，页 29–56。亦可见 Reydams-Schils 1999，页 41–82，其中关注了《蒂迈欧》和学园派所可能产生的影响。

[2] 好战者狄都谟斯辑语 29 =《早期廊下派辑语》1.499。

[3] 《致鲁基里乌斯的道德书简》41.5。

[4] 《自然问题》卷一序言，14。

[5] 塞涅卡对神祇和宇宙等级的观念受到了柏拉图思想的影响，论证见 Bonhöffer 1890，页 78，更为普遍的观点见 Donimi 1979。

宙周期的开端,这种创生的历程都从神自身出发,所以,他也可被称作宇宙的"德穆革"或者"工匠"(《名哲言行录》卷七137)。正如芝诺所称,这个无所不包的理性的自然不是仅仅"如工匠般的",而是真正的"工匠"。[①] 当廊下派说神是"父亲",是"神圣的""幸福的""仁慈的",并把天意等同于"宙斯的意志"[②]时,他们也采用了类似于一神论的观点。所有这一切背后是确信神的理性——或者宇宙的理性——并不与人类的理性有种类上的区别,以至于在某种程度上神被视为带有目的和倾向的"人"。

有趣的是,斯宾诺莎对此表示强烈反对,虽然他的某些泛神论观点类似于廊下派的主张。在《伦理学》(*Ethica*)第一部分的著名附录中他论证道,宇宙神学和天意论中的错误观点来自我们过分人格化(all-too-human)地看待神(即宇宙)的真实做工。[③] 但不管怎样,我们须注意晚期的廊下派哲人如爱比克泰德,他在谈论神时采信的主要就是一神论这种廊下派神学惯有的方式。[④]

现在我们转来考察廊下派神学的多神论部分。事实上,廊下派断然拒绝传统的拟人化的希腊万神庙,但这只展现了廊下派对待传统的态度的一方面。另一方面,他们也相信宇宙的各个部分——尤其是星辰[169]和太阳,当然还有元素等——是神圣的,并且通过利用某种宇宙论,廊下派重新阐释了传统多神教神话中的各种要素。因此,基提翁的芝诺用物理学阐释了我们能够在赫西俄德《神谱》中看到的那些希腊神话要素。尽管这种所谓的"寓意阐释"显然不是新的方式,[⑤]

---

① 西塞罗,《论神性》卷二58。
② 卡尔基狄乌斯,《论柏拉图〈蒂迈欧〉》(*In Tim.*)144。
③ 关于斯宾诺莎和廊下派的关系,见朗格撰写的本书第十五章。
④ 认为爱比克泰德的这些一神论说法出于他对"虔诚"(piété)的特殊"热情"(参见 Jagu 1989,页 2176-2177),会掩盖爱比克泰德与其前辈们之间的承继性。
⑤ 关于这种做法的历史概况,见 Algra 2001,注 1。

但是芝诺看起来有其自身目的。显然,他不是为(这位)古代诗人(思想的一致性)辩护,也不是要提供某种关于传统宗教的智术及启蒙版本,而仅仅是"挪用"赫西俄德神话中的某些因素,并用这些因素支持廊下派的宇宙论与宇宙演化论(cosmogony)。① 换句话讲,我们只能说芝诺部分而有限地接受了传统多神论。类似的情况亦可见于克勒昂忒斯、克律希珀斯、巴比伦的第欧根尼,以及有着更为系统性论证的晚期廊下派哲人科尔努图斯的作品。② 当然,在此,廊下派依然相信他们的判断(参见前文),认为前人的神话和信仰具有一定的真理性,因为这些人至少部分预示了神的正确前概念。③

这样看起来,廊下派的神学最为显著的特征之一,就是其相当不固定的神的概念。这已经引起人们的注意。伊壁鸠鲁派已经发现了其中存在的问题,我们可以通过《论神性》第一卷中维莱乌斯(velleius)所作的批判来推断这一点。维莱乌斯批判克勒昂忒斯,因为后者一会儿说世界的本身就是神,一会儿又说神是世界的心灵,或者是以太,或者是[170] 星辰(《论神性》卷一 37)。类似的批评也指向了芝诺和克律希珀斯(《论神性》卷一 36–41)。④ 如拉克坦提乌斯(Lactantius)和普鲁塔克

---

① 斐洛德谟斯明确将这种"挪用"(sunoikeioun)做法归于克勒昂忒斯和克律希珀斯,见《论虔敬》,赫库兰尼姆莎草纸文献(PHerc.)第 1428 号,卷六 16–26(文本见 Henrichs 1974,页 17)。克律希珀斯还使用了一个类似的词(accommodare [调和]),见西塞罗,《论神性》卷一 41(西塞罗和斐洛德谟斯的文本可追溯共同的源头——有可能是西顿的芝诺)。

② 关于克勒昂忒斯、克律希珀斯以及巴比伦人第欧根尼论证的简要梗概,见 Steinmetz 1986,页 23–28,关于克律希珀斯和词源学的关系,见 Tieleman 1996,页 196–203,关于科尔努图斯,见 Most 1989。

③ 对此,伊壁鸠鲁派表示强烈反对。在西塞罗《论神性》第一卷中维莱乌斯认为,芝诺正是通过重新解释神话中的诸神以及剥掉诸神的拟人化特征,才告别了传统(《论神性》卷一 36),并最终使宇宙神从正确的前概念中消失(同上,37)。

④ 西塞罗在此可能利用了他曾经的伊壁鸠鲁派教师西顿人芝诺的论证。

这些后来的作家,亦持有与此相近的批判态度。①

但我们不能错误地认为,廊下派之所以具有各类有关神的观点,是因为他们对传统做出了一些有损逻辑的、不相干的让步。事实上,廊下派通过"挪用"和重新解释传统多神论中的某些内容并拒绝其他内容,煞费苦心地解释了他们的神学中被我们称为泛神论和多神论要素并置的情况。而且正如我试图表明的,廊下派以两种方式来揭示自己的泛神论,以及泛神论和一神论的并置,这些都能在他们特殊的物理学和形而上学中得到解释。

5

最后,我们将讨论廊下派关于神与命运、天意的同一性,以及其他一些相关问题。据廊下派所说,作为命运,神决定着一切。同时,作为自然,神为道德上的善设立标准,以供人类遵守。这些表面上(prima facie)冲突的观点共同构成了"自由意志"和道德责任的问题,在本书的其他地方会讨论这个问题。② 但是廊下派的决定论也产生了关于更为严格意义上的神学的本质问题:如果神就是命运,决定着一切,并且如果神就是天意,同时又是内在的善,我们如何解释这个世界上存在的恶呢?这个问题变得尤为尖锐,因为廊下派所谓的天意不只是宇宙神学的问题,也不只是确保世界从整体上看是一个美好有序的事物(毋宁说,动物)。③ 关键在于他们将天意拓展到了人类:这个世界据说是因为诸神和人类而存在的。④ 那么,在一个据说其中的一切对于人类需求来说都是最好且最适合的世界上,人们为何会遭受痛苦呢?

---

① 参见拉克坦提乌斯,《神圣原理》(*Div. inst.*)卷七3(《早期廊下派辑语》2.1041);普鲁塔克,《驳廊下派的一般观念》1085B–C。

② 见弗雷德撰写的本书第七章。

③ 西塞罗,《论神性》卷二58和71–153。

④ 西塞罗,《论神性》卷二154–167。

这是神义论的问题。为了理清廊下派对此的回应,我们应该首先区分[171]道德上的恶的起因和宇宙中的恶的起因。按廊下派的理论,道德上的恶源自人自身。它产生于人的非理性选择以及同意错误的命题。由于这使我们回到了道德责任和决定论问题,在这一章中我们就不需要对此作更深入的讨论。我们只需注意到,晚期廊下派哲人爱比克泰德的几乎每一句话都认为,道德上的恶是真正值得考虑的(因为这种恶的消除"取决于我们")。然而即便是爱比克泰德也不得不承认这个问题:宇宙中存在着恶,且与天意相关。在《论天意》第四卷,克律希珀斯似乎花了大量篇幅讨论这个问题。[①] 我们来考察一下,他是以何种方式,准确地讲是以哪些方式来回答这个问题的。

他第一个答案称,作为对立的双方,善与恶两者相互依存,这一点的根据既是认识论(没有恶,我们就无法想象善),也是本体论(没有恶,善显然就不存在)。第二个答案具有物理学的特征,尽管它跟第一个回答属于相同的论证路线(并且,根据格利乌斯的说法,两者具有联系):天意所造出的好的和有目的性的作品必然包含某些随之出现的恶,作为一种"附带的损害"。[②] 普鲁塔克记载了另外两种克律希珀斯式的回答,[③] 但我们并不清楚克律希珀斯会在何种程度上真正明确地认同这两种回答(对话中的措辞暗示了他可能仅仅把它们当作建议)。恶可能由某些简单的疏忽造成,正如在一个好家庭中有时也

---

① 格利乌斯,《阿提卡之夜》(NA)卷七 1.1–13 =《早期廊下派辑语》2.1169 和 1170。

② 因此我们发现,廊下派那作为宇宙的支配性本源的神,"浓缩"了柏拉图《蒂迈欧》中(如 46e–47c)的相关思想:一方面是关于德穆革的活动,另一方面关于必然性(以及它的"共同因"[co-causes])。格利乌斯(前揭)记载的克律希珀斯为必然出现的"伴生物"而举出的实例(为了增强我们的理性,人类头骨难免脆弱,因为厚实的头骨将不可能给感觉器官留下足够的空间)可能来自《蒂迈欧》75a–c。

③ 《论廊下派的自相矛盾》1051B–C。

会遗失一些麦子。① 诸如此类的不幸亦或可能由坏的精灵而造成。② 最终，在他的《论自然》(On nature) 中，克律希珀斯也称 [172]，某些表面的恶可以简单通过揭示这些恶细看之下即为善这一点进行解释：战争可以消耗过多的人口，③ 以及在相对不重要的层面上，臭虫使我们早早醒来，老鼠激励我们远离肮脏。④

在此评价这些论证是多余的。我只希望指出，前两个答案特别揭示出，廊下派的神所具有的力量在某种意义上说或许受到了极大的限制。因此，他的作品也必然带有一定的不完美成分，且受到某些限制条件的约束。诚然，作为一种创造性力量，他承诺目的论以及秩序是为宇宙中必然存在的善而建立的（根据廊下派的说法，伊壁鸠鲁式的物理学中随意排列的原子永远不可能做到这点）。然而，作为一种理性的本源，神吸收了理性法则，由此两个相对的事物可以彼此关联；然后作为一种物理力量，他吸收了物理法则，据此某些东西的创造要付出一定的代价。⑤ 神显然无法作为超验的因素，带来至福。就此而

---

① 在柏拉图《法义》卷十 901b–903b 中，这个观点被断然拒绝。

② 我们知道些许廊下派关于精灵的观点。daimôn 一词可用来指人类理性灵魂（参见《名哲言行录》卷七 88，以及珀赛多尼俄斯辑语 187 EK），但有证据（《名哲言行录》卷七 151；普鲁塔克，《伊希斯与俄赛里斯》[Is.] 260 E,《论神谕的式微》[Def. Or.] 419 A）暗示，一些杰出的廊下派哲人如克律希珀斯和珀赛多尼俄斯也相信精灵独立存在，传统认为这种存在者介于人类与诸神之间。独立的精灵"与神交通的能力"强于人类，但其神性并不纯净，这样的半神显然是可好可坏的。好的精灵被视为人间事务的守护者（《名哲言行录》卷七 151），而坏的精灵可以带来伤害——正如人类中存在道德上的恶，这个事实显然也符合宇宙的整个天意计划。关于珀赛多尼俄斯的作品《论英雄和精灵》中的相关证明，见辑语 24 和 108 EK。

③ 普鲁塔克，《论廊下派的自相矛盾》1049B，引自克律希珀斯的《论诸神》。

④ 普鲁塔克，《论廊下派的自相矛盾》1044D。

⑤ 这可以解释克勒昂忒斯的观点，他认为命运产生的某些事物并非天意的产物（卡尔基狄乌斯，《论柏拉图〈蒂迈欧〉》144）。然而，他在这里或许已经想到了道德上的恶（这是"取决于我们的"而不能归因于神）。作为一种物理力量，

言，廊下派的神的观念更接近于赫拉克利特而非新柏拉图主义或犹太—基督教的神的观念。[1]

与宇宙中的恶相关的问题是，如何解释宇宙的周期性大火可以兼容于宇宙的天意秩序，[2] 前者是神的物理本质所必然带来的另一伴生物，因为作为火或者普纽玛，神不得不消耗他的燃料（也就是，宇宙的质料）。[3] [173] 内在的和有远见的神如何能承担宇宙毁灭的责任呢？克律希珀斯在《论天意》第一卷讨论了这个主题。[4] 他的论证主线似乎显示出，宇宙并没有被大火烧为灰烬（因此在某种意义上说，它并没有真正毁灭）。因为大火并不是宇宙的死亡——死亡在严格意义上是指身体和灵魂的分离。神或灵魂大量消耗宇宙的身体，只是为了使其变回原始的湿气从而得以更新（《早期廊下派辑语》2.604）。在这个意义上，宇宙并不毁灭，而是永存。

除了神义论的问题之外，神与天意、命运之间的同一性，要求重新定义传统意义上的神人关系，尤其是诸神与人沟通的方式（占卜），以及人与神沟通的方式（祈祷）。伊壁鸠鲁嘲笑（一神论意义上的）神的观念，因为此神是在等待某种迹象的产生以便采取恰当的行动。[5] 廊下派试图通过以泛神论而不是一神论的方式来解释占卜，认

神受到某些限制条件的制约，这也可以从爱比克泰德的论述中看出，见《清谈录》卷一 1.7–13 以及卷二 5.27。

① 这利于我们反对波伦茨的著名观点（Pohlenz 1948，页 96、100 等处），他认为廊下派对神的理解基本上可以说是非希腊的，而更接近于"闪米特人"的超验神的观念。

② 关于这个问题的柏拉图主义和亚里士多德主义的背景，见 Mansfeld 1979。亦见 Long 1985 以及 Algra 1995，页 301–302。

③ 见吕科波利斯的亚历山大（Alexander of Lycopolis）19，2–4（《早期廊下派辑语》中没有收录；文本可见《希腊化哲人》46I）中芝诺的论证。更多参见 Van der Horst / Mansfeld 1974。

④ 文本见《早期廊下派辑语》2.604，605，623 以及 1049。

⑤ 《致皮托克勒斯书》(Letter to pythocles) 115。

为占卜并不涉及神要采取任何具体的以及带有目的的行动，而是某种由宇宙中天意的因果秩序所确立的事物，从而最终避免伊壁鸠鲁式的嘲弄：

> 诸神并不直接对所有肝脏的裂缝或者所有鸟儿的歌声负责，因为事实上，这对神来说是不得体的或者不合适的，再说这也是不可能的。但是，从一开始宇宙就被创造成迹象先于它们所预示的结果，这些迹象时而现于内脏或者鸟儿，时而现于日光，现于异象，现于星辰，时而现于梦境，时而又现于狂人之语。（西塞罗，《论占卜》卷一 118）①

这个态度解释了为何廊下派认为占卜不是某类非理性宗教把戏，也非某种奇异法术，而是一种科学。②

[174] 将神与命运视为同一，引出了另一个问题，即人类是否可以通过祈祷向这样的神传达任何信息。那么，如何改变神的意志（一神论的说法），或者改变神所创之物的结构（泛神论的说法）呢？③ 对这个问题，塞涅卡给出了一种似乎对廊下派哲人来说最为严密和严苛的回答（《自然问题》卷二 35）：

> 如果命运是不可变的，那赎罪和预防又有何用？让我支持严苛的哲学派别吧，他们欣然接受这些行为，并认为它们只是为不

---

① 亦见塞涅卡，《自然问题》卷二 32.3–4。

② 参见恩披里柯《驳学问家》卷九 132 中记载的克律希珀斯的定义（其拉丁版见西塞罗，《论占卜》卷二 130）："这门科学是指沉思和阐释由诸神赐给人类的那些迹象。"

③ 在承认祈祷的可行性之后，相关的问题也随之产生了。为什么人要请求神施恩呢？在什么意义上可以说神被祷告所"感动"？神具有完美的德性，他应该不为任何事物所动（apathês）才对啊。

安的心灵提供的一种慰藉罢了。诸命运以另一种方式发挥着它们的功能，它们不为任何祈祷所感动。

然而一般来讲，还有一种更加宽容的祈祷观看起来也为人们所接受。克勒昂忒斯著名的《宙斯颂》(Hymn to Zeus)[①] 是一篇祷文，或者至少以祷文收尾。我们也可以只举出爱比克泰德《手册》结尾处援引的克勒昂忒斯的祈祷:[②]

> 啊，宙斯，指引我吧，还有你，命运，
> 去任何你早已安排好我去的地方。
> 我将毫不迟疑，追随而去，即便我不情愿，
> 或者身体有疾，我都一如既往地随你而去。

然而，首先要注意，这篇短诗以及更具里程碑意义的《宙斯颂》，都不是为了满足一般和特殊愿望的传统祷告。这篇小祷告只是请求宙斯能够引导克勒昂忒斯前往他早已命令他去的任何地方，并将确实引导他前往那里。克勒昂忒斯并没有请求神改变想法。《宙斯颂》提供了一个稍微不同的例子。确定的是，《宙斯颂》赋予宙斯以传统的称号"慷慨的"(pandôros，第28行)，但它请求宙斯赐予的慷慨具有道德、理智甚或"精神的"本质。《宙斯颂》(29–34) 像是在祈求得到德性:

> 我们的父，是您使人类免于可怜的无能，是您将它从我们的灵魂中驱散。我们相信您凭正义驾驭着一切，行使您的裁决大能，[175] 我们因您而得享尊荣，也将还尊荣于您，永远歌颂您的功

[①] 《早期廊下派辑语》1.537。
[②] 爱比克泰德，《手册》53（粗糙的拉丁版见塞涅卡，《致鲁基里乌斯的道德书简》107.10）。

业，使终有一死的我们受益。

换言之，我们关注的是祈祷理性。[1]奥勒留也说，真正的祷告应该如此（卷九40）。当有人问怎样祷告才有用时，他做出了如下回复：

> 谁告诉你诸神甚至在我们力量范围内的事情上也帮助不了我们呢？为那样的事情祷告吧，看看如何。当一个人那样祷告："我怎样才能与她同床共枕呢"，你却要这样祷告："我如何才能不再想要与她同床共枕呢？"［……］总之，要以这样的方式祷告，再看看结果。

然而，奥勒留的文段和克勒昂忒斯的《宙斯颂》在某种程度上可能暗示，无论何时，神都既可单凭自己的意愿同意或者拒绝赐予理性，也可被祷告所感动而这么做——我们再次面对神如何能（并且他为何自愿）改变他的行为的问题。

或许我们应该简单总结为，在明确表达这种祷告时，如克勒昂忒斯那样的廊下派哲人只是简单地向传统让步，或者允许自己沉湎于他们神学中的一神论因素，以至于牺牲了整个哲学的内在一致性。然而，这看上去是廊下派另辟蹊径，尽管我们的原始资料并没有清楚显示他们的实际做法。爱比克泰德《手册》结尾处的那段简短祷告，尽管表达的是献给宙斯（以及命运）的，事实上，也可以认为是献给自我的。它代表着一种冥想，它告诉理性的自我：宙斯会在前引导，在任何情况下都要服从命运的吩咐。显然，正是出于这个原因，爱比克泰德才引入这篇祷告，以希望我们"时刻准备好这些想法"。

同样，在《宙斯颂》的最后部分，祈祷理性并不意味着要求神做

---

[1] 劝告人们应该只是祈祷善、德性或者理性，这在古代哲学性神学的文本中十分常见。例见，克塞诺芬尼辑语 B 1, 15-16；色诺芬，《回忆苏格拉底》卷一 3, 2；柏拉图，《法义》687e。

任何事情，而只是请求神向人的理性揭示自身（尤其是指能够获得宙斯驾驭万事万物时所依凭的裁决大能）。这可以被解释为一种试图完善个人自身理性的"间接"方式（也就是传统和一神论的形式）；[176] 换句话说，是一种献给自我的祷告：提示个人需要协调宇宙理性与那属于个人自身的内在精灵（《名哲言行录》卷七 88）。我们甚至可以更进一步说，这是一种直接献给自我的祷告。毕竟，用廊下派的话说，我们的"理性自我"是宇宙神的一部分（an apospasma，《名哲言行录》卷七 143），因此，应把祷告视为直接指向这个内在的部分（也就是塞涅卡后来描绘的"我们心中的神"）。① 同样，奥勒留所说的神祇"在我们力量范围内的事情上"帮助我们，就可以理解为不是来自外在的神，而是来自我们内在神的帮助。

作为一种理性献给自我的祷告（无论是直接的还是间接的），克勒昂忒斯的祷告在某种程度上可以与他那段被伽伦②所援引的关于理性（logismos）和激情（或者愤怒，thumos）之间的著名内心对话相比较。③ 一般说来，这类修正的祷告观念——神人关系不再是人与外在"赐福者"之间的关系，而更多的是一种内在化的关系——并非与廊下派关于天意和决定论的思想冲突，因为理性自我对任何表象的认可或不认可是唯一一件"取决于我们的"事情，因此在某种意义上，它不受到命运不可逆的法则的约束。④

---

① 见塞涅卡，《致鲁基里乌斯的道德书简》41.1："你做了件非常好的事［……］如果你坚持要获得确切的理解（bonam mentem）。如果你能从你自身学到这点，那么为这样的东西祈祷是很愚蠢的事情。我们并不需抬起手伸向天空，或者不需乞求看守神庙的人让我们向神像进言［……］神就在你身边，就和你在一起，就在你心中（prope est a te dues, tecum est, intus est）。"

② 《论希珀克拉特斯和柏拉图的学说》卷五 6，页 332 De Lacy =《早期廊下派辑语》1.570。

③ 晚期廊下派内心对话的例子，我们可以引出塞涅卡《论愤怒》卷三 36 中"内省"的例子。

④ 参见塞涅卡，《致鲁基里乌斯的道德书简》10.5，他称，如果我们主要

这种修正的祷告观念，同样匹配于廊下派对传统意义上神（诸神）人关系的某些重新解释。在此，我们可以指出，早期廊下派明显重新界定了神或者诸神的"朋友"和"敌人"的观念，也就是，关键要看一个人心中是否有神。① 此后，在塞涅卡的著作中，我们发现他称，谈论［177］人神关系时需重释传统的仁慈（beneficium）观念：我们不会通过血祭，而是通过我们正当且有德性的行为动机来尊荣诸神（《论恩惠》卷一，6，3）。神不要仆人，对神的恰当崇拜是去认识并效法神。②

正如廊下派的神学否认传统诸神故事中的某些要素（将神拟人化），廊下派还否认传统祭祀中的某些要素。因此，芝诺的《政制》支持废除神庙和神像，认为真正的神并不在乎这些。③ 另外，正如廊下派重新解释了传统神话的某些要素（比如赫西俄德的宇宙诸神），他们也能重释传统祭祀中某些要素的意义（比如占卜、祈祷）。尽管严格来说，这意味着他们只接受一种哲学"启蒙"版本的传统希腊罗马宗教，但实践上，他们对待宗教传统并未采取极端的态度。他们也在祭坛和神庙这些在他们看来完全不该存在的地方献祭，为此普鲁塔克批评了他们（《论廊下派的自相矛盾》1034C）。可事实上，爱比泰克德承认廊下派哲人在实践上尊重他们所属国家的宗教习俗（《手册》31，5）。

祈祷 bona mens［善心］，我们就不会为其他相反的东西祈祷（nihil eum de alieno rogaturus es）。

① 司托拜俄斯，《读本》卷二 7.106；《早期廊下派辑语》3.661。这里我们也可以指出，与此类似的是，其他某些哲人提供了一种理性化神学，例见柏拉图，《法义》716c-d。

② 《致鲁基里乌斯的道德书简》95，47 以及 50。我们得到的回报是道德上的好处，这大概就是塞涅卡《致鲁基里乌斯的道德书简》41.2 的要点。

③ 文本见《早期廊下派辑语》1.264，这里可以看到犬儒派（尤其是第欧根尼）的影响，关于此，见 Goulet-Cazé 1996。亦见塞涅卡，《论恩惠》卷七 7，4。

在倡导这种几近保守的宗教观方面，廊下派绝不是仅有的。我们还可以在色诺芬笔下的苏格拉底①以及柏拉图（或者[托名]柏拉图）的《厄庇诺米斯》（*Epinomis*，985c–d）中看到；忒俄弗拉斯托斯辑语中也借阿波罗之口表达了同样的含义（辑语 584D FHS & G）。极其有趣的是，学园派以及皮浪主义怀疑论者对此观点也表示赞同。②然而，怀疑派切断了传统与真理之间的联系，前者在他们看来应该留给实践理性，而后者在他们看来不可能具有任何的确定性，但廊下派采取了完全不同的观点。

正如我们所看到的，廊下派相信诸神和宗教的真理在原则上是可认识的，并且祭祀和信仰的传统形式至少能被视为接近——当然，这只是在笼统和部分意义上而言——真理。既如此，他们很可能相信[178]一个人不应该轻易丢掉传统宗教，虽然大多数人永远不会努力去接受正确的哲学态度——援引这一章的开篇作为比较："知晓关于诸神的正确观点并把握它们，需要我们付出极大的努力才行。"不过，宗教传统中至少包含着关于诸神的正确前概念的某些因子，可谓聊胜于无。

---

① 《回忆苏格拉底》卷一，3，1 以及卷四，3，16。
② 前者见西塞罗，《论神性》卷三 5–6；44–45；后者见恩披里柯，《驳学问家》卷九 49。

第七章 廊下派的决定论

弗雷德（Dorothea Frede） 撰

朱雯琤 徐健 译

1 背景

[179] 廊下主义是一种关于严苛道德的哲学。它的严苛体现于两种刻板印象上。第一，一名廊下派哲人或者没有情感，或者成功地压抑了情感。第二，廊下派信仰某种贯穿一切的命运，它只给人类留下了欣然遵从先定秩序的余地。如果说遵从命运是廊下派哲学的底线，那么在命运无可逃避的命令面前，还有比无感情的顺从来得更为合理的选择吗？在古代，无论是廊下派的支持者还是反对者，对廊下派哲学都有着更加复杂的看法，但从很早开始，廊下派特殊版本的决定论就成了诸多反对学派的人士的攻击目标：假如一切最终都是注定要发生的，那道德反思和积极关心生活还有什么意义呢？于是，在这一学派存在的五百多年来，有关命运与人类责任如何兼容这一问题的争论从未休止。尽管从学派长期而密集的智识生活来看，它的整个哲学不太可能基于一些内在相互矛盾的原理之上，但持续不断的攻击和反攻击至少表明，廊下派所培育出的这种决定论存在着某种张力。

那么廊下派决定论的要旨是什么？以及，决定论如何与廊下派的另一主张，即遵从悉心得出的道德原理进而积极生活相容？自从波伦茨、塞姆伯斯基、朗格、李斯特（Rist）和桑德巴赫等先驱注意到廊下派哲学的错综复杂性，有关二手文献中的廊下派相容论问题的争论也稳步增多起来。直到现在为止，对这个问题的处理还不能令大家都满意。鉴于现今讨论的复杂状况，这一章将［180］仅仅对廊下派决定论的主要原理提供一个综述。为了"流畅"，我们的讨论或许会忽略廊下派的内部发展，以及廊下派对手们的态度变化。我们的目的，只是在原始文献允许的范围内，构建出连贯的廊下派思想图景。[1]

就像大多数"论"（isms）那样，决定论是一位迟到者。[2] 但自古代早期开始，哲学家和科学家就产生了这样或那样的决定论思想。其中最显著的版本就是现在统称为"物理决定论""逻辑决定论""伦理决定论"以及"目的决定论"的思想。第一种类型关注原因（诸原因）和结果的关系，第二种关注理据和结论，第三种关注人类决定的先决条件，第四种则关注某种由总体意图或目的所导致的决定。这四种类型都早已出现在亚里士多德的物理学、逻辑学和伦理学著作中。不仅如此，亚里士多德还认识到了它们之间的内在关系，并且用了合适的词汇来区分那些以某些方式被决定的事物（hôrismenon）和那些缺少决定的事物（ahoriston）。[3] 但是，除开这些认识，亚里士多德似

---

[1] 对于对这一主题感兴趣的人来说，鲍慈恩的专著《廊下派哲学中的决定论与自由》（*Determinism and Freedom in Stoic Philosophy*，1998）是一本"必读书目"。该书全面描述了这个问题的历史和困难以及相关二手文献之间之所以有分歧的原因。有关对此的简略探讨，参见 Hankinson（Algra 等编，1999），第十四、十五章。

[2] J. Ritter 编，《哲学历史词典》（*Historisches Wörterbuch der Philosophie*）第二卷，1972，页 150-155，里面的词条"决定论/非决定论"追溯到了德国在 18 世纪下半叶的用法。《牛津英语词典》（*OED*，第 2 版，1989）词条"决定论"引用了汉密尔顿（W. Hamilton）爵士，《瑞德的著作》（*Reid's Works*），1846，注 87："有两种必然性——动力因所致的必然性和目的因所致的必然性。前者如盲目的命运般粗野，后者则是理性的决定论。"

[3] 参见《物理学》196b28。因为亚里士多德不是本次讨论主题，因此读者可参阅 Bonitz,《亚里士多德指南》（*Index Aristotelicus*），词条 horizein 和

乎没有太过注意某种对自然和人类生活中所发生的一切的普遍决定的问题。这听上去似乎令人惊讶,毕竟亚里士多德深刻探讨了四大因,关注了决定人类行动的诸因素,并且坚称必然性是科学本身的先决条件。

简要评述亚里士多德的因果性概念,能帮助我们看清廊下派那些大相径庭的预设,正是这些预设让廊下派成了古代晚期决定论之争中的主角。[181] 无可否认,亚里士多德不是第一个反思决定论的核心问题的哲学家,这个核心问题即:就所有或某些事件必然发生而言,是否有某些支配着自然包括人类自然的特定"法则"?实际上,西塞罗声称必然论古已有之。① 即便有人质疑西塞罗所列名单的正确性,他也不能否认必然性问题之争很早就已经出现。这一事实并不令人惊讶。除了希腊人长期以来对有着神圣根基的必然性(moira)的关注外,前苏格拉底时代所提出的大规模理性解释计划也引起了哲学式担忧。帕默尼德(Parmenides)曾经挑战了创生和改变的可能性本身,认为没有东西可以来自无,且没有东西能够变成无;哲学家们意识到,有必要对自然中所发生的一切做出合理说明。帕默尼德的后继者们以多种方式来面对所谓的帕默尼德的挑战,看起来,对自然作最全面的说明既是必要的,也是需要解释的。

如果说廊下派这里的对手是亚里士多德而非柏拉图,那是因为亚里士多德和廊下派共享了某些对宇宙基本本性的重要预设。比起廊下主义,许多读者更熟悉亚里士多德主义,因此对两者进行对比将是很

---

ahoristos 或 apeiros。拉丁同源词 determinatio 和 indeterminatio 在古代晚期成了标准词汇。

① 西塞罗,《论命运》39:"[……] 有些人的意见认为,一切的发生都是命定的,因为命运行使着必然性的力量——德谟克利特、赫拉克利特、恩培多克勒斯(Empedocles)以及亚里士多德都持有这种意见 [……]。" 对决定论思想史的简要评述,见 Bobzien 1998,页 2-6。有关早期希腊思想中的宿命论问题,参见 D. Frede 1992,页 195-199。

有帮助的。首先,来说说二者的相同点。(1)亚里士多德和廊下派都认为宇宙是有限的,其中心则是地球。(2)廊下派和亚里士多德都确信,物理自然以质料、空间和时间所组成的某种连续体为基础;他们同样拒绝宇宙内存有虚空的观点。(3)廊下派像亚里士多德一样认为,就某些状态既不必然也非不可能来说,存在着"双向可能性"(two-sided possibility)或"偶然性"(contingency)。(4)廊下派像亚里士多德一样都支持一个原理:不存在没有因的运动,并且相同的情势总会产生相同的结果。

常有人质疑亚里士多德本人是否真正同意最后一条。不过有必要研究亚里士多德从何种程度上可以被称为一个因果决定论者,因为这将引出[182]他与廊下派之间主要的差异点。在亚里士多德那里有四种类型的因:质料因、形式因、推动因或动力因,以及目的因或 telos。亚里士多德在物理学、伦理学和形而上学中运用这一解释架构来说明万物的本性。[①] 尽管有这种全面的原因架构,但如果亚里士多德通常仍不被看成一个决定论者,那很可能主要出于以下四个理由。

(1)实体和关于实体性的条件是亚里士多德形而上学及自然哲学的核心内容,因此他的解释架构并不聚焦于事件的因及其相互联系,而主要解释什么是实体的典型特征、它们的性质和特殊活动。

(2)亚里士多德的原因架构正如其名,它仅仅是一种架构——不同事物或事件的质料因、形式因、动力因和目的因(telos)之间没有共同的本性,而只有类比。[②]

[①] 我们在这里搁置了"逻辑决定论"的问题,特别是"在何种意义上那些与未来有关的命题的真理'必然导致'其后果"的问题。"逻辑决定论"问题或许源自麦加拉学派的辩证法家。它不仅让亚里士多德困惑,正如他著名的《解释篇》(De interpretation)第九章所表明的那样,同时也在廊下派理论中扮演了重要角色(参见 Bobzien 1998,页 59–86 和 D. Frede 1992)。

[②] 关于亚里士多德的四因在何种意义上名副其实,参见 Sorabji 1980,第二、三章。关于"动力因"概念发展中廊下派因果性概念的地位,见 M. Frede 1980。

（3）对亚里士多德来说，每一过程在达到某种特定目的（telos）时都有其自然结局；尽管他并不排除这一结果可能是其他更深层的原因纽带中的某一要素，但无尽的原因之链并不是他所关心的对象。

（4）亚里士多德区分了属于某种已知的目的论情境的事物和不属于某种已知的目的论情境的事物，这让他区分了常规和非常规的结果。什么是非常规结果的标准相当明确；偶然（chance，apo tuchês）或意外（accidental，apo t'automatou）结果来自不同系列的、含有不同目的或意图的事件的重叠。只有那些必然会或"多半"会发生的才是 [183] 科学的研究主题。意外的重叠则没有解释的必要。①

这几条足以表明，亚里士多德和廊下派对自然和因果性的概念除了拥有某些相同特征外，实际上相差甚远。具体如下：

（1）廊下派哲学并不聚焦于实体及其性质和活动，而聚焦于物体的物理构成及其相互作用。

（2）自然中有两种遍及一切的本源，而不是一种类比的原因架构。在所有情况下，都有一种积极、理性的力量渗透到它的消极的对应物中，来决定宇宙中所有对象的形式和连续性。② 这一神圣精神同时作为形式因、目的因（telos）、质料因和动力因而发挥作用。为了与传统宗教相吻合，廊下派将积极元素等同于宙斯，消极元素则为赫拉——作为积极元素密不可分的配对物。③ 这两种元素都是物理物体；积极而理性的本源是气和火的混合物，被称为 pneuma [普纽玛]。消极本源没有确切的属性，但它与传统的惰性元素水和土有关。

（3）鉴于这两种本源的内在统一性，目的论解释并不局限于特定过程的目标或目的。一切东西都是某种贯穿一切的原因网络的组成

---

① 参见 D. Frede 1992。

② 参见阿弗洛底西亚的亚历山大，《论命运》191.32—192.5。"他们说这个唯一且内部包含有所有存在物的宇宙，由某种活跃的、理性的且有理智的自然组织起来，并掌管着永远合乎某种连贯的进展秩序的事物……"

③ 关于这一点，亦见怀特撰写的本书第五章。

部分。

（4）因为宇宙中不存在不协调的事件系列，因此不存在不"从属"于某种已知情境的非常规事件。尽管廊下派没有否认常规发生的事件和鲜少出现的事件之间的差别，但后者与前者一样，都是自然的一部分。所以，偶然和运气仅仅是某种人类无知的产物：[184]那些对我们而言鲜少发生的意外也是自然的总体秩序的一部分。

2 廊下派宇宙中的统一和多元

宇宙秩序中的积极力量和消极力量具有相同的本性，这也解释了廊下派与柏拉图和亚里士多德之间的不同——他们划分月上世界和月下世界（the super- and the sub-lunary world）。那些地上运作的本源也支配着天体的运动：自然中的一切都由至高的神圣理性所掌管，从而存在某种全局性的目的决定论，廊下派将其等同于命运。[1] 积极本源的全能性解释了廊下派那里自然的全面 sumpatheia [共感] 观念，这是一种看似分离的事件之间存在的内在联系。所以，占卜，即关于神圣标志和征兆的研究，在廊下派那里被当成一门科学而非迷信。通过仔细的观察能够发现那种相互联系中的特定标志（signs）——即使人类知识无法充分掌握万物的可见秩序背后的基本原则。这解释了廊下派为何不仅支持传统的占卜活动，同时还促进了占星学成为希腊罗马世界中受人尊敬的一门科学。[2]

---

[1] 关于命运的贯穿一切的力量、命运等同于理性和神，参见阿弗洛底西亚的亚历山大，《论命运》192, 25–28："他们说命运自身、自然和掌管一切事物的理性就是神……"这段话中没有对宿命论和因果决定论进行区分，因为廊下派认为他们用于指称命运（fate）的标准术语 heimarmenê 的词源是 eirô，即"绑在一起"（to string together）。亦参见 Bobzien 1998，页 45–50。

[2] 关于廊下派对占星学的态度，参见 Long 1982。对古代占星学的总体评述，参见 Barton 1994。

以上评述显示，廊下派与亚里士多德之间的主要差异产生于他们的目的论限度。对廊下派来说，只有一种贯穿一切的世界秩序和普遍协调。而在亚里士多德这里，所有的原因，包括目的因（telos），都受到其"局部的"情境的限制。宇宙中所出现的万事万物之间不存在必然的相互联系或协调。我们先不必急着接受这幅关于亚里士多德"局部性"（localism）和廊下派"全局性"（globalism）之争的思想图景，并承认"全局性"是廊下派哲学体系所具有的张力的基础。让我们先来更仔细地考察一下廊下派如何尝试引入更精细的区分，这些区分不太容易切合这里归给他们的无差别的"全局性"。

[185] 实际上，廊下派相信自然是一个统一的整体，这并不妨碍他们分析事件之间的各种联系，也不妨碍他们研究特定存在者和事件的本性与条件。与我们可能预期的不同，廊下派的"根据自然而生活"的理想[①]并不基于那种浪漫的"万物为一，万物皆好"的泛神论信念。他们并不认为这种理想是一种指向生活的适当行为的充分先决条件，人类应该熟悉实在所具有的广泛特性，并学着依照这些特性所可能设定的游戏规则来行事。实际上，廊下派推崇仔细研究所有事物的本性包括人类本性，以便学习如何以恰当的方式顺从自然发生之事。人类既然被赋予了理性，就不得不对万物秩序——其中包括宇宙秩序，也包括各个秩序——做出适当的理解。[②]

这些思考也解释了为何除了宇宙一位论（unitarian），廊下派同时还在分析原因时采用了一些很精细的区分。尽管每个个体和每个特定事件都是神圣秩序的一部分，但不同的实体却在那张原因之网里扮演着不同的角色。最迫切的需要就是对各个部分之间的联系进行适当的理解，因为人类并非全知，他们最多只能部分地理解神圣秩序。

---

① 参见《名哲言行录》卷七 87–88。这条格言的确切意义一直处于争议之中；参见 Inwood 1985，页 105 以下。

② 参见西塞罗，《论至善与极恶》卷二 34，卷三 73。

整个宇宙的统一中存在着多元性,这解释了为何廊下派要区分各种决定不同种实体之状态的原因要素,并且坚称存在者个体拥有一定程度的自主性。廊下派在某种意义上是泛神论者,因为在他们看来,整个世界都被神圣的普纽玛所渗透,但是这种类型的泛神论(pantheism)不能与泛灵论(panpsychism)相混淆:神圣的普纽玛并不是以同样的形式出现在每一处,它也没有给万物赋予意识和理性。廊下派思想中存在着一种 scala naturae[自然阶梯]。在石头和水这样的无生命实体中,神圣的普纽玛构建了它们的内在一致性和物理性质(hexis),还有它们的变化。普纽玛还让植物能够维系自身(phusis),并给动物赋予感知力和移动力(psuchê)。而人类不仅共享了那种构建起生命的普纽玛,同时还受一部分最纯粹形式的普纽玛(那就是理性[dianoia])所支配。[186]理性的普纽玛作为人的主导本源(hêgemonikon),决定着人的所有行动。①

于是,在复杂的有机体中,运转着一套高度多样化的"普纽玛的"力量,这同时在生理层级和精神层级维持着它们的生机和功能。由于内在"普纽玛的"状态的相对稳定性,个体就在宏观的原因要素网络下形成了一个微观宇宙。因此,各个实体就拥有了一定的自主性。正是人类理性的内在气质,决定了一个人用何种方式与他或她的环境产生相互作用。于是,廊下派在坚持那种构建并维持了万物本性的遍及一切的宇宙力量之外,还有充分的理由来区分个人生活的内在情势与外在情势。这些思考显示出,廊下派的思想体系同时为整体统一和多元性留出了空间。我们还需要察看的是,廊下派的这种个体的内在自主性如何能与他们的整体决定论概念相一致。

我们应该注意到,廊下派为存在者个体留出了一定程度的独立性

---

① 参见斐洛(Philo),《寓意解经法》(*Leg. Alleg.*)第二卷第22节1,95,8(《早期廊下派辑语》卷二458)。有关此理论的细节,参见阿尔格拉撰写的本书第六章。

和自主性，这一事实同时也解释了廊下派对于表面和边界的本性问题的关注。内在普纽玛维持着每个实体的统一并将其与外界环境区别开，而每个实体的边界则体现了其内在普纽玛的这种平衡功能。因此，否认表面真实存在，认为它们仅仅是人类心灵所构想出来的，这似乎是错误的。[1] 为了避免出现一种芝诺式的悖论，边界不能被归类为物体，而应该视为物体的性质。

3 廊下派的因果性观念——初步说明

廊下派需要将宇宙层级的统一，与描述自然的内在宇宙性时的多元性，特别是人类生活的多元性结合起来，从而解释原因要素之间的差异，并由此为决定论和个人自由之间的相容性辩护。在转向论证本身之前，我们有必要对廊下派的因果关系观念做简要说明。

[187] 这是一项特别困难的任务，因为我们的原始文献给出的解释在一些重要的方面都不一致。有些文献将廊下派看作原因一位论者。证据比如，塞涅卡坚持廊下派原因概念的简单性："当我们寻求原因，我们寻找的是它之所以产生的理由，而那就是神。"[2] 然而有一些文献则侧重于唯一的积极力量，还有一些则谈论一种"原因群集"，含蓄地批评廊下派试图用一套令人费解的区分，把他们的会产生尴尬后果的诸决定论原理弄得混乱不堪。[3]

---

[1] 相反的观点见怀特撰写的本书第五章和《希腊化哲人》页301。而数学中的线和面则完全是另一个问题。

[2] 《致鲁基里乌斯的道德书简》65，11。亦参见埃提俄斯，《学说》卷一11，5："廊下派主张所有原因都是有形体的；因为它们都是普纽玛。"

[3] 阿弗洛底西亚的亚历山大，《论命运》192，18："他们列举出一种原因群集（smênos），也就是在前因（prokatarktika）、共同因（sunaitia）、hektika 和 sunhektika，以及一些其他因。"亚历山大认为没有必要更加详细地举例，因为主要问题还是在于，在相同情势下必然出现相同结果。因此，他在分类时既不追求完整，也不追求准确。

因此，我们有必要区别廊下派所承认的不同种类的原因要素，并解释它们之间的相互联系。廊下派对各种因和原因要素的区分确实难以领会，除非有人能够持续分辨出廊下派所作解释的不同层级和方面。在宇宙层级，确实只有一个因，那就是积极的神圣精神或普纽玛。在内在宇宙层级，廊下派用一种给定的原因网络来为不同种类的条件指派不同功能。我们的文献来自不同时代，有时甚至给出了廊下派理论的不同版本，这一事实让我们的理论重构尝试变得困难重重。[1]

除开细节上的差异，廊下派的因大致可分为以下两种。命运之"链"(chain)或"网"(web)这样的隐喻表明，廊下派区分了原因联系里那些主要的"环"(links)与将它们组合在一起的要素。事实上，这种区别主要因(main causes)和起始因的二分法，出自西塞罗《论命运》中的克律希珀斯之手，此论著也是我们现有的关于廊下派原因论的最早文献。

> 在诸因当中，有些是完备的和首要的，其他则是辅助的和相邻的。为此，当我们说所有事物都通过起始因而依循着命运，我们不会把这理解为仿佛是通过完备的(complete, perfectae)和首要的(principales)因，而是理解为通过辅助的(adiuvantes)和相邻的(proximae)因。(《论命运》41；参照汉金森撰写的本书第十一章)

[188] 然而，这种据称齐整的二分法却有一些恼人的特征。首先，不清楚的是，"完备的"和"首要的"与"辅助的"和"相邻的"这两组称谓是否可以理解成增词，或者它们之间的组合是否又会产生进

---

[1] 参见 M. Frede 1980, Bobzien 1998, Hankinson 1999，第十四章。另见汉金森撰写的本书第十一章。

一步的细分。此外，我们无法确定西塞罗的拉丁词译自哪些希腊术语，所以我们同样无法确定起始因是否就被限定为辅助因。西塞罗自己的文本在这方面产生了让人怀疑的理由，因为相比他对那些围绕命运观展开论战的各方所作的最终"调解"而言，在《论命运》早前篇章里，他将起始因看作一种更加具有支配地位的因。一开始，西塞罗斥责克律希珀斯的说法，即起始因要为自然中普遍的共感（sumpatheia）原理负责。同样，克律希珀斯还说，起始因使人的行动成为必需，在此意义上它们预先决定了人的道德个性（节7-9）。西塞罗强烈反对这种先决条件：

> 如果自然的起始因（causae naturales et antecedentes）能够解释为什么不同的人会有不同习性（propensities），那么，这并不意味着自然的起始因同样可以解释人的意志和欲望［……］。因为尽管聪明人和愚蠢人都从起始因中出生［……］但这并不表示首要因（principal causes）还决定并安排了他们应该坐下或行走或做任何其他动作。（《论命运》9）

西塞罗在《论命运》23为伊壁鸠鲁派的反廊下派决定论进行嘲讽般的辩护时，以及他在《论命运》31记述卡尔涅阿德斯的批判时，都为起始因赋予了一种类似的有力地位。

廊下派的原因概念及诸原因各自力量中的不确定性，同样反映在亚历山大里亚的克雷芒的记述中："因里面有些是起始的（prokatarktika），有些是内含的（containing, sunhektika），有些是援助性的（contributing, sunerga），有些则是必要条件（hôn ouk aneu）"[①]。我们并不能立即看出，克雷芒对诸因的区分如何与西塞罗在《论命运》41的区分相匹配，以及起始因又如何与"援

---

① 《杂缀集》卷八 9.25.1 以下 =《早期廊下派辑语》2.346。

助性的"因和"必要条件"发生关联。我们也不清楚克雷芒的起始因或神秘的"内含因"（sunhectic cause）是否扮演着"首要"因的角色。

［189］通过认识廊下派理论中一个最重要的限制性从句——它区分了真正的因和纯粹援助性的要素——我们能建立起廊下派的某种思想规则。塞涅卡将其简洁地描述为（《致鲁基里乌斯的道德书简》65, 4）："廊下派设定了一个施动的（id quod facit）因。"同时他又斥责亚里士多德和柏拉图引入了一连串因（turba causarum），因为这两人不仅认为存在远因（remote causes），还认为存在像时间和位置这样的必要条件。这一评述含有一条符合其他有关廊下派原因观念的记述的重要线索。"因"这个词只适用于会积极参与某种进程或对某种状态负责的物。

这一限制同样也解释了廊下派理论一开始很难领会的一个特点，那就是他们独特地区分了因（aition）和果（apotelesma）。尽管在我们看来这样的区分似乎在每种语言中都是天然出现的，但它不仅仅是廊下派这个希腊化时代相对晚期出现的哲学派别的发明，它对廊下派来说还有某种特殊意义。[①] 和我们可能会设想的相反，结果不是被影响的物体本身，而只是那个物体在状态上产生的变化或差异。因此，结果被归类为无形的事态。正如恩披里柯所解释的（《驳学问家》卷九 211）：

> 一个物体比如刀子，变成另一个物体如肉体的因，使其获得无形的谓述（katêgorêma）即被切割。再比如，一个物体如火变成另外一个物体如木头的因，使其获得谓述即被燃烧。

先不管廊下派为何要把改变或影响与谓述联系起来，很明显，这

---

① 有关术语及其理论基础的历史，参见 M. Frede 1980。

里的无形结果本身无法反过来充当其他物体的变化的原因。[①]命运，作为宇宙中永恒而总体的原因演进，也因此在廊下派这里不再被阐述为一种因和果的串联。它仅仅被定义成因的串联，也就是相互作用的物体之间的串联。这解释了为何"果"这个词没有在廊下派的命运定义里出现。命运总是被定义为一系列的因：存在着某种永恒的原因纽带，在那里一种因产生了另一种因。鉴于宇宙中所有事物是凝聚在一起的，理解命运的最好方式就不是将其作为一条线性序列，而是作为一张由相互作用的原因所组成的网络。

[190] 有必要关注有形的因与无形的果之间的这种区分以及因仅限于物体这点，因为它们显示出廊下派因果论的微妙之处。同样，它们也解释了为何纯粹援助性的要素和必要条件若没有积极作用于物体，就不会被作为因来看待；克雷芒和亚历山大的记述见证了这是廊下派术语变成通俗用词后就被忽视的差别。[②]但这些区别在不同原因要素的功能上，以及有关之前提到的"力量分配"之不确定性上，又会从哪方面对我们有所启示呢？

如果我们认识到"共同因"（sunaitia）构成了"首要因"的某种特殊亚类，那么我们就能从亚历山大所谓的"原因群集"里找到某种思想规则：在一些情况下，一个物体本身并不足以产生我们所论及的变化，就好像需要几头牛才能拉动一辆货车一样。因而，群集里任何单一个体都不是事件的"首要"或完备的因。我们如果重新想起特定原因的特殊本性，就能对原因群集作进一步的还原。正如 sunhektikê aitia，"内含的"或"维系的因"（sustaining cause），这一名称所显示

[①] 关于这点，参见《希腊化哲人》第一卷页 340。因为结果要么体现为一段进程，要么体现为一种静态的质变，所以，鲍慈恩（1998，页 26-27）就引入了"正在发生的"（occurrent）这个词来覆盖这两种结果。

[②] 亚历山大里亚的克雷芒在《杂缀集》卷八 9.98.7 以下的记述是这类术语混淆的绝佳例子：廊下派自己并不承认原因就是纯粹援助性要素或必要条件，譬如时间和位置。

的那样，它指称施动物体的内在普纽玛结构：它的施动方式与它的普纽玛的内在张力一致。① 在共同因的情况下，当然不存在统一的内在张力；因而，它们不能基于某种共同的"内含"力量来发挥功能。②

这些考虑同样清楚地说明了西塞罗（在其他文献中）对"完满"（perfect）因和"首要"因所做的区分：如果完满因仅指那些不需要其他要素参与其活动的因——正如在太阳散热的情况中那样——那么首要因则预设了特定的援助性要素。③ 或许还可以用一种类似的稳妥方式 [191] 来解释"相邻"因与"辅助"因之间的区分。成为相邻因的条件就是要排除遥远的或原始的因果关系，就像塞涅卡在批判其对手的理论时说的。不是所有在前的事物都是起始因。我们后面会看到，也不是所有在前的事物都是纯粹"辅助的"或"启动的"（initiating）因。因而，西塞罗似乎有充分的理由区分起始因和首要因，而这种区分也相当符合粗简的二分法。

因此我们可以回到我们的主要问题上：此种区分从哪方面支撑了廊下派的观点，即他们的普遍因果决定论能与偶然性和人类自主性相容。至此提到的所有区分，皆未提供任何解决这一核心问题的办法。除了"无形的果"这一概念多少显得有些优雅之外，上述这种根本的因果决定论中的其他部分则还像从前那般粗糙。如果每一个演进产生的后果都无可避免地为它的因和情势所定，那么未来对廊下派来说就

---

① 关于这一点，参见 M. Frede 1980，页 244。

② 我们并不清楚廊下派是否如亚历山大所表明的那样区分了 hectic 因和 sunhectic 因。前一个词没有出现在其他任何文献里，很可能这是亚历山大自行添补上去的，以体现廊下派在区分原因时过分吹毛求疵了。

③ 鲍慈恩（1999）否认克律希珀斯曾想出一种系统的原因分类法，并且鲍慈恩论证了辅助功能与首要功能之间的区分只存在于起始因里，但她拒斥公认观点的理由则太复杂，在此不作评价。如果说公认的观点会让克律希珀斯背负太多，那么，鲍慈恩则或许在某些地方过度谨慎了。克律希珀斯在多部归给他的书里到底写了什么呢？

要看一张紧密相连的原因之网中会出现怎样的偏差，我们必须更仔细地考察一下廊下派理论中原因之布是如何编织起来的。因此，我们应该回到西塞罗《论命运》中关于起始因和首要因所赋有的力量的争论上。这个问题与我们的主题更为相关，因为同样的不确定性某种程度上还反映在后来的文献中。我们有必要更仔细地检查这两种因之间的相互作用，以便找出它们在功能上的区别以何种方式为人类自主性留下了空间。原始文献中的术语用法再一次加重了研究困难。有些文献将起始因称为 prokatarktika——这一称呼似乎将它限定为一段变化过程的"启动者"。① 另外一些文献则用 prohêgoumenon（"主导的"[leading]）一词来替代，这一做法显示了起始因是因果作用中的决定性要素。于是问题产生了：起始因和首要因之间如果存在着区别的话，其差异体现在哪呢？②

不管我们有些文献里存在的仅是术语上的混淆，还是刻意的曲解，两种因之间的差异似乎是明显的：[192] 廊下派仰赖于起始的或外部的因与首要的或"内在的"因之间的区分，来解释人类如何作为因果关系之网中的一部分，并且用这种方式为个人责任留出了空间。廊下派的证明在于认为人类行动的首要因是内部因而非外部因。尽管环境以不为我们所控制的方式对我们产生影响，但我们的反应则"取决于我们"，因为我们的反应来自我们的内在状态。克雷芒用如下方式解释其中的相互作用。一个不受控制的人（akolastos）在看到美人时激发了爱意。美色就是起始因。但是，这个人的反应则"取决于他自己"，因为他对身体美的色情态度毕竟是其内在气质的一部分，而不是由外部印象引起的。有关内部因与外在因的区分，是围绕廊下派

---

① 参见格利乌斯对 initium 的用法。

② 据普鲁塔克证实，prokatarktikon 用于指称某种刺激物，而不是首要因（《论廊下派的自相矛盾》1056b–d）。普鲁塔克攻击了克律希珀斯的这种做法，认为其前后矛盾，因为限制了命运的力量。

理论的一致性所展开的争论的关键。

我们现在应该试图弄清楚，在我们的原始文献允许的范围之内，如何证明廊下派的下述观点：虽然有某种贯穿一切的"命定律令"，且它包含了人的个性，但我们仍要为自己的行动负责。

4 因果性、相容性与什么是"取决于我们"的

不管是廊下派的朋友还是敌人，都不曾试图否认，廊下派试图证明人类责任与某种普遍的物理及目的决定论之间是相容的，从而属于相容论者。然而，批评者们质疑了廊下派为此问题的解决之道所作的辩护，因为廊下派始终秉持万物都被命运所预定这一原理。这点实际上成了我们现今理解廊下派思想的主要障碍（参见 Salles 2001）。

到底什么是廊下派所倡导的解决之道呢？很明显，他们没有试图使人类行动免于普遍因果决定论：人类和所有其他事物一样，都是原因网络中的一部分。但这到底意味着什么呢？正如之前所指出的，人类内在地受到他们那具有特定一致性的内在普纽玛的影响，从而建立了他们的理性，其中包括他们的品性。此外，人还外在地受他们从外界接收的印象，以及这些印象[193]对他们内在状态的作用所影响。既然不存在没有因的运动，廊下派就认为在所有情况下，如果内在条件和外在条件不变，人就会保持不变的运动。如果在看上去相同的情势下却产生了不同的后果，那么一定有某种隐藏的差别存在，要么外在条件有别，要么人的内在气质有别。

但这样的不变性却被反对者视为廊下派的主要弱点。反对者再一次提出了质疑：既然内在条件每一时刻都是固定的，那么外部印象就会触发某种机制，使人不禁像机器人那样做出反应。这样的批评正确吗？西塞罗指出，廊下派对此的反击意在限制这一机制中起始因的作用。他们坚称起始因尽管是每一进程的启动者，但并不涉入续发的活动本身。既然我们内在的普纽玛实际上独立于外部情势并建构了我们

的个性,那么这一推论显然并不令人难以置信。从廊下派对外部因的限制力量的一般论证来看,他们并没有认为自己的模型只适合人类的情况。他们甚至将这一解释延伸到无生命的对象中,正如西塞罗和格利乌斯二人记述的滚动的圆柱体或圆锥体的例子所表明的那样。西塞罗(《论命运》42)说道:

> 但是接着他就诉诸他的圆筒和他的旋转陀螺:如果没有一种驱动力,它们就没法运动起来;但一旦它们受到那种驱动,他就认为这个圆筒和陀螺接下来凭借着自身的本性(suapte natura)而滚动或旋转。①

虽然西塞罗和格利乌斯都以相当的同理心来处理这个理论及其例证,但大多数廊下派思想的批评者还是认为,廊下派对自己相容论立场的证明只是一次失败的尝试。②特别是阿弗洛底西亚的亚历山大,在他的《论命运》这一论著里,他用相当的篇幅和精力来证明其中的不一致。尽管他几乎没有谈到圆筒的例子本身(《论命运》179,12-17),但在他看来,廊下派将自己的模型同时运用到非理性存在者和理性存在者身上,这一事实本身就能显示出这种模型的主要缺陷。亚历山大对廊下派缺乏同理心也不奇怪。从我们现代人的视角来看,[194]滚动圆筒的类比貌似相当不适合用来证明对象的行为不依赖于起始因这一点。由此人们似乎确信而非否认,廊下派将人类当成神圣棋盘里的棋子,对其被赋予的角色没有任何选择权。

在续发进程中,外部推动力并非决定性的要素吗?一旦使圆筒动了起来,要滚动还是不滚动就不"取决于圆筒"了。若把这个例子转换到人类身上,这个模型的缺点似乎就更加突显了。如果我推了某人

---

① 参见格利乌斯,《阿提卡之夜》卷七 2.1–15;卷十九 1.15–20。
② 普鲁塔克批判了限制起始因力量的做法,见《论廊下派的自相矛盾》第 47 章。

一下，使他摔倒并断了一条腿，那么没有任何法庭会听我辩解说，我的动作只是这场事故的起始因或相邻因而已。甚至最好的律师也不能通过辩称事故的主要因实则是伤者的形式和内在状态来使我脱离困境。关于我这一推是不是一次真正的推而不只是轻微的触碰，或者伤者的骨头是否异常脆弱等问题，也许会引发某些合法的推脱之辞，但法律漏洞绝不可能改变一个事实：在起始的那一动作之后，所有后果都不可能真的"取决于伤者"。因此，乍看之下，廊下派在长达一个世纪的论战中都没有改变他们的策略，而是始终坚持他们那套模型，这似乎令人迷惑。如果廊下派并不是单纯顽固地执着于那一套解释，那么，他们就一定想到了那一类比若能得到恰当的理解，就足以表明人的行为是如何"取决于自己"的，尽管其实它取决于内在和外在的情势。不过，我们还能为这个刻板例子找到更加合适的解释，以让廊下派的立场变得明白易懂吗？

一旦我们克服了自身的不情愿，把自己比作滚动的圆筒和旋转的陀螺，我们就会发现，这个模型的关键点不是两种原因要素之间不可避免的相互作用，而是运动对象的内在本性。这个发现并不来自推了伤者一把的例子，因为在那个例子里，伤者被作为单纯的物理对象而非人来看待。但如果我们把对象看作人，那他的内在本性并不在于"可推性"，而在于他特定的心智和品性状态。因此，我们必须修改那个例子，来看看在何种意义上圆筒可以与人做类比。

如果我贿赂某人，那我是否在强迫此人做特定的行为？除了在某些病理性状况之外，我们都不会认为这其中存在着任何强迫。是此人自己决定是否受贿并接受受贿所带来的条件。即使此人出了名地容易被行贿，"他无法抗拒受贿"，这也还是他自己的决定。[195] 尽管我们可以预料到某些人容易被行贿，但他们也不是机器人。不管他们的品性显得有多脆弱，他们编织了自己的心灵，并同时根据自己的内在本性来行动。当然，在上述特别的案例里，如果那个人没有被行贿，他或她就不会做出后来的行径。但不管怎样，我去行贿的动作仅仅是人受贿动作本身的启动因,而不是首要因。

这实际上就是克律希珀斯想要做出的解释,对此西塞罗在随后的阐述中有过证明(《论命运》43):[①]

> 就好像他推了圆筒一下让其开始运动,但并没有给圆筒以滚动的能力,同样,一旦出现了印象,印象就留下了自己的印迹,就像是在灵魂中铭印了自己的图像。但认可(adsensio)本身将会为我们所掌控。当被外力推动时,它就在余下的时间,凭借自己本身的力量和本性(suapte vi et natura)保持运动,就好像我们对于圆筒所说的那样。

西塞罗在这里没有仔细斟酌人类灵魂中让灵魂抑制认可的内在机制。但我们可以从其他文献中了解到,这是廊下派心理学的一个关键问题。廊下派花了相当大的功夫来解释人的心理机制,这种机制让理性存在者得以抑制对外在印象的认可,而非简单地屈从于这些印象。[②] 当然,本文不对廊下派心理学及其物理学基础做延伸性讨论。简而言之,人类心灵中的外部印象可以非常复杂:在实际情况中,它们包括对个人境遇的描述,以及对恰当行动的印象。个人要凭借自己的判断,来决定对外部印象是给予认可还是抑制认可。一旦给予认可,人接下来就会受到刺激去行动。从中我们容易看出,尽管廊下派知晓导致人类行动的内在进程非常复杂,但他们依旧坚持他们的观点,即人在同样的情势下总是会做出同样的行动。在同样的印象和同样的习性下,个人将总是会认可这些印象。

以上思考表明,廊下派的立场并不像滚动圆筒模型初步显示的那

[①] 讨论还可见汉金森撰写的本书第十一章。
[②] 参见爱比克泰德,《清谈录》卷一 1.7–12。关于廊下派心理学及这种心理学与他们伦理信念的原理如何相互联系,广泛的讨论参见 Inwood 1985,和 Long(Algra 等编,1999),第十七章。

般简单。他们坚持认为人类——就像宇宙中的其他事物一样——一定总会在同样的情势下做出同样的行动，[196]但这并没有排除个人决定取决于个人本身的事实。廊下派的上述信条，与我们自己对人的行为依赖人自身和对行为的一致性所作的预设，这两者之间也并不矛盾。事实证明，我们经常将自己行为的偏离归因于某种突然的情绪波动，或归因于健康状况的变化。不能把这作为人拒绝对自己行动负责的理由。它仅仅能够证明，我们的非正常行为一般不能显示我们的"内在本性"。

因而，我们对自己的行动负责，这并不需要以我们总可以用其他方式行动为条件；责任所需的条件是，人类拥有"内在的"责任去编织自己的心灵，以决定自己如何行动。所以，我们有某种常规的行为模式，但这并没有减少我们的责任，而只是表明了一个我们无论如何都要想其让步的事实：我们被自己的个性所预先决定。不过，并不排除人有提升的可能性。个人的经历也能以某种方式影响他或她自己的内在条件，让自己学会避免对直接印象轻率地做出反应。因此，社会的谴责与奖赏并非无用：它们或许会对一个人的内在本性产生长期影响。

这些反刍是否使我们过于远离了廊下派的立场？我认为没有。实际上我们有充分理由认为，以上思考与我们所关心的人类内在道德条件问题特别相关。人类的内在道德条件如何运作，这是廊下派伦理学和心理学的主要论题之一。他们关心一个人如何获得正确的内在气质，以让自己能够用正确的方式领会并服从理性的命令。因此，廊下派不仅关注理性阶段达成后正确类型的道德和智识教育，他们还关心人自出生以来的个人发展条件。[①] 某人的内在条件一旦被定好，此人的个性就很难再改变。这种"伦理决定论"会产生很重要的结果。要对某个人的道德行为进行判断，所关注更多的将是这个人对那一行动负责

[①] 参见 Inwood 1985，第六章"道德演化"；以及 Brunschwig 1986。

的内在条件,而不是这个人在特定情况下做了什么。

根据廊下派的观念,人类原则上是可预测的——至少有某个全知的存在者,他知晓[197]一个人在推理和品性上的一切弱点。我们已经看到,这没有排除人在一定程度上具有充分的自主性和责任。廊下派的反对者关于此种类型的相容论的论争,是否只是由于误解了廊下派所作辩护背后的基本原理呢?如果是,那么这种误解是否来自对圆筒模型过于简单化的解释,从而阻碍了更好地理解廊下派思想?我不认为这其中存在着简单的误解,也不认为换其他例子就能更好地理解廊下派的因。批评者即使注意到了廊下派所提出的心理机制上的复杂状况,也不会接受这样的事实,即每一个行动后果都受到外部因和内部因的联合影响,从而被预先严格地决定了。

廊下派也不会否认这一信条。他们认为没有理由不承认该信条的决定论后果。但是他们同时忠诚地拥护圆筒模型,这也反映了廊下派的主要关注,那就是能动者的内在本性要为其行动负责。在所有可能的情形中不都是如此吗?不用多想,这个问题的答案绝非不言自明。

在许多情形中,起始因可能实际就是首要因。就拿圆筒的例子来说:如果某人不是仅仅给它一个推动力,而是力道大到破坏了它的形状,那么它就不能再滚动了;相对地,它将拥有一个不同的形状和不同本性。在人身上,起始因也可以产生同样的影响:外界的印象或许会强大到改变一个人的内在条件。起始因可能具有严格的决定性作用,这大概就解释了为何西塞罗在圆筒和人类行动的例子中,会把在前的东西当作"相邻因"和"辅助因",而将事物自身的本性看作首要因。

这样的限制表明,在每个因果联系中,内在条件并不都是自动满足的,而是会随着情形的变化而变化。西塞罗的"辅助的"这一限制也无法说明他混淆了起始因和纯粹"扶助性条件"(helping condition, sunergon)的作用。在推动圆筒的例子中,以及在人类灵魂的印象中,启动性要素并不是一个真正的因,尽管从其影响来看,它可以算作活动本身的扶助性条件（sunergon）。①

［198］西塞罗对克律希珀斯立场的简要总结或许太过扁平，而没有充分理解后者原本理论中的预设。不过就算是西塞罗也清楚地说明，那种克律希珀斯想要将人类从中解放出来的"命定的"必然性，只是一种不会给个人选择留下任何余地的外部强制力。正因为如此，他才会否认（《论命运》41）"所有事物都出自完备的和首要的因，而这些因不为我们所掌控，同样，驱动本身也不为我们所掌控"。于是，或许并没有一个截然的二元对立：在某些情形中，起始因起到首要因的作用，而在其他情形中它则作为启动性要素而出现。②除此之外，起始因的角色或许还根据讨论的层级而变化：在宇宙层级，起始因代表命运的总体秩序，然而在单个进程的层级，它的限度又受特殊的情势所决定。

于是可以假设，在廊下派的解释体系里，起始因并不是统一的，这可以解释为何西塞罗在文本主要地方都将"起始因"简单地等同于命运的力量。我们之前已经看到，西塞罗首先攻击的观点是自然中存在某种因果关系（sumpatheia），这种观点认为"起始因"是种贯穿一切的必然性力量，它不会给个人的自主性留下空间。据推测，起始因不仅决定了不同的人类个性和习性（《论命运》9），还充当了单个的人类行动中的"首要"因。西塞罗反对这样的因果预定论：

---

① 在人类行动的情形里，起始因的有限力量或许可以解释为何西塞罗在《论命运》41-42（或者其所用的文献）用许多同义词来解释一个概念：先定的（preposited, praepositae）或前定的（ante-posited, antepositae）因。因此，《希腊化哲人》第一卷页343只将"起始因"作为一个一般的名词来看待。

② 在这一点上我同意鲍兹恩（1999）的论点，不是所有起始因都拥有同样的力量。伽伦在他的著作《论维系因》(*On Sustaining Causes*) 里对起始因和初始因（preliminary causes）做出了清晰的区分。遗憾的是，这部著作只有阿拉伯文，所以我们无法确定里面的术语，也不清楚这一后来的医学学派在多大程度上理解了廊下派的观念，譬如伽伦就曾抱怨他的同仁疏于理解廊下派原本对诸因所做的区分（《脉搏书要略》[*Synopsis of the Books on Pulses*], 9.458, 8-14）。

但这并不表示首要因还决定并安排了他们应该坐下或行走或做任何其他动作。[1]

基于讨论层级之间的不同，西塞罗在赋予起始因以力量时持有看似怪异多变的想法，这或许并不是因为他过于草率地汇编了诸种争辩，也不是因为他事实上 [199] 在论著的不同地方选用了不同的廊下派文献。[2] 相反，西塞罗对不同起始因在不同视角下所具力量的大小做出了区分。当克律希珀斯关心整体图景时，他强调所有事物都在命运的因果秩序所发出的统摄一切的律令之下出现，于是所有事物只能在无可逃避的秩序下产生（《论命运》19）。接着，他将"起始因"作为一种覆盖了自然的万物秩序中所出现的一切的术语，于是自然中就不存在偶发事件。而当解释单个事件时，他的视角就改变了，结果"命运"不再是必然的起始因的统一串联，而成了一张网，这张网里包含着具有不同功能和力量的各种大相径庭的要素。

阿弗洛底西亚的亚历山大在其论著《论命运》中继续讨论起始因的力量，他间接地确证了这种必要的视角差异。他详细而反复地表明，廊下派的起始因概念同偶然性和人类责任不能相容。亚历山大构建了一种漫游派的命运观，这是关键点，因为这让他与廊下派的立场分道扬镳。[3] 因而，他特别关注必然的起始因与非必然的起始因之间的差别。正因为如此，他不认为所有出现的事物都来自原初因（primary

---

[1] 赛德利（1993）讨论了在哪方面，外部要素会作为首要因而起作用。

[2] 西塞罗持有看似相互冲突的视角是因为他一开始计划这本书要分别处理支持和反对廊下派思想的论点，但当他决定将该著作献给希尔提乌斯（Hirtius）时，他就放弃了这一安排，而选择统一的讨论。这或许解释了西塞罗事实上在大多数时候将克律希珀斯看作一个绝对的必然论者（尤见节 7-11；节 20-22；节 28；节 34-37），但到了最后的评议时，西塞罗又认为克律希珀斯持有一种中间的立场（节 39："他倾向于那些想将我们灵魂的运动从必然性中释放出来的人"）。

[3] 参见《论命运》第 2-6 章，尤其是 168，24-169，20。

causes）意义上的起始因。[1]

与西塞罗相比，亚历山大对廊下派的观点要不温和得多：他将起始因看作彻底"支配性的"（dominant）因素，[2] 并且否认廊下派可能持有的有些事情能"取决于人"的立场。除非亚历山大的强硬态度是为了回应一种比克律希珀斯的立场更不变通的廊下派立场，[3] 不然我们就不清楚他是否总在真诚地反驳廊下派。[200] 如西塞罗那样，他以众多不同的术语来指称诸在前因（preceding causes），而这些在前因之间的差异或许比他预备承认的来得大。[4] 亚历山大同样把玩了 prohêgoumenon 的不同时态，并用这种方式说明"主导"（leading）因与纯粹即时的"在前"因是有分别的：

> [……] 有些人主张，万物由某些起始的（prohêgesamenois）和首要的（prohêgoumenois）因所决定而必然成为这样，或将要成为这样。每一将要出现的事物都拥有某种在先前（beforehand, prokatabeblêmenon）就存在的因，因此它们是必然存在或出现的。

除此之外，在他诸多归谬法论证之一中，他突然将所有即时的在前状态都作为起始因（prohêgoumenê）来对待（第 25 章）。亚历山大对滚动圆筒的例子所做的解释很少（179, 17; 185, 18），并且认为，论证不同事物的内在本性具有最高统治权乃是无意义的做法（《论命

---

[1] 参见《论命运》173, 14-21。
[2] 参见亚历山大在《论命运》(174, 28) 中对 prohêgoumenon 和 kuriôs 的结合。
[3] 参见 Sharples 1983, 页 142-146。
[4] 除了 prohêgoumenon，我们还发现有 prokatabeblêmenas（aitias）(169, 16; 178, 8; 179, 13 等段落)，以及 prohuparchousais（aitiais）(178, 9)，ecôthen hêmas peristâsin aitiois (180, 5-6)。亚历山大没有采用 prokatarktikê 这个词，除了在列举据说是过于复杂的廊下派诸因之时 (192, 18-21)。有关其分别，参见 Sharples 1983, 页 132-133, 以及 Zierl 1995, 页 164-166。

运》第 13-15 章)。他认为,认可对于人类的必要性并非关系重大。廊下派不可能宣称合理的认可是一种人类特殊的条件,因为命运预设了,如果结果无论如何都是命定了的,那么人就像其他所有存在者一样,必须服从(eikein)于他们的印象。

至此,我专注于廊下派对责任的辩护以及有某种东西是"取决于人"的这一观念。"自由"一词在这里很大程度上被规避了。这并不仅仅如鲍慈恩所表明的那样,是因为 eleutheria [自由] 最初有政治意涵,而到很久之后才被用在有关命运的争论上。[①] 同时还因为,"自由"这个词如果不仅指免于外部约束或力量的自由,那么它就需要被仔细定义。在道德话语中,"自由"不可能指任何外界影响的缺席,因为不存在这样的真空。自由也不可能指任何内在条件的缺席。没有人不具有品性、不具有影响自己的决定的属己意见和意图。也许正是因为"自由"一词有这些不确定性,希腊人才非常智慧地优先选用"什么是取决于我们的"这一表述来参与有关道德责任的争论。

5 个人责任 VS 命运指派?

[201] 如果廊下派试图主张某种有关人类责任的理论,而且该理论至少会在我们中间的"因果论者"那里引起共鸣,那么,为何对廊下派这一理论的反对声持续了好几个世纪仍然不绝于耳呢?毕竟亚里士多德也和廊下派一样相信,后天形成的内在习性(dispositions)决定着人们的行动,以至于人的行动几乎不可能脱离其品性。那么,难道让廊下派理论遭到如此抵制的,真的仅仅只是它的"命运方面的"术语,以及误导人的滚动圆筒例子吗?

廊下派还面临着一个亚里士多德和现代决定论者都未曾遇到的难题。这个难题在于,根据廊下派理论,人们事实上不仅在同样的情势

---

① Bobzien 1998, 页 276–290、338–341, 以及 Bobzien 1998a, 页 164–173。

下做出且必然做出同样的行动,而且,这样的因果关系也被假定成在目的论上预先设定好的。如果宇宙中的所有事物不仅遵循永恒确定的因果法则,而且所有事件和存在者也都在某种程度上旨在以神圣理性所设定的方式出现,那么,通过诉诸人内在本性的独立而让人类责任原封不动地保留下来,这样的尝试似乎是无效的。因为全局性的目的论所引起的后果是,责任不再"取决于"我们。如果有人本就是个游手好闲者,做事全无立场,那么他是否真要为神圣理性赋予他的这种个性而受到责备呢?所以问题就是,廊下派如何在某种必然固定的世界秩序的观念之下保有个人责任。即使是我们中的大多数人,那些认为人类在同样条件下总是很可能做出同样行动的因果决定论者,他们都不主张这些机制必然是一件好事,更不必说去相信这些机制是出于某种仁慈的、理性的世界秩序。

为了解决这个问题,我们有必要再次回忆廊下派如何理解神圣理性的工作。尽管他们将无所不在的理性的本源与宙斯等同,并且给它起了众多尊号来抬高它,但这些事物的神圣而积极的力量不是一种超越的无所不在的存在。这一本源不是某个站在自然之上或之外的神祇,用预先确立好的计划来指导自己的造物。这种神圣的要素就浸润在自然本身之中。因而,游手好闲者不能声称自己的角色是被永恒的天命脚本所分配好的。[202]并没有预先存在的神圣计划或者命运的秘密命令,来赋予每个存在者以各自的位置和角色。相反,世上每一种对象之中都有神圣要素中的一部分,让它来对每种对象的行为负责。这一部分内在的普纽玛并不是某种外来的要素。我们身上的这种积极要素就是我们的个性,就好像那个臭名昭著的圆筒所具有的形状,圆筒的本性要对自己的"可滚动性"负责。而在人类的情形中,神圣要素要为人所做的一切负责,既在生理层面,也在心理层面。如果说人对宇宙中的其他部分享有特权,那是因为他们拥有最纯粹且理性形式的神圣要素。是我们自己,要尽可能地在过着一种廊下派圣贤式生活的同时,让自己力争理性的完满。简而言之,我们每一个人就像我们的行为和生活方式所证明的那样"神圣"。

如果我们不去理会那种认为神圣性在我们所有人身上运行的怪异想法,那有一个事实就将成为常识:我们身上的许多部分是完全被给定的,然而其他因素则取决于我们自己的努力。我们的天分当然不是"取决于我们自己"的,但我们可以决定如何运用天分。如果某人本是一个天才,有能力创造出非凡的艺术作品,或者解决其他人束手无策的难题,我们或许会对他心生嫉妒。但是如果那些潜在的天才没有将他们拥有的能力发挥出来,我们通常则会因他们的疏忽而责备他们。说他们完全不是"努力的人",这在某种意义上或许是正确的,但这样的解释却会被当作糟糕的借口。我们接下来似乎会假定,在每个正常的情形下我们都有某种积极参与的潜能,从而,能否善用这一潜能就取决于我们了。我们的失败与成功,就其取决于我们而不是由于我们受外界阻滞或强迫而言,是我们内在本性的显现。

将神圣的普纽玛等同于人类天分和道德习性,这也解释了为何所谓的"懒惰论证"(lazy argument, argos logos)不能有效地反驳廊下派的命定论。[①] 我们还不能明确到底谁是懒惰论证的原创者。或许是麦加拉学派的悖论学家中的某一位提出了这一论证,并且廊下派 [203] 也许不是它原本的攻击目标。不论懒惰论证的早期历史如何,廊下派马上就面临这样一种反驳:如果决定论是正确的,那么人就没理由努力了。懒惰论证是这样的:如果命中注定一个人会从疾病中康复,那么他不管去不去看医生,都会康复。所以,如果他无论如何都会康复或不会康复,那么看医生又有什么意义呢?[②] 廊下派反击这种观点时说,大多数情形下,必须要满足某些特定的因果条件,才会让结果在神圣

---

① 同西塞罗与俄里根(《驳科尔苏斯》卷二 20,342.62-71)这些将懒惰论证作为一种智术的人相反,亚历山大认为它有效地反驳决定论(186, 31-187, 8; 191, 13-26)。

② 西塞罗,《论命运》28-30。那些被共同命定的(co-fated, confatalis)东西不能与只有同时出现(sunaitia)时才会生效的因相混淆。

秩序中被"共同命定"。如果我们把这一辩解中不同寻常的术语剥去，那么该解释乍看之下会显得苍白无力。因为它不过是在说，所有因果联系都要符合某些充要条件。在这种情况下，廊下派的"命运"理论就似乎缩减成了关于普遍因果性的信念：当所有条件都被满足时，所有在既定背景下发生的事情就都是"命定的"。而因为各个条件没有被满足，所有没有发生的事情就均是命定不会发生的。这样，廊下派和现代决定论者或因果论者之间的区别，似乎就只在于他们将习惯原因要素称为"命运"，并且认为命运具有一种"神圣的"本性。

我们将廊下派命定论压缩成了普遍因果决定论，从而或许能把它推荐给清醒的现代哲学家，但很明显，缩减廊下派命定理论，并冠之以"神圣而积极的原则"这种尊称，进而将其传播，这样的尝试忽视了该理论的核心特点。它似乎没有充分注意到能对世界上所有事件的协调性负责的宇宙目的论原则。这一原则给上述廊下派命定论图景添加了什么，需要更深入的阐释。

我们一开始讨论了廊下派模式与亚里士多德模式之间的对立，那时我们注意到对廊下派来说未来是线性的，因为除了将要实际发生的事情以外，不可能出现其他真实的事情。其他真实的事情之所以被排除，是因为宇宙中不存在孤立的、能够临时性地干预一连串不相干的事件的因果发展。但本章在解释廊下派哲学中的人类责任时，大体忽略了所有事物之间在目的论上的关联。廊下派在解释起始因和首要因如何［204］相互作用时，将个人作为自主实体来对待。但是，通过某种诉诸"其自身的本性"而把个人相对孤立化，实际上是廊下派思想之诡谲之处。每一个别的人就像每一个圆筒，也都是整个宇宙的神圣组织中的一部分。圆筒是否会滚动，人是否会或在何种程度上会利用自己的天分，这些都是被永恒地预定好的，既然同样的因总是会结同样的果。① 甚至，即使某人尽可能努力工作以达成某种可欲的目的，

---

① 存在某种确定的秩序这一事实，解释了为何因之间的自然串联和预先

其结果也不可能变得与原本的结果不一样。那些共同为他或她的成功或者不成功负责的要素，都是整个原因网络的一部分。所以问题就是：廊下派在为人类责任辩护时，拿什么来证明那关于因的诡异的孤立化？这种孤立化是否像他们的许多反对者所声明的那样，仅仅是个诡计？我相信不仅如此。

要将人类作为自主的存在者对待，这来自人对整个世界秩序的无知。只因为我们不知道未来的关卡是什么，我们才不得不尽自己所能做到最好。在任何情形下，我们所做的或许是，也或许不是决定性的条件。① 鉴于我们的现有知识，我们不得不以似乎最好的方式来行动，尽管我们不能明确自己的行动是否会带来可欲的效果。而且，这样的无知也不是一个克服的条件。要想知晓某个特定的行动是否会成功，我们必须在整个世界秩序方面完全不缺乏知识。② 只有当我们具有全知时，我们才能预测某个特定行动最终是否"命中注定"成功或不成功。正如之前反复指出的，廊下派既没有设想人类能够拥有这样的知识，也没有设想有一种可以照管所有事物的超越的神圣心灵。这个世界的智慧就内在于世界本身之中。

[205] 不过，如果说廊下派相信神圣天意，那么这是他们对总体因果秩序抱有宇宙乐观主义（cosmic optimism）所致，他们认为所有事物都是理性的，从而是处于最好的运转状态的。对廊下派来说，因为没有更好的总体秩序了，所以原因网络是理性的。正因为如此，他们相信在每一次的世界循环中，一切事物和事件都是周而复始的。复

设定的万物秩序这些观念反复出现在针对廊下派的论争之中，即便对手对于廊下派在直接的动力因和纯粹的必要条件之间所作的区分上有所退让（参见西塞罗，《论命运》32-37）。

① 亚历山大将无知论证看作一种糟糕的借口（参见 193，25-30）。

② 因为原因之网的复杂性，鲍慈恩（1998，页 173 和 224）拒绝谈论确定的普遍序列模式意义上的"因果法则"。这或许是某种过于纯粹的语言使用，因为廊下派的理性主义确实要求研究普遍"原理"，并且需要对之进行恰当的调整。

杂的原因网络将总是遵循同样的模式，并不是因为天上有某种制定好的神圣计划，而是因为这是万物所能采取的唯一理性的发展方式。在这样的普遍秩序中，许多事件的发生或许会相悖于个人的意图。许多人可能会过着一种看似短暂、悲伤和残酷的生活。尽管廊下派特别意识到了这一事实，但他们没有改变其信念，依旧认为总体的宇宙会对所有居住者做出最好的打算。如果人类对自己身处其中的原因网络知道得更多，他们也许就会了解到在那些看似无意义的个人悲剧下存在着某些基本原理。

这样的宇宙乐观主义或许并不符合每一个人的口味，但是正是它让廊下派学说受到一代又一代廊下派信徒的喜爱，这些信徒认为，总体神圣秩序的信念乃是对世界运转最可信的解释。他们清楚地看到，廊下派的这一思想是一种比原子论者的纯粹机械论观念或漫游派的"部分目的论"更加可信的理论——而比起那些不再尝试去理解世界的怀疑论者所推崇的寂静主义（quietism）来说，则更是靠谱得多。

当代的刻板印象认为，廊下派的道德严苛和压抑一切情绪是顺从"命运"的后果，这一印象在多大程度上是合理的？本章的目的就是显示，廊下派不仅完全没有这样的顺从，而且有充分的理由建议我们积极致力于世界所关注的问题。如果说廊下派将人类激情看作某种妨碍的话，那不是因为他们提倡默从命运的律令，而是因为他们相信激情干扰了我们尽可能合理地处理存在条件的能力，以及我们遵从自己所认为最好的和最理性的方式去行动的能力——即使我们并没有成功的保证。廊下派的决定论因而不指向顺从，反倒指向一种对我们能力和限度的细致探究。

第八章　廊下派的形而上学[*]

布伦施维克（Jacques Brunschwig）　撰
罗勇　译　徐健　校

1　导论

[206]廊下派有形而上学（mataphysics）吗？答案显然取决于我们以"形而上学"来表达什么意思。尽管这个词包含两个希腊语成分，并且因亚里士多德最著名作品的标题而为人熟知，但没有一位古典哲人理解这个词。不论我们以"之后"（mata–）这个词表达何种意思，廊下派都在不止一种意义上没有形而上学：对他们而言，没有一种科学会在物理学（physics）"之后"（after）（你所喜欢的任何意义上的"之后"）；也不存在任何科学会研究在某种意义上位于物理学"之上"（over and above）或"超越"（beyond）物理学的诸实体（entities）——亦即形而上学的（字面意是"超自然的"[super–natural]）诸实体。对廊下派来说，"自然"（phusis）包含了一切，包括别的世界观看来似乎在某种意义上"超自然的"事情、现象和事件。对于如何且应当如何划分哲学（更准确地说，哲学的推论性论述或 logos[逻各斯]），他们有一套坚定的看法，但他们最初的划分（逻辑学、伦理学、物理学）并没有为任何类似"形而上学"的东西留下任何位置。

然而，在另一种意义上，人们或许会认为廊下派有两种而非一种

---

[*] 感谢卡斯通（Victor Caston）非常友好且有益的讨论。

"形而上学"。其中一种只是物理学的一部分；另一种是位于廊下派标准的哲学三分部之上的研究。

我们先介绍第一种。据拉尔修所言（《名哲言行录》卷七 132），廊下派对物理学进行了两种划分，第一种被称为"种的"（specific）划分，另一种是"属的"（generic）划分。① 根据"种的"[207]划分，廊下派辨别出了五个主题：（1）诸物体；（2）诸本源；（3）诸元素；（4）诸神；（5）界限、位置和虚空。② 根据"属的"划分，他们辨别出了三个主题：（1）宇宙（kosmos），（2）诸元素，以及（3）对原因的探究（aitiologikos topos）。上述分类可能是如下事实的结果：有些属于"属的"划分的主题也同属于物理学和各种专业化的学科，比如数学和医学（参见《名哲言行录》卷七 132-133）；③ 相反，"种的"划分中列举的主题必然严格专属于物理学。

然而有一点相当明显：比起"种的"主题，"属的"主题反常地处于相对更加具体的层面。"属的"主题把 kosmos［宇宙］——以及被安排的"整全"（holon）——及其当前的宇宙安排（diakosmêsis）作为首要目的，并且不仅探究宇宙的基本构造，还有宇宙的因果性运作；在这个意义上，这些主题至少含糊地看起来像我们以"物理学"所要表达的意思。

---

① 希腊语文本以副词的形式标明这些划分：第一种被认为是"种的意义上的"（specifically）或"从种的观点来看"（from a specific point of view）（eidikôs），第二种则是"属的意义上的"（generically）或"从属的观点来看"（from a generic point of view）（genikôs）；这些词似乎支持我在后面提出的解释。然而，为了简洁，我称之为"种的"和"属的"划分。

② 尽管希腊语文本在这一点上并不让人信服，但界限、位置和虚空在这个划分中有可能构成了一个单一的主题（然而，参见怀特撰写的本书第五章）。

③ 廊下派中最具科学头脑的珀赛多尼俄斯之所以著名，是因为他（1）表达了哲学和专业化科学之关系的观点，以及（2）耗费大量时间和精力来探究原因；他可能提出或影响了"属的"划分。然而，在后来的学述传统中，这个划分显然没有被认为是对立的，而是对"种的"划分的补充。

相反，划分物理学的"种的"方式则处于更抽象和理论性的层面。在这种方式中（且只在其中）提到的"虚空"十分重要：廊下派曾区别过"整全"（whole，holon）和"大全"（all，pan），"大全"是"整全"（即 kosmos）与环绕整全的无限虚空的总和。鉴于廊下派相信 kosmos［宇宙］的统一、连续和一致，①他们否认宇宙内任何虚空的存在；但是他们提出了一种宇宙外的无限虚空，以便为宇宙的循环扩张和收缩腾出地方。因此，在"种的"划分中简单提到虚空，这表明从"种的意义上"来理解的物理学的主要对象是"大全"及其基本［208］成分。同样，对于"诸元素"（即土、水、气和火）在两种划分中都出现，最佳解释或许是，从"属的"角度来看，诸元素直接从属于 kosmos［宇宙］，它们呈现为宇宙的最初且最基本但却可见的成分；相反，从"种的"角度来看，它们只是在"诸本源"（即质料和神）之后才被提及，这些本源是更为基础的实体，但经验性研究无法企及。

还应当强调的是把"诸神"包含进"种的"划分中：据廊下派所言，神学是物理学的一部分。的确，克勒昂忒斯超前重塑了这个标准三分，他把哲学的每个部分都进行划分，从而产生一个六部分的划分：辩证法、修辞学、伦理学、政治学、物理学和神学。作为早期廊下派中最虔诚者，克勒昂忒斯可能急于把智慧中涉及我们日常世界的部分与涉及神圣者的部分进行分离。但是这个重塑没有被后来的廊下派所采纳。克律希珀斯的教学方法依旧凸显神学，但他严格将之重新固定于物理学之内，他说：

> 在物理学中，最后出现的是神学；因此，神学的传布（transmission）被称为"完成"。②

---

① 廊下派在物理学方面重要的"第一信条"；参见怀特撰写的本书第五章。
② 普鲁塔克，《论廊下派的自相矛盾》1035a-b。被翻译为"完成"（completion）的希腊语 teletai 是指加入秘仪（Mysteries）的最后一步。

一般而言，"种的"划分中的诸多主题有一个明显的共同特征：所有这些主题在某种意义上都是原初的。我们会看到，诸物体是唯一真正存在的本是（beings）；诸本源（正如 archai 这个传统说法表明的，既是"诸起点"也是"支配性的诸力量"）是作为整体的实在的原初因素；诸元素是诸本源相互作用的最初和最单纯的宇宙性产物；诸神是最完美的本是；界限、位置和虚空是原初性条件，如果没有这些条件，诸物体的存在和相互作用就既不可能，也不可理解。

按规定，所有这些主题在严格意义上（"种的意义上"）都属于物理学领域；但就其都关注原初实体而言，许多现代注疏家以可理解的方式认为，这些主题毋宁属于"形而上学"的领域。人们会充分同意这一点，如果"形而上学"指的是类似于亚里士多德所谓的"关于第一原理和第一原因的科学"和"第一哲学"的话；[209] 这种形而上学要么包括了神学，要么与之重合。在这个传统的后来发展中，这门关于某些特定对象的科学，将由于这些对象突出的本体论（ontological）地位或完美性，而被特许称作 metaphysica specialis [特称形而上学]。在某种程度上，廊下派物理学的"种的"概念或许会因此而被视作 metaphysica specialis [特称形而上学] 的原型。

另一方面，也有可能把廊下派的许多关切和理论同另一种类型的形而上学关联起来，这种形而上学向前可关联于亚里士多德所谓的"作为（qua）本是之本是的科学"，向后可关联于后来所谓的 mataphycia generalis [一般性形而上学] 或本体论。正如这个亚里士多德式的用语所清楚表明的，此处的目的不是研究某些特殊对象，而是从某个角度研究任一和每一对象（"作为本是"，以及作为如此这般的本是类型）。廊下派尤其注重描述、定义、划分在其哲学中起作用的那些对象的本体论地位，以至于那些阐述廊下派"本体论"的现代注疏家们可毫无疑问正确地这么去做。

然而，重要的是指出，廊下派提出的这些问题不只是关于物理学对象的，比如诸物体，还关涉到伦理学对象，比如德性和善，以及逻辑学对象，比如谓述和命题。他们关于逻辑学和伦理学问题——不只是物理学问题——的思想，与他们的各种"本体论的"概念和理论有着诸多关联。显然，这种"本体论"与各式各样的划分或划界不符，其包括的不只是"元物理学"（meta-physics），还有"元伦理学"（meta-ethics）和"元逻辑学"（meta-logical）。这或许解释了如下事实：我们并未见到古代的廊下派学述记录概述过这种本体论，因为这些学述都受限于标准的三分。为了重建这种本体论，我们必须从各种来源中选出证据，尽可能将之进行整合。但这不应让我们怀疑这种本体论的存在，或是低估其重要性和哲学方面的意义。

比方说，如果承认某种作为物理学一部分的形而上学，与另一种并非物理学一部分的形而上学，它们之间有这种区分，那么我们就会看到，本书在其他地方已经充分考察了第一种本体论。[①] 因此，本章将主要考察廊下派的一般性"本体论"。

2　物体

[210] 廊下派"本体-论"（onto-logy）的最突出特征，狭义地说（stricto sensu）就是限于诸物体：它只将诸物体（sômata）视作真正存在的本是（beings，onta）。这并不新奇，在《智术师》（*Sophist*）著名的"巨人之战"中，柏拉图已经这样描述战斗的一方，即"大地诸子"："竭力确认只有可被触摸并对触碰有抗性的东西才存在，将存在（existence，ousia）定义为和物体相同的事物"的人。[②]

[①] 尤见本书第六章（阿尔格拉）和第五章（怀特）。

[②] 《智术师》246a-b。这个文段被亚历山大里亚的克雷芒引用，它充分描述了廊下派的立场，被冯·阿尼姆收于《早期廊下派辑语》（1903-1924，2.359）。我在别的地方（Brunschwig 1988）已经表明廊下派如何认真且持续地阅读《智术师》，他们接受了柏拉图向大地诸子发出的全部挑战，拒绝柏拉图所相信的他可以强行要求大地诸子作出的全部妥协。

廊下派坚信这一点的主要原因不在于他们对物体的定义，该定义并不专属于他们的学派（"有着三维，再加上抗性的东西"[1]），而在于这种定义与一种更高原则的结合，该原则将作用或被作用的能力（dunamis）作为存在的标准之一。这一本质上"动态的"（dynamic）标准已经由柏拉图向形体论者提出，以强迫他们至少承认某些无形实体，比如灵魂和道德德性，应当被视为真实的本是，因为它们拥有作用于别的某东西或被作用的能力。正如我们将看到的（本章后文），这一进入存在的方式，为廊下派推翻柏拉图自己的反形体论意图开辟了道路。

重要的是指出，廊下派的公式（和柏拉图自己的一样）是"作用或被作用"。这个析取命题导致了如下可能性：至少对于某些物体而言，其要么是积极的，要么是消极的。对于两个最高本源，即质料（纯消极的）和神或逻各斯（logos）（纯积极的）而言，[2] 确实就是这样；尽管在文本证据中存在不同读法，[3] 但廊下派对这些本源的观点必定是：二者都是物体。否则的话，人们就不能理解它们如何发挥各自的积极和消极作用——即便我们还难以理解 [211] 被定义为"无定性的本是"（unqualified being, apoios ousia）的质料是如何成为物体的，如果物体这个概念本身暗示了看起来是一种可触摸到的属性的"抗性"。[4]

然而，这些困难只能影响任何直接的认知路径无法进入的、作为理论上的边界实体（borderline entities）的本源。普通物体则既能够作用，也能够被作用，而世界就是这些物体不停歇的、值得敬慕的相互作用的宏伟剧场：不停歇，是因为积极本源，即所有活动的

---

[1] 有时候则省略"再加上抗性"（antitupia）；我将尝试考察为何如此。
[2] 本章后面会更多谈及这些本源。
[3] 《名哲言行录》卷七 134。
[4] 这个困难或许是由于这样一个事实："抗性"尽管对普通物体必不可少，但在廊下派的物体定义中并不总被提及。

终极来源，本质上完全积极——永久且持续如此；值得敬慕，是因为该本源就是神，他在自己所创造和所做的一切之中打上了他的理性和天意的印记。神的物体性特征并未妨碍神的宇宙性普在（cosmic omnipresence），反而允许神渗透进物理性实在，甚至达及最细微之处。这加深了如下两种"唯物论"之间的区别：其中一种尤其是廊下派的看法，是生机论—目的论的（vitalist-teleological），另一种类似于伊壁鸠鲁派的看法，是机械论—反目的论的（mechanistic-antiteleological）。

廊下派研究存在和物体概念的动态路径，不仅导致把充实存在（full existence）这一标签赋予公认为物体的实体，该路径还有助于他们证明，主张那些并不显然是有形体的实体具有形体性，是有道理的。在这方面，他们不同于"大地诸子"：他们没有把真正存在的本是还原为诸如桌子或树这样的普通物体，而是用了积极—消极的标准，以便把有形的存在的本是扩大到不能感知的实体。他们利用了柏拉图笔下的反例，以他的武器来反对他，主张灵魂、道德德性以及更一般的属性都是物体，因为它们满足了积极—消极的标准。比如，灵魂有感觉地（perceptibly）作用于身体（"当灵魂感到羞愧和恐惧时，身体就会相应变红或变白"[①]且被身体作用（当身体生病或受伤时，灵魂感觉到痛苦[②]）。德性，以及一般的属性，通过它们的出现，成为有生命的身体以某种方式被定性的原因；它们既然作用于身体，也就必须被认可为物体。

[212]然而，在这个以通常是悖谬的形体化为目标的一般策略中，积极—消极标准的使用并不是廊下派唯一的策略。他们也使用了下面的策略：如果某种实体可被描述为以某种方式被安排的（disposed in

---

[①] 克勒昂忒斯的论述收于涅美希俄斯，第二章 78–79（Morani 编，页 21）=《早期廊下派辑语》1.518。

[②] 同上。

a certain way）某种物体，那么这种实体本身也属于物体的范畴。考虑一下廊下派典型的拳头例子。[①] 什么是拳头？拳头肯定不同于作为一种物体的手，但也并非完全不同，拳头是以某种方式被安排的手；因此，拳头是物体本身（如果人们承认以某种方式被安排的物体是一个物体[②]）。廊下派也使用同样的策略证明真理（与"真实事物"[the true]对比）是物体，并明确对照了拳头的例子：真理是"能够陈述一切真实事物的科学知识"；因此，真理是以某种方式被安排的"主导官能"（commanding-faculty）。[③]

这个策略也以不太引人注意的方式出现在廊下派的定义或描述之中，即先提出一物体的名称，然后提及该物体受到影响或被安排的方式。比如，声音（phônê）被描述为一种物体，不仅因为声音作用于听者（《名哲言行录》卷七 55-56），还因为声音可被定义为以某种方式"被震动的空气（即物体）"（同上）。这是个有趣的公式，因为它似乎有意识地倒置了柏拉图与亚里士多德的描述：声音是"空气的撞击或与空气的撞击"（a blow of/on the air）。[④]

---

① 参考芝诺著名的手势比喻，该比喻是为了说明印象与科学间的各种步骤（西塞罗，《学园派》卷二 145）以及辩证法与修辞学的差异（恩披里柯，《驳学问家》2.7）。

② 一个被阿弗洛底西亚的亚历山大以亚里士多德式术语讨论过的原则（《论亚里士多德的〈论题篇〉360.12-13》）："拳头不是手，但拳头在手中，就好像拳头服从于手。"

③ 即 hēgemonikon，灵魂中的主导部分，本身是一种物体。

④ 《蒂迈欧》67b，《论灵魂》420b29。在别处，柏拉图使用"廊下派式的"描述（雪等于结冰的水，《蒂迈欧》59e；泥等于土与湿的混合，《泰阿泰德》147c），这些描述遭到了亚里士多德的有趣批评（《论题篇》[*Top.*] 127a3-19），大体上是因为雪首先不是水，泥首先也不是土。这个争论在公元前 4 世纪已经开始了，该争论绝不仅仅是文字上的，而是有着本体论的意蕴，人们已经清楚地认识到这一点。

3 无形体

然而，廊下派并未强行让他们认为真实的一切事物进入充实存在之物体的范畴。悖谬的是，他们的[213]"本体论"承认大量不是 onta[本是]但也并非无（nothing）的对象：这些对象尽管无形体（incorporeal），但它们是"某东西"（something）。无需赘言，存在的物体也是"某东西"；[1] 因此，廊下派主张，包含了某种意义上"真实"的全部事物在内的最高属，不是"本是"（to on），而是"某东西"（to ti）。

廊下派关于无形体的标准清单有四项：位置、虚空、时间，以及"可说内容"或"说出来的东西"（lekta）。这些内容显然并非同质（大体上，前三项是物理过程的条件，而第四项似乎和语言哲学有关），因此就有理由相信，它们的确不是由于相同的动机并在相同的时间被认为是无形实在；在讨论它们的属即"某东西"之前依次处理它们每一项，这一点会更加清楚。为何廊下派会抵抗让它们成为"彻底的无"（nothing at all）或让它们成为充实的"存在物"——即物体——这一双重的、对称的诱惑呢？

最简单的例子或许是虚空，它是四者中最明显无形体的。这里提出的问题首先并不是其本体论地位如何，而是虚空是否一开始就被纳入"本体论"中。[2] 一旦（宇宙之外的）虚空的"准存在"（subsistence, hupostasis）出于已经提到的宇宙论理由而获得认可，那么无需赘言，

---

[1] 作为"诸存在物"（existents）的"某些东西"与不是"诸存在物"的"某些东西"之间的区别，类似于廊下派用来指涉其各自的本体论地位的动词与名词的区别。与 einai[是，存在]和 ousia[本是，存在]相反，huphistanai[准存在]和 hupostasis[准存在]通常是留给非存在的（non-existent）（即只是"准存在的"[subsistent]）"某些东西"专用的。

[2] 回想一下，早期的原子论者称虚空为"无"或"非存在的"（to ueden, to mê on），与 to den，"充实的"或"存在的"（to plêres, to on）相反，尽管他们还笨拙地补充说，"存在比非存在并不更多存在"（亚里士多德，《形而上学》卷一 985b8）。

虚空就是无形体的，甚至还是最（par excellence）无形体的：能够被物体占据，但实际上被占据时又停止成为虚空（于是就这样被摧毁，而不只是受到进入的物体作用并被其改变）——虚空显然"丧失了物体性"（deprived of body）。[①]

[214] 说到位置（严格来说，位置被认为是空间的一部分，正好被给定的物体在给定的时间所占据[②]），这个问题则似乎颠倒了过来：廊下派并不反对"存在物位于某处"这个一般性观点，[③] 尤其是因为对他们而言，"存在物"就是物体。此外，除了占据的物体之外，位置肯定也是"某东西"，因为物体可以移动到另一个位置而无需不再是其所是，同时原来的位置也可以被另一个物体所占据而无需不再是其所是。但这"某东西"是不是有形的，尚不明显。

廊下派或许想要使位置成为物体，他们论证说：要么物体并不通过实际占据或将要占据它们的位置（由此导致空间的一部分获得确定的形状和确定的限度），而作用于位置，要么一个物体的位置只不过

[①] "虚空的概念相当简单：它是无形的和触摸不到的，它没有形式，也不可能接受形式，它既不被作用也不作用，它纯粹且单纯地能够接受物体。"（克勒俄梅德斯，《论天体的循环运行》8.11-14）虚空的概念似乎与无形体的概念十分吻合，以至于《名哲言行录》卷七 140 的一个句子——该句旨在证明虚空的无形体地位——被错误地解读为对无形体本身的"荒谬"定义（《早期廊下派辑语》卷一 95 和卷二 543，批判性附录）。

[②] 克律希珀斯把位置（topos）定义为"（1）被一个存在物（即一个物体）所完全占据的东西；（2）能够被一个存在物占据，且要么被某个（存在物）完全占据，要么被某些（存在物）占据的东西"（司托拜俄斯，《读本》卷一 161.8-19）。第二个定义要解决的不是普通物体的问题（一般来说，两个不同的物体所占据的不是同一"位置"，而是同一"场所"[chôra]，这要比它们特定"位置"的总和更大），而是两个彼此完全充满的物体进行"完全混合"的位置的特殊问题。这一混合物占据一个单一的位置，因为这个位置可以被一个单一的物体所占据，尽管该位置实际上被两个物体占据。

[③] 柏拉图，《蒂迈欧》53b；亚里士多德，《物理学》卷四 208a29。

是这个位于某处的物体，即这个"以某种方式被安排的"物体（比方说，与其他物体如内含的物体［the containing body］相对）。如果说廊下派的确未这样做，那可能是因为，当一个物体被另一物体逐出其位置时，前者对后者进行了某种抵抗，而其位置并未做出任何此类的事。

时间，廊下派清单中的下一个无形体，情形极其复杂，对廊下派的学说也十分重要，以至于有一本重要研究著作致力于探讨该问题：《廊下派的思想体系与时间观念》（*Le système stoïcien et l'idée de temps*, Goldschmidt 1953）。长话短说，我们首先可以指出的是，尽管时间和虚空共享许多重要特征（比如连续性、无限性、无限可分性），但时间之不同于虚空之处在于，时间的各部分似乎不具有整体的时间那样的本体论地位。比如，过去和将来就不同于作为整体的时间，它们"只在一面"是无限的，它们的另一面则受到现在（present）的限制。有一点似乎很明显，即过去和将来的实在性"程度"要比现在脆弱得多，因为过去已经不再是（is），而将来则尚未是（is）。

［215］然而，在这最后一点上还有许多难题，因为如果"现在"被严格视作连接过去与将来的无绵延界限（durationless limit），那么其本体论地位就岌岌可危了："没有时间（no time）恰是'现在'（enistatai）。"① 廊下派大胆地解决了这个问题，他们引入了一种理解现在的更宽松的方法，即把现在理解为"可延伸的"（kata platos），就是说，"现在"包含了已经过去了的自身的一部分和仍未到来的自身的另一部分。在这个意义上，现在要比过去和将来具有更高的实在程度。

克律希珀斯说，只有现在"真实存在"（is the case, huparchein），②

---

① 司托拜俄斯，《读本》卷一 106。

② 司托拜俄斯，同上。这第三个本体论动词似乎并不符合 einai 或 huphistanai。和此处一样，这个动词通常表达的是比 huphistanai 相对更高的本体论地位；但其看起来依旧区别于 einai，因为当说的不是对象（物体），而是实际

过去和将来是"准存在（huphestanai），但绝不是真实存在"。他把这种宽泛的现在与诸如"走路"（walking）这样的谓述进行比较：走路"在我正在走路的时候是真实存在，但当我躺下时就不是。"这个对比表明，赋予宽泛的"现在"以特殊地位的是实际的运动，而宽泛的"现在"是其"间隔"（interval）或"量度"（dimension）（diastêma）。同样的分析或许也可用于我们所谓的时间的"宇宙"部分，即由太阳和月亮的循环运动所决定的部分，比如日、月、年。如果说我们能够正确地说"本日"（the present day）、"本月"（the present month）等等，那是因为时间的这些阶段都以某种方式由通过这些阶段而完成周期性循环的诸天体的运动而实现（actualized）。[①]

此处，我们或许又会怀疑廊下派是否并未把这种"实现"（actualization）视作"形体化"（corporealization）的一种形式。[②] 实际上，根据许多现代学者的看法，廊下派的确如此，至少是在时间的"宇宙"阶段。有一个由克律希珀斯[③]所解决了的积累（"渐渐"[little by little]）论证，它从[216]夜（night）和昼（day）都是物体这个前提推论出，傍晚（evening）、黎明（dawn）、月的每一天和年的每个季节也必定都是物体。对该论证的标准解释将之解读为 modus ponens [肯定前件式]：克律希珀斯被认为接受了前件，于是他也应当支持

的事态（actual states of affairs），或是真实命题中可断定事件主语的谓述时，使用这个动词才是恰当的。

① 据廊下派的阿波罗多若斯所言，甚至全部的时间"都是现在"，因此可以被说成"是真实存在"（司托拜俄斯，《读本》卷一 105）。这个主张似乎得到了时间的双重定义的认可，即时间是"无论何种运动的量度"，是"世界的运动的量度"，这两个定义分别被认为是芝诺和克律希珀斯提出的（辛普利基俄斯，《论亚里士多德〈范畴篇〉》350.14–16）。

② 之前引用的陈述，"只有现在才是真实存在，而过去和将来是准存在，但绝不是真实存在"，或许表明了只有过去和将来才是无形体。

③ 普鲁塔克（《驳廊下派的一般观念》1048d =《早期廊下派辑语》卷二 665）记述了克律希珀斯的论证。

这些结论。但人们完全可以通过相反的方式，把这个论证视作 modus tollens［否定后件式］：如果这些结论被认为是荒谬的，那就应当拒绝前件。第二种解读或许更有据可循，因为据说克律希珀斯区分了月（month，mên）和月相（monthly phase，meis）：他以一种近乎"去形体化"（decorporealizing）的方式（"月亮行进的周期"），把前者定义为一种时间尺度，而以形体化的方式（"其一部分相对于我们可见的月亮"），把后者定义为一种物理事态。[①]

总而言之，廊下派的根本性主张似乎是，时间——时间的整体及其各部分（包括现在）——是无形的。人们或许会认为，廊下派这么做的理由在结构上类似于他们关于位置的论证，而且是基于速度的差异（克律希珀斯对时间的定义是，时间是"运动的量度，快和慢的尺度都是根据这一量度而得以言说的"[②]）：物体运动所用的时间并不等于运动本身（所以，也不等于运动的物体），因为给定的运动（按其空间限制来定义）会使用不同的时间，而且不同的运动也会使用给定的时间。物体在某个时间内的运动不会使得该时间成为物体，这就像物体占据位置，却不会使该位置成为物体一样。

乍看之下，人们会相信，廊下派第四个正式的无形体即 lekton ［可说内容］的来源完全不同于其他三个：不再是对物体和物体运动之时空条件的探究，而是对语言理论的探究。[③]［217］然而，即便是

---

① 克勒俄梅德斯（《论天体的循环运行》202.11-23）区分了"月"的多达四种的含义（未必都源于廊下派），他补充说，其中两个使得月成为一种物体（主要参照月亮或气），另外两个则使之成为无形体的，"因为时间本身是无形体的"（主要参照时间）。在这四种含义中，最具廊下派特色的是第三个，即"两次新月的时间间隔（chronikon siastêma）"。

② 司托拜俄斯，《读本》卷一 106。

③ 与其他无形体相比，lekton 显而易见但却可理解地不见于下面的证词中："克律希珀斯说，物体可被无限划分，可比作（proseoikota）物体的事物，比如面、线、位置、虚空和时间，也同样如此。"（司托拜俄斯，《读本》卷一 142）这或许支持了其特殊地位。

在解决这一难题的初步和临时进路中,人们也会看到,正是由于以物体和无形体来表达,语言分析才会驱使廊下派断定被称为 lekton 的某东西的实在,并且赋予其无形体的本体论地位。①

正如我们已经指出的,"声音"是一种物体,是"以某种方式震动的空气"。根据恩披里柯笔下一个著名且常被讨论的文段②——常常被视为廊下派在这个主题上的重要证据——廊下派区分了三个"联系在一起"的项:(1)声音,这是"能指者"(the thing signifying, sêmainon),是一种物体;(2)外部客体,也是一种物体,这是声音所指示的事物;以及(3)被声音所"显示"的真实事物,这是"所指者"(the thing signified, sêmainomenon)。就最后一项而言(我们至少可以暂时认为其等于 lekton,正如这个传下来的文本似乎允许的那样),恩披里柯说它是无形体,而且"[以声音?]进行交换,它被我们理解为与我们的思想一致的准存在,而蛮夷[即不说希腊语的人]不能理解之,尽管他们也听到了声音"。这似乎是支持 lekton 之无形体性的一个合理论据。③

但这并非全部。就其自身而言,这个文段促使我们探究 lekton 的概念和两个相关的概念:"所指者"(sêmainomenon)和思想(dianoia)。至于语言学表达的"所指"(signified),这两个项的名称似乎已经禁止了其与 lekton 的完全等同:如果我们注意到 sêmainomenon 的词尾,

---

① 关于 lekton 的这个部分,我从弗雷德 1994a 那里受益良多。

② 《驳学问家》卷八 11–12。此处,我们无法深入这个有争议的文段所导致的解经和[或许是]文本难题。

③ 这再合理不过了,因为(1)如果在听到相同的声音序列时,希腊人和蛮夷的不同在于前者理解了而后者没有理解,那么他们的主导官能的心理物理(psychophysical)构造必定也有某种不同;(2)是否理解了一条信息、一则命令、一次祷告等等(所有这些都是 leketa),可以对听者的信念和/或行为产生巨大影响。关于证明(即一种无形体项)如何在某种意义上印于主导官能之上,恩披里柯(《驳学问家》卷八 406–409)提出了一个廊下派的回答,人们会发现,这个回答要么相当聪明,要么有些牵强和不让人信服。

那么这个词必定就是真实话语表征（utterance-token, sêmainon）的真实被动相关者（actual passive correlate）；[218]另一方面，lekton（没有在任何地方被称作 legomenon，"被说出的东西"）不是（或至少不只是）被说出的东西，而是（或也是）能（can）被说出的东西；我们或许会认为，这就是对任何言说者均有效的某种类型的 sêmainomenon，即便没有人为了能指那一类型的任何表征而实际上使用 sêmainomenon，但 sêmainomenon 依旧是其所是。

关于 lekton，我们似乎可以从恩披里柯的"与我们的思想一致的准存在"这个说法中得到一个类似的结论。的确，有个标准的公式将之定义为"与理性印象一致的准存在的东西"；[①]也就是说，与诸如理性本是（rational beings）的印象一致，这些理性本是自然地适合于以推论的方式表达他们的印象。但这不必然意味着 lekton 是一种从属于思想的项（mind-dependent item）——注意，恩披里柯的文段中提到的独一无二的"思想"是听者的。当然，那是表明被听到的声音和被理解（或没有被理解）的讯息间的差异的最佳方法：在言说者这边不会轻易产生这种差异，他通常都理解了他正在说的东西。尽管如此，如果 lekton 是某种可被接受者接受的东西，那么它也是某种可被发送者发出的东西；或许正因为如此，lekton 被认为是在本体论的意义上与二者中任何一个的真实思想无关的原因，尽管 lekton 能够与任何一个的思想"一致地准存在"（毫无疑问，还要加上其他特殊的思想）。至少，主体间性（intersubjectivity）是走向客观性的一步。

此处还无法完全展开这些看法。然而，为了表明 lekton 的概念不止且或许不主要地同语言学和心理学考察相关，恰当的是指出，克勒昂忒斯被认为在如下理论框架内最早提到 lekton：根据这一理论，原因作为其原因的事物（that of which causes are causes）（即结果）是谓述（katêgorêmata）或 lekta，"因为克勒昂忒斯称谓述

---

① 恩披里柯，《驳学问家》卷八 70。

为 lekta"。① 作为一种关于谓述的学说，该理论的证明如下：

> 每个因都是一个物体，它变成某个物体的因，使其获得某种无形的东西：例如，小刀这个物体，变成肉体这个物体的因，使其获得"被切割"这一无形的谓述。②

作为一种关于 lekta 的学说，该理论 [219] 稍显复杂，因为在其他证词中，谓述也被称为"不完整的 lekta"，与"完整的 lekta"相反（比如 axiômata，大意为"命题"，参见第四和十二章）。这些用语意在表明，对 lekton 概念的说明一开始就和完整的 lekta 有关，但随后就遭到修改，以便容纳不完整的 lekta。

不过或许相反，我们可以认为廊下派最初创造 lekton 这个概念，是为了支持下面的本体论和原因论考虑：每次当我们看到某个具有某种属性或性质的客体时，我们必定会说这个属性本身是除了其自身外的事物的原因，亦即该客体具备该属性这一事实。比如，如果我们想要解释"苏格拉底是智慧的（wise）"这个事实，我们必须考虑的就不只是作为物体的苏格拉底，以及同样是物体的智慧（wisdom，它是使苏格拉底智慧的原因），还要考虑第三个项，大体上以"成为智慧的"（being wise）或"……是智慧的"（…is wise）来表达，而这不是一个物体。不同于可命名的客体，"……是智慧的"是某种可谓述（predicable）客体的东西，是可说（sayable）客体（不论真假）。只有在最后一个阶段且出于不同的目的，lekton 的概念才会被扩大，以便包含新的"完整的 lekta"和最初的 lekta，后者被追认为"不完整的"。③ 以这种方式来看，lekta 终究十分类似于虚空、位置和时间：它们被列入无形体的清单中——尽管它们是"客观"条件，但如果没

---

① 亚历山大里亚的克雷芒，《杂缀集》卷八 9.26。
② 恩披里柯，《驳学问家》卷九 211。
③ 关于这个假设，见 Hülser 1987（=《廊下派辩证法辑语》），页 832。

有这些条件，物体在世界中的相互作用就既不可能被分析，也不可能被完全理解。

关于廊下派无形体的最后一个问题是：标准清单中的四项是详尽的吗？尽管正如我们刚才看到的，结果——"原因作为其原因的事物"——被说成是无形体的，但把结果加到清单中或许是错误的，因为 lekta 这个标签已经充分包含了结果。唯一一个真正的补充选项（在文本和概念的基础上）是几何界限：面、线和点。人们或许会犹豫于是把它们加到标准清单中，还是放在四大者（Big Four）（比如位置）之一下面，抑或它们在某种意义上既非有形体也非无形体。第五章已经恰切讨论它们的本体论地位，[1] 因此我将它们放在一旁，转向它们所间接导致的一些更一般的问题。

4　某东西、非某东西、无

[220] 廊下派的本体论不仅承认"存在的本是"（即物体），也承认既非存在的本是亦非彻底无的无形体，在这种本体论中，最高属（the supreme genus）不再是"本是"。于是，[2] 廊下派在其"本体论"中以"某东西"（to ti）为最高属：物体和无形体的唯一共同特征是作为某东西。成为某东西（something）就是成为某种东西（something），亦即某种特殊的（particular）东西。而这似乎得到了一个事实的确证，即据廊下派所言（至少在传统解释中），在最高属之外的唯一或首要的项是共相（universals），不论其被误认为是柏拉图的形式（Forms），还是被正当描述为"概念"（ennoêmata）。

由于该学说在许多方面显出悖谬且因此遭到多方批评，因此它（让我们称之为 D0）显然经受了各种修改和重塑。就此而言，塞涅卡

---

[1]　见怀特撰写的本书第五章。

[2]　或许是基于对柏拉图《智术师》的批评性阅读：参见 Aubenque 1991a，页 370–375，他在一个重要的问题上明智地完善了拙见（Brunschwig 1988）。

的《致鲁基里乌斯的道德书简》第 58 封是重要但却有争议的证据。在这封书简中，塞涅卡（他本人当然是一位廊下派，但思想十分开放）在与"柏拉图式的"本体论的关联中[1]——但带有几分个人认可的色彩——阐述了一种划分（D1），其中的最高属是"本是"（quod est），最高属中的前两个种是有形体和无形体的事物，后面的种则以廊下派的虚空和时间这两个无形体为例进行说明。

虚空和时间内含于 quod est［本是］（塞涅卡承认，这个名称"很不恰当"），这似乎可以得到某种程度的证明，因为它们都是"准本是"（quae quasi sunt）。塞涅卡还说，廊下派希望在"本是"之上（above）提出"另一个更根本的属"；但当他详细说明廊下派的观点时，他没有描述 D0，而是将一个不标准的划分（D2）归于"一些廊下派思想家"，在这个划分中，最高属的确是"某东西"（quid），但是"不存在的事物"（things which are not）和尽管不存在但却内含于"事物本性中"（in the nature of things）的事物，不再是四种标准的无形体，而是诸如马人（Centaurs）和巨人（Giants）这样的虚构实体。这样一些事物"对人的心灵呈现自身，由错误的思想造成，[221]尽管没有存在（substanitia），但却表现了某种想象的一致性"。

我已经在别处尝试表明，[2] D1 是对廊下派的标准划分（D0）的重塑，该重塑可归于某些廊下派思想家（塞涅卡本人就追随他们），他们乐于回到以"本是"作为最高属的不那么悖谬的选择，即他们认为无形体可被描述为"准本是"，因而再次位于"本是"之下。[3] 于是，D2 就可能是"某些廊下派思想家"为了结合 D0 和 D1 的优点所做的尝试：和 D0 一样，D2 认为最高属是"某东西"，于是就转回到了廊

---

[1] 顺便提到亚里士多德，但不是非常重要（homo species est, ut Aristoteles ait［人是一个种，正如亚里士多德所说］）。

[2] Brunschwig 1998；但我在此处的论述不尽相同。

[3] 但准 X 是 X 吗？我已经准完成（quasi-finished）了这篇文章；但我还没有完成。

下派正统；和 D1 一样，D2 大概认为这些标准的无形体是"准本是"（塞涅卡没有就它们说过任何明确的话，否则，人们就会明白为何"非存在的某些东西"[non-existent somethings] 的盒子中充满了虚构的生物了[①]）。

这个重建已经受到了批评，如果我们想要呈现最新的 status quaestionis [研究状况]，那此处或许应当提一下这些批评。据曼斯菲尔德所言，[②] 塞涅卡对 D1 的明显认可纯粹是教书式的（didactic），不应从表面来看；他把 D1 解读为"一种学术的（中期）柏拉图主义"的学说，其中那些不同的成分来自柏拉图、亚里士多德，甚至还有廊下派。他承认，

> 的确，塞涅卡在描述 [D2] 之前说，他将表明他到目前为止所说的"本是"已经被正确地视为最高属，但这并不必像布伦施维克得出的结论那样，认为塞涅卡相信廊下派的 ti [某东西] 是最高属的观点是错误的 [……]，而只能得出，说"本是"在亚里士多德式划分的语境下为最高，这是正确的。

在最近一篇才华横溢的论文中，[③] 卡斯通接受了这个反驳，他补充说，"[D2] 必定（正如我论证的，不晚于而是）早于正统的克律希珀斯式的 [D0]"（强调为他所加），而且他实际上主张，"由于没有记述某些后来的和未知派系的叛派学说"，D2 [222] 或许就是"该学派创始人的学说"——即芝诺和克勒昂忒斯的学说，"一种很快就被'克律希珀斯、阿尔喀德谟斯（Archedemus）和大多数其他廊下派思想家'抛弃的学说"。[④]

---

① 同样，参见《廊下派辩证法辑语》，页 852-854。
② Mansfeld 1992，页 84-85，注 22；页 99-100，注 48。
③ Caston 1999，页 151，注 10；页 157，注 24；页 175-176。
④ 最后一个短语源自叙里阿诺斯，《论亚里士多德〈形而上学〉》（In Ar.

如果我可以在此针对这些反对作某种辩护的话，我会简要且部分地回答如下：（1）塞涅卡对 D1 的个人赞成似乎很难说是可疑的，如果我们考虑第 13 节整体的话；①（2a）假如塞涅卡不是学者，那么根据他或他的思想来源指出芝诺和克勒昂忒斯是"某些廊下派思想家"，这就会是奇怪的；（2b）正如卡斯通解读的，D2 似乎在"非存在的某些东西"中放置了过多异质项，不只是虚构的生物，正如塞涅卡的文本所证实的，还有概念，卡斯通论证它们是"非存在的某些东西"（non-existent somethings），不是"非某些东西"（not-somethings），正如普遍相信的（后来更是如此）。如果是这样的话，那么，只看到马人和巨人被明显划分为"非存在的某些东西"，而没有看到概念也是如此，这是奇怪的。

作为最高属的"某东西"导致了至少两个别的问题。第一个问题是，确定"某东西"被划分成物体和无形体是否详尽。根据一则证据，"'某东西'被说成只与物体和无形体有关"。②尽管如此，有些注疏家仍认为，廊下派此处的划分就像常见的那样，实际上是三分的，而且为确

Met.）105.25，这是个让人着迷的文段，其中把各种关于柏拉图的形式的观点以及引入这些观点的理由都归于若干廊下派哲人。我在此处还无法恰当讨论卡斯通对这一文本的精彩使用。

① De quo（即廊下派的最高属，比本是更高）statim dicam, si prius illud genus（即本是），de quo locutus sum merito primum poni docuero, cum sit rerum omnium capax［我不久就会说到它，一旦我证明了把前面已经讨论过的属放在第一位是恰当的，因为其能够包含一切］（［译按］出自塞涅卡，《致鲁基里乌斯的道德书简》58.13-14］）。merito［恰当的］得到了 cum…capax［因为其能够包含一切］的证明，后者被用作一个真命题，而不只是个与某种语境一致的命题（cum 接虚拟语气并不意味着任何远离，而且通常就像让步从句那样作为直接原因从句：参见 quae cum ita sint［既然事情如此］这个常见表达）。

② 亚历山大，《论亚里士多德〈论题篇〉》359.12-26。亦参塞涅卡的 D1，Quod est in has species divido, ut sint corporalia aut incorporalia: nihi tertium est［我把本是划分为两个种，即有形体和无形体，没有第三个］。

实是"某些东西"但既非有形体亦非无形体的项留下了余地，而至少在这个意义上，那些项是有形体还是无形体的问题就毫无意义了。他们尝试性地提出，虚构实体和几何界限都属于这种项。[1] 但是亚历山大的证词不可能被轻易地贬为"或许太好争论"：刚刚引用的句子在这个十足的批评性论证中是前提，[223] 但该前提与另一个前提结合，即"据那些说到这些事情的人所言，概念（ennoêma）不是（物体，也不是无形体）"。把一个真正的廊下派前提与一个伪造的前提结合起来，这可能是个不常见的糟糕策略。

对"概念"的提及把我们引向了第二个问题："某东西"的反面是什么？明显的回答似乎是："彻底的无。"然而，人们通常认为廊下派持有"非某些东西"（outina）这样一个奇怪的观念，并认为该观念描述了诸普遍概念（universal concepts）的本体论地位。[2] 基于一则公认只有少数争议的文本，人们认为廊下派将柏拉图的"形式"等同于概念，但否认概念是"某些东西"，于是就把概念置于他们的最高属之外，并赋予它们"非某些东西"的地位。

这一表述主要出现于（1）司托拜俄斯笔下（《读本》卷一 136.21-137.6）：

> （芝诺的学说。）[3] 他们说概念既不是某些东西，也不是被定性的［某些东西］（mête tina einai mête poia），而是准某些东西（quasi-somethings）和被准定性的（quasi-qualified）［某些东西］（hôsanei de tina kai hôsanei de poia），只是灵魂的幻

---

① 《希腊化哲人》，第一卷，页 163-165；第二卷，页 183。

② 参见 Sedley 1985。

③ 狄尔斯（Diels）补上了"和他学派中的那些人"几个字（被冯·阿尼姆采纳）。这个补充或许——但不确定——会被在叙述这个学说之前的复数的 phasi 所证明，也会得到该叙述结尾提到的"廊下派哲人们"的证明。这个补充的意义或许比补充本身更能被接受。

相（phantasms）。他们说这些就是被过去的[哲人们]称作理念（Ideas）的；因为理念就是被归在概念之下的一类东西，比如人、马以及一般来说所有的动物和许多别的他们说有理念的东西。但廊下派哲人们说概念没有实在性（anhuparktous einai），而且尽管我们分有（participate）概念，但我们所承担（bear）的是所谓称谓的东西[即普通名词]。

（2）拉尔修笔下（《名哲言行录》卷七 61）：

概念是思想的幻相，它既不是某东西，也不是被定性的[某东西]（oute ti on oute poion），而是准某东西和被准定性的[某东西]（hôsanei de ti on kai hôsanei de poion），这样，当马不在场的时候，马的图像也会出现。①

人们只是在最近才发现，②上述明显类似的文本中，第一个是清楚的，但第二个却含混不清，[224]而且第一个文本作为证据的价值取决于我们澄清第二个文本的方式。出自司托拜俄斯的文本显然在说，概念不（not）是（are）（"to be"的系词用法）某些东西；出自拉尔修的文本可能（could）要么指相同的意思，要么是说概念不是存在的（existent）（"to be"表示存在的用法）某东西③。于是，司托拜俄斯的系词 einai 就有可能是对拉尔修（或某个共同来源）表示存在的 on 的错误改写；但是拉尔修的文本一般都是按照司托拜俄斯的文本进行解读的。

这些看似复杂诡秘的讨论所涉及的东西十分重要：一方面是廊

---

① 拙译，但只是暂时的。

② 参见 Brunschwig 1988，页 79-80（= 1994a，页 127-128）和 Caston 1999，页 168-169，他们表明了相反的结论。

③ 或者可能是：不是某种存在的东西（not some existent）。

下派对柏拉图的"形式"的态度，另一方面是他们对普遍概念的态度。总而言之，这差不多就是他们在这场事关共相的古老争论中的立场。如果我们跟随司托拜俄斯，那么对诸概念而言，被否定的就是成为"某些东西"；如果我们跟随对拉尔修文本的第二种解读，那么对诸概念而言，被否定的就是成为"存在的某些东西"，概念依旧是"某些东西"，但却是非存在的（正如标准体系中的四种无形体）。

支持这一传统观点的主要论证或许就是，该传统观点为解释概念为何是"非某些东西"提供了一种相当简单的方式，即，概念是普遍的。把共相处理为好像是殊相（particulars）（亚里士多德已经采取过这个方法来处理柏拉图的"形式"），这导致了灾难性的后果，正如廊下派似乎以他们对所谓非某人（Not-someone, Outis）论证的分析所特别希望的。

让我们从下面这个完全无害的论证开始：（1）如果某人（ti）在麦加拉（Megara），那么他就不在雅典；但是苏格拉底（一个特定的人）在麦加拉；所以，苏格拉底不在雅典。现在让我们同样以"人"这个普遍项尝试一下：（2）如果某人在麦加拉，那么他就不在雅典；但是人在麦加拉（注意：至少有一个人在麦加拉）；所以，人不在雅典（即雅典没有一个人）。如果（1）的结论是正确的，而（2）的结论是错误的，那是因为"人不是某人，既然普遍的［人］不是某人；但我们在这个论证中认为他是某人"。[①]

在已经提过的权威论文中，卡斯通强烈批评了这个传统观点。他的论文充满着哲学、解经和历史的精彩创新，但他实质上是论证（1）"非某些东西"这个观念［225］在哲学上被误解了，（2）廊下派确认柏拉图的形式是彻底的无，但概念不是"非某些东西"，而是"非存在的某些东西"（采取对拉尔修文段的第二种解读）。让我们至少引用他的一些论证，以支持（2）中的否定部分。（2a）如果廊下派承认非

[①] 辛普利基俄斯，《论亚里士多德〈范畴篇〉》105.8–16。

某些东西，那他们就应当断言"某东西"之上的最高属能够包含某些东西和非某些东西——但是现存文本中并没有任何这类属存在的迹象。（2b）极其悖谬的是说，存在不是某东西的某东西："每个东西都是某东西。"（2c）如果概念是非某些东西，那么就会得出一个荒谬的结果，即概念甚至不可能成为思想，因为恩披里柯说，[①]"据廊下派所言，非某些东西对思想而言是非准存在的（anhupostata têi dianoiâi）"。

这篇发人深省的长文质疑了许多已被接受的观点，而且肯定也会产生学术上的争议。对于为何人们在震惊的同时依旧无法被卡斯通的论证说服，我只提几个理由。

一个常见的反对是：如果概念是"非存在的某些东西"，亦即，如果概念拥有了四大者的本体论地位，那为何廊下派在任何现存的正式的无形体清单中没有提到呢？

更专业地说就是：

> 1. 对拉尔修文本的第二种解读导致了一个问题：这个文本究竟反对 ti on（"存在的某东西"[something existent]，按照卡斯通的翻译——强调是他所加）的什么，亦即，一个概念对什么而言不是（is not）？在希腊语文本中，概念之所是（is），就在于概念是 hôsanei de ti on [准某东西]，"就好像概念是存在的某东西"（as if it were something existent）（还是卡斯通的翻译）。为了适应卡斯通的解释，hôsanei 应当与 on 有关，以便拥有如下含义：概念不是存在的某东西（something existent），而是准存在的某东西（something quasi-existent）。我怀疑这个以 hôsanei 开头的希腊语短语能够表达这个意思；[②] 即便承认 on 在此处的表示存在的用法，我们也会明白，hôsanei 与整体的 ti on 有关；就是说，概

---

① 恩披里柯，《驳学问家》卷一17。
② 或许还要加上…ti men, hôsanei de on [是某东西，但是准存在的]。

念不是某存在的东西(something-existent),而是准的某存在的东西(quasi-something-existent)。[1]

于是,对于卡斯通吓人的质疑("廊下派只能选择某东西或无——tertium non datur [没有第三个选择]"),[2] 我们的回应是:的确如此,没有 tertium datur [第三个选择],即"准某东西"(quasi-something)。让我们承认,"普通的非某些东西"(ordinary not somethings)——这甚至不是准某些东西——可以说是"某些无"(nothings)(或更恰当地说,无 [nothing],因为量化某些无是荒谬的)。但量化概念当然是完全妥当的,情况就是这样,因为概念不仅是普通的非某些东西,[3] 还是准某些东西。一个"非某东西—但—准某东西"(not-something-but-quasi-something)既不是某东西也不是根本无某东西;前者具备相对于两者的区别性特征。

2. 要求廊下派提出除"某东西"之外的、为某些东西和非某些东西所共用的最高属,这可能不公平。如果这里的"非某些东西"是指"普通的"非某些东西——它们是"彻底的无",那么这样的属就会以"无"作为其诸种之一,于是我们就会将之简单等同于它的其他非空种(non-empty species)。另一方面,如果我们指的是准某些东西,我们还是会在"某东西"这一共同标题下,把准某些东西与完全的某些东西(full-fledged somethings)结合起来,但却是在宽泛或相当模棱两可的意义上:确实,"每

---

[1] 为何不就是:概念不是某东西,而是准某东西? 在这个角度中,补充 on 的意义是,概念(比如人 [man])看起来更像存在的某些东西,即诸物体(比如人们 [men]),而不像非存在的某些东西,比如诸无形体。

[2] Caston 1999,页 167。

[3] 在这方面,与辛普利基俄斯的 outina ta koina par' autois legetai [共相被他们称作非某些东西](《论亚里士多德〈范畴篇〉》105.11)类似的公式或许被误导性地缩短了。

个东西都是某东西",但我们得到的东西有时是赝品,有时是真品。然而,这样一个由非同义的种类(non-synonymous kinds)构成的分组(grouping)不会真正构成一个属。因此,廊下派依旧可以正确地认为严格意义上的"某东西"是"全部[属]中的最高属"(pantôn genikôtaton)。[1]

3. 关于恩披里柯《驳学问家》卷一 17,卡斯通"最坚定地反对"[2]把概念处理为非某些东西,我不会[227]对此过度强调。考虑下面的论证:(p1)概念是非某些东西(常见观点);(p2)非某些东西"对于思想是非准存在的"(nonsubsistent for thought)——亦即不能被思想(恩披里柯);所以,(q)概念无法被思想。结论(q)的确是"不能接受的"。但或许(p2),而非(p1),才是拒绝或可能进行修正的前提,这样就可以得到要么是"甚至对于思想"(even for thought),要么相反,是"除了思想"(except for thought)?[3] 我赞成的另一种解决方法,是找出论证中的 quaternio terminorum[四词谬误]:(p1)"概念是非某些东西"(确实如此,但还是准某些东西的非某些东西);(p2)"非某些东西对于思想是非准存在的"(确实如此,但只是那也不是[are not]准某些东西的非某些东西);所以(ergo),不能得出结论(q)。[4]

---

[1] 恩披里柯,《皮浪学说述要》卷二 86。

[2] Caston 1999,页 164。

[3] 在一个完全不同的解经语境中,古利特(Goulet)口头建议第二个选项,即 anhupostata[ei mê] têi dianoiâi[除了思想之外的非准存在]。遗憾的是,篇幅限制让我不能在此重现他的论证。

[4] 这样,恩披里柯的论证就会同样被过度简化为前文引用的辛普利基俄斯的句子(《论亚里士多德〈范畴篇〉》105.11)。

5 "第一属"（所谓的廊下派诸范畴）

到现在为止，我们已经探究了廊下派本体论的分类（classificatory）方面：物体、无形体、某东西等等，这些都是以分类树（taxonomic tree）的方式处理的实体类型。我们还必须介绍该理论的另一部分，让我们称之为分层（stratificatory）方面，其似乎只能或至少基本上适用于物体。这通常被称为"廊下派的范畴理论"：古代人已经认为，该理论所要回答的问题与柏拉图"最大属"（greatest genera）理论，尤其是亚里士多德的范畴理论所要回答的问题相同；[1] 而现代注疏家们有时候会警惕地避开这个说法，但并不总是如此。[2] 辛普利基俄斯使用"第一属"（first genera）；[3] 但我们不知道廊下派自己用的是什么词。

[228] 在该理论的成熟状态中——或许是克律希珀斯的形式[4]——廊下派的第一属有四个："基质"或"实体"（substrate/substances，hupokeimena）、[5] "被定性的"（qualified，poia）、"以某种

---

[1] 重要的是，普罗提诺和亚里士多德的新柏拉图主义注疏家们提供了该证据的异常丰富的内容。

[2] 梅恩（Menn,《廊下派的范畴理论》["The Stoic Theory of Categories"]，1999）说他遵守"学术惯例"，其"至少部分有道理"，尽管他承认廊下派的"范畴"理论是"十分非亚里士多德的"。

[3] 辛普利基俄斯，《论亚里士多德〈范畴篇〉》66.32。

[4] 对于该理论逐渐产生的过程的重构，参见梅恩（1999）既吸引人又不可思议的尝试，他不仅区分了芝诺、克勒昂忒斯和克律希珀斯的立场，还区分了早期克律希珀斯和晚期克律希珀斯的立场，这两种立场源于两部不同论著的现存标题和稀少的证据（主要出自伽伦），一部早一些，题为《论德性是被定性的》（That Virtues are poia），反对阿里斯通；另一部稍晚，题为《论德性的差异》（On the difference of the Virtues），反对狄俄多若斯。

[5] 有时候，第一个属又被称为 ousia，即质料。梅恩（1999，页215 注1）倾向于把 hupokeimenon 翻译为"外部客体"（external object），他论证道："苏格拉底尽管不是质料，而是复合物，但还是一个 hupokeimenon。"但是，苏格拉

方式被安排的"（disposed in a certain way，pôs echonta）和"以某种方式被安排在与其他某东西的关系中的"（disposed in a certain way in relation to something else，pros ti pôs echonta）。从这些说法中可以看到，我们在此并没有一个分类方案，除了第一个之外，剩下的全部都是需要支撑的形容词或分词，于是，"被定性的"（不是"属性"[qualities]）就是被定性的实体，"以某种方式被安排的"就是以某种方式被安排的有定性实体，等等。

廊下派的属不仅不是排外的（exclusive），它们实际上还是内包的（inclusive）：普鲁塔克说廊下派"让我们每个人都成为四体人"（类似的还有每个具体的、个体的本是）。[①] 我是一个质料块（lump of matter），故而是实体，一种存在的某东西（还远不止如此）；我是一个人，还是这个个体性的人，故而是被一个共同属性和一个特殊属性所定性的；我正坐着或站着，是以某种方式被安排的；我是孩子的父亲，是同胞公民的同胞公民，是以某种方式被安排在与其他某东西的关系中的。这四个属越来越具体，就像那四个本体论方面一样，复杂而完整，一个给定的本是可通过这些属来描述。

廊下派发现，在他们的形体主义本体论（corporealist ontology）框架内对这些属进行区分是有用的，可以解决许多问题和矛盾，而大多数问题和矛盾都与对变化和同一的分析有关。比如，在关于实体和属性（"这一个"[thises]和"这一类"[suches]）之区别的冗长陈述中，廊下派的主要创新在于主张属性是物体，因为属性是原因，即一个存在的事物为何（以及通过积极因在其中的物理显现）如此（即被定性

底显然不只是必要意义上的 hupokeimenon："既然他是白的，那他也就是一种 poion[被定性的事物]，尽管他不具有白性（whiteness）这一 poiotês[属性]。"（同上，页 217）

[①] 普鲁塔克，《驳廊下派的一般观念》1083e。这个特征从根本上区分了廊下派的"范畴"和亚里士多德的，即便这种范畴严格来说不是分类的（见 Morrison 1992）。

的某东西）的积极因。[229] 与这个论点相关的是，被这种原因所真正作用的东西是质料，其本身是有形体的，而且正如我们看到的，被定义为"无定性的本是"。一个被定性的本是因此（至少）是两种物体的混合。

任何粗糙版本的形体论都会遭遇一个著名的难题，即已经为人们熟知很久的"增加论证"（the Growing Argument, auxanomenos logos）。[①] 该论证是这样的：正如一个被加上某东西的数不再是同一个已经增加了的数，而是另一个数，同样，一个吃午餐的人不再是那个已经增加了的人，而是另一个人，没有一个永久的主语适用于"……已经增加了"（... has grown）这个动词。因此，如果按照纯粹的质料来构思人，就像质料块一样，那么关于人在时间中的同一性，关于他经受各种变化而无需不再是保持他之所是的能力，我们的日常直觉受到了严重威胁。[②]

廊下派对这个难题的回答让他们得出了一个重要观念。他们承认，该论证所影响的不只是作为质料块的人，还有作为人的人，因为添加（addition）被认为不仅产生了新的质料，还有新的人；所以，诸如人性（humanity）这样的共同属性（就此而言，对添加之前的人［M1］和添加之后的另一个人［M2］共同）不足以让某东西在时间中维持自我同一的本是，于是就陷入了该论证之中。为了避开这个论证，就必须引入另一种属性，即"特殊属性"（peculiar quality, idia poiotês），这使得一种事物成为它是（it is）且绝对没有其他事物是（absolutely no other thing is）的这个（the）"被特殊定性的事物"（peculiarly qualified things, idiôs poion）。于是，通过定义，一个被其特殊属性个体化（individualized）了的本是就保持自己，只要它存在，

---

① 见赛德利（1982）的出色论文，总结于《希腊化哲人》第一卷，页 172-176，以及 Sedley 1999，页 403-406。

② 也可以半玩笑的方式得出伦理上的后果：我不再是昨天向你借钱的那同一个人。

不论它在其他方面会经受何种变化。否则的话，同一个特殊属性就会从比如 M^1（添加之前）移到 M^2（添加之后），进而成为一种共同属性，而不再是特殊属性。[1]

[230] 至于第三个属，即 pôs echonta [以某种方式被安排的]（不用进一步确定为关系，即 pros ti [在与其他某东西的关系中]），我们已经看到了其在不显然是有形体的诸项之形体化过程中的作用：如果某物 A 是"以某种方式被安排的某物 B"，而且如果 B 是物体，那么 A 也是物体。事情的另一面是，使得 A 是其所是的不是 A 中出现的有形属性，这不同于被定性的事物这第二个属的情况。实际上，至少有些廊下派思想家[2]——据辛普利基俄斯所言[3]——清楚区分了不同种类的 poia [被定性的]，其中一些是由于一种 poiotês [属性] 才成为它们所是。[4] 我们再以拳头作为简便的例子：如果、一旦或由于某个（有形的）"拳头性"（fistness）出现在手中，那么手就是拳头，要主张这一点是困难的；最好是说，拳头是以某种方式被安排的手（其

---

[1] 毫无疑问，正如赛德利（1982，页 265）所说，廊下派的论述"有点过于简单"。对于这一廊下派论述的进一步彻底分析，参见此文。这个基本的"独特性论题"（Uniqueness Thesis）（"每一个个体客体在属性上都是独特的"）与廊下派的各种重要原则有某种关联：认识论的（两个不同客体不论多么类似，原则上都是可辨识的——这个主张对于"认知性印象"这一基本理论很重要；参见本书第三章，以及《希腊化哲人》40H–J），伦理学的（从早期的大师们到帕奈提俄斯和爱比克泰德，廊下派对于创造个体人 [a person] 的概念起到了重要作用），甚至是语义语法的（特殊属性由"名称"，即"专有名称"[proper names] 表示，而共同属性则被"称谓"[appellatives, prosêgoriai]，即"普通名词"所指）。对于最后一点，见 Brunschwig 1984。

[2] 很可能是安提帕特若斯。

[3] 辛普利基俄斯，《论亚里士多德〈范畴篇〉》212.12–213.1。

[4] 这直接与亚里士多德相反，他把属性定义为"根据它事物被说成被定性的"（《范畴篇》8.8b25）。并非偶然的是，辛普利基俄斯是我们此处的主要信息源。他对《范畴篇》8 的注疏是梅恩（1999）的主要线索，对于理解这个难解的文段，我极大受益于这篇论文。

一部分)。

在廊下派引入的这些精细划分的迷宫般大网中,一个人在此处就像在彼处一样,很难适应,也很难确定他们决定按照何种标准,把以某种方式描述的给定本是视作真正的"被定性的"(亦即通过一种真正的"属性"做到这一点),或是在某种或某些并不意味着任何有形属性的因果干扰(causal intervention)的宽松意义上的"被定性的"。如果我们从辛普利基俄斯的文段开始,但却以稍显不同的词汇,不理会那些额外的细微区别,似乎就有可能像下面这样说。严格说来,如果一个 poion [被定性的事物] 的特征是其处于不必然永久但却高度持久的处置状态(dispositional state),那么它就会被指定给第二个属;这种特点需要因果性的积极 poiotês [属性] 出现在主语中(比如,审慎出现在审慎的人中)。poion [被定性的事物] 更宽泛的含义承认暂时的和不稳定的状态,正如伸出拳头的人的状态,甚至还承认活动或过程,正如奔跑的人的状态;[231] 这些特征描述都不需要有形原因,如此描述的那些东西可被确信地认为是 pôs echonta [以某种方式被安排的],然后被放入第三个属之中,而这只是因为那些东西 kata diaphoran [处于不同状态中](亦即在这些宽泛的意义上对有或没有"被定性的"事物进行了内在划分)。

这最终把我们带向第四个属,pros ti pôs echonta [以某种方式被安排在与其他某东西的关系中的]。正如它们的名称显明的,这些是关系(relative),即 pros ti [在与其他某东西的关系中],但并非所有关联者(relatives)都是 pros ti pôs echonta [以某种方式被安排在与其他某东西的关系中的]。[1] 后者只是那些没有 kata diaphoran [处于不同状态中] 的东西,亦即那些自身无需有任何内部变化,就可以或不可以与别的事物有关的东西(比如,如果约翰以恰当方式移

---

[1] 参见辛普利基俄斯,《论亚里士多德〈范畴篇〉》166.15–29,以及米格努奇(Mignucci 1988)的深入分析。

动的话,我根本无需移动自己,就可以不是约翰右边的人)。[①] 或许令我们惊讶的是,廊下派说当儿子死了,父亲就不再是父亲,即便他不知道[儿子已经死了]。其他关联者则不是这样,而是第二个属 poia [被定性的]:正如怀疑派不知疲倦地重复的,一份健康人尝起来甜的食物,对病人却是苦的,这就使得甜和苦都相对于品尝者。然而,据廊下派所言,辛普利基俄斯相当模糊地说:"甜和苦不会发生属性上的改变,如果它们的内部力量(dunamis)也没有变化的话。"这可能意味着,如果食物的内部构造不是品尝结果的促成因素的话,给定食物尝起来不会像这个或那个人(或不同时间的同一个人)品尝的那样。

廊下派把注意力集中于 pros ti pôs echonta [以某种方式被安排在与其他某东西的关系中的],这并非关于变化的奇怪种类的无聊好奇。克律希珀斯说:

> 世界是个完整的物体,但其各部分是不完整的,因为它们是以某些方式相对于整体而被安排的(pros to holon pôs echonta),并且不是凭它们自己(kath' hauta)。(普鲁塔克,《论廊下派的自相矛盾》1054f)

显然,世界的各部分,包括我们在内,都是作为物体而受到其物理邻物的影响;但从另一个角度看,世界的各部分尽管没有内部变化,仍由于世界上别的地方发生的一切而发生某种变化。这个描述具

[①] 即现代英语哲学界中所谓的"剑桥变化"(Cambridge change)。[译按]"剑桥变化"的大意如下:实体 X 要发生变化,当且仅当存在谓述 F 在时间 T1 对 X 为真或为假,但在时间 T2 对 X 为假或为真。比如在时间 T1,A 体重 60 公斤,B 体重 50 公斤,但在时间 T2,A 体重依旧是 60 公斤,但 B 体重 70 公斤,对 A 而言,"比 B 重"这个谓述在时间 T1 为真,但在时间 T2 为假,因此 A 发生了变化,因为他已经从比 B 重变得比 B 轻了。

有伦理学上的意义：我们的各种外部关联者（家庭、同胞公民、诸神、世界本身）意味着我们必须完成各种"合适的功能"（kathêkonta），因为合适的功能是我们对它们"要做的事情"（the things to do）。增加一位邻居就意味着增加了正义方面的承诺。

[232] 在这个方面，或许恰切的是要想到，柏拉图在《普罗塔戈拉》中提出的著名争论，即诸德性之统一问题，虽然可能没有提及 pros to holon pôs echonta［以某些方式相对于整体而被安排的］这个短语，但至少被证实为最早提及了这个观念。① 阿里斯通，这位芝诺的有主见的弟子，在这个同一性论题上以一种巧妙的看法取代了他老师的含混主张：

> 他认为德性本质上（têi men ousiâi）是一种事物，他称之为（理智上的）"健康"，但他认为德性在相对意义上（tôi de pros ti）是不同和多元的，正如当有人把视觉运用于白色事物上时，我们就愿意称之为"白色视觉"，当运用于黑色事物上时则称之为"黑色视觉"。（普鲁塔克，《论道德德性》440e-f）

克律希珀斯批评了阿里斯通的立场，他极有可能认为这一立场把德性置于第四个属之中：② 他在不同的地方论证"德性是 poia［被定性的］"（这是他反对阿里斯通的著作的标题），从而把德性置于第二个属之中，而且他在其论著《论德性的差异》中认为，德性是 pôs echonta［以某种方式被安排的］主导官能（非相对地），从而把德性

---

① 关于这个问题的各种可能立场的启发性分析，见弗拉斯托斯（Vlastos 1972）的经典研究。

② 《名哲言行录》卷七 161 中说，阿里斯通"不像芝诺那样承认德性的多元性，也不像麦加拉学派那样承认以多个名称来称呼一个单一德性，但通过承认'以某种方式被安排在与其他某东西的关系中的'［来解决这个问题］"。但是就阿里斯通的 ipsissima verba［原话］而言，这个学述性的概述并未证明什么。

置于第三个属之中。[1]

最后的这些说法尽管简要，但或许支持了本章开始时提到的看法。廊下派真正的"本体论"观念和理论超越了逻辑学—伦理学—物理学这个三分，他们发现了这些观念和理论在每一个领域中的运用（有时候则可能是它们的起源）。把这种本体论描述为一种元哲学，或许谈不上太过大胆。

---

[1] 关于这些立场的复杂之处，见 Menn 1999，页 234–241。

第九章 廊下派的伦理学

斯科菲尔德（Malcolm Schofield） 撰

徐健 译

[**原文注**] 关于这个主题最好的介绍有：Sharples 1996，第五、六章。更长的介绍性研究：Long 1974/1986, Sandbach 1975, Inwood / Donini 1999，以及 Schofield 1999a。一些重要的论文载于 Schofield / Striker 1986、Long 1996 和 Ierodiakonou 1999。一般性研究见 Forschner 1981、Inwood 1985、Striker 1991/1996a 和 Annas 1993。本章不打算对该主题作一般性探究。我假定读者是想知道，我们是如何知道关于廊下派伦理学的知识的，廊下派是如何构思一种或多种伦理学研究计划的，他们内部关于伦理学有何种争论，以及他们与持有其他见解的哲人之间又有何种争论。所引古代文本大多翻印自《早期廊下派辑语》和《希腊化哲人》这两部集子，并且可以通过集子的索引进行查找。本章对现代文献的参考仅限于那些只具有一两个关键点的主题。

1 导论

[233] 据载，廊下派的爱比克泰德在一次"课后"谈话中警告听众，不要以为仅仅演练他们已经制定的原则，就可以一夜之间变成专

业的哲学教师。他的讲话中有段话很是有趣：

> 即使一个人有智慧恐怕也不够照看年轻人。他还需要有一定的准备，并适合这项任务，以天的名义，还要有一定的体魄，最重要的是必须是神建议他去承担此职，正如神建议苏格拉底以诘问为业，第欧根尼以王政和申斥为业，芝诺以立说育人为业。（《清谈录》卷三 21.18—19）

有两点非常明显。（1）在如此谈论苏格拉底、芝诺和犬儒第欧根尼时，爱比克泰德并没有做哲学史的梳理。这些伟大的名字——这些生活在四百年前或五百年前的思想家们（后种情况如苏格拉底）——只被他引作权威和范例。（2）不像现代人在阐述希腊哲学时对苏格拉底、芝诺和第欧根尼通常所作的介绍，爱比克泰德并没有将这三人视为 [234] 明显相关但又有所区别的哲学的创始人或者支持者。爱比克泰德的意思是，在此只有一种哲学，或者一种东西，即哲学，但三人在向他人传达哲学时采用了不同的模式，即不同的"照看"模式，大体上也可称之为"治疗"模式。

爱比克泰德在思考他所从事的哲学伦理学的传统的同一性，我们在观察他的思考时即使不用多焦镜片，也需用上双焦镜片。我们观察他，并且观察他为何如此看待苏格拉底、第欧根尼和芝诺；因此，也（免不了）观察他对待传统和哲学的观念与他所掌握的廊下派伦理学如何相关。但我们也将发现，我们很难不透过他来观察他所描画的苏格拉底、第欧根尼、芝诺和他们践行的哲学，并想知道他们是否会认可他们自己的和（对第欧根尼和芝诺而言）彼此的这般形象，特别是，我们想知道，他们会如何理解爱比克泰德所暗示的一个观点，即犬儒主义和廊下主义是苏格拉底伦理学的简要版本。这不仅是因为，势不可挡的前现代主义者和后现代主义者不断质疑他们的形象是否真是如此，也是因为，苏格拉底并没有写过任何东西,而第欧根尼和芝诺虽确实写过,却又没有任何东西完整地保存下来——所以,我们唯一能接近他们的方式就是借助后世作家之眼。

有一个论点认为,爱比克泰德所作的描画符合真实的历史,同时也是他自己观念的反映。让我们假定,对苏格拉底来说,基本的真理和哲学的指导原则是:(1)唯一值得关心的东西是真实的自我(他时而谓之灵魂),而不是身体,也不是机运可能会或可能不会带给我们的任何外在之物;(2)唯有本质上好或坏的东西才构成自我的条件,其中首先是德性和邪恶。也让我们假定,第欧根尼和芝诺都同意将这些命题作为哲学的指导原则。那么,符合历史的解释就是,他们三人之间的重要区别不在于他们相信什么,而在于他们如何试图使他人从实践上和思想上接受他们所一致认为的好生活的关键。

爱比克泰德将辩驳(elenchus)视为苏格拉底实现这种目标的典型方法,当然,这与最近很多 [235] 关于苏格拉底的讨论一致。[①] 至于第欧根尼,"王政和申斥"需要拆开,但是爱比克泰德在其他地方(《清谈录》卷三 22)明确表示了他的观点,认为犬儒独特的生活方式可以持续不断地接受公众的监督,因而他们有一种特殊的权威去指责其他有过失的人。犬儒通过自己的品行,首先是帝王般的无畏以及精神和言论的自由,向我们展现出,他们关于善恶所提出或暗示出的说法是正确的。我以为,这种将犬儒主义看作范式的解释,为我们提供了现代学者大体未能成功形成的观点,即,要把第欧根尼的哲学事业理解为一种哲学,而且应当严肃地主张,这种理解从历史角度看能够有效地阐释第欧根尼认为自己在做的事情。

芝诺的历史意义可以从《清谈录》卷三 21.19 中推测出来,并且其中的解释相当吸引人。爱比克泰德在其中的说法,与最近的学术所描绘的芝诺作为苏格拉底主义者的形象十分吻合(尤见 Long 1988),

---

① 今人经典的研究见 Vlastos 1983。

也与有关芝诺第一位老师是第欧根尼的学生克拉特斯的证据[1]十分吻合。爱比克泰德将芝诺的工作定性为教导性的,并认为他专注于学说的制定,这就暗示,芝诺本人可能联系苏格拉底和第欧根尼的哲学事业而构想过自己的哲学事业。无论如何,苏格拉底和第欧根尼致力于质疑周围所有人的假设,通过对比和非系统的方式呈现他们自己在道德和理智上的承诺。或许,芝诺认为有必要通过补充的形式,直接而明确地展示苏格拉底的视野(部分透过犬儒之镜瞥见)——也就是让其建立在后来廊下派所珍视的诸定义上,并植根于对自然的理论解释中;他也认为有必要重述先前所有最具价值的思想,无论是赫拉克利特的,还是晚期柏拉图对话的思想。根据这一假设,芝诺不会以为自己提出了一种与苏格拉底或第欧根尼截然不同的人生哲学(因此我们很难发现,芝诺和早期犬儒派在对同一些主题的有记录的看法上存在明显的分歧),而是以一种新的形式,即体系的形式,传达了同样的哲学。

2 伦理学的体系

[236] 在《论至善与极恶》第三卷,呈现廊下派伦理学的那一部分的结尾处,西塞罗让廊下派伦理学的代言人卡图评论了"廊下派哲学在陈述自身学说时所用的绝妙体系化的方式"(卷三 74):[2]

> 自然的作品(虽然没有任何东西被安排得比自然更精致)或人工的制品必定不能显露出这样的条理性,这样一个牢牢焊成一体的结构?结论始终从前提中产生,后生的观念始终从最初的观念中产生。你能想象还有其他什么体系,移除一个字母,就如移

---

[1] 拉尔修,《名哲言行录》卷六 105,卷七 1-4。
[2] 我引用的是伍尔夫(Raphael Woolf)的新译本(Annas 2001),该译本不是很注重直译,文风非常多样。

除一个连锁片一样导致整个大厦坍塌？实在没有什么地方可以修改的了。

西塞罗的观察无疑反映了廊下派自身的雄心，当然也反映了他们的实践。我们拥有三份阐述早期廊下派伦理学的重要文本——《名哲言行录》卷七84-131，拜占庭的文选汇编者司托拜俄斯的《读本》卷二57-116（也许源于奥古斯都时期的百科全书编纂者狄都谟斯），以及《论至善与极恶》卷三16-76。[①] 所有这些文本貌似都在不同程度上反映了同一个原初写作计划；尤其是，从拉尔修和司托拜俄斯的文本中，我们可以推断出体系化的主题的顺序，其中每个主题都经过精细地分类和定义。司托拜俄斯在其论述结束前，尤其强调了克律希珀斯两部总论的权威性：《论学说》(*On doctrines*)和《理论述要》(*Outline of the theory*)(《读本》卷二116.11-15)；在构成那三个现存纲目之基础的写作计划背后，站着的极有可能是克律希珀斯。司托拜俄斯在该语境中还提到克律希珀斯关于上述每个主题的著述。他很可能是想到了《名哲言行录》卷七199-200，那里有一份克律希珀斯的著作编目，其中录有克律希珀斯关于定义和分类等方面的伦理学论著。并不是说克律希珀斯是早期廊下派中唯一一个以这种方式创作作品的人：我们知道同时期的斯菲若斯有一部作品题为《论伦理学安排》(*On the arrangement of ethics*,《名哲言行录》卷七178)。斯菲若斯似乎也一直积极规定诸伦理定义——事实上，西塞罗告诉我们，[237]廊下派评价斯菲若斯是"他们中最好的定义制定者"。[②]

据《名哲言行录》卷七84所述，

---

① 拉尔修文本的翻译：Hicks 1925，Inwood / Gerson 1997，Goulet-Cazé 1999；司托拜俄斯文本的翻译：Inwood / Gerson 1997；西塞罗文本的翻译：Rackham 1931，Annas 2001。

② 《图斯库卢姆论辩录》卷四53。关于不同版本的廊下派伦理学体系，更多讨论见 Long 1983b。

他们[1]将哲学的伦理学部分划分为以下几个主题：[A]关于驱动、[B]关于善和恶、[C]关于激情、[D]关于德性、[E]关于目标(goal)、[F]关于首要价值和行动、[G]关于恰当功能、[H]关于说服和劝阻。

这一声明有可能为我们进入廊下派伦理学体系提供一条有用的途径。但事实上这是有问题的。[2]上述清单确实以某种形式涵盖了我们在西塞罗、司托拜俄斯和拉尔修此人的阐述中看到的大部分重要思想领域。但是，如果（拉尔修可能想要）将其解释为关于各个主题的排序，那么这更像是一种令人担心的尝试，它尝试容纳两个对立的主题序列，而不是呈现单独一个得到一致认同的序列。简单比较廊下派伦理学的三个主要系统论述，我们发现，司托拜俄斯的阐述顺序比拉尔修和西塞罗的更接近《名哲言行录》卷七84的列序——[238]除了"[A]驱动"是拉尔修和西塞罗的出发点，而不是司托拜俄斯的（他以"[B]善和恶"开始）。[3]

---

[1] "他们"指克律希珀斯和一系列公元前2世纪的廊下派哲人。

[2] 有两个内在的问题。(1)我们应该会希望声明里出现"中性事物"（也就是既不好也不坏的事物，这些事物对幸福或不幸毫无影响）——但是关于"价值"的任何讨论（参见[F]）都必会定位到由中性事物概念决定的概念矩阵中。(2)"……和行动"（kai tôn praxeôn）通常不被视为与[D][E]和[G]等主题协调。我倾向于认为这些词语已经略微错位：如果我们假设它们原本跟随在 tôn kathêkontôn（"恰当行动"）后面，那么[H]将会读作："关于针对行动的说服和劝阻。"（参照欧多若斯对关注于行动的话语的讨论：司托拜俄斯，《读本》卷二44.7–9）

[3] 西塞罗和拉尔修都从[A]开始，直接前往[E]。拉尔修接着论述的是[D]，然后才是[B]。西塞罗更加散漫，根本没有将[D]作为一个独立的主题来讨论；他最终确实到达了[B]，他在那里的做法可能有争议：直到《论至善与极恶》卷三55处，他才非常简单地处理了拉尔修在《名哲言行录》卷七94–99中所探究的各种区分。在拉尔修那里，[B]之后是[F]（更确切地说是"中性事物"）和[G]，接着没有给出任何明确的理据，列出的是[C]。西塞罗在卷三41–50

我们不禁推测，(1)上述清单的原始形式严格遵循司托拜俄斯阐述的顺序，但(2)拉尔修自己把"驱动"主题提到清单的第一位，以在一定程度上与司托拜俄斯的排序相协调，因为拉尔修决定从论述自然驱动来展开自己对廊下派伦理学的阐述，这种驱动引导理性存在者以根据德性生活为目标。[①]如果推测正确，那么克律希珀斯作为司托拜俄斯阐述末尾和拉尔修清单末尾援引的主要权威人士，主张阐述的顺序就是：(1)[B]善和恶，他认为其中尤其包括[D]德性、[E]目标、[F]中性事物和首要价值、[G]恰当功能；(2)[A]驱动，包括[C]激情；(3)[H]说服和劝阻。[②]

探讨了[F]中的"价值"，在卷三 50-54 探讨了"中性事物"，在卷三 58-61 探讨了[G]"恰当功能"。相比之下，司托拜俄斯的作战计划要清晰得多。他从[B]开始，认为[B]是个一般标题，能够涵盖从[D]到[G]的所有主题；然后他以该顺序进行讨论。之后，他才到达[A]和[C]。司托拜俄斯有充分的动机使[A]以及附属于它的[C]尾随在[G]之后，因为他在开始探讨驱动时说道（《读本》卷二 86.17-18）："激活起驱动的，恰恰是一种能够直接使恰当功能得以促成的印象。"三人的阐述在结束前所涉及的素材，都关系到那些与良善或智慧者作为社会和政治动物而进行的活动，而这无疑是[H]"说服和劝阻"——也就是那些关注哲学之实际应用的话语——的主要论题。

① 两个子假设：(3)然而一般情况下，拉尔修愿意去改变清单上后续条目的顺序，即使他没有充分结合自己的阐述，这无疑是因为他认为，清单开始部分的调整明显能令人满意。(4)然而，因为在廊下主义中激情是一种驱动（因此[A]和[C]紧密联系在一起），所以将驱动提到清单的开头会使激情的位置变得特别不稳定。我想拉尔修觉得自己别无选择，而只能同时抬高激情。把激情作为[C]放在[B]善和恶的东西之后，就像西塞罗在《论至善与极恶》卷三 35 处持续探讨作为 summum bonum [至善]的目标时，插入了一段关于激情的话，两者似乎都是武断的。

② 我认为，这份清单具有一种包罗万象的三重结构，[B][A]和[H]指代三个彼此相关的主标题。从这个角度来看，我们发现克律希珀斯的方案反映在司托拜俄斯归给学园派哲人亚历山大里亚的欧多若斯（公元前 1 世纪）名下的方案之中，《读本》卷二 42.7-45.6（尤其注意 42.13-23）。关于廊下派[A]驱动和[C]激情的理论，讨论见布伦南（本书第十章），关于廊下派对[H]"说服和

上述关于两个对立的主题序列的看法需要一些微调。更有可能的情况是，拉尔修的清单就像他自己对廊下派伦理学的阐述，反映了两种不同的研究计划。第一种研究计划（类型1）是根据逻辑顺序来解释廊下派伦理学中的关键概念，并给出定义、分类和子分类，以便恰当地理解松散的伦理学话语中概念的用法。[①] 司托拜俄斯则向我们提供了 [239] 这种研究计划的近乎纯粹的实践，我想，拉尔修决定重新编排的原初的主题清单，是司托拜俄斯所设计的针对这种研究计划的内容清单。另一种研究计划（类型2）相当不同：它主要是为了大略地解释和论证廊下派关于一些关键伦理学论题的独特观点，无论是关于目标的，还是关于善或恰当功能的。《论至善与极恶》第三卷多半就担负了这种研究规划。拉尔修在有关廊下派伦理学的前几段论述中，[②] 以高度简洁的形式参与了这项研究规划，随后他以司托拜俄斯的模式形塑了其余段落的内容。我们还能在希耶罗克勒斯《伦理学要义》现存的几列莎草纸残文中看到这种研究规划；而克律希珀斯《论目标》(On goals)[③] 中无疑也有这第二种研究计划。

上述四部被置于该研究计划之下的著作，要么旨在向读者介绍整个廊下派伦理学，要么明显可被解读成要以介绍性的方式处理其中的关键概念。因而不足为奇的是，如果第二种类型的研究计划吸收了第一种类型的研究计划，或者反过来，又或者如果两种类型的研究计划相杂糅，即如果像上文所示，《名哲言行录》卷七84所利用过的第一种类型的研究计划，其主题清单经过了拉尔修的调整，以

劝阻"的陈述，讨论见吉尔（本书第二章）。

① 司托拜俄斯有趣地说道：芝诺认为幸福是"生活的涓涓细流"（smooth current of life, 司托拜俄斯，《读本》卷二77.20-21）。克勒昂忒斯在自己的著述中，还有克律希珀斯以及他们之后的所有人，也都使用了这一定义（前引书，卷二77.21-23）。

② 《名哲言行录》卷七85-89。

③ 援引见《名哲言行录》卷七，85，87。

反映廊下派是从思考自然驱动开始其松散的伦理学研究的——如果这样，那么，廊下派这种可能的做法，不仅体现在前引第二种类型的研究计划下的四部著作中，还出现在西塞罗那部呼应帕奈提俄斯的《论恰当功能》(*On appropriate function*；*Peri kathêkontos*）的作品《论义务》中。

3　遵循自然

以下引文说明了司托拜俄斯如何开始以第一种类型的论述形式，论到"一些必要学说中的要点"（《读本》卷二 57.18-58.4）：

> 芝诺说那些分有本是（being）的事物是存在的。存在的事物中有些是善的，有些是恶的，有些是中性的。以下种类的东西是善的：智慧、节制、正义、勇敢以及所有作为德性或分有德性的东西。以下种类的东西是恶的：愚蠢、放纵、不义、怯懦以及所有作为邪恶或分有邪恶的东西。以下种类的东西是中性的：生命和死亡、名誉和恶名、快乐和劳累、富裕和贫穷、健康和生病以及诸如此类的事物。

古代人常将廊下派素材归在芝诺名下，我们不能总是信任这一做法，因为有时候芝诺的名字只是整个学派中拥有象征性［240］权威地位的代表。但是，我们没有理由质疑司托拜俄斯把上面这些话归到芝诺名下的做法。事实上，如果芝诺已经让定义和归类成为廊下派哲思中突出的要素，正如我在阐释爱比克泰德对芝诺扮演哲人的一种特殊角色的评述时所示，那么，克律希珀斯对定义和归类的大量投入会更容易得到解释。拉尔修表明，芝诺和克勒昂忒斯并没有构建第一种类型的研究计划所特有的具体的伦理学体系（《名哲言行录》卷七 84），但芝诺对善和恶的主题的处理，看起来好像是从系统观的角度切入的，他认为这是该论题的基本视角。

司托拜俄斯接着呈现了各种形式的德性的巴洛克式激增，以及善和恶进一步的分类。相比之下，芝诺的归类倒显得简单了，其中有两个方面特别值得注意。

第一，芝诺的表达用了本体论的术语。他显然想要澄清一点：伦理学以其自身的方式关乎存在之物。他给出了对分有本是的事物的分类。对于一名廊下派哲人而言，这意味着这些事物可被视为物体或物体的物理属性；德性和邪恶在那份善恶清单中有最为重要的地位，其原因之一无疑是，廊下派认为德性和邪恶作为个人身上稳固的特征，乃是物体的属性。

第二，芝诺提出的论点完全是苏格拉底的，这与其说是因为他接受了柏拉图《王制》等作品中被苏格拉底视作标准德性的四主德，倒不如说是因为健康和生病等传统上被认作善或恶的事物，其本身在他看来既非善也非恶——他很可能认为，在柏拉图的《苏格拉底的申辩》和《欧蒂德谟》（*Euthydemus*）中，这一立场被归在苏格拉底名下（见Long 1988）。其他文本告诉了我们芝诺如何定义四主德，其中，他那苏格拉底式眼界中的理智论变得非常明显。他根据phronêsis，即"实践智慧"，来分别规定其他三种德性（从而展现了某种多元一体性，而后克律希珀斯将这种统一转变成一种具有不可分割性的、特别精妙的形式）：正义是智慧在与分配相关的事务中的体现，节制是智慧在与选择相关的事务中的体现，勇敢则是智慧在与坚忍相关的事务中的体现。①

[241] 芝诺对诸善的归类和对诸德性的定义，大概出现在某部名为《伦理学》（*Ethics*）的论著中——《名哲言行录》卷七 4 有一份芝诺著述编目，里面列有这一书名。很有可能，② 芝诺在这本书中对中

---

① 普鲁塔克，《论道德德性》440e–441d，《论廊下派的自相矛盾》1034c–e。

② 关于我们从司托拜俄斯处援引的善的分类，拉尔修提出了他自己的版本（《名哲言行录》卷七 101–102），并以此为序言开始了他关于中性事物理论的论述（卷七 102–107）。

性事物明确做出了廊下派式的区分，认为一些中性事物合乎自然且有"价值"（value；axia），另一些背离自然且有"反面价值"（disvalue；apaxia），还有一些则不属于这两种情况。他还区分了特别有价值的、"较可取的"中性事物与特别有反面价值的、"较不可取"的中性事物——有些词汇特别与芝诺相关。① 拉尔修就告诉我们，像生命和健康这样的东西"不是善，而是那种'较可取的'中性事物"。② 那些批判廊下派的古代人和现代人发现，这种谈论和思考的方式是有问题的，我们会在必要的时候回到这一话题上来。

芝诺很可能也在《伦理学》中对德性下了明确的定义，这个定义被普鲁塔克归在芝诺、克律希珀斯和开俄斯人阿里斯通名下："[德性是]一致的、稳固的和不变的理性。"（《论道德德性》441c）芝诺很可能还在这本书中将"目标"定义成"一致地生活"（living consistently），③ 而将"幸福"定义成"生活的涓涓细流"（《读本》卷二 77.20–21）。

我们有必要在"一致地生活"这一表述上停留片刻。正如朗格和赛德利指出的，该表述"能够得到芝诺词源学的支持"。④ 略显巧妙的是，"一致地"所对应的希腊词 homologoumenôs，可以拆解成"根据某种协调的理性"（in accordance with one concordant reason）这一短语——这便是司托拜俄斯所说的话的含义，他说"因为那些活在冲突中的人是不幸福的"。

随着我们研究的深入，我们将更好地理解廊下派为何认为，在展现出令人钦佩和着迷的和谐、巧妙、智慧、谋略以及艺术的行

---

① 《读本》卷二 84.18–85.11。

② 《名哲言行录》卷七 102。

③ 《读本》卷二 75.11–12。拉尔修将这个定义与德性的定义联系起来："幸福就在德性中，因为德性是那种已被形塑成实现整个生活的一致性的灵魂。"（《名哲言行录》卷七 89）

④ 《希腊化哲人》第二卷，页 390。

为中，理性胜过其他所有能够充当目标的东西。[1] 目前，让我们在 homologoumenôs 以及司托拜俄斯附于它的词源学分析中，去截取赫拉克利特的回声 [242][2]——也许司托拜俄斯意在表明，廊下派关于好生活的见识具有某种整全的形而上学基础。

据别处记载，芝诺使目标变得稍有不同：[目标是]"与自然一致地生活"（living consistently with nature，《名哲言行录》卷七 87）。不过，司托拜俄斯说这其实是克勒昂忒斯的创新（学者们一般都不信这一说法）——克勒昂忒斯认为芝诺的界定是不完整的（《读本》卷二 76.1–6）。我的建议是，两种界定均为芝诺所用：出现在《伦理学》中的那个较短的界定，其语境是第一种类型的研究计划；较长的那个界定出现在《论人性》（On human nature）中，这为拉尔修所明确证实（《名哲言行录》卷七 87），其语境很可能是第二种类型的研究计划。这两种界定并非一回事，正如斯特赖克指出的：

> 我们既不清楚遵循自然是否会产生一种和谐的生活，也不清楚一致与和谐是否只可能通过遵循自然来实现。（Striker 1991，页 4）

沿着我们对第一种和第二种类型的研究计划的构思方式，我们或许可以认为，"一致地生活"刻画了某种行为，这种行为能够满足那些隐含在"目标"这一概念中的条件，而"与自然一致地生活"却有着迥然不同的指向：它标示出这种一致的行为在那些研究自然的人看来是如何与自然秩序相关的——实际上，它揭示了对某人为什么能够实现一致生活的解释。基于这种观点，"一致地"似乎就是一个双关语，

---

[1] 尤见 M. Frede 1999，我复述了其中的要点。

[2] 尤其参照赫拉克利特辑语 50；在现存文本中，克勒昂忒斯的《宙斯颂》最显著地反映出廊下派对赫拉克利特的有意追叙（司托拜俄斯，《读本》卷一 25.3–27.4）。进一步参见 Long 1975/1976；Schofield 1991/1999，第三章。

两种界定在某种意义上就是一回事：当且仅当我们与自然一致地生活时，我们才会（与个人的自我）一致地生活。

在引入第二种界定之后，拉尔修又简单地加以扩展："与自然一致地生活就是根据德性而生活，因为自然引领我们朝向德性。"① 要点在于，我们都拥有某些倾向作为我们的自然禀赋（euphuïa），它们是"德性的起点"（克勒昂忒斯），② 或是"恰当行为的根基，且对德性而言非常重要"（克律希珀斯）。③ 事实上，芝诺通过追溯 kathêkon［恰当行为］这个关键概念的词源，[243] 认为它是"由（人类、动物、植物或其他任何事物的本性）带来"的东西。④ 为了阐明这一理论，廊下派提出了所谓的 oikeiôsis（affinity,"亲密"），并认为人类天然地受其规划：

1. 以使人类的行为能够增进他们自己的健康、财富或名誉等，⑤ 也使他们能够具备一些在恰当地行此事时所需的属性，尤其是节制（该德性与他们身上的驱动所处的稳固状态有关）和勇

---

① 《名哲言行录》卷七 87。

② 司托拜俄斯，《读本》卷二 65.8-9；克勒昂忒斯很可能在其《论自然禀赋的卓越》(*On excellence of natural endowment*) 一书中提出了这一理论（《名哲言行录》卷七 175）——尽管这不是拉尔修所列出的唯一与该理论相契合的书名。

③ 普鲁塔克，《驳廊下派的一般观念》1069e。

④ 《名哲言行录》卷七 108。kata tinas hêkein，这个短语有多种翻译。《希腊化哲人》59C 作"由某些人而来"；Inwood/Gerson 1997, 94.108, 作"扩展到[或适用于]某些人"；希克斯（Hicks）在洛布（Loeb）译本中作"直抵、取决于或依托于某人"。

⑤ 相应地，诸如此类的价值被归类为"合乎自然的"东西（司托拜俄斯，《读本》卷二 82.20-83.7）；一种子类——比如生命、健康及感觉器官合适的运转——与对人的基本设计根本相关，以至于它被认定为"合乎自然的原始事物"（前引书，79.18-80.13，82.11-19），并且其本身可被描述成德性的"起点"（initia, principia）（参见西塞罗，《论至善与极恶》卷三 20-22）。

敢（该德性与坚忍的行动有关）；①

2. 以使他们能够认同自己的父母、朋友和国家等方面的利益，进而认同正义（该德性与权衡这些方面应得的不同利益有关）；

3. 总之，是使他们"发现什么是恰当的"——此乃 phronêsis（智慧或智虑 [understanding]）的任务。②

但我们还被自然地规划成理性的生物，进而具有一种习性，以至于"理性随后成了驱动的匠师"（《名哲言行录》卷七 86）。结果是，我们以始终不变的一致性去做 [244] 任何恰当之事——这是德性本身的习性。该证明显示，当廊下派说目标是"与自然一致地生活"时，他们与其说是想将这一界定作为行动的指令，不如说是想以之说明人的自然对我们的规划。

在此，"自然"似乎就成了"人的自然"（human nature），正如芝诺一书的标题所暗示的。③但又不仅仅是人的自然。拉尔修接着如下记述道（《名哲言行录》卷七 87）：

> 此外，根据德性而生活也就是根据对自然的事件进程的经验

---

① 几乎没有现存的证据能够表明，早期廊下派怎样解释我们在应对健康、财富、名誉等东西对我们的自然吸引时为何以及如何利用这些德性。但借助西塞罗《论义务》第一卷，我们大致了解到帕奈提俄斯如何解决这个问题，尽管我们很可能永远也不会知道这份材料在多大程度上源自帕奈提俄斯，又在多大程度上属于西塞罗。进一步的讨论见 Striker 1991，第 4 节。

② 司托拜俄斯，《读本》卷二 62.9–12；司托拜俄斯补充道（前引书，12–14）："每种德性通过和谐地发挥它自己的功能，从而确保一个人根据自然生活。"在《读本》卷二 59.4–7（参照 75.7–8），他指出，在廊下派看来，四主德特别是那种本性上是社会或政治的理性动物的卓越之处；大概因为人类是社会和政治的动物，所以他们有其特殊的自然倾向。

③ 对此，后来的廊下派哲人，如帕奈提俄斯和"一些更年轻的廊下派哲人"，明显会表示同意，见克雷芒，《杂缀集》卷二 21.129.4–5。

而生活，克律希珀斯在《论目标》第一卷中就是这么说的。

拉尔修还解释道："因为我们自身的自然乃整体的自然的一部分。"最后他总结道（卷七88）：

> 所以，目的（end）就成了遵照自然而生活，可以说是既根据一个人自身的自然，又根据整体的自然而生活。

我们能够看出是什么导致了克律希珀斯的这种复杂叙事吗？我想我们能够看到他想要提出的两个紧密相关的观点，一个是较消极的，另一个则是积极的。

消极而偏狭的观点是，为了充分表达作为德性之特征的恰当行为这一观念，我们不能仅仅只涉及人的自然，至少不能只涉及太狭义的理解中的人的自然。因为，关心自己的健康和财物等诸如此类的做法尽管通常而言是恰当的，但在有些境况下却不然。如果除了选择出于不正义的理由为僭主服兵役以外，还可以选择自残，如果除了选择让船倾覆以外，还可以选择将货物扔出船外，那么在这些情况下，理性将会命人自残，命人抛弃财物，并认为他们的行为是恰当的。[①] 促成这些行动的绝不是人的自然驱动，而是"对自然事件的进程的经验"，可以说就是对整个自然的经验。[②] 在上述情况下，[245] 理性人会背离与某种经验知识——货物超载的船只进水后通常会倾覆，肢体残缺

---

① 《名哲言行录》卷七109；参照恩披里柯，《驳学问家》卷十一64-67。廊下派一般将恰当行为或不恰当的行为定义成理性命令或禁止（没有命令）的事情（例如，《名哲言行录》卷七108-109）。拉尔修在发展他的这一观点时运用了同样的词汇，见卷七88。

② 克律希珀斯在讨论关心合乎自然的事物（例如健康、财富）是否永远恰当这一语境中提到了经验。这点貌似为珀赛多尼俄斯所证实，他认为，克律希珀斯因此拒不承认目标是"卑鄙狭隘地求取中性事物"这样的观念（伽伦，《论希珀克拉特斯和柏拉图的学说》卷五6.12）。

的人多半不适合服兵役——有关的自然驱动而行动。[1]

我想克律希珀斯引入他关于"对自然事件的进程的经验"的反思,应该不是作为他本人对"与自然一致"这个界定的积极阐释,[2]而是为了表明:有种解释认为该界定中的"自然"只限于太过狭义地理解的人的自然,但这就没法充分地回应"什么是根据德性而生活"的问题。更加全面而根本的观点——它确实反映在克律希珀斯对上述关于一致性的界定本身的解读中——在如下作为支撑的话中显示出来:

> 因为我们自身的自然乃整体的自然的一部分。

在克律希珀斯看来,我们如果想要理性地行动并做正确的事,那就不能只回答整个自然中诸事是如何发生的。廊下主义深入地解释了我们为何需要这样做:只有当我们作为整体——即拥有天意秩序的宇宙——的一部分时,我们才能获得自己真实的身份。根据克律希珀斯的阐释,我们必须认为,这才是上述关于一致性的界定的含义。我们被规划成不仅与人的自然,还与宇宙的自然相一致地生活。[3]更确切

---

[1] 关于克律希珀斯的"对自然事件的进程的经验"这句话的含义,我们几乎没有线索可寻。朗格和赛德利(《希腊化哲人》第一卷,页400)猜想它是在暗示命运和"实际发生之事中的'正当理性'",并且说道:"这一经验可被认为是某种意识,比如意识到健康通常比生病更可取,但每个人都可能在某些时候期望自己得病。"

[2] 司托拜俄斯就是这样阐释克律希珀斯的:《读本》卷二 76.1–8。但我们已经注意到,司托拜俄斯在这段文本中还有一个方面的论述是不可信的。拉尔修(《名哲言行录》卷七 88–89)清楚表明,克律希珀斯通过"人的自然和整体的自然"的结合落实了"与自然一致"这个界定。

[3] 我们可以推定克勒昂忒斯特别强调了这一点,因为据拉尔修所述,与克律希珀斯不同,克勒昂忒斯认为那个界定只涉及"共同的自然"(《名哲言行录》卷七 89)。这当然与《宙斯颂》的整个主旨是一致的(司托拜俄斯,《读本》卷一 25.3–27.4)。

地说，在理解什么是与人的自然相一致地生活时，我们得牢记理性是人的最高属性，但这种属性是我们与宇宙共享的，且源于宇宙本身。换言之，我们认识人的自然，不能局限于反思使我们自身关心健康、财物这类东西的那种驱动，否则我们就是在谈论纯粹属人的自然。

[246] 拉尔修接着解释了我们被如此规划到底意味着什么。[1] 我们在服从正当理性的训令时，[2] 也是在服从负责管辖实在的神圣理性。我们如果始终如一地服从这两种理性，就会成就德性和"生活的涓涓细流"，因为那时我们所有的行动都会符合我们内在的神圣，也符合那个整体的管辖者的意志，二者之间是协调的。因此，尽管我们不具有导致自残的、属人的自然驱动，但当自残本身表明正当理性与自然一致时，我们就还是要做出自残行为——这里的"自然"具有更深远的含义，即包含宇宙合乎天意的设计中一切所命定的事情。再次可见，遵循自然最终不是说明了人的伦理事业应当如何开展，而是描述了我们如何可能做成这项事业。弗拉斯托斯说：

> 这一"理论"原则[中译编者按：指遵循自然]改变了一个人关于德性与宇宙秩序之关系的观念（该原则告诉我，如果我是有德性的，那么我的生活方式就与宇宙秩序相一致），但既没有改变德性的内容……也没有改变幸福的观念（德性仍然是幸福的充要条件……）。（转引自 Long 1989，页 86-87）

另一方面，它也改变了一个人的眼界。当我问自己"我是谁"时，我必须记住，我是宇宙的公民和宇宙的一部分。并且，我在训练我的理性时，绝不把任何事情仅仅当作关乎私利的事情，也绝不琢磨着要让自己仿佛脱离整体似的。[3]

---

[1] 《名哲言行录》卷七 88。
[2] 即在实施恰当的行动时。
[3] 爱比克泰德，卷二 10.3-4：他在此以及在其他地方只是遵循克律希珀

4 辩论

是否有证据表明，廊下派在发展他们的思想体系时，曾与伊壁鸠鲁派有过争论？不足为奇，廊下主义在如下方面明显意在反对伊壁鸠鲁主义，我们从拉尔修那里发现的整个第二种类型的伦理学论述，就是以此为起点的。

伊壁鸠鲁主张，我们其实无需论证或讨论为何要趋乐避苦，仅仅指出要趋乐避苦就足够了。[247] 这一主张本身确实得到了伊壁鸠鲁的论证：据他观察，所有动物自打一出生——在其本性可能被败坏之前——就寻求并享受快乐，以之为自己最大的善，同时躲避痛苦，以之为可能发生在自己身上的最大的恶。西塞罗把这描绘成伊壁鸠鲁研究生活目标时的开场白。①

克律希珀斯显然认为有必要摧毁这一伊壁鸠鲁式策略。由此有一项令人感兴趣的推测：克律希珀斯正是出于这个理由，才把关于驱动的思考作为第二种类型的伦理学论述（例见他本人的《论目标》一书）所处理的第一主题的。据拉尔修所言，② 他在这部论著的第一卷中论证了动物最初的驱动所关注的并不是快乐（pleasure），而是自我保存（self-preservation）。首先，动物认同它们自己的构造（constitution），并认同对自身构造的意识。因此，动物会拒绝有害于自己的东西，接受自己所亲密的东西。婴儿感觉到的是对营养的需要，因此他们想要母亲的乳房，其原因并不在于他们享受进食以及随后带来的饱腹状态。快乐不过是一种副产物，可能会在动物获得适合自身构造的东西时出现，但并不总是出现。塞涅卡让人注意学步的小孩，他们坚持直

斯的引导而发展出了这一思想（参照 Long 1989，页 96 注 21；不同看法见 Annas 1993，第五章）。

① 《论至善与极恶》卷一 29–30。
② 《名哲言行录》卷七 85–86。

立并尽力行走，纵然这事儿弄得他们痛苦哭泣——他们总是跌倒。[1]

断然拒绝伊壁鸠鲁派思想体系的诸原则是一回事，对伦理学中的关键问题展开激烈争辩又是另一回事。关于后者，我们拥有的证据要多得多：在大多数情况下是廊下派与伊壁鸠鲁派争辩，但有时也可能是廊下派内部的争辩，或是廊下派与学园派中的反对者们争辩，又或是两者皆有。

我们听闻的那场最火热的早期辩论不能完全归入上述任何情形。那场辩论涉及芝诺的一个学生，开俄斯的阿里斯通，此人似乎发现了芝诺的苏格拉底主义并不完全是苏格拉底的。就像芝诺的另一个学生赫里洛斯，阿里斯通取消了中性事物（indifferent things）范畴内部的任何区分，比如，称健康为"较可取的"在他看来就是判定健康是一种善。这一点对他而言显然非常重要，部分是因为他将目标视为：面对[248]所有处在德性与邪恶之间的事物不动心（indifference）地生活。[2]

阿里斯通还在德性的统一问题上反对芝诺。芝诺像苏格拉底一样认为德性是统一的（他根据实践性的智虑[phronêsis]来谈论德性），阿里斯通如法炮制，但他认为，我们不应该像芝诺貌似做的那样，接着承认多元的德性。我们只应该认为，勇敢是某个领域中训练的德性，正义是另一个领域中训练的德性，如此等等，或如克律希珀斯所描述的他自己的看法那样，德性是单一的，其余那些都是它的相关状态。[3] 这一切都和"与自然一致"无关。阿里斯通的这份缄默，使得我们在得知他没有与物理学或逻辑学打过交道时并不感到奇怪——他

---

[1] 《致鲁基里乌斯的道德书简》121.8。对伊壁鸠鲁派和廊下派关于"学步的小孩"的论证的透彻考察，见 Brunschwig 1986。

[2] 《名哲言行录》卷七，160，165；恩披里柯，《驳学问家》卷十一 63；讨论见 Long 1988。

[3] 《名哲言行录》卷七 161；普鲁塔克，《论道德德性》440e-441d，《论廊下派的自相矛盾》1034c-e。讨论见 Schofield 1984。

说，物理学非我们所能及，而逻辑学不能解决我们关心的问题（《名哲言行录》卷七 160）。

这里更加岌岌可危的还不是关于德性和幸福的真相。阿里斯通在挑战这样一种观念：应以芝诺主义的模子来铸造苏格拉底主义。他是一个极简主义者（minimalist），反对任何形式的精密复杂——这种反感无疑扩展到作为一种体系的哲学的概念。然而，芝诺主义占据上风，成了芝诺之后几位最具影响的继承者（尤其是克律希珀斯）发展其伦理学的模版。[1] 其中至少有些发展是为了回应阿里斯通的极简主义。确实，在一本名为《论德性是属性这一事实》（*On the Fact that Virtues Are Qualities*）的旨在反驳阿里斯通的书中，克律希珀斯提出了关于各种德性如何相互影响的复杂理论，他通过为芝诺常识性地信持多元德性辩护，展现出这一信持与芝诺式论点"德性是知识或智虑"相容。[2]

我已经指出，阿里斯通拒绝芝诺的德性研究。有时候学者们会以相当不同的方式来看待阿里斯通。在他们看来，虽然芝诺或许没有完全明确地主张德性的统一或多元，但阿里斯通却将其阐释成芝诺的确凿看法。可是，这会把阿里斯通变得比证据所呈现的更像一名真正的廊下派哲人。我们可以从证据上推断，对于阿里斯通而言，苏格拉底才是权威，正确的哲思就是正确理解苏格拉底。事实上，只有在更忠诚的芝诺主义者当中，尤其是当芝诺主义 [249] 在各种希腊化版本的苏格拉底主义中间，在某种程度上稳定下来，并取得了一定的名声以后，芝诺的 ipsissima verba [原文] 才会成为廊下派解经和辩论的权威焦点。[3]

至少，如果我们打算相信恩披里柯（《驳学问家》卷七 227–

---

[1] 参见赛德利撰写的本书第一章第 4 节。

[2]《名哲言行录》卷七 202；伽伦，《论希珀克拉特斯和柏拉图的学说》卷七 2。讨论见 Schofield 1984。

[3] 参见赛德利撰写的本书第一章第 5 节。

241），那么我们有一个很好的例子，那就是针对芝诺定义 phantasia（"印象"）时所用的 tupôsis（printing,"刻印"）一词的早期争论。[1] 克勒昂忒斯对这个词作了字面的理解：印象对灵魂的物理作用，就像戒指上的纹章印刻在蜡上。恩披里柯说，"克律希珀斯视之为无稽之谈"。克律希珀斯考虑到有大量印象同时围攻我们，认为芝诺的 tupôsis 必定如同当几个人同时说话时空气所经受的那种变形（alteration）。但争辩并没有到此为止。恩披里柯用了十几个段落，来记述对芝诺的 tupôsis 所作的一些更精致复杂的疏解及其各自引起的反对意见。

针对芝诺伦理学中的定义，连续几代廊下派哲人内部必定展开了无疑可作比较的历时性争辩，有时廊下派与学园派之间也会为此一决雌雄，但我们没有掌握任何同等充分、透彻、明确的相关论述。不过，比如说，我们拥有来自《名哲言行录》卷七 127 的一段扼要的记述：

> 克律希珀斯说德性会因醉酒和抑郁而丧失，但克勒昂忒斯认为凭着对它的牢固认知它永不会失去。

难道克勒昂忒斯所作的推断基于芝诺式的德性定义？而克律希珀斯又指出该推断是无效的？还有一个例子（相关证据要丰富一些），考察的是克律希珀斯将激情与判断相等同的做法。珀赛多尼俄斯把这种做法描述成对芝诺立场的偏离，他认为，芝诺将激情视为判断所导致的非理性的收缩、膨胀等后果。但克律希珀斯的理论很可能是在合理地说明芝诺关于激情是过度的驱动的论述，而且应该是有意为之。在此值得注意的是，珀赛多尼俄斯利用或滥用芝诺的权威（他本人通过进一步的曲解而不承认芝诺是上述论题的终极权威），来支持自己攻击克律希珀斯式的立场。[2]

---

[1] 参见汉金森撰写的本书第三章。

[2] 伽伦，《论希珀克拉特斯和柏拉图的学说》卷四 3.2-5，卷四 4.38，卷五 1.4-5，卷五 6.33。讨论见 Cooper 1998。亦见布伦南撰写的本书第十章。

[250] 有众多资料显示,公元前 2 世纪一系列主要的廊下派哲人对目标提出了不同的定义。所有这些定义的措辞都表明,对它们的构想都是为了说明"与自然一致地生活"这一芝诺的界定。不过,其中有些定义看起来也像是意在改进其他版本的界定。因此,安提帕特若斯的界定,"持续不变地尽自己一切努力去获取最重要的合乎自然的事物"(称其为 A),与巴比伦人第欧根尼的界定,"在选取和拒绝合乎自然的事物方面思虑周详"(称其为 D),很可能有着某种辩证的关系——尽管我们不清楚其中哪一个界定是在回应另一个界定中的哪些困难。据普鲁塔克所言,有些人认为,在卡尔涅阿德斯这位很可能就是 A 的批评者的施压下,安提帕特若斯求助于 D(但他似乎认为 D 是自己的发明)。①

我们有些了解卡尔涅阿德斯是如何制定他的进攻路线的。他似乎认为关键在于,A 所指的目标最终背离了廊下派在定义目标时所用的界定之一:"目标应当被生活中的一切事物所参照。"(让我们称其为参照点[reference point]。)② 因为,A 将"获取最重要的合乎自然的事

---

① 但有些现代学者认为,安提帕特若斯的转变沿着与此相反的方向,即从 D 到 A。讨论见 Long 1967, Striker 1986。

② 《读本》卷二 46.5–10。普鲁塔克有一段文本解释了这点(《驳廊下派的一般观念》1071a–b),学者们对这段文本作了大量修订,但在我看来一些关键之处的修订是错误的。我认为,普鲁塔克只是在其中证明像 A 这样的命题令人别扭地区分了目标和参照点,他并没有打算从 A 中提取其他谬论。我认为抄本有几处原文应当保留,译文如下:

因为,如果说符合自然的首要事物(primary things)本身才是善,而理性地选取和获得符合自然的首要事物[参照 D]并尽自己一切努力以得到它们[参照 A]不是善,那么,所有行动的参照点必定是得到符合自然的首要事物。[这一参照点 R 就不可能是目标 G]既然(eiper gar)他们认为,我们不是通过意图或欲求得到这些事物才找准了目的(end),选取它们时必须参照的宗旨(purpose)[即作为参照点的目标 G]是一种不同的东西[也就是不

物"［251］作为参照点,但将"尽自己一切努力"去得到这些事物作为目标。这就造成了一个明显的困难:参照点最终"同时是目标(根据定义)且不是目标(根据假设)"。①解决这一困难的办法只能是改写 A,使 A 对目标的描写取代它对参照点的论述,因为根据廊下派的理论,目标和参照点在定义上应当是等同的。但改写后的 A 就沦为像这种说法那样的谬论:

> 弓箭手在射击中尽自己一切努力不是为了射中鹄的,而是为了尽自己一切努力。②

D 在批评者们手中的遭遇也好不到哪去。它使结果次要于用来实现结果的行动,这被描述成以本末倒置的方式看待事物("违背一般观念",正如普鲁塔克所抱怨的那样),例如把选取药物看得比健康重要,③同时实际上又使选取变得毫无意义——"如果得到那些被选取的事物是无关紧要的(indifferent),无助于目的的实现"。④

究竟该如何厘清这一辩论的诸条线索——实际情况远比这里所呈现的复杂——其本身将很可能永远处在辩论中。我们可以讲述一个仍然是臆测但更加清晰的故事,这个故事关乎卡尔涅阿德斯、第欧根尼

同于——抄本中作 allo 而非 ep' allo——参照点 R],而不是它们 [tauta,即得到它们]。因为,目标是智慧地选取和获得它们,而它们以及得到它们不是目标而是潜在的东西,也就是说具有"选取性价值"(selective value)。

正如彻尼斯(Cherniss 1976,页 751,注释 d 第二句话)所说,重点是"得到这些事物"这一短语——这里是说,"得到这些事物"不是我们所要找准的目的。

① 关于此,见 Striker 1986,页 191。
② 普鲁塔克,《驳廊下派的一般观念》1071c。
③ 关于此,见普鲁塔克,前引书,1071c e。
④ 阿弗洛底西亚的亚历山大,《论灵魂》(De anima) 卷二 164.8–9。

和安提帕特若斯关于正义的论证所形成的三元辩证关系。[1] 在公元前 155 年，雅典使团出使罗马之际，卡尔涅阿德斯以正义为主题，作了两场自相矛盾的著名讲演；他无疑在许多场合利用过类似的思路。他引起的一项关键困难以不同的面目出现在不同的文本中。西塞罗认为（据拉克坦提乌斯《神圣原理》卷五 16 中所述），卡尔涅阿德斯企图使智慧和正义之间产生裂痕。卡尔涅阿德斯有一个毫不隐讳的政治观点：[2] 罗马赢得帝国，靠的是不顾正义地追逐自己的利益。他有一些令人难忘的例子：

> 如果一位好人有一个逃跑过的奴隶或一座不卫生的、病害丛生的房屋，并且如果他因此宣告将其出售，那么，他是否应当[252]坦言他所出售的这个奴隶逃跑过，或这座房屋病害丛生，还是他应当对买主隐瞒这点？如果他坦言，他当然就是一位好人，因为他没有行欺骗；但他也会被判定为傻子，因为他将要么卖不出好价钱，要么根本就卖不出。如果他隐瞒，他当然就是智慧的，因为他关心了自己的利益；但此人也是邪恶的，因为他行了欺骗。

还有些例子也被引来说明同样的观点。其中有个例子非常值得注意，说的是水面上有一个遭遇海难的旅客，他有机会将另一个旅客从漂浮的木板上赶走：如果他将此人推下去，他就在行不义（对他人实施了暴行）；如果他没有推，他就是个傻子（以自己的命为代价饶他人一命）。有份关于《泰阿泰德》的匿名评注（5.18–6.31），其中在归给"学园派"的论证中顺带提到了这个例子，把它作为 oikeiôsis［亲

---

[1] 这里整个段落以及接着的三个段落复制了拙文（1999a，页 764–765）中的内容。

[2] 也许和雅典使团出使的目的有关——为了推翻雅典因为入侵俄洛珀斯而被判赔款这一处置。

密]理论所面临的一方面的困境。要么,对他人的 oikeiôsis 和对自己的 oikeiôsis 具有同样的强烈程度——在这种情况下,正义得以保留,但以违背人的心理为代价;要么,对他人的 oikeiôsis 更弱——在这种情况下,海难的例子说明,如果 oikeiôsis 是个人行为的主要动力,对自我的认同就会与对他人的认同相冲突,前者就胜过后者。在第二种情形中,对他人的认同所能产生的正是 philanthrôpia,即对其余人友好的情感,真正的认同的源泉比任何东西都要牢固,那就是正义。[1]

关于如何才能最好地应对这种困难,廊下派内部存在争论。西塞罗记录了巴比伦人第欧根尼和安提帕特若斯之间有关这个论题的一场争辩(《论义务》卷三 51–57)。两人似乎都旨在破除正义和追逐个人利益之间存在冲突这一断言的基础。就出售物品的例子而言,第欧根尼主张,卖主为追逐私利而对房屋或奴隶的缺陷保持沉默,这并非不义。他论证道,隐瞒是一回事,沉默是另一回事。只在一种情况下沉默才等同于隐瞒,那就是卖主确实有责任确保买主知道一切他知道后可能会有益处的事情。但买主是自由的能动者(agent),责任主要在他。正义原被视为[253]关心别人的利益,但在此似乎沦为了避免故意伤害别人的利益。

依据安提帕特若斯的思路,正义原本施加了比这更高的要求,在上面的例子中,它会规定买主坦言。但他似乎表明,被正确理解的共同利益与个人利益一致,或者应当被看成与个人利益一致。我们无从得知他是如何论证这个观点的。但这个观点大概意味着,出于某种与众不同的原因,正义和自利之间并未出现真正的冲突。如何处理它们之间的真正冲突或表面冲突,继续构成廊下派所要解答的难题。

帕奈提俄斯将这个难题作为关于恰当行动的讨论中第三分部和最终分部的论题,但众所周知,他从未写过自己许诺要写的关于这一难

---

[1] 我们可以方便地使用《希腊化哲人》(第一卷,页 350,第二卷,页 348–349)提供的那份关于《泰阿泰德》的评注中的相关段落的文本和翻译。

题的论著。[1] 作为他的学生，珀赛多尼俄斯宣称该难题是所有哲学中最重要的主题，但也对它鲜有论及（《论义务》卷三 8）；与之相反，赫卡同的《论恰当行动》(*On appropriate actions*) 第六卷则处理了上述所有谜一般的例子，并且似乎为一种精致的功利主义辩护。[2]

5 实践伦理学

廊下派伦理学首先意在实践，而不仅仅意在系统而详尽地回应对它的批判和挑战。这一科目最重要的分部在最后，而这个部分关注于实践——"针对行动的说服和劝阻"。"哲人的讲堂，"爱比克泰德说，"是一所医院：你离开时不应该感到快乐，而应该感到痛苦——因为你来的时候状态并不好！"（《清谈录》卷三 24.30）廊下派写了大量具有"治疗"模式的东西，其实可以说，现存的出自廊下派的素材有很多实际上是关于实践伦理的，而不是在传达学说——对此，我们不得不求助于学述作家、读本编撰家、百科全书编纂家，有时还有对廊下派表示敌意或不同情的那些见证者，如普鲁塔克和阿弗洛底西亚的亚历山大等。

因此，比如在仍为我们掌握的三种重要的廊下派文献集子中，我们可以聆听到奥勒留的自我劝诫、塞涅卡通过自己的书简为某位友人提供的建议，以及爱比克泰德对自己学生的训斥。显然，这些文本主要是为了"告诉人们，在什么是 [254] 善和恶这样的问题上，他们步入了歧途：他们寻找善和恶的本质，可是所寻找的地方既没有善也没有恶；而有善和恶的地方却从未进入他们的思想"。[3]

但是，廊下派的实践伦理学有着多种类型——古代其他哲学学

---

[1] 西塞罗，《论义务》卷一 9，卷三 7。

[2] 《论义务》卷三 89–90。关于第欧根尼和安提帕特若斯之争，更加充分的讨论见 Schofield 1999b。

[3] 此乃爱比克泰德在谈论犬儒的纲领时所说的话，《清谈录》卷三 22.23。

派的实践伦理学亦如此。爱比克泰德很大程度上可被视为一名规劝者,他号召听众为哲学要求他们必须面对的诸问题确立起崭新的探索方向。相反,塞涅卡除了书简以外还有其他作品,比如"告慰书"(consolations)。其中第一封写给某个叫克瑞穆提乌斯·科尔都斯(Cremutius Cordus)的人的女儿玛西娅(Marcia),此人因为在两年多以前失去了一个儿子而悲痛不已;还有一封写给克劳狄乌斯(Claudius)的释奴珀律比俄斯(Polybius),因为此人兄弟亡故了;第三封写给他自己的母亲,鼓励她不要因为他的流放而哀伤。塞涅卡还有一部作品《论愤怒》,他称此书能够满足人们的需求,为如何抑制激情提供建议;以及《论仁慈》,在古希腊罗马时期大量产生的"君主宝鉴"(mirror of princes)文献中,它是少数现存的重要范本之一,出版于青年尼禄掌权后不久。

实践伦理学中有许多标准化的主题。比如,我们知道很多廊下派论著都以论恰当行动为题名,尽管留传下来的只有西塞罗《论义务》中的相关内容,他在书中对帕奈提俄斯的《论恰当行动》加以转化、扩展,并进行了意义深远的罗马化。还有一个论题被不止一位廊下派哲人处理过,即论恩惠。再一次,我们只有关于此的拉丁文作品,即塞涅卡所写的七卷本大部头著作,其针对的是关于施恩惠的诡辩论,施恩惠乃是罗马社会中道德性和社会性的粘合剂的一种主要成分。论婚姻似乎曾是一个特别流行的主题,对该主题最好的陈述见司托拜俄斯所保存的从不同作品中摘录而成的全面的读本(《读本》卷四 494–568)——涉及的廊下派作家有安提帕特若斯、希耶罗克勒斯和儒福斯等。最后,我要提的是论诸种生活,克律希珀斯就此写过一部四卷本著作,该书是对有关选择哲学生活还是政治生活的古代哲学论辩的一项贡献。从留传下来的那些貌似与这部著作相关的辑语和记述中,我们可以推断出,克律希珀斯至少在这部著作里详细讨论了廊下派对亚里士多德某个观念的挪用所具有的意义,这个观念就是人类在本性上是社会和政治的动物。①

[255] 在仍为我们所见的廊下派关于实践伦理学的著述中，我们也许能够强烈地感受到，古代思想家为何不仅赞成廊下主义是一种哲学，而且还行走其间，以之作为他们的智识家园，作为他们呼吸的空气。塞涅卡或爱比克泰德利用自己的资料和自己对生活的极端看法，透彻地思考了我们应当如何对待他人，以及我们应当如何面对健康和幸福所遭到的威胁这样的问题，没有什么能比这给人留下更深刻的印象了。有时候，我们将廊下主义设想成情绪的沙漠——像下面这样的段落，不止一个地方显得冷冰冰，且在爱比克泰德那里随处可见（《清谈录》卷三 24.84–87）：

> 一旦你迷上了某些东西，你不要以为它们是那种无法被夺走的东西，而要把它们当作像陶罐、玻璃杯子之类的东西，这样，当它们被打破的时候，你会记起它们本来是种什么样的东西，于是你就不会苦恼不堪了……你也要这样提醒你自己，你所爱的人也是注定会死的，你所拥有的财物都只是暂时赐予你的，它们并非无法被夺走，也不是永恒的，而是像一颗无花果或一串葡萄一样，只有在每年的一定季节［你才能拥有它］——假如冬天了你还想着要无花果或葡萄的话，那你就是一个傻子。假如你已经不会被赐予儿子或朋友了，而你却还想要儿子或朋友的话，你就必须明白：你这是在大冬天想着要无花果。②

但是，廊下主义必定不会总是这般。比如，听听塞涅卡论古代地中海地区的互惠伦理学在廊下主义的影响下发生的转变吧。在这套伦

---

① 《早期廊下派辑语》卷三 685–704 收集的很多（尽管不是全部）文本证实了我们的这一观点。

② 安纳斯恰切地谓之"疏远"策略，并通过援引《沉思录》卷六 13，猜测它特别是奥勒留的策略，见 Annas 1993，页 176。

理学体系中，援助活动交互实现，因为邻人所产生的需求，或者大人物为回报小人物所提供的服务而做出的善行，会形成对将来进一步的援助的期许——一次善举应当带来且常会带来又一次善举。[①]他说道（《论恩惠》卷二 31.1-2）：

> 在我看来，廊下派诸多悖论中最不让人吃惊或最不让人怀疑的一个是：高兴地接受恩惠的人已然回报了恩惠……当一个人施惠的时候，他的目的是什么呢？是为了使那个他施惠的人获益或快乐。如果他得以如愿以偿，如果他的意图传达到了我这里，使得大家高高兴兴，那么他就达到了他的目的。他不[256]想我给他任何东西作交换。否则，那就不是恩惠，而是交易。[②]

以下仍出自《论恩惠》第二卷，是关于如何布施恩惠的某种建议（前引书，卷二 17.3-4）：

> 我想使用我们的克律希珀斯从掷球游戏中得到的示例，如果球掉到地上，那么毫无疑问，这不是投球手的过失就是接球手的过失——游戏只有在双方正确地投球和接球时才能继续……如果我们和训练有素的人一起玩球，那么我们投球的时候就会更大胆，因为不管我们投得怎么样，他那伺机而动的、灵活敏捷的手指都会把球投回来。但如果我们和未经训练的新手玩，我们就不能投得太过刚猛或过于用力，而是要抛得更加轻柔一些——事实上，我们会缓缓地靠近他，让球投得正好落在他手中。

---

① 讨论见 Inwood 1995。
② ［中译编者按］译文参考塞涅卡，《强者的温柔——塞涅卡伦理文选》，包利民等译，王之光校，北京：中国社会科学出版社，2005，页 236，有改动；下同。

道德又会如何？塞涅卡接着说道（同上）：

> 我们也应该采用这一策略来对待助人问题。虽然有些人是我们必须教他们如何接受帮助的，但是只要他们努力，只要他们有胆识，只要他们愿意，我们就应该表示满意。

一部关于大度（generosity）的书，其本身便如此大度，这也许不足为奇。[1]

---

[1] 关于廊下派实践伦理学的进一步讨论以及更加丰富的文献信息，见吉尔撰写的第二章。

第十章　廊下派的道德心理学

布伦南（Tad Brennan）　撰

朱连增　徐健　译

[**原文注**] 本章的大部分内容是从英伍德（1985）中提炼出的观点；在此之后，所有关于廊下派行为哲学的研究都是这部开创性著作的注脚。我冒昧在某些观点上与之不同，并详细说明了它的另一些观点，而且考虑到本书的目的，做了简化和提炼处理，但我的总体立场要归功于那部著作。希望进一步研究本章诸主题的学人，也应当把该著作作为首要的参考资料。另外，我感谢索拉布吉（Richad Sorabji）培育了我对这一主题的兴趣，感谢布里坦（Charles Brittain）、巴尼（Rachel Barney）的讨论。还有，如以往一样，把我最深的感谢送给卡恩斯（Liz Karns）。

1　导论：古今道德心理学的领域

[257] 道德心理学着力于伦理学和心理学之间的接合领域。道德心理学的一个基本原则看起来十分平淡无奇，即所有伦理上正确的行为首先都是一种行为：伦理行为是人们慎思后或至少是有意向的行为，因此，它们将分有自身所从属的类的特点，并且受到这更大的类的各种限定。

这一点当然会立即引发关于道德心理学这个主题是否内在融贯的问题。心理学显然是一个描述性的领域，而伦理学则是一个卓越的规范性领域：一个告诉我们人类心灵如何实现其功能，另一个则告诉我们人类能动者应该如何行动。鉴于这一根本的区别，如果没有进一步的论证，我们或许不会假定，心理学的讨论会给伦理学的讨论施加任何限制。单单心理学会给人们可能的行为施予限制这一事实，如果没有进一步的论证，就不能表明，伦理学必须使其要求限定在心理学划定的界限之内。

[258] 在今天，这种进一步的论证往往以某种道德和模态（modality）的混合公理的方式出现，即，能动者不能够被要求去做任何对能动者来说不可能做到的事情。这一点常常被简化为一个口号，即"应该"意味着"能够"，尽管这一点更经常以一种逆否表述的面目呈现，即，"不可能"意味着"不被要求"。①

但在实践中，通过熟练地使用"在一定程度上"（pro tanto）、"在可能的范围内"这些从句和限制性说法，能够巧妙地抵制心理学对伦理学的限制。当伦理学接受"应该—能够"准则的时候，便割让了大片领地，但它很快通过"调节性理想"（regulative ideal），发动了一场收复失地的复仇战争。当那一理想有着在人类心灵之外的根源时，关于我们心灵的事实就会出现在下一个阶段，引入限制和不完美性，而伦理学从未使自身与这些引入物充分协调。

正因为如此，近来许多关于道德心理学的讨论，都打上了追赶游戏或损害性控制操作的色彩。其目的是要表明，我们的心理学何以大体上适合于伦理学为之设定的任务，或者我们如何阻挡其不适合的方面。我特别想到了两种类型的讨论：那些把利他主义视为伦理行为的

---

① 确实，我们很少发现从"应该"到"能够"的论证。即使是那些自恃最有把握进入伦理学领域的人，似乎也很少能显得自信满满地"从他们发现的新的义务推导出新的心理学力量"。

中心并由此观点出发的人，试图使我们的心理学有可能适应利他主义；而那些承认自主和自由的重要性并由此观点出发的人，则努力表明我们的心理学允许我们在必要的方面是自由的。[1]

在古代，伦理学和心理学之间的桥梁出于另一种目的而搭建。由于古代理论的伦理学基础中都包含某种类型的自然论，因此，古代理论往往伴随于而不是先于其心理学开始其伦理学思考。这样，它们对于道德心理学的内在融贯性就有更多信心，也不太可能将心理学看成对源头甚远的伦理学理想的一种回溯性（ex post facto）限制。

[259] 这种匀称的格局反映在可作类比的、所谓古代的道德心理学的混合公理中：完美的、典型的人类心灵属于具有完美道德的人类能动者。对伦理标准的违背总是反映出心理卫生方面的缺陷，而我们的义务由心理完美的能动者现实的实践所设定——即便这种能动者的稀少使"现实的"变得非常理论化。从不存在这样一个初始的阶段，在其中，伦理学树立起一种不同于或对立于人类心理本性的理想；相反，两种学科是从各自不同的有利视角对同一对象的研究。正因为如此，它们的结果被确认为相互一致，也因为如此，道德心理学这一学科在一开始就是内在融贯的。这大概就是古人持有的看法。

从当代的观点看，伦理学和心理学的彼此契合肯定显得十分可疑，正像用小刀来拼装七巧板一样。更具体地说，似乎心理学对伦理学之自主性任何可能造成的威胁，都通过对心理学本身的极端理想化加以避免。心理学不再是我们所认为的经验性的、描述性的学科，而是变成了和伦理学一样，研究理想的学科。现在，涌动于我们之中的现实生物被宣布为只是一种不完美的样本，糟糕地引领着真实的兽性。

我指出这些差异，并不是想赞颂古代伦理学的自然论，也不是要

---

[1] 关于此主题的有代表性的当代表现，例见 Slote 1999 和 Thomas 2000 等指南性论述。

责难古代心理学只是在摇椅上玄想,而是为了给出随后问题的语境和背景。古代道德心理学与其现代后裔拥有大量共同的问题和关切点,都提出了一些常见的问题,包括有关利他主义和自主性的问题。但是,一些更大的怀疑和更深的困难从未得到探讨。这里所假定的是,这一课题是能够加以推进的,而非推进这一课题本身是需要证明的。

在道德心理学中,正如在廊下派的大多数思想领域中一样,议题的设定和大部分术语的规定,受到了柏拉图早期对话中苏格拉底的影响,尤其是《普罗塔戈拉》的影响(《普罗塔戈拉》358d)。廊下派拒绝柏拉图后期著作和亚里士多德著作中关于心灵复合体的模型,按照这一模型,[260]理性和非理性的心灵力量相互影响、相互冲突。由此,廊下派保留了苏格拉底坚持的"所有动机都可被分析为信念的一种形式"这种看法。廊下派把实践中的非理性分析为某种形式的理论上的非理性,把那些偏离正轨的动机还原为错误的信念,这些主张最为明显地体现出他们典型的理智论立场,即所有理性都是理论理性。廊下派的理论正是沿着提供上述分析方式的思想路线前进。[1]

2 第一部分:理论主线

认识论和伦理学的背景

关于人类行为的理论必须一方面更为恰当地使用属于认识论的术语和概念,另一方面也必须更为恰当地使用价值论的术语和概念。对此的详细讨论,读者可以参考第三章和第九章。对于本章来说,简短地回顾一下就够了。

在廊下派的认识论中,所有观点都从关于印象的学说而来。[2] 印

---

[1] 关于这一思路的影响,见 Price 1994。

[2] 这是廊下派自己的说法;参见《名哲言行录》卷七 49(《早期廊下派辑语》2.52 =《希腊化哲人》39A)。关于印象的总体论述,见《早期廊下派辑语》2.52–70,《希腊化哲人》39。

象是一种灵魂的变化,通常(尽管并不必然)由能动者所处环境中的可感对象引发,它们表现为"提供了事物如何存在之信息"的东西。虽然非理性的动物也接收印象,但是,只有那些成年人的印象才是理性的,[1] 因为这些印象中的每一个都和某个唯一的命题一样的东西即断定(axiôma)相关,断定在部分意义上构成印象的同一性(比如,两个视觉印象可能在视觉内容上完全相像,然而,[261] 由于它们所随附着的断定[axiômata]不同,所以它们甚至在类型上就是不同的印象)。[2]

---

[1] "理性的"(logikos)这一术语在廊下派的认识论中至少包含着双重含义。在较为宽泛的意义上,如果印象相关于命题,那么它就是理性的,如果某一动物的印象是理性的,那么它就是理性的。按照这一准则,所有且只有神和成年人是理性的,他们的所有印象都是理性的,由他们对这些印象的认可所构成的任何信念或驱动也是理性的。所有非人类、非神圣的动物都是非理性的,如儿童。非理性动物的所有印象都是非理性的印象。在较为严格的意义上,印象(以及由对印象的认可所形成的信念和驱动)是理性的,只要它们与廊下派的圣贤或神(God)的完美理性相一致。按照这一标准,所有我们遇到的现实中的成年人,他们的信念和驱动都是非理性的(因为当前缺乏圣贤)。

[2] 廊下派假定每一印象都只相关于一个断定(axiôma),这一点并非像幼稚地假定每一图片都只有一个可能的文字说明一样,而是涉及一开始如何定义印象的问题。把印象与图片相类比已经是错误的了,因为它假定印象的内容仅仅是感官内容,例如视觉内容。与此不同,一个理性的感官印象既包含某种感官内容,也包含某种进一步的非感官内容,即灵魂的某个方面的变化,这种变化使得该印象与"在我面前有一个镜子"而非"在我面前有一个人"的断定(axiôma)相关。这种进一步的非感官内容本身不是断定(axiôma)(因为印象的每一部分都是有形体,即特定状态的心灵之气[pneuma]),它是印象的一部分,不同于单纯的感官内容,它指向或能指某一断定(axiôma)。因而,如果同一个视觉印象随附着不同的断定(axiômata),廊下派将会认为它不是一个与不同断定(axiômata)相关的印象,而是里面有多个不同的印象,其不同建立在灵魂变化之物理性差异之上。既然我们是在规定狭义上的感知内容的同一性,那么差异就不能在那编制了感知内容的部分气(pneuma)中找到,而只能在另一部分气中寻找,这部分气编制了那指向断定(axiôma)的非感官内容。

[262] 动物和儿童通过采取印象的表面内容所建议的行动，直接对印象做出反应（例如，因关于危险的印象而做出逃离行为），而成年人则对印象的内容和它似乎表现的事态之间的关系采取一种态度，

以视觉印象为例，在其中，需要区分出四样东西：(1) 在某一特定场所中获得的关于事物的视觉表象；(2) 记录着这一未加解释的场景表象的灵魂构型（configuration）；(3) 一个作为无形体的命题且不存在于场所中的断定（axiôma）；(4) 与这一断定（axiôma）相关的个人灵魂构型。第一样东西就像是图片的形象，或伊壁鸠鲁主义所讲的映入眼帘的 eidôlon [影像]，如果 eidôla [影像] 这种东西存在的话。但它不是印象的某一部分，因为印象是完全内在的心灵实体，是个人的气（pneuma）的一种习性（disposition；hexis）。在动物那里，这种习性只限于感官内容(2)。在成年人那里，我们可以发现(4) 这种第二部分内容，它来自感官对象对于个人所具有的概念框架的作用。这第二部分内容也是气，是有张力的部分气（air；pneuma），它以特定的方式受到冲击，就其相关于某一断定（axiôma）而言，它具有某种语义内容。因此，作为能指着某东西（即所指的断定 [axiôma]）的少量受冲击的气，它构成着逻各斯（logos）的定义（即逻各斯是某种被表达且有意义的受冲击的气）。但这一逻各斯是灵魂的相对持久状态，和印象一样持久，并且它不通过口表达出来。因此，它是内在的逻各斯（即 logos endiathetos），并且正是由于理性印象由语义性的受冲击的气所部分组成这一事实，它们才被称为理性的印象（即 logikai phantasiai）。

只有一个文本（恩披里柯《驳学问家》卷七 246 =《早期廊下派辑语》2.65 =《希腊化哲人》30F）似乎为"个人的印象可能相关于多个断定（axiômata）"这一看法提供了证据。但实际上，那里涉及的是类型印象（type-impressions，例如，"现在是白天"这一印象），在很多时代，很多人都会表达这种印象，只是其真值有所不同。即使是在这一文本中，表达上有所不同的类型印象所随附着的也并非是不同的断定（axiômata），而是同一个断定（axiôma），只是该断定的真值会变。该文本在近些年误人不浅，使得一些评论者认为，廊下派认同那些内容是亚命题性的（sub-propositional）印象（例如关于概念的印象）（M. Frede 1983），另外一些人认为，同一印象可以具有与之相关的相互矛盾的断定（axiômata）（Joyce 1995）。见 Shields 1993，作者看到了这里的一些困难，但并未加以解决。最近的受害者是 Caston 1999，他关于廊下派共相论的出色论文中有部分内容就是建立在对该文段的误读之上。关于比较早的正确观点，见 Heintz 1933，尽管他的不必要的文本修订损害了其论述。

从而首先对印象的整体状况做出反应。一种可能的态度是，把印象的内容看作其表现的事物的准确反映，似乎说，"是的，事物真的如其在印象中所表现的那样"。这种态度被称为认可（sunkatathesis）。只有在这种情况下，印象的内容才能够进一步以确定的方式推动能动者做出行动。只有某人认可展示危险即将到来的印象，他才会做出逃离或准备防御的活动。他也可能对印象采取保留或悬置的态度，把印象"单纯"视为印象，而不是对世界的确切表象。①

把这一过程想象成一种准慎思（quasi-deliberative）或推证的过程是很诱人的，正像在接受某个证人证词之前，首先需要考察该人的诚信问题一样。而且，一些文本也鼓励这种想法。②但我想，这种默默的审视（sub-vocalized scrutiny）极为稀少，只能发生在能动者一开始已经悬置，至少是暂时地悬置了判断的场合。（并不存在一个高超的有利视角能让人们确定是否对印象加以认可或悬置；审视的事实本身蕴含着某人已然悬置，或至少暂时地悬置了判断。）某人在一开始对印象是径直做出悬置还是认可，完全先于这种自觉或慎思的审视过程，从而不受这一过程的影响。我想，这也是一个由印象的本性和由能动者的灵魂在接收印象时的状态所完全决定的事实。③

---

① 一些文本（例如《清谈录》卷三3.2）似乎提供了第三种选择，即拒绝印象（ananeuein，与说"是"的认可模式相对，是一种说"不"的态度）。但我怀疑，这一态度在一些情况下应当被分析为不承认相反印象的单纯悬置，而在另外一些情况下，可以被分析为一种对于初始印象的初始悬置，随后则对与该最初印象相反的明确印象做出明确认可（例如，我不相信船桨是弯的，实际上，我相信它是直的）。

② 关于该观点的经典文本是爱比克泰德的《手册》1和《清谈录》卷三12.15。

③ 这里我不仅是说，每一事件的发生对廊下派来说都一直是被决定的——尽管这一点像适用于外在事件一样，也适用于认可和其他精神事件，这一事实所具有的某种意义我们将在后文讨论。此外我还想到，我们不应该假定，自觉的审视的特殊情况为我们提供了一般情况的指导，或向我们显示了每一种情形

[263] 如果某人认可某一印象,他因而就具有一个信念;该信念和这认可是一回事。[①] 从认识论的立足点看,最重要的信念亚类,一方面是单纯的意见(doxai),不管它们是假的、真的还是 cataleptic;另一方面则是知识,它们涉及对 cataleptic 印象的强烈认可,且只存在于圣贤那里。关于什么使得一个印象成为 cataleptic,在第三章中有深入讨论。这里,我们可以说,cataleptic 是这个印象整体——既涉及内容也涉及其因果历史——的一种特征,能够保证其真实性。

下面,我们将回顾廊下派价值理论的一些观点。只有德性以及任何分有德性的东西才是好的;只有邪恶以及分有邪恶的东西才是坏的。除此之外的一切都是中性的,这是指,它们既不是有益的也不是有害的,或者换句话说,它们对于人的幸福或不幸并没有影响。

然而,中性事物,如健康和疾病确实具有某种价值,被称为"选取性价值"(selective value;axia eklektikê),我们还可以将之翻译为"谋划性价值"(planning value),以反映出"它们只相关于指向未来的驱动"这一事实。[②] 一旦我们拥有了某种中性事物,其"谋划性价值"

下事件发生的放缓形式。在这些特殊的情况下,我们似乎至少经验到某些关于我们是否对印象加以认可的现象学上的不确定性,并且可能还诱使我们假定,在每一种情形下认可都发生于审视的过程之后,也许审视做得十分轻率或仓促,但至少在原则上可以变得不是这样。完全相反的是,在一般情况中,印象产生了一种自动的认可反应,或自动的悬置反应。审视的情况仅仅向我们表明对印象的某种自动悬置的后果,即对某一印象做出自动悬置反应之后,发生的是对该印象之相反印象的悬置反应——但能动者由于某种原因感受到在这一方面获取确定观点的欲望。这个时候,人们就开始追问印象的"源于自然的标记"是什么。(这一般又不会涉及对同一印象进行实际的强化审视,而是经过慎思获得另一个明确的印象,也就是换个角度看问题。)实际上,正是做出快速反应的情况,才更准确地显示了在反应较慢的情况中发生的事情,因为它们更清楚地反映出这样一个事实,即认可的发生完全由印象和能动者灵魂状态所决定。

① 例如恩披里柯,《驳学问家》卷七 151。
② 司托拜俄斯,卷二 83(《早期廊下派辑语》3.124 =《希腊化哲人》

便淡出了我们的考虑,该对象成为纯粹中性的。因而,对于我们身上作为既成事实的健康或疾病,我们应当做出同样平静的反应。[264]但是,当涉及将来的时候,健康具有比疾病(实际上,疾病具有选取性的"反面价值"[selective "disvalue"])更大的谋划性价值这一事实,为我们追求健康避免疾病提供了理性的基础——尽管在具体情况中,这些考虑也许会被别的考虑所压倒,使我们追求疾病而不是健康。具有可观的选取性的价值或反面价值的各类中性事物,可以分别称为"较可取的"(preferred)和"较不可取的"(dispreferred)中性事物。①

根据廊下派的观点,在一般情况下,人类在寻常事实的信念方面并没有特别地受到误导——我们的感官以相当可靠的方式为我们提供关于世界的信息;并且,我们关于中等大小对象的信念也绝大部分是真的(尽管由于其他原因还达不到知识的水平)。然而,当谈到评价问题时,廊下派假定存在着流布甚广的错误:我们周围的所有个人,正如我们的文化、法律以及制度,在评定什么是好、什么是坏的问题上深受误导。我们按照常规和习惯,把诸如健康、生命、金钱、情感、荣誉以及舒适等中性事物判断为好的,把它们的对立面视为坏的,但所有这些判断都是错误的。的确,我们有时也做出"德性是好的"和"邪恶是坏的"这些正确的判断。但是,平常的道德能动者(与一般的能动者相对——参见前面的讨论)在错误信念的引导下,把他或她的生命用在追求健康、财富和舒适,恐惧并逃避疾病、贫穷和痛苦,认为前面那些东西是好的,后面那些则是坏的。这些错误的信念也是能动

58D)。该术语被归于安提帕特若斯,但我认为它反映着克律希珀斯的学说。

① 它们是对 proêgmena 和 apoproêgmena 的常见翻译,但是,这两个古希腊术语并不与任何关于能动者具有或倾向于具有或应该具有的偏好(preferences)这一潜在理论有所关联。廊下派自己对这两个术语的评述表明,更准确的翻译可能是"晋级的"(promoted)和"降级的"(demoted),或者"高级的"(advanced)和"低级的"(relegated);见司托拜俄斯,卷二 84–85(《早期廊下派辑语》3.128=《希腊化哲人》58E)。

者做出有意向的行为时的有效心理动机,在廊下派那里被视为 pathê（情绪）,属于驱动的一种。虽然它们是作为人类动机之偏离和缺陷的例子,但它们也是驱动的最常见形式,并且有点讽刺的是,我们在廊下派那里发现,关于这些邪恶动机的证据,比关于他们所支持的德性动机的证据要多得多。

[265] 我们将考察关于几种特殊驱动类型的证据,尤其是关于情绪的大量证据,据此,我们可以充实其他驱动类型的图景。但是,在我们进行考察之前,我们应当首先考虑我们所掌握的"作为类的所有驱动的一般结构"方面的证据。

驱　动

hormê［驱动］的概念处于廊下派道德心理学的核心。或毋宁说,由于动物也因驱动而进行活动,但那不是理性的驱动,因此,理性的驱动,即在成年理性能动者那里以命题形式表现的驱动,是廊下派道德心理学的核心概念。廊下派关于人类之动机、欲望、德性的或邪恶的倾向所说的任何言论,都可以通过驱动来加以表达。

驱动是行为的必要条件。有一系列文本告诉我们,除非能动者有一种驱动,否则不会有任何行为发生。在廊下派与学园派之间关于"缺少认可情况下生活的可能性"的长期争论中,这一主张非常关键。[①] 但是,驱动也是行为的充分条件。当某个能动者具有做某事的驱动,那么,该能动者就会立即去做这件事。[②]

[①] 普鲁塔克,《论廊下派的自相矛盾》1057A (《早期廊下派辑语》3.177=《希腊化哲人》53S);司托拜俄斯,卷二 86-87 (《早期廊下派辑语》3.169 =《希腊化哲人》53Q);我也把普鲁塔克《驳科洛特斯》1122A–F (《希腊化哲人》69A) 作为间接的证据。

[②] appetitus impellit ad agendum［驱动激发出行为］,见西塞罗,《论义务》卷一 132 (《希腊化哲人》53J)。

第十章　廊下派的道德心理学　**317**

　　每一驱动都是一种认可，从而也是灵魂的一种运动。① 廊下派说某一驱动是灵魂或心灵朝向某一行为的运动，他们是追随《王制》中为人所熟知的模型；[266]苏格拉底把欲望和嫌恶描述为心理的推动力和拖拽力。② 正如其他认可一样，驱动构成信念；根据认可的种类以及认可所指向的印象的种类，信念可划分成前面细究过的不同类型。③ 从道德心理学的立足点看，印象的最重要的划分体现在前面提

---

① phoran psuchês epi ti［一种灵魂朝向某物的运动］，在理性动物的情况下可以拓展为 phoran dianoias epi ti tôn en tôi prattein［一种思想朝向行为领域的某物的运动］，见司托拜俄斯，卷二 86-87（《早期廊下派辑语》3.169 =《希腊化哲人》53Q）。亦见作为一种驱动的情绪的定义，它是灵魂的一种非理性运动（kinêsis tês psuchês，例见司托拜俄斯，卷二 88 =《早期廊下派辑语》3.378 =《希腊化哲人》65A）。普鲁塔克说廊下派使认可作为一种物体（《驳廊下派的一般观念》1084B），这是错误的。我们通过比较埃提俄斯，卷四 21 和塞涅卡《致鲁基里乌斯的道德书简》113.23（二者包含于《早期廊下派辑语》2.836［=《希腊化哲人》53H］、《希腊化哲人》53L），能够看出他何以得到错误的结论，即廊下派使活动成为一种物体。塞涅卡在谈到 ambulatio（走，即 peripatêsis；参照普鲁塔克的 orkhêsis）的时候，显得在行为词汇（action-word）和能力词汇（capacity-word）之间摇摆，正如在谈到 horasis［看］、geusis［尝］等词时一样。("走"是一个典型的例子，可以追溯到《高尔吉亚》468；它也经常出现在亚里士多德关于行为的讨论中，例如《论动物运动》[De Motu] 701a。）但在埃提俄斯那里，后面这些词明显指的不是看、尝等的经历，而是看、尝等的官能，它们是灵魂的一种官能。在塞涅卡所翻译而普鲁塔克所篡改的一段文本中，就是把 peripatêsis 说成一种走动的官能或能力，而不是行走的活动。塞涅卡在谈到人走的习性化能力这个物体是与人的 hêgemonikon［主导官能］同一还是它的一种延伸时，比较了两种不同的观点。这段文本并未表明，人的走等类似行为可能是一种如 hêgemonikon［主导官能］一样的物体。

② 见《王制》437b-c；关于柏拉图之前的相关看法，见 Brunschwig 1994b。

③ 司托拜俄斯，卷二 88（《早期廊下派辑语》3.171 =《希腊化哲人》33I）说，每一驱动都是一种认可，这使问题得以解决。疑问来自下一句话，其中似乎说认可和驱动具有不同的对象。但并非如此。所有认可都是对于命题的认可（这一关系通过与格的 axiômasi［断定］体现出来）；那些作为驱动的认可也指向谓述（这

到的假的、真的和 cataleptic 印象之间的区分，也表现于印象之内容是实践的或是理论的之间的区分。实践的印象——或被廊下派称作"驱动性的"印象（"impulsive" impressions；phantasiai hormêtikai）——是那些其内容包含着某种评价性谓项的印象，涉及把好、坏或其他价值赋予某一事态，尤其是在描述能动者可能采取的行为的时候。[①]

词语 impulse（驱动）和 impulsive（驱动性的）具有某种怪诞或令人困惑的误导性意涵，而这些意涵并不构成廊下派理论图景的任何一部分——其误导性明显可以从任何人类行为不论如何经过慎思或如何异想天开，都通过"驱动性的"印象来加以分析这一事实表现出来。但是，翻译可以通过强调那两个词与行为紧密关联来作出补救。驱动在廊下派的观点中是一种心理事件，它会导致行动上的结果（假如外在条件合适的话）。

当我们更深入地钻研驱动的亚类（其中一种亚类被称为欲望）时，把这一点铭记于心十分重要。就欲望这个词的一般意义而言，当然有可能某人具有多种欲望但没有相应的行动。[267] 根据标准的双因素行为理论（two-factor theory of action），如果不与某种正确的信念（例如，某人认为满足欲望的手段已经具备）相结合，欲望并不能够产生行为。廊下派的驱动概念进而还有被翻译为 desire［欲望］的概念，在这两方面都与人们通常的理解不同。人们不可能具有某个驱动

一关系通过 epi［朝向］伴随宾格对象体现出来，参见对 hormê［驱动］的一般定义中的 phora epi ti［朝向某物的运动］）。如果驱动不是真正的认可，那么，说恐惧或欲望的情绪是 doxa［信念］，或把全体情绪描述为 kriseis［判断］就是没有意义的。

① 司托拜俄斯，卷二 86–87（《早期廊下派辑语》3.169 =《希腊化哲人》53Q）。关于这一非常重要的段落的讨论，见 Inwood 1985，页 224–242。朗格和赛德利的翻译是不正确的。关于英伍德的翻译何以是正确的，见 Brennan 2003。我思考并拒绝了弗雷德（M. Frede 1986）提出的有趣观点，该观点认为，使印象具有驱动性的可能不是印象表达的内容，而是它们表达其内容的方法或方式，见 Brennan 1998。

而没有相应的行动——具有一种驱动（即对驱动性印象的认可）本身就是开启一种在印象中设想的行为。① 驱动在自身中包含着行动所必需的一切：不仅有一般的赞同或反对的评价性态度，而且还有最终详细的行为内容，这些充分展示着被设想的任务。在这方面，廊下派的驱动不像亚里士多德的实践三段论（practical syllogism）中的大前提，而更像是对两个前提的心理学综合。② 它是一种精神事件，能够把特殊、确定之事态的描述和指向该事态的评价性态度综合起来，并且直接导向行动。它是因果关系中充分的、直接先行的、意向行为的心理动机。③

---

① 我忽略了诸如恐惧所涉及的一些表示反对性评价的例子，比如，我具有一个突然且可怕的想法，即从高楼阳台上跳下去，并认为"这将是一件可怕的行为"或"绝不能那样做"，从而迅速退缩。这一故事大体上反映了所有那些反对性评价的情况，尽管在这里直接导致的行为与在印象中描绘的行为相反，即，这里的情绪是一种远离印象描述的行为的驱动，或意味着从即将到来的恶中逃离——"意向避离"那种行为，正如霍布斯在《利维坦》第一部分章六 23 中所说的嫌恶（aversion）［中译编者按：译文采自霍布斯，《利维坦》，黎思复、黎廷弼译，杨昌裕校，北京：商务印书馆，1997，页 36］。在克雷芒的记述中，hormê［驱动］被定义为"朝向或远离某物的运动"（phora epi tiêapo tou），见《杂缀集》卷二 460（《早期廊下派辑语》3.377）。

② 众所周知，亚里士多德否认这一三段论的结论是另外一种心理实体——也许为了避免倒退或解释上难以弥合的断裂，他只是说，随后产生的是一种行为（《尼各马可伦理学》1147a25 以下）。但即使是亚里士多德也必会说，人们除了分别看待诸前提以外，还须把它们视为相互契合的统一整体，它们是三段论的前提而不是相互无关的观察记录。亚里士多德会毫不犹豫地赞成说，这个过程是一心理事件，它超越了对每个不同前提的把握。但他仍会坚持认为，从对诸前提的综合性把握中所得到的是行为本身。

③ 廊下派意识到第二种意义上的"驱动"即指一种想要具有标准意义上的驱动的习性；并且在很多词汇中，事件术语（event-term）和习性术语（dispositions-term）一直混用。例如，在正式的术语学中，情绪本身（它是灵魂朝向某物的一种特定时间发生的、事件性的运动）和想要具有某种特殊情绪的状态性的灵魂习性（它被称为"疾病"或"癖性"）之间存在着一种区分（见《早

[268]有关一般的驱动内容之证据包含在"他们说推动驱动的事实上只是那种与什么是恰当的（kathêkon）有关的驱动性印象"这一评论中，该评论与我们需要给出的驱动性印象之定义紧密相关。对于该评论，我赞同英伍德的看法，认为它意味着每一驱动性印象首先显示着某物是恰当的（kathêkon）。或者，以随附于该印象的断定（axiôma）来说，每一驱动性的断定（impulsive axiôma）都在其最高节点上受某种驱动操作者（impulse-operator）的控制，可以表达为"这是恰当的（kathêkon）：p"，其中，p 为能动者可能采取的备选行动，它给出了驱动性断定（axiôma）的部分内容。

可以根据爱比克泰德的学说来强有力地表明上述看法是正确的，我们没有理由质疑他在这一点上的正统性：

……所有人［的行为］都有着同一个根源。正如认可源于"事情确实如此"之感受，拒绝源于"事情并非如此"之感受……同样，朝向某物之驱动源于"该物对我有益（advantageous; sumpheron）"之感受。我们不可能判定一物有益却欲望他物，或判定一物恰当（kathêkon）却具有朝向他物的驱动。（《清谈录》卷一 18.1）

每当有人对你做了坏事，或说了你的坏话，记住，他这样做或这样说，是因为他相信这对他来说是恰当的（kathêkon）。他

期廊下派辑语》3.421–3.430，《希腊化哲人》65S，65L，尽管需要注意的是，"激情"这一用语被错误地加在 65L 的第一句话上）。这样，我在 23 日周二的勃然大怒就是一种情绪，我一直具有的易怒性格不是情绪，而是一种癖性。对此的进一步讨论，见 Brennan 1998。（然而，我们也发现"情绪"被不当地用来指习性——例见《早期廊下派辑语》3.456；以及《早期廊下派辑语》3.429，在其中伽伦明确指出了这一点。）这一点使得廊下派的情绪理论与那些追随萨特（1933）的情绪理论（例如 Wollheim 1999）之间有着根本的距离，后者把情绪的核心问题视作在本质上是习性化的（例如，情感反应的综合状态和样式、与世界建立关系的策略、个人对世界的立场）。

不可能赞同事物向你显现的样子，而是随从事物向他显现的样子。(《手册》42)[1]

这两段引文都声称，"某物是恰当的（kathêkon）"这一想法构成了每一行为的动机。从爱比克泰德对 kathêkon 的用法中看出，该术语似乎并非不可思议；他很乐于用以下系列的谓述中的任何一个来替代之："恰当的"（appropriate）、"合理的"（reasonable）、"有益的"——所有这些谓述都发挥着一种在结构上类似的功能。[2] 似乎我们被告知，[269] 关于构成动机的东西本身的概念只有一个，尽管该概念可以有一些不同的语言表达方式。有关一般驱动内容之一致性的伦理意义在下文（2.4）中有所讨论，在那里也有论及构成动机的观念事实上不同于"我们的对象是好的"这一观念的意义。

情绪、好的情绪以及选取

保存下来的关于廊下派驱动的讨论，绝大多数都关乎驱动的一种

---

[1] [中译编者按] 译文参考爱比克泰德，《爱比克泰德论说集》，王文华译，北京：商务印书馆，2009，页606，有改动；下同。

[2] oikeion、eulogon、sumpheron 等，见《清谈录》卷一 11.28-32；卷三 22.43；卷一 28.5-6；卷一 19.8-15；卷一 2.3-4。亦见普鲁塔克，《驳科洛特斯》1122A-F（《希腊化哲人》69A）；由于我认为其中阿尔克西拉俄斯关于实践能动性的评论是他针对廊下派理论所作的人身攻击式回应的一部分，所以我把这段话作为廊下派立场的强有力证据，见 Brennan 1996；2000b。上文中所主张的，行为只需要两种东西，即"与什么是恰当的有关的印象"（phantasia oikeiou）和朝向貌似恰当之物的驱动（pros to phanen oikeion hormê），为英伍德对司托拜俄斯卷二 86 中的关键短语（即 phantasia tou kathêkontos；[中译编者按] 英伍德译作 a presentation of something appropriate，即"某恰当之物的呈像"，见 Inwood 1985，页 189）之翻译的正确性提供了显著确证，也为 kathêkon 可被 oikeion 等其他大致相当的术语所替代提供了进一步证明。

类型，即情绪或激情（pathos）。[1] 这种文本证据上的倾斜既反映了现实中人们（即非圣贤之人）的大部分动机都建立在情绪之上的事实，也反映出，情绪分析事实上也成了廊下派与其他学派关于灵魂结构和灵魂的非理性问题之争论的焦点。

使情绪和其他驱动得以区分开来的一个事实是，情绪将自己的对象描述成好的或坏的，因而情绪由缺少真知的信念所构成。通常来说，使情绪缺少真知的一个事实是，它们是错误的。在大多数例子中，能动者把中性对象，如金钱、快乐或死亡错误地断定为好的或坏的。根据好与坏之归属以及它们是指向当前事物还是将来事物，可以区分出情绪的四种主要类型：欲望是把好归于某个将来状态，恐惧是对于将来之恶的一种忧虑，快乐是将好归于某一当前状态，痛苦则是将恶归于某一当前状态。根据我们所掌握的对这些精神事件的最充分、明晰的说明，它们可以以如下方式被定义：[2]

> [270] 欲望是这样一种意见，即某个将来的事物是好的，我们应当追求它。
>
> 恐惧是这样一种意见，即某个将来的事物是恶的，我们应当避免它。
>
> 快乐是这样一种意见，即某个当前的事物是好的，我们应当为之所鼓舞。
>
> 痛苦是这样一种意见，即某个当前的事物是坏的，我们应当为之而沮丧。

其他情绪被包含在这四个亚种中，例如，嫉妒、后悔、哀伤都属

---

[1] 《早期廊下派辑语》3.377–420；《希腊化哲人》65。
[2] 见《早期廊下派辑语》3.391, 393, 394。

于痛苦这一亚种。① 在上述每一定义中，都有提到好或坏这样的价值，并且都有指涉"我们应当以某种特定的方式为之推动"这一看法；"应当"这种说法也是对某种形式的 kathêkon 一词的翻译（即它是驱动性印象不可缺少的内容）。每一驱动都涉及将这种决定性的行为考虑成要做的行为；当某人具有一种情绪时，这种考虑紧随一开始在紧要关头产生的某物是好的或坏的这一想法之后产生。

把中性事物视作好的或坏的显然是错误的，因而，圣贤从来没有情绪。然而，他们被说成具有 eupatheiai（从词源上看，可理解为"好的情绪"），这种驱动建立在一系列知识之上。与把中性事物如金钱、健康等判定为好的或坏的不同，圣贤把好归给德性，把坏归给邪恶。那种把他们与他们当时具有的德性相关联的驱动并不是快乐（pleasure），而是愉悦（joy；chara）；他们在朝向他们将来的德性时所感受到的并不是欲望（desire）这种情绪，而是愿望或意志（willing or volition；boulêsis）。他们对将来之邪恶的熟练规避被称为"谨慎"（caution；eulabeia）（而非"恐惧"[fear]）。自然，并没有和"痛苦"（pain）相对应的第四种好的情绪（eupatheiai），因为圣贤根本没有任何当下遭遇的邪恶，进而更没有什么可能让他感受到沮丧。这样就存在四种情绪，但只有三种好的情绪（eupatheiai）。②

[271] 第三类驱动只包括两项：选取（selection）和弃取（disselection）。如果我们把关于诸情绪的定义作为样板，那么这些驱动则建立在把某项事物实际视作具有谋划性的价值或反面价值之上。

---

① 《早期廊下派辑语》3.414。
② 这一点首先由英伍德（1985，页 173-175）提出，表明好的情绪（eupatheiai）不能像有时候认为的指向中性事物（我对此观点增加了更进一步的论证，见 Brennan 1998）。说圣贤规避疾病的态度就是谨慎（eulabeia），这一简单的说法在我看来似乎足以舍弃，但是还有一个更为复杂的观点，据此，每一朝向中性事物的态度都伴有一个朝向德性或邪恶的行为，这种行为由追求或规避那一中性事物所构成。对此，我们将在后面加以考虑。

例如，当我冷静考虑我的下一顿饭时，我把它视为中性事物，但是，谋求它却是合理的，因为它有着积极的谋划性价值。[1] 这种类型的驱动就是选取。也就是说，我把食物视为较可取的中性事物，对于该中性事物，我追求它是恰当的（kathêkon），或者，我把从悬崖上坠落视为较不可取的中性事物，对于该中性事物，我应当避免，从而具有一种弃取的驱动。这类驱动相关于谋划性价值，进而实质上指向将来，正因为如此，这类驱动才只包含两项将来时的驱动。"某一中性事物已经向你呈现"这样一种实际的评定根本不能产生驱动。如果你真看出该事物是中性的，那么你将对之产生一种无所谓的态度——这并非心理卫生学的一种建议，而毋宁说是心理学的一般定律。

只有非圣贤之人才有情绪，但并非他们的所有驱动都是情绪。只有圣贤才有好的情绪（eupatheiai），但并非他们所有的驱动都是好的情绪。选取是双方共同具有的性质，在这方面，双方对于 katalêpsis 和对恰当性（kathêkon）本身的把握有着重要的结构相似性，圣贤和非圣贤之人都类似地分有它们，区别只在于，圣贤比非圣贤之人在此更为稳定和更好地免于错误。在完全缺乏德性的人那里（即，在可能是所有现在活着的人那里），大多数驱动都是情绪性的——人们的行为依循着一种诚挚但却是误入歧途的看法，即生命、健康和金钱是好的事物，他们恐惧死亡、疾病和贫穷，并视之为坏的事物。但是，即使我们当中那些怀有完全朽坏价值的人，也知晓把某物作为中性之物意味着什么（例如，大量纸杯中的一个纸杯）。我们能够看出，我们的幸福和不幸完全与这个纸杯的命运无关，但我们可以有充分的理由使用这个杯子喝水，[272] 或不用它喝水，或把它给别人，而对它并没有些微情绪性依恋。

纸杯的古代对等物是陶罐，所以爱比克泰德告诉我们，要从对待

---

[1] 回忆一下 axia eklektikê 被翻译为"谋划性价值"，即相关于选取（eklogê）的价值。

一个小罐子（它是常见的中性事物）那样对待某物这种经验出发（《手册》3）。通过这一模式，我们能够及时地认识到，就连生命也是一种中性事物，并且我们伦理发展的最重要部分在于以选取来取代情绪（即更正我们关于价值的错误信念）。但是，选取仍然是一种驱动（即产生行为的活动），所以我们有可能在放弃"健康是好的"这种错误信念的同时，并不丧失维持健康的所有动机。我曾经感觉到对于我健康的情绪性依恋，那是因为我把健康想成好的事物，我维持它的驱动是情绪。现在，我理解了（至少在极大程度上，因为我还不是圣贤），它并不是好的事物，并且，我所具有的朝向维持健康的驱动，建立在对它的地位的准确评定的基础上，即把它视为较可取的中性事物。但是，我的介入世间的生活并不受这种评价上的变革的威胁，这是因为选取是独立于四种情绪驱动的驱动。因而我就不必担心，我会由于对曾经被视为好和坏的事物日益持有无所谓的态度，而变得无事可为。

在对驱动的亚类进行区分时，值得停下来对廊下派的保留（reservation；hupexairesis 或 exceptio）理论做一番介绍。① 爱比克泰德告诉我们，欲望和恐惧这些指向将来的情绪总是会带来某种对于成功的期盼；他说，欲望所期待的就是某人实际地获取其所欲望的东西，嫌恶所期待的则是某人实际地避免其所嫌恶的东西（《手册》1）。这些根深蒂固的期盼会加倍放大由情绪一开始所造成的损害。比如，你不仅错误地认为中彩票是好的，你还梦想中彩票后的钱可以买到的所有可欲的东西——你开始想象自己真有这些钱，这样，[273] 当将来的实际情况与你期许的相反时，便给你带来更大的苦恼。

为了与情绪搏斗，我们应当用上单纯的选取（爱比克泰德以一

---

① 《手册》2，奥勒留，卷四 1，卷五 20，卷六 50，卷十一 37；塞涅卡，《论恩惠》卷四 34（《早期廊下派辑语》3.565）；司托拜俄斯，卷二 115（《早期廊下派辑语》3.564）。这些段落汇集了我发现的一些主要证据，见 Brennan 2000a，此外也反映了在布伦施维克一部即将出版的作品之评述的启发下，我所作的一些后续思考。

般的"驱动"来称呼特定的"选取")。[1]为了与期盼搏斗，我们应当对我们的驱动"有所保留"，这意味着我们不应当期待得到我们所要的东西，而应当始终意识到我们有可能得不到它。[2]我们尤其应当铭记于心的是，各种偶然性可以轻易地阻止我们得到我们所要的东西，因而，与自信满满地设想"我今晚将吃晚餐"相反，我们应当仅仅说："除非有什么事情的干扰阻止我今晚吃晚餐，我今晚将吃晚餐。"

当我们对驱动有所保留时，我们并没有改变驱动的内容本身，我们只是改变了通常附随于驱动，尤其是附随于情绪驱动的"我们将成功"的信念。有所保留的驱动并不构成驱动的一个不同种类，对情绪加以保留并不使之不再是情绪。[274]对于爱比克泰德门下的初学者

---

[1] 在爱比克泰德那里，"驱动"是他之前的廊下派那里"选取"一词所指的意思，相关证明见 Inwood 1985, 页 115–119。

[2] 在此，我对已发表的观点（见 Brennan 2000a）作了推进。布伦施维克曾向我表明，我所提出的针对其他立场的反驳同样也适用于我自己；即使保留仅仅是认知性的信念而不是驱动的内在特点，仍然存在着一种同义反复的问题。让人感到不清楚的是，在我们的信念中，增添一个"p，除非非 p"何以能够对我们的信念有所改变，更不用说以任何有益的方式改变我们的信念，因为这个增添的信念和我们已具有的任何一套信念都是一致的。

我接受这一质疑，并认为这反映了廊下派在表述上的失败。他们以条件句的形式表达他们的观点，但他们心中真正所想的，可以通过主观可能性的形式或确信的程度更准确地来表达。当他们让我们相信"我将吃晚饭，除非我不吃晚饭"时，其意图是，在欲望所作的期待即"而我将吃晚饭"方面，减弱我们的确信和自负。但是，显然条件句并不能产生这种效果。因为我接受所有同义反复句，所以我接受"二加二将等于四，除非二加二不等于四"，但是，接受这句话并不减弱我对于二加二等于四的信念。

因此在我看来，廊下派真正想要达到的目的是，把相信"我将吃晚饭"转变成相信"我将有可能吃晚饭，但也同样有不为零的可能性，我将不吃晚饭"。他们对这一观点的表述上的失败并不令人奇怪，因为在古代，明确的概率推理是完全缺失的，"除非"这一表达方式自然意在表明两个矛盾项被赋予不为零的概率。

来说，保留是一种有用的技巧，保留也是圣贤所有驱动的特点。① 在这两种情况下，它都取消我们对于实现愿望的保证，着实使非圣贤的我们不会因为自己最好的希望落空而感到意外。并且，保留自然适合于圣贤通常对于意见的避免，因为并不存在一种方法，确保像"我将吃晚饭"这样的将来之偶然事件的真理性。

现在，根据这些观点，我们可能很容易处理意志衰弱的问题。每一行为都反映着某种隐含的驱动，如果我不是认可"蛋糕应被吃掉"的想法，我就不会去吃蛋糕。但任一信念，进而任一驱动，都最大限度地占据着心灵；人们只能把单独某一个信念纳入其"信念盒"（belief box）中。② 误导其他一些理论家设定多种当前信念相冲突的现象，被解释为思想上的摇摆，这种摇摆如此迅速以至于逃过了我们的注意（以此，也显示了对以反思方式通达我们思想的某种限制）。③ 例如，我首先相信我不应该做 X，但是，这一想法又被另外一种相反的想法排挤出去，在这个过程中，我实际做了 X，但当不应做 X 的想法重新出现时，我就被后悔所淹没。在此，我关于我应当做什么的信念就显示出一种不确定性、不稳定性和游移性；我拥有各种不同的意见，但是，没有一个可以达到知识的水平。我既未清楚地看出我是否应该做某事，也没有对之产生强烈的认可。

只有圣贤的知识才能保证圣贤从不受衰弱意志的困扰，因为，在世界中，对于任何向他们展现出来的既定的价值模式，他们总是具有

---

① 《手册》1；司托拜俄斯，卷二 115（《早期廊下派辑语》3.564）。来自司托拜俄斯的引文并未告诉我们，圣贤在运用保留时是用上了他或她的 eupatheiai [好的情绪] 还是仅仅用上了选择；引文中提到的是 orexis [欲望]、hormê [驱动] 和 epibolê [意图]，但所有这些词都并不确定与 eupatheia 同义。

② 此术语在当代心灵哲学的讨论中经常出现，但我在寻找其起源时无功而返。

③ 普鲁塔克，《论道德德性》446F（《早期廊下派辑语》3.459 =《希腊化哲人》65G）。

一种"他们应该做什么"的稳定的、不可动摇的知识。①

3 第二部分：争议与推测

廊下派认知论的意义和情绪哲学

[275] 克律希珀斯所主张的"情绪即信念"在古代引发了相当多的争议，对其诸观点之兴趣的复苏也使得这些争议得以复苏。第一个问题是，克律希珀斯是否真想把情绪和特定的信念等同，而不是提出一种更合乎情理、更温和的说法，诸如情绪来自，或包含着，或相关于特定的信念。尽管伽伦竭力把问题搞复杂，但我想，他所作阐释的图景仍是清晰的：克律希珀斯确实意欲表明这种较强的主张，即任一情绪都仅仅是某一信念。② 这将带来另外三个问题：这种极端的认知论（cognitivism）忽视了有时被我们视为与情绪有关的那些情感和生理的现象，那么克律希珀斯何以可能为这一认知论做出辩护？他把情感和生理的现象逐出情绪本身的领域，那么，他该如何说明这些现象？若有人说情绪分析是认知性的，或者说它不是认知性的，那么，其关键性的根据是什么？

正是第二个问题近来汇聚了大量关注。那些兴趣主要在（当代意义的）心理学的评论者，他们极为重视克律希珀斯传给我们的关于发痒、阵痛、刺痛的些许讨论。③

---

① 乔伊斯（Joyce 1995）的诠释固执地错置了年代，所造成的结果是，即使是圣贤也可能同时具有两种不同的想法。乔伊斯拒绝普鲁塔克关于观念摇摆的证据，进而误读了恩披里柯《驳学问家》卷七 246，认为它证明了我们可以同时怀有相互矛盾的思想。但为了使恶者遭受冲突成为可能，他也取消了廊下派的使圣贤不会遭受冲突的那部分思想结构。如果"我应当追求 X"的知识没有排除"我不应当追求 X"的信念，知识就丧失了其主导行为的最高力量。

② 关于伽伦的这一鼓捣，见 Tieleman 1996, Cooper 1998。

③ 例见 Nussbaum 1993, Nussbaum 1994, Sorabji 2001。

尤其是，廊下派在某个时候开始讨论一类生理反应，这些生理反应至少在某些情况下是真正情绪的先导，它们被称为 propatheiai（pre-emotions，即"前情绪"）。这些反应，如脸色变得苍白或通红，与真正的情绪非常清楚地区分开来，因为它们事实上并不涉及能动者的任何认可，从而既不能构成任何真正的信念，也不能导致任何意向行为。[①] 与此讨论相关的是珀赛多尼俄斯关于特定诱发条件（predisposing conditions，被称为"情绪的猛拽"［emotive tugs］）的学说（Cooper 1998）。

[276] 这些讨论或许很有趣，但它们与本章的主题不可能有任何直接关联。在道德心理学的语境中，于情绪而言，重要的是理解它们何以易受人的信念的影响，以及它们何以具有产生行为的功能。情绪，不论作为生理现象还是作为心境，何以是不重要的。实际上，我倾向于认为，道德心理学的视角并不只是关于廊下派情绪论多种视角中的一个视角，我认为，它是廊下派关于情绪论的真正典型的视角。廊下派的理论对象并不是我们认为与情绪相关的心理素材的领域，他们所关心的是人类行为及其根源，其主要原因在于，这些不同的根源可能与行为的不同伦理性质相关。情绪作为邪恶行为的典型动机让人感兴趣，而其让人感兴趣之处在于，它们对世界上事物的价值做出了错误的概念理解，并且因此产生了有缺陷的行为。根据这一看法，我们就不应感到奇怪，廊下派何以对现代学人关于情绪感兴趣的方面无动于衷。

但是，这一思路某时还会引发一个问题，即廊下派如果对情绪现象学并没有多少兴趣，那他们为什么还要使用关于情绪的词汇——这是我们三个问题中的第一个问题。如果他们对情绪的质性现象不感兴趣，那为什么他们一开始要用 pathos［情绪］这个词，并且为什么要

[①] Graver 2000，一份出色的语言学研究作品，并且，其中对 propatheiai 在更大的情绪理论中的重要性作出了有很大保留的理解。

用一系列只能翻译为"嫉妒"（jealousy）、"渴望"（longing）、"欢快"（cheerfulness）、"盛怒"（rage）等的词汇。[①] 毕竟，想把情绪与某种可内省的感受性（introspectible qualia）的特点关联起来，这不仅仅是现代人的成见，而是在荷马关于暴怒比蜜滴还甜美的思想中就已经有所体现。[②] 是什么使得廊下派把暴怒与某种典型的信念相等同，而不是与某种典型的蜜滴般甜美相等同？

在这里，把"实在等同于因果效应"这个廊下派的一般观点牢记于心或许有帮助。[③] 只有那些施动或受动的事物才真说得上是或存在（be or exist）；尽管这一观点的主要后果是把本是（being）限定于物体，但我倾向于认为，该观点在当前的语境中也发挥着一定的作用。[277] 对于存在（existence）的因果标准，即只有具有因果作用的能动者才真正存在，我们可以给出一个该原则的谓述性版本，那就是，只有具有因果作用的 F 的能动者才是真正的 F（亦即，F 真正之所是，仅仅是 F 在其相关因果背景中所发挥的作用）。例如，根据廊下派的观点，"冬天"这一词语的确切意义就不再是某个时期或某一段时间，而是一个具有因果作用的能动者：冬天是地球上的空气，因远离太阳而寒冷。[④] 这使得实体性的事物成了该词所表达的东西，这一实体可以解释我们用该词所提出的一个因果性主张。当我们说"现在是冬天"时，并没有因果性主张被提出，但是，当我们说"冬天冻死了我的果树"时，认为冬天就是这里所提到的寒冷的空气便显得十分合情理。

---

① 关于这一系列术语，见安德若尼科斯，《论激情》（Andronicus, peri Pathôn）2-5，节录于《早期廊下派辑语》3.397，3.401，3.409 和 3.414。

② 《伊利亚特》卷十八 108–109。

③ 例如，《名哲言行录》卷七 134（《早期廊下派辑语》2.300 =《希腊化哲人》44B）。

④ 《名哲言行录》卷七 151（《早期廊下派辑语》2.693）。我从《希腊化哲人》第一卷页 177 中借用了此译法和思路（虽然作者没有将此思路应用于情绪）。见布伦施维克撰写的本书第八章。

那么，在情绪的例子中，"暴怒"就是指某一特定信念，而不是某种特定的情感基调（feeling-tone）。廊下派会觉得这种说法是正当的，因为正是信念构成了某些主张的解释，如"他的暴怒导致他打了他的朋友"。相对而言，那种甜美或蜜滴般的暴怒以及一般意义上的情绪感受方式，会被视为一种附随现象（epiphenomenal）、一种因果过程的终结，从而名实不符。这一观点可以从廊下派认为"快乐"的恰当含义是指一种特定信念中看出；正是这一信念推动和造成了相关的效果。廊下派无需否认快乐通常感受起来就像是某种东西，他们只是主张，情感基调并不产生任何效果，从而名实不符。在评论伊壁鸠鲁派快乐理论（显然不是一种认知主义式的理论）的时候，廊下派说：

> 这一快乐——如果它真的是快乐——是一种附随现象（epigennêma），这种附随现象在某一本性寻求适合其自身之构造的东西并成功获取它之后便产生出来。①

在此语境中所作的所有解释都是通过诉诸本性、构造以及关于适合物的观念等来进行的［278］——而没有给非认知性的、情感基调的"快乐"留出说明空间。当某物需要诉诸情绪本身来解释的时候，所解释的就是某种信念或信念样式，而不是某种情感基调。因此，若有人指责廊下派对情绪的认知性分析或者大大忽视了现象学，或者公

---

① 《名哲言行录》卷七 85—86。克雷芒《杂缀集》卷二 491（《早期廊下派辑语》3.405）中所称的"快乐的情绪（pathos）是一种后效（epakolouthêma）"，还有，"与物体有关的快乐"即司托拜俄斯（卷二 80；《早期廊下派辑语》3.136）所讲的一种中性事物，都属于对"快乐"这一词语的生硬用法。真正所谓的（即意见中的）快乐不能是一种中性事物，因为它是一种邪恶的行为（hamartêma）和坏的事物（kakon）。见普鲁塔克，449D（《早期廊下派辑语》3.468），伽伦，《论灵魂错误的诊断和矫正》（de animi pecc.）卷一 5.58K（《早期廊下派辑语》3.172），司托拜俄斯，卷二 96（《早期廊下派辑语》3.501），司托拜俄斯，卷二 77（《早期廊下派辑语》3.113）。

然滥用了我们日常语言的使用方式,那么廊下派是有合理的回应途径的。

当我们面对廊下派改变或消除情绪的对策时,关于认知性分析的最后一个问题就会浮现出来。人们可能会认为,把情绪视为信念,从而把它置于统一的理性灵魂之中,其要害部分在于采取这样一种立场,即表明情绪会对理性论证和观点改变作出反应。有些理论家认为,情绪在根本上是灵魂中非理性部分的非理性产物,他们自然会设想,情绪对于理性的扶助相对来说是没有反应的——《斐德若》(Phaedrus)中所讲的黑马需要的是鞭子和刺棒。[①] 相反,信念则可以因理性论证而被修正(至少在原则上是如此)——这并不一定是改变信念的唯一途径,也不一定是最快或最有效的方式。但是,人们可以希望,对于任何错误信念的拥有者,都可以通过纯理性的方式(例如,对证据、推理、思想实验等的考虑)来使其转向真理。这样,在廊下派的治疗性实践中,有多少部分(至少是表面上)是指向非认知性实体的非认知性更正,是很引人注目的。对于爱比克泰德的劝告,即一遍遍重复背诵学派教义,也许不应该感到过于奇怪——尽管听15 遍 p 并不为相信 p 提供进一步的理由,但我们也得承认,我们通过重复性的背诵记住了乘法表而不必有损于数学的理性。[②]

---

① 《斐德若》253e。有种错误的看法认为,即使是《斐德若》或《蒂迈欧》,也主张灵魂的非理性部分不能以某种方式对理性作出反应。在整个三次对话的图景中,非理性的部分可以被训导,经过一定时间达到一种最终的状态,可以对理性的引导直接作出反应,但它们的这一驯化过程涉及完全地、强制地剪除某些种类的欲望,以及通过非理性的方式驯服其余的欲望。存在一个初始阶段,在这一阶段,鞭子是必要的;接下来,这匹黑马对其自身感到畏惧,并静候理性的话语。

② "把它不断地说给自己听"(epilegein),或"把下面这一思想了然于胸"(procheiron),或"记住"(memnêso),或以上这些命令词的混合使用,出现在《手册》前十节中的六节(《手册》1.5, 2, 3, 4, 9, 10),并且在剩下的部分中以较低的频率重复出现。

另一方面，爱比克泰德式的askêsis［实践］中所设想的某些方法，[279]可以促使我们追问一个一般性的问题：认知论的理论家在坚持主张重塑信念这一目的时，能否为自己找到任何可能改进行为的方法？如果他们主张我们的行为是某个信念的结果，并且这一信念既没有公开表达也没有为我们所意识，而同时他们还主张，我们甚至在原则上无法自己去除这个推定的信念，除非使用电击——那么，我们如何看待这些观点？只有靠电击的方式才能加以改变的信念是何种类型的信念？以理性争辩通往德性之路这一明朗的苏格拉底式希望，被冷酷、乏味的爱比克泰德式问答教法训练所代替，我们至少会感到有些失望。

最后，我认为，我们还应该对心理学与合理性两者背后的一些基本概念在理论上是否相容表示深深的怀疑。一条看似合理的经验法则是，只能够被非理性的方法所改变的，是一种非理性的状态；即使我们因其过于简单而拒绝它，我们仍然必须追问：如果在改变行为倾向的方法方面，柏拉图主义和廊下派有着完全相同的取向，那么，到底是哪些具体方面，使得廊下派形式的认知论不同于柏拉图主义对灵魂中非理性部分的接受？

慎　思

一个伦理学理论应该告诉我们如何对各种恰当的考虑因素加以慎思，从而保证我们做出在伦理上正确的决定。一个涉及实践理性的理论应该告诉我们有关慎思的形式，具体来说，告诉我们如何成功地使得目的传递给手段一种规范性或正当性的力量。一个道德心理学理论应该至少告诉我们，慎思会涉及哪些类型的精神运作，以及它们何以与其他种类的精神运作有别，这些其他的精神运作一方面包括理论的和非实践的思考，另一方面还包括那些完全特殊的驱动意向。在廊下派这里，令人惊奇的是，他们很少涉及所有这些迫切需要回答的问题。我在本节的目的仅仅是公开一个问题，提供一些推测，并且表明为什么我认为这一点值得注意。[1]

[280] 这里存在着一些紧密相关的哲学困惑。一个困惑是，我们不知道，就精神活动发生于驱动之前而言，哪些类型的精神活动导致某个驱动的形成。一方面，它们似乎不可能都只是一种理论性的认可而没有评价性内容——慎思因其所涉及的内容显然不同于理论性的沉思，也就是说，它是对什么应该做或善存在于何处的一种检审。另一方面，我已经表明，驱动——它们当然包含评价性内容——就其本身而言是实践性的，并且确确实实如此；也就是说，它们无需任何其他东西就可以产生行为。但不清楚的是，廊下派如何能够为慎思过程中形成的评价性思想留下空间，因为慎思恰恰是在活动的初步阶段，进行一种尝试性且不仓促引向行动的思考。

由此，这一问题也就相当于如何描述"我应该处理我脚上的伤"这类思想，以使其既具有实践内容，又同成熟的驱动区别开来。这一问题也是亚里士多德在其实践思想中所面对的问题的反面形式。就廊下派来说，某种内在的推动性力量似乎被置于对评价性思想的占有本身之中，这使得其很难与慎思相协调；但在亚里士多德那里，主体有更宽裕的时间来使慎思系统化，但是，却很难解释为什么在慎思中，最后的想法能够使我们行动，而先前的想法不能使我们行动。其中一种理论会陷入"轻率行动"的危险，而另一种理论似乎会陷于"迟疑不决"的状况。

另一个困惑是，圣贤在做决定时所考虑的因素是什么这一问题。我前边已论证过，圣贤朝向其环境中的中性事物的驱动是选取。例如，当圣贤决定吃些食物时，伴随他的思想是"这食物是中性物，具有这样一种积极的谋划性价值，以至于对我来说，吃它是

---

[1] 通过巴尼对拙文（2003，最初投送给1999年波士顿地区古代哲学研讨会）的评论，我发现我们对廊下派"慎思"观念的理解仍然十分不足。巴尼完善后的评论收录于她即将出版的新书中。

kathêkon（或合理的或恰当的）"。但我们应该记得，圣贤在世界中的实践行为几乎都这般涉及中性事物——无论是为自己提供食物，还是救助他人免于饥饿，还是返还定金或处决罪犯，圣贤行为相关的素材都是些诸如食物、钱财和［281］人命等中性事物。[①] 我们可以规定所有圣贤的行为都是有德性的行为，但看起来，每一有德性的行为都是以某种有德性的方式对中性物做出的反应。在任何处境中，圣贤都将对"哪些中性物需要被关注""这些中性物各自的谋划性价值如何"，以及"哪些行为很可能会产生其他哪些中性物和其他哪些价值"有绝对可靠的把握。但是，这些知识如何在圣贤的慎思中发挥其功能？

一种流行的解释模式可以追溯到西塞罗的评论：我们的目的是"一贯地和德性相一致，至于其他合乎自然的事物，如果它们不与德性相冲突，我们就选取它们"。[②] 根据这一观点，圣贤的慎思就类似于在边际约束中寻求最大化的思考：主体追求与自然相一致（即具有积极的谋划性价值）的东西，但总是需要限定在德性的要求所设的界限之内。借用朋霍费尔的说法，我们可以把这称为慎思的"为了德性"（salva virtute）模式。[③]

与此相对的是可以被称为"单纯中性事物"（indifferents-only）

[①] 克律希珀斯写道，自然的事物（即较可取的中性事物）是"德性的素材"；见普鲁塔克，《驳廊下派的一般观念》1069E（《早期廊下派辑语》3.491 =《希腊化哲人》59A）。克雷芒告诉我们，有德性的行为和邪恶的行为不能够在没有中性事物的情况下形成，"其具有素材的地位"；见《杂缀集》卷四 6，页 581 Pott（《早期廊下派辑语》3.114）。

[②] 《论义务》卷三 11。西塞罗告诉我们这是他自己的准则，他把该准则视为协调 honestum［高尚］和 utile［利益］的途径，而作为他的思想源泉的廊下派则认为无需协调二者。我认为，这一段不应该被赋予廊下派正统观点之证据的重要地位。

[③] Bonhöffer 1894；1968（重版），页 195。

的解释模式。[1] 根据这种模式，圣贤的行为完全由它们对中性事物的考虑所决定（尽管这种考虑无需根据最大化的尺度进行）。圣贤以此为根据来确定行为的过程，随后认识到它就是有德性的行动（因为它为任何圣贤所支持），接着既被其关于谋划性价值的思想，也被其关于德性的思想所推动去做出这一行为。

在确定行为的慎思阶段并没有出现关于德性的思想，这显得有些奇怪，但却反映了廊下派的两个一般观点。第一，[282]事实上并不存在德性的条规（rules of virtue），这些条规能够在第一轮有关确定行为的慎思中起到引导性作用。[2] 廊下派根本就不赞同任何诸如"你不应该杀人"这类条规。与之不同，一个人是否应该杀人的问题，总是取决于在某些境况中杀人这种行为是不是一种合适或恰当的行为的问题，这使得廊下派圣贤不容易受到更加抽象但更令常人满意的条规的影响。抽象条规并不是廊下派所支持的系统形式。第二，大量廊下派文本以一种十分直白的方式，表达了"圣贤只慎思中性事物"这一主张。比如，西塞罗告诉我们：

> 但是，由于这些中间事物（intermediate things；即中性事物）构成了所有 kathêkonta[恰当行为]的基础，因此有很好的理由说，这些事物正是我们所有慎思都指向的东西；并且，包含在这些慎思中的，是那些关于舍弃生命或继续活着的考虑……当一个人的境况中合乎自然的事物占优势时，继续活着就是 kathêkon[恰当

---

[1] 巴尼在评论拙文（2003）时使用这一用语来描述我的观点。我在那里的观点受了库珀（1989）的启发，他在书中解释了关于自杀的慎思。

[2] 在批判性文献中有一场广泛和深入的论辩，其中，廊下派的遵从条规模式（rule-following model）的支持者在提供这些条规的证据方面一再失败，而该模式的批评者从心理学和伦理学中提供了廊下派何以没有形成条规的强有力证明。最新一轮的论辩（这些论辩也指涉以往的讨论），可见 Inwood 1999, Mitsis 1999。

的〕；当一个人具有或发现将要具有大部分相反的事物时，舍弃生命就是 kathêkon〔恰当的〕。①

这里呈现的主张，即"我们所有慎思都指向"中性事物，与"廊下派不具有那种能够进入慎思中的德性条规"这一证据相一致；二者一并构成了反对"为了德性"的慎思模式的强大证据。但是，还有许多其他的选择：圣贤对于谋划性价值的考虑是否依循最大化原则？圣贤在试图最大化或分配谋划性价值的时候，是仅仅为了自己，还是也为了其他能动者？规则模式（algorithmic model）如果是完全不恰当的，那么，也许廊下派是某种形式的直觉论者？② 这些都是道德心理学的核心问题，〔283〕而我们目前对这些问题的无能为力，恰恰指示着廊下派研究的重要途径。③

---

① 《论至善与极恶》卷三 59-60。库珀（1989）让我注意到该段落的重要性。亦见普鲁塔克，《论廊下派的自相矛盾》1042D（《早期廊下派辑语》3.759）；亚历山大，《论混合物》，例如 160.29。

② 应该注意的是，他们把 kathêkon 定义为"那些一旦做出就会获得一个合理辩护的事情"，司托拜俄斯，卷二 85（《早期廊下派辑语》3.494 =《希腊化哲人》59B）。因而，他们大概不是那种否认伦理行为可以得到理性辩解的直觉论者，至少不是那种回溯型的直觉论者（注意"一旦做出"，不定过去分词 prachthen 的翻译）。然而，亚里士多德常常被认为把回溯型（retrospective）辩解与类似于关于前瞻型（prospective）慎思的直觉论结合起来，也许廊下派所持的就是类似的观点。

③ 我应该顺便提请读者注意，一旦混淆驱动的种类和慎思的范围，我们在研究中就很难有所进展。安纳斯（1996，页 241）认为，通过指出廊下派在选择（choice；hairesis）和选取（selection；eklogê）之间的区分，可以"确定廊下派截然区分了实践理性道德的与非道德的两个方面"。她的以下说法是对的，即第一种类型的驱动只把真正的善作为其对象，因而只有德性本身（以及有德性的行为、有德性的朋友等）是其对象，而第二种类型的驱动只把更可取的中性事物作为其对象。但是，这种划分是在完全的驱动类型之间的划分，而不是推理或慎思类型的划分（安纳斯把慎思和驱动混淆，明

在善的表象下的驱动

有两条通往廊下派道德心理学研究的宽阔道路，我们可以把它们描述为"自上而下"的和"自下而上"的道路。第一条道路起始于关于廊下派哲人属于何种类型的一般性考虑，即他们是理性主义者、有神论者、目的论者、灵魂一元论者等，并从这些基础性的设定往下进入心理学的具体内容。另外一条道路从个体心理的事件和片段的内容方面的证据出发，试图通过密切关注于它们之间的逻辑形式，并根据这些有限的证据形成道德心理学的整体图景。

第一条路线的最佳代表是弗雷德，第二条路线的最佳代表是英伍德。在这里和别的地方，我在方法论上跟从英伍德研究的脚步，从个体心理片段的"底层"细节内容开始，并试图由之逐步上升。但是，我也深受弗雷德通过遵循相反的途径所形成的那种理论图景的影响（见 M. Frede 1999）。在本节中，我想突出以这两种方式所建立的观点之间的某些差异，以及我认为在任何解决这种不一致的努力中所涉及的问题。

［284］如果我们被廊下派是理性主义者、幸福论者和灵魂一元论者这一事实所触动，那么，我们会很自然地假定，所有人类行为，按照廊下派的观点，都被能动者具有的善观念所推动；尽管人类行为就像这个善观念那样可能出现混乱和错谬，但无论能动者追求什么，他

显来自她所说的话，即她将用"慎思"来指示这样一个属，它包含"选择"和"选取"两个种）。

选择，作为意志（boulêsis——见《早期廊下派辑语》3.173）的亚种，是一种只在圣贤那里发生的 eupatheia ［好的情绪］；只有圣贤能够选择事物，而邪恶者，也包括那些伦理上有进步的人，则从来不能做出选择（《早期廊下派辑语》3.483）。因此，如果"选择"一词像安纳斯认为的，指"涉及道德思虑的实践推理"，那么，廊下派的观点将会认为，对道德的思虑只在圣贤那里出现，即只有那些在道德进步方面已经完善的人才能具有道德思虑，更不用说，也只有圣贤才能照着这些思虑来行动。这显然是荒谬的。

总是在善的表象下（sub specie boni）追求。①我们若考虑到廊下派经常利用柏拉图对话中的苏格拉底来塑造其观点——在很多地方，柏拉图的苏格拉底所表达的观点非常类似于"在善的表象下"这一规则（例如《普罗塔戈拉》358c）——那么他们提出这种看法就显得更为自然了。并且，苏格拉底对这一看法的支持密切地相关于他对"不自制"（akrasia）之可能性的反对，而这一点也是廊下派所反对的。

然而，我们已经看到有大量文本表明，驱动性印象——当你认可它的时候，形成的是一种行为，而不是单纯的信念——的核心内容是你设想你可以采取的某一行为，并且认为这一行为是恰当的（kathêkon），也就是说，是你要做的事情或应当做的事情。认可本身，即作为驱动的心灵运动，直接导向你心中所想的行为，似乎在说"是的，这就是我要做的事情"。在此，行动的心理触发就像"在善的表象下"这一规则下那样，是一元的；但却是一种不同的一元性触发机制，即"某事是恰当的"这一想法。

有时，"该行为是恰当的"这一想法似乎伴随着"该行为是好的或坏的"这一想法。例如，就对食物的情绪性欲望而言，我所具有的想法是：我吃它会是一件好的事情，对我来说追求它是恰当的。好的情绪（eupatheiai）很可能也体现了这一模式：作为圣贤，我的意志（boulêsis）在于这样一种想法，即我的德性是好的事物，追求它对我来说是恰当的（即在将来保持它）。但是，这两种情况都并没有清楚地显示出对于"在善的表象下"这一观点的支持。在这两种情况下，关于善的想法似乎都只是"某事是恰当的"这一想法的根据或基础。正是这进一步的想法才是内在动机性的想法，因为关于驱动的一般定义指明，[285]"事实上，造成驱动的只是与'什么是恰当的'有关的驱动性印象，而非别的"。所以，当那些关于善的想法进入能动者

---

① 这里所说的"人类"行为，我指的是成年人的行为；孩子的灵魂还类似于动物的。

的动机中时，它们并不直接且立即提供动机性的观念；相反，它们提供了真正动机性想法的某种根据，真正的动机性想法可以用"恰当的"（kathêkon）来表述。

我已经论证过，选取是一类驱动，在其中，关于善的想法完全缺如。某人只思考谋划性价值（或者换句话说，只思考什么是较可取的或什么是自然的）。有关谋划性价值等的判断所起的作用，与有关善或恶的判断在情绪中所起的作用类似，能为进一步的想法即"该行为是恰当的"提供根据，但并不直接推动行为本身：我认为食物是较可取的中性事物，追求它对我来说是恰当的或合理的或自然的，等等。如果说，人们可能被"维持我的健康是较可取的中性事物"这一想法所推动并做出某一行为，而并没有任何关于善的明确或隐蔽的想法，那么可以认为，在廊下派那里并不包含"在善的表象下"这一道德心理学观点。

我们如果思考"在善的表象下"这一观点如何描述还不是圣贤的高阶修习者（advanced student）的驱动，就会发现该观点的另外一个困难。不难看出，一个普通的邪恶者会被推动去吃晚饭，因为他们怀有"吃晚饭是一件好的事情"这一错误的信念——这是情绪的一个为人所熟知的例子，该例子很容易被"在善的表象下"这一原则所解释。按照这种解释方式，也不难看出，圣贤如何被推动去吃晚饭。一旦她把吃晚饭视为因某种原因而需要做的理性行为，因而是一件需要做的有德性的事情，她就被该想法所推动。推动圣贤的不是"食物是好的"或"吃饭是因其令人快乐甚或因其补充营养而是好的"这种观念。在那种解释方式中，推动她的是——不同于邪恶者在吃饭中的情况——她意识到"吃饭构成一种有德性的行为从而是一件好的事情"；她因其善而对之有着好激情式的（eupathic）欲望。因此，这些能动者的每一行为都可以很容易地被"在善的表象下"这一规则所解释。

令人困惑之处在于，我们如何解释那些虽然还不具有德性，但已经取得显著道德进步的修习者的驱动。我们可以假定，该修习者已经在很大程度上摆脱了把食物视为善的事物的任何倾向，并且对于食物真正的中性有了相对可靠的把握。[286]另一方面，该修习者肯定也充分意识到其吃晚饭并非好的事情，但作为非圣贤之人，他还没有能力做出有德性的行为。因此，上一段里所细究的两种解释，都不适用于取得进步的修习者的情况。

进步者提出了一个严峻的问题，因为人们会深深地感到，在不久的将来做好的事情对于进步者来说简直是不可能的——并且，进步者充分意识到他们要做好的事情。他们既不具有"吃饭是好的"的真信念，也不具有"吃饭是好的"的假信念。事实上，一般意义上的吃饭是中性的，但进步者的任何吃饭行为都不是中性的，而是明显坏的和邪恶的（因为非圣贤之人的所有行为都是错行和恶行[hamartêmata]）。① 进步者知道这一点，但他们仍然必须被推动去吃饭。本身被理解为追求中性事物的选取理论则很容易解释这一点：进步者能够被"吃饭是要做的事"这一想法所推动。尽管吃饭对于进步者并不是一种 katorthôma[正当的行为]，但却是 kathêkon[恰当的行为]，在这种观点看来，这就足以启动行为。但如果他们的行为只能被"行为应该在某种程度上是善的"这一想法推动的话，那么，他们将找不到任何动力。

与此相关的一个困惑跟人的受福（beatification）时刻有关。我论证过，即使是圣贤也很少思考德性：当某个圣贤慎思是否要吃食物的时候，这种慎思完全发生于中性事物之间，并且结束于某种选取，即，朝向食物的驱动并不被视为一种善，而被视为具有某种谋划价值的东西，对它的追求是恰当的。依我看来，圣贤的这种慎思结构和随后的驱动，在高阶进步者那里也完全存在；这一点之所以重要，是因为它能够解释进步者有可能在不知不觉中成为圣贤这一廊下派说

---

① 司托拜俄斯，卷二 7.105（《早期廊下派辑语》3.661）。

法。① 而该说法很难通过"在善的表象下"这一观点来说明。当个人转变为圣贤的那一刻，一个全新的善的世界展现在个人面前，突然，在这一刻，他们每做一个运动，他们仅仅弯一下手指，也有着最高的善。在成为圣贤之前的最后一个驱动中，[287] 他们还被"吃食物是好的"这一想法所推动。而接下来，在其第一个有德性的驱动中，他们则被"德性是好的"这一想法所推动并吃了下一口食物——他们并不曾注意这种视角的变换。

在我看来，人若支持"成年人的每一行为都是被朝向善的驱动所推动"这一观点，就会面对上述难题。但是，由于"在善的表象下"这一观点是从高层面，以"自上而下"的方式，来思考廊下派关于善的本性和宇宙本性的观点，进而获得力量的，因此，也许表明"自下而上"的路径如何呈现上述更高端的视角所给出的有效结论也将是有用的。需要牢记的关键思想是，廊下派关于中性事物的理论蕴含着一个观点，即圣贤必定在一个由中性事务构成的世界中行进，并且在本身是中性的对象和行为中进行选取；但是，圣贤所选取的对象和行为却有着重要的意义。圣贤必定从来不具有这种错误信念，即把其周围的任何事物视为好的，但他必定对周围事物各自的价值保持一种持续的、敏锐的敏感性。并且，他必定根据这种敏感性而行动。圣贤的德性实际上就在于其关于中性事物的认知以及对它们的娴熟驾驭。

但是，必定对中性事物保持敏感性的不仅仅是圣贤，任何想取得进步的人也必定认识到，在世界中，他们周围中性事物的不同排布和不同习性，使得他们有理由按照某一方式而不是别的方式来行动。认为人们只被指向善的驱动所推动，这样的心理学并不能够给头脑清晰的能动者在充满中性事物的世界上提供行动的充分理由（处于进展中的非圣贤之人就是这一点的最好例子，因为，甚至他们自己的行为也

---

① 普鲁塔克，《驳廊下派的一般观念》1062b（《希腊化哲人》61U），亦见《早期廊下派辑语》3.539–541。

谈不上善）。我认为，正是由于这种原因，廊下派感到有必要对苏格拉底式的心理学模式进行根本性的修正。①

[288] 维护"在善的表象下"这一观点的人，可能在保留其本质内容的前提下提出一种修正版本，以回应上述一系列反对意见。他们同意能动者有时候在进行选取，也就是说，他们有时候被推动去追求

---

① 布里坦让我注意到，这一思想图景必须与神有远见的活动的思想图景相一致，我认为它们是一致的。神在世界中的行为，是指他对中性事物特定排布方式的选取，并且他也只照料中性事物本身。目的论者很容易认为，廊下派肯定认为这一世界要比神可能产生的其他世界更好，但我认为，证据显示了不同的观点，根据这种观点，神的远见非常像圣贤的有德性的活动。圣贤救落水儿童的时候，并非由于圣贤错误地假定包含一个活着的儿童和其欣喜的父母的世界，要比包含一个死去的儿童和其绝望的父母的世界更好；就影响这些结果之好坏的因素而言，这两个世界具有完全相同的价值。然而却有着影响谋划性价值和中性事物的因素，这些因素使得圣贤在某个情况中得出一个包含着没被淹死的儿童的世界是合理的，这并非因为所实现的结果更好，而是因为他判断，在这样的结果中有着正确的中性事物图景。（至少就这里的情况而言是如此；当中性事物以另外一种方式排布的时候，他有可能淹死孩子就像淹死不想要的小狗一样，这样做也是有德性的。）

当圣贤以这种方式行动时，其所带来的世界就间接地达至一种更好的状态，因为这里有圣贤的理性活动和德性在场。神对世界的安排也是如此。例如，《手册》31 并没有说神为了最好的状态而安排一切事物，而是说，他根据自己最好的判断来进行安排。西塞罗在《论神性》卷二 38 似乎在宣称这个世界是最好的，但他实际并非如此：他宣称，这一世界之所以是完满的和完美的（perfectus），是因为它包含着最好的（optimum）东西，即理性与德性。关于这一世界的配备物，我们所能说的是，它们是恰当、合宜、适合使用且美丽的，就像房子中的家具所应该的那样（显然，没有廊下派思想家会说，一座房子[不管它多么美丽]在真正善的意义上是美丽的[kalon]）。

所有这些描述告诉我们，这个世界有着较可取的中性事物之正确图景，这世界并非善的，更不用说是更好的或最好的。善寓居于世界中，仅仅是通过神对于中性事物之恰当合宜的排布的理性而有德性的选取。相应地，神构造世界的行为本身乃是对中性事物之慎思（或某种类似于慎思的思考）的结果，而不是对善之慎思的结果。

中性事物，只考虑它们的谋划性价值，其所依据的驱动并不包含对善的明确指涉。但这种对中性事物的反应并不独立于关于善的总体性信念，该总体性信念的作用相当于实践三段论中的大前提：人们会带着"追求中性事物会在将来某个时候为自己带来善"这一信念而去追求中性事物。因此，例如高阶的修习者可能具有今天晚上吃晚饭这一中性行为的驱动，伴随于其心中的想法是，这样做是巩固其某一天成为有德性者之品质的长远图景中的一部分。① 因此，仍然是他对于善（即，其遥远未来的德性）的欲望推动他今天晚上吃晚饭，因为他能够看到，吃饭本身尽管是中性的，但[289]对于真正的善却有工具性的助益作用。

这一分析似乎又允许我们回到"在善的表象下"的规则，即使对那些进步着的人也是如此。这一版本的观点把选取视为不独立的、辅助性的驱动形式，只有通过增补某种停悬着的关于善的大前提，它们才能够发挥作用。因此，进步着的人头脑清晰地追求中性事物需要两种驱动：（1）选取，它们针对中性事物，但本质上并不是驱动；（2）关于德性的想法，它们提供有效动机，但只是间接地相关于中性事物，能动者对于中性事物的追求可以推进他对于真正善的东西的最终获得。

然而，这种观点与一系列文本中的看法相冲突，这些文本十分明显地把推动性力量本身归于较可取的中性事物及其所具有的谋划性价值。② "较可取的中性事物是这样一种能够产生驱动的事物，正是因

---

① 我们无需对修习者给予任何更大的信任。进步者相信，他成为有德性的微小可能性可以通过追求正确的中性事物而变得更大，这对于"在善的表象下"的观点来说已经足够。

② 《名哲言行录》卷七 104（《早期廊下派辑语》3.119 =《希腊化哲人》58B）；司托拜俄斯，卷二 82（《早期廊下派辑语》3.121 =《希腊化哲人》58C）；司托拜俄斯，卷二 84（《早期廊下派辑语》3.128 =《希腊化哲人》58E）。最后一个文本主张，我们根据优先原则（kata prohêgoumenon logon）选择较可取的中性事物，这意味着我们因为某种原则本身（a per se reason）而选择它们；副词 prohêgoumenôs［优先地］在忒俄弗拉斯托斯那里已经与 kata sumbebêkos［偶然地］相对，其形容词和副词的诸形式在后来的文本中常常意味着"本身的"（per se）或"内

此，我们选取它们"——这里并没有提到善。当然，有时候邪恶者欲望较可取的中性事物，比如某些食物，这是建立在把它们视为好的事物这一错误认识上；有时候有德性者选择吃某些食物，这是因为食物间接地构成某种有德性的行为的一部分，因而是某种善的一部分。但这些引述似乎让人设想了第三种情况，即，中性事物之所以被选取，既不是错误，也不是间接，仅仅是由于它们作为较可取之中性事物所具有的价值，而并非因为关于善的任何想法。

当我们试图描述修习者为其可能的将来德性所经验的驱动时，自上而下的解释路径面临另外一个困难。从"自下而上"的视角看，我们希望知道，修习者总体性的善之追求可能是上述何种类型的驱动。我们当然不能把这种驱动归结为一种好的情绪（eupatheia），尽管其对象实际上是德性 [290] 这一真正的善，因为只有圣贤才能有好的情绪。但我们还是不应该过于简单地把它归为一种情绪，因为它这种动机不是"中性物如食物确实是善的事物"这一错误信念。我们可以说它是一种情绪，但那是一种指向真正善的情绪，我们可以称之为"真实的情绪"（veridical emotion）。① 廊下派关于情绪的定义很明显没有规定情绪是错误的，这令人费解却并没有得到充分讨论；但是，绝大多数文本证据都集中于情绪的错误性方面，并且绝大多数评论者在写作中似乎都把错误性视为情绪的本质特征。②

一个突出的例外是西塞罗《图斯库卢姆论辩录》卷三 77 关于进步的讨论。在那里，他讨论了阿尔喀比亚德（Alcibiades）对于自己当

在的"（intrinsic）。爱比克泰德《清谈录》卷二 6.9（《早期廊下派辑语》3.191 =《希腊化哲人》58J）认为，克律希珀斯曾说，我具有朝向较可取的中性事物的驱动，是因为神使我做出这一选取——此外，选取与驱动似乎来自对事物的选取性（谋划性）价值的冷静判断，而非来自任何关于善的深入思考。

① 我曾讨论过真实情绪的可能性，见 Brennan 1998。

② 为了生动性或清晰性，我自己有时候也以此方式来阐述，显然，关于错误信念的例子在某种意义上是廊下派的典型例子。

前的恶德和将来之德性的前景的态度。如果进步者把自己将来的德性视为那种他应该追求的善，那么他将具有一种情绪——无法避免这一结论——但是，这种情绪是会适时地转变为意志的好情绪（eupatheia of boulesis），它除了需要那种将进步者的正确信念转变为知识时发生的巩固化和稳定化的过程以外，无需其他修正。维护"在善的表象下"这一观点的人，或许可以把"真实情绪"的观念发展成一项新的证据，来证明善方面的想法总是出现在能动者心灵的背景中。[1]

伦理学的效应

在前边引述的两个段落中，爱比克泰德几乎借鉴了那明显从恰当行为的操作者（kathêkon-operator）的普遍存在性而来的结论：同等适用于所有人类动机（不论是邪恶的还是有德性的）的谓述，都不能表述为"责任"（duty）甚或"合适的功能"（proper function）这类词——朗格和赛德利（1987）却更偏向这种表述。当一个恶人把他的恶行视为 kathêkon 时，[291] 他并没有错误地或任意地思考其合适的功能，更不用说思考其责任。毋宁说，他思忖的是某件将要发生的抢劫行为，并且在一种宽泛的意义上将其视为"要做的事情"或"我应当做的事"，这里的"应当"（should）所包含的是最微弱和最中性的动名词力量（gerundive force）。[2] 从相应的理论上说，一个人思忖的印象，并且含混地想到，"是的，这就是事情本该有的样子"，这就是他的认可。这里，他其实是在一种相对宽泛而含糊的意义上具有"我应当做的事"的印象，而不是具有"事情本该有的样子"的印象，因此，对那种实

---

[1] 但与此相对，我认为，《手册》2 似乎也对这种观点造成了一定的妨碍，因为它告诉修习者只需利用驱动或反向驱动（即选取和弃取），排除所有欲望，即使是"那些取决于我们的、可以高尚地去欲望的事物"。这看似是在禁止所有类型的欲望，即使是对于自己将来德性的欲望。

[2] 我认为我从库珀那里获得了"要做的事"（the thing to do）这一短语的哲学用法。

际印象的认可就是对"这是我要做的事情"这一印象的认可。[①]

在此,我们必须寻找廊下派对于前面提到的道德心理学研究的典型问题的回应,这个问题是:这种心理学是否为人们以某种道德的、无私的或利他的方式行动提供了可能?答案部分来说已经清楚了:廊下派的道德心理学中并没有这样的思想,即,存在两种类型的动机,它们完全一致于现代道德论者所区分的自私的动机与无私的动机,或责任与倾向,或任何其他这样的区分。

邪恶者对于食物的情绪性欲望,与圣贤对于德性的好情绪性的意志(eupathic boulêsis),其间的区别主要在于如下事实:圣贤追求对他确实是善的东西,而非圣贤之人追求的东西只是对他显得是善的,这种区别完全不同于道德与非道德因素之间的区别。圣贤吃某些食物的动机,与他救落水儿童的动机也没有任何区别。在这些情况下,他选取的都是中性事物,同时清楚认识到它们是中性的。救小孩的行为并不比吃饭包含更多的德性内容,它们有着同等的德性,即从其动机方面来说,有着同等的德性。在这个意义上,指控廊下派倡导一种开明的利己主义观点是完全恰当的,[292] 这比声称他们围绕道德与非道德因素之间的区分建构他们的伦理学,要具有更多的历史可信性。

所以,如果利他主义,或道德,或无私,需要在动机的水平上,在利他性的(或类似的)行为与其他行为之间做出根本区别,那么,廊下派道德心理学并未使这种区别成为可能。但是,廊下派能够倡导一种有着近乎无可比拟的严格性、广度和绝对性的伦理学体系,这一事实应该使我们质疑,是否道德心理学的具体内容给伦理学设定了真

[①] 需要注意的是,kathêkon[恰当行为]在心理学中作为相对中性的动机这一角色,与在实质性规范伦理学(substantive normative ethics)中作为我们所更加熟悉的核心观念这一角色(如作为关于我们应当如何生活的著作中的明确主题),两者之间并不冲突。这并不比在非实践的情况中更成问题。在非实践的领域,人们的认可在于支持某种有关事物的存在方式的观念,而理论家们在科学性论著中却声称要告诉我们事物的真实存在方式。

正的界限，或者，是否这种考察思路仅仅建立在与廊下派思想根本冲突的有关道德和心理的预设之上，因此这些预设本身还有质疑的余地。

相容论与认可

关于廊下派的决定论理论及其试图为道德义务辩护的相容论立场，充分的解释见本书第七章。在这里，我将只考虑一个问题，即廊下派的相容论何以与他们道德心理学的具体内容相关。正如一开始所提到的，许多道德心理学的当代讨论都旨在展示我们的行为何以能是自由的，因而值得评价的是，廊下派在解释道德义务的时候，在何种程度上涉及他们的道德心理学。

很容易看到，一些著名的廊下派文本似乎对我们的自由给予了明确的肯定，并将其奠基于我们认可自由之上：

> 朋友，你具有一种 prohairesis，它在本性上不能被阻止或强迫……我将首先通过（对于非驱动性的、理论性印象之）认可方面的因素来向你表明这一点。谁能阻止你认可真的东西呢？谁也不能。谁能强迫你接受错误的东西呢？谁也不能。你可否看到，在这方面，你具有一种不被阻止、不被强迫、通畅的 prohairesis？现在，考虑下欲望和驱动，它们同样也是如此。①

---

① 《清谈录》卷一 17.21—24。我并未翻译 prohairesis 这一关键术语。我相信，它意味着"一个人的灵魂或 hêgemonikon [主导官能]，被视为与一个人的认可有关的全部习性"。因此，在形而上学的层面上，prohairesis 与作为某人灵魂的 pneuma [普纽玛] 是等量的，正如圣贤的德性也与作为其灵魂的 pneuma [普纽玛] 是等量的一样（见普鲁塔克，《论道德德性》441C =《早期廊下派辑语》1.202 =《希腊化哲人》61B9；司托拜俄斯，卷二 64 =《早期廊下派辑语》3.305；司托拜俄斯，卷二 65 =《早期廊下派辑语》3.306）。但 prohairesis 是更一般的术语。一个人的 prohairesis 可能是他的德性，也可能是他的邪恶，这取决于他倾向于如何对印象加以认可。故此，爱比克泰德会建议我们要希求我们的 prohairesis 处于自然状态，这与他在《手册》2 中禁止我们希求德性并不矛盾。关于爱比克泰德的 prohairesis

[293] 在某种意义上,廊下派为维护其相容论而这样诉诸认可,为后来试图把意志自由奠基于道德心理学提供了一种模式和先例。[①] 但两者还是存在着一些根本的不同。

首先应该注意的是,在廊下派那里,外在物理世界(其中所有的事件都是命定的)和内在精神世界(其中认可和驱动不是命定的)之间的因果联系并没有被切断。[②] 由于我们的灵魂也是有形世界的一部分,因此很难看出廊下派会如何证明这一主张,也没有证据表明他们试图这样做。恰恰相反,使他们成为相容论者的是,他们主张我们的认可正如任何外在行为一样,也是一种命定的结果,但我们仍对自己的行为负有责任。确实,在我们灵魂产生行为的方式中,存在着某些方面,它们使得我们每个人对自己从内在驱动中而不受外在的阻止或强迫所做出的这些行为负有责任。但廊下派的思想图景并不蕴含这样一种主张,即我们的行为,或作为行为之基础的认可,相比无生命物体的运动而言,在任何情况下都不完全被决定、不完全被命定,或不完全受到因果作用。

实际上,爱比克泰德的另外一些段落向我们表明,我们的认可是"不被阻止、不被强迫、通畅的",其意思是,当我们认可一种印象时,不可能存在什么外在力量阻止我们认可该印象。[③] 但是,由于那一印象以及由于我们的心理特征,我们也不可能做出认可该印象之外

的更多观点,见 Long 2002。

① 关于其复杂的思想起源之线索,见 Bobzien 1998a。

② 见 Sharples 1986,更详尽的证明,现可见 Bobzien 1998。希珀吕托斯《驳斥一切异端》(Hippolytus *Haer*.)卷一 21.2(《早期廊下派辑语》2.975 =《希腊化哲人》62A)这个文本最有力地展现了一种因果隔绝的思想图景,其中,由命定性的事件构成的外在世界与完全精神自由的内在世界相对。鲍慈恩(1998,页 345-357)和汉金森(Algra 等编,1999,页 540-541)均论证了这一文本在正统廊下派思想图景中并不具代表性。

③ 例如,《清谈录》卷一 28.1–7;卷三 7.15。

的别的活动。[1] 不同于 [294] 在其他某种决定论的原因之轨中引入新的可能性，我们对印象的认可就是决定论的原因之轨，根据它，各种典型的人类行为被决定。哲学上的争论就将集中于我们有关道德义务的直觉是否在这一贯穿于我们自身偏好、习惯和倾向的原因之轨这一事实中被充分地保留。有人会感到这一事实足以使我们的行为在一种更富蕴含的意义上真正是我们自己的，而另外一些人将会在"命运女神的碾压使其无情的道路贯穿我们灵魂的最深处"这个事实中发现一点专断色彩。

对我们的目的来说，值得关注的是，这种论辩对于开启廊下派心理学具体内容的作用何以如此之小。为了证实我们对因自己的品格所做的行为负有责任，廊下派可以用上关于印象和认可的心理学，但是，并不比关于驱力（drives）和冲动（urges），或者激情和工具性信念（instrumental beliefs），或者弦（strings）和线（wires）的心理学（倘若线可以弯曲，这种弯曲可以反映不同人之间的差异）更好地做到这一点。

廊下派为保留义务所采取的策略，在某种意义上直接立足于他们的道德心理学观念之中。我们对于我们的行为负有责任，是因为它们发自我们的驱动（也就是我们的认可），并且这些行为由我们的品格（也就是我们对于认可的倾向）所决定。但大体而言，这些观念对于上述争论并非不可或缺。不同于有些理论把理性能动性抬高到经验的因果秩序之上，或给予能动者的因果性以其他特殊地位，廊下派把驱动和行为直接置于原因纽带之中。

---

[1] 鲍慈恩写道，"……一个人的所谓的道德品格在于其心灵的独特本性的独特'轮廓'，它决定着他对何种印象加以认可"（Bobzien 1998，页289），我对此表示赞同。但是参拙文（2001），我在文中警告，她在指涉一种"打断原因之链的能力"时会无意间产生混淆。

第十一章　廊下派与医学

汉金森（R. J. Hankinson）　撰

徐健　朱雯琤　译

[295] 在古代世界，哲学与医学的历史深深交织在一起。一些我们认为是哲学家的人，对医学也有相当严肃的兴趣，譬如恩培多克勒斯和恩披里柯。与此同时，相当多的医师对于哲学也不只是有业余的爱好，譬如阿尔克迈翁（Alcmaeon）、卡律司托斯的狄俄克勒斯（Diocles of Carystus）、赫罗斐洛斯（Herophilus）、厄拉希斯特拉托斯（Erasisteratus）、阿斯克勒皮阿德斯（Asclepiades）、美诺多托斯（Menodotus），以及显然还有伽伦。希珀克拉特斯文集中的论著处处可见哲思，而柏拉图和亚里士多德也对医学报以格外关注。

医师与哲学家之间在观念上相互影响的事例中，最为重要的一个，或许就是那场关于科学本性和认识论限度的大争辩，争辩的一方是怀疑派及其医学上的经验论同仁（后期则是方法论同仁），另一方则是哲学和医学上的各种独断派，这两方在争论中势均力敌。实际上，即使是术语也揭示出，在医学和哲学的阵营中反对理论的人，通常都指向他们的对手独断论者。[①]

[①] 然而医学文本里的用词要更为丰富，伽伦将心智理论化的医师一并称为独断论者（dogmatikoi）和理性主义者（rationalists, logikoi），其中所谓的理性主义者与持有怀疑主义心智的经验论医生相互对立。

1 灵魂

医师和哲学家共有一个显著兴趣，即对灵魂的本性、位置、官能和机制的关注。[296] 柏拉图论证了灵魂的不朽性和非形体性。亚里士多德则更将灵魂视为生物的一系列官能，它遵循着某种等级秩序，从最低、最一般的官能（比如繁殖和滋养），经由动物的感知和自我运动的媒介，直到发散的、理性的思维这一人类特殊的能力。

柏拉图无疑认为灵魂是一种非物理性的实体。亚里士多德在唯物论问题上的立场则没那么清晰，但在《物理学》卷七 2 中，他坚称所有运动都通过接触产生，它们由"推、拉、带或转"而生成①——这种观点连同灵魂（通过其他事物）产生运动这一观点，很难与任何非常强劲的非物理主义思想（non-physicalism）相一致。

从医学方面看，希珀克拉特斯《论养生之道》(On Regimen, 同时被归类为哲学和医学的论著，但该论著表明这种严格的归类是错误的）的真正作者将火和水看作物体的根本元素，并将理智归因于火，将记性归因于水（《论养生之道》卷一 35-36）。

不论是哲学家还是医师，都同样在论证灵魂官能所在的位置。柏拉图将他三种迥异的心理官能（理性、情绪和嗜欲）分别安置在大脑、心脏和肝脏中（《蒂迈欧》69c-72d），他的这一安置方式被一种可敬的医学传统所遵循，伽伦对该传统有最崇高的呈现。另一方面，亚里士多德则认为感觉和思维位于心脏中。

这种观点上的不统一也反映出早年和当时的医学争论。阿尔克迈翁（活跃于公元前 480 年左右）根据感知的端点导向理性，而将理性等同为大脑；大约五十年以后，希珀克拉特斯派的著述者在《论圣病》(On the Sacred Disease, 第十七章）中毫不含糊地选择把大脑不仅作

---

① [中译编者按] 译文参考亚里士多德，《物理学》，徐开来译，收于《亚里士多德全集》，苗力田主编，北京：中国人民大学出版社，1991，第二卷，页195，有改动。

为理性的中心，还作为快乐和情绪的中心。但这既没有解决医学问题，也没有解决哲学问题。更为后期的文本《论心脏》(*On the Heart*，通常认为著于公元前 3 世纪中期，那时是廊下派最伟大的时期）支持理智的位置在心脏的观点，这一观点明显是大量解剖研究后的产物（这是我们所拥有的第一部提到心脏瓣膜的文本）。实际上，在给出左心室"设计得更为精确"这一观察之后，[297] 作者评述道：

> 这是意料之中的，因为人类的理智，这个统治灵魂剩下部分的本源，被安置在左心室中。(1:《论心脏》10)

《论心脏》是一篇短小又有很多标新立异处的论著。它似乎受了柏拉图的影响（里面的简短指南多次提到技艺和"一个卓越的工匠"，尽管后者也许不过是一个拟人化了的亚里士多德式自然），尽管其中的心理学明显不是柏拉图的。文本 1 或许暗示了对灵魂的分区，这与廊下派理论相左——但并不必然如此，至少能够想象作者在某些理论灵感上受益于廊下派，比如他们都信奉一种相当强烈的目的论，又比如，伽伦事实上认为是克律希珀斯假定了左心室是灵魂的普纽玛（pneuma）的场所（本章后面会有所讨论）。

文段 1 同样反映了我们或许无论如何都会意料到的情况，即大体解剖（gross anatomy）不管做得多么娴熟，其本身不太可能产生关于理智之位置的可靠结论。然而，科斯岛的普拉克萨戈拉斯（Praxagoras of Cos），公元前 4 世纪晚期的一位杰出的内科医师，将心脏看作认知的场所和生命机能的起源处，这一结论很可能部分地基于他的解剖研究（当时比他年长一些的医师狄俄克勒斯同样沿袭了这种心脏中心论观点，但他明显让大脑也承担了某种角色。辑语 72，78，89，101 vdE）。[①] 普拉克萨戈拉斯区分了动脉和静脉，但他没有完全地分辨出

---

① vdE 指 van der Eijk 2000。

神经，而将神经假定为动脉的细枝末梢——这导致他将心脏看作理智的场所。①

在这一阶段，解剖完全被确立为发现内部器官的结构和机能以及器官间相互关系的一种方法。赫罗斐洛斯和厄拉希斯特拉托斯，还有活跃于公元前3世纪前半叶的亚历山大里亚的医师们，据说都能弄到活的犯人做［298］活体解剖。②不管此事真实性如何，这两人（特别是赫罗斐洛斯）都在理解身体的内部运作上有极大建树。赫罗斐洛斯是第一位正确区分了神经和其他身体结构的人（在早期希腊语里，neuron 可以同样指涉"神经"［nerve］、"筋"［sinew］、"腱"［tendon］），他还从感觉神经中区分出了运动神经（辑语 80-85 vS）。③赫罗斐洛斯同样证明了大脑通过神经联结（辑语 77 vS），并从中推论出大脑而非心脏才是理智、感觉和意志的场所（辑语 79, 143 vS）。

赫罗斐洛斯是普拉克萨戈拉斯的学生；而克律希珀斯明显赞同并援引普拉克萨戈拉斯，以主张神经起源于心脏而非头脑。④但克律希珀斯明显要么不知道要么不关心赫罗斐洛斯的发现；据伽伦说，他承认自己不精通解剖。⑤在伽伦看来，这是一个惊人的疏漏，不是因为

---

① 见伽伦，《论希珀克拉特斯和柏拉图的学说》卷五 188-189 Kühn。关于《论希珀克拉特斯和柏拉图的学说》，最好参阅晚近杰出的德·拉西编本（De Lacy 1978—1980），然而为了方便参照，我继续沿用老的屈恩（Kühn）版本和页码（德·拉西版本的页边码）。

② 这条证据源于1世纪的医学史家科尔苏斯（Celsus）(《论医学》[On Medicine] 绪言 23-26 =T 63a vS [vS 指 von Staden 1989]）以及后来那些倚赖或未倚赖他的文献（辑语 63-66 vS）。其真实性常常受到质疑，但证据并不充分；后来一些记述并谴责解剖活的犯人这种做法的著述者（特别是基督徒德尔图良[Tertullian]：《论灵魂》[de Anima] 10.4）带有敌意，然而科尔苏斯没有；见 G. E. R Lloyd 1975a；von Staden 1989，页 139-153；Hankinson 1990。

③ 见 Solmsen 1961；von Staden 1989，页 155-161、247-259。

④ 《论希珀克拉特斯和柏拉图的学说》卷五 189。

⑤ 《论希珀克拉特斯和柏拉图的学说》卷五 187。

解剖能够凭借自身解决心灵哲学问题，而是因为它为判断这些理论的充分性提供了一个框架。在伽伦看来，分清了神经，发现它们的位置是在大脑和脊柱，并且（通过结扎和切片）实验性地确认它们是作为感知和运动力量的中介（所有这一切都可以认为来自赫罗斐洛斯），而在这之后还主张灵魂主导部分的位置在心脏，那将是完全站不住脚的。

2　普纽玛

廊下派认为世界被某种动态实体所渗透，这实体的最低等级负责凝聚质料性对象；往上一个等级则负责将一个会新陈代谢和自我繁殖的有机体变得组织化；然后是针对动物的感知[299]和意愿力量；最后则是针对人类的认知和理解力（《早期廊下派辑语》2.716）。廊下派称这个轻巧、变动却又具备生成和维持结构的东西为"普纽玛"。它有许多种描述，有说它是火和气的混合物，也有说它是具备了火的性质的气，还有人认为它是一种热和冷的动态组合。[①]

然而，"普纽玛"一词并不为廊下派所专用。最初它意为"风"（wind），它在哲学和科学上曾有过一段长长的令人迷惑的历史。希珀克拉特斯《论气息》(*On Breaths*) 3-4 区分了内在"普纽玛"（breath，"气息"）和外在"普纽玛"（air，"空气"），并认为"普纽玛"负责生机和健康。"普纽玛"在这里看上去不外乎是一种运动中的气，作者明显提到了吸入空气对生命来说的必要性（但并不是所有古代理论家

[①] 《早期廊下派辑语》1.127, 135；2.389, 786, 841 等处。亚里士多德假设元素都具有成对出现的属性（火既热又干，气既热又湿，土既冷又干，水既冷又湿：《论生成和消灭》2.3），廊下派却让每种元素只被分配一种属性（火/热、气/冷、水/湿、土/干：《早期廊下派辑语》2.580）。值得注意的是，这种分配据说是来自公元前4世纪的内科医师斐利斯提翁（Philistion）（匿名者隆狄涅希斯[Anon. Lond.] 20.25-30）。见怀特撰写的本书第五章。

都这么想）。

在亚里士多德的生物学里，"普纽玛"被用于多种方面。它被描述成"热气"（hot air），[①] 负责精液排泌，因为"离开了普纽玛，任何东西都不可能被投送至远处"[②]——这里所讨论的是运动中的气的简单动态效应。然而，"普纽玛"还是胚胎被分为不同部分的原因：[③] 它是精液中承载着动物形式的东西，而精液就是充满了"普纽玛"的水。而且，积极性被等同于热，而消极性则是液态性，[④] 这部分地预示了廊下派理论。

但是，普纽玛的功能并不局限于受孕和生殖。动物具备一种内在的普纽玛，这种普纽玛里面充满吸入的空气，但并不等同于吸入的空气，它负责生命性的功能；它同时还是从灵魂到肌肉的自发运动的承载体，是它们运作的原因（《论动物运动》10）。无需诧异，这幅思想图景背后的具体机理模糊不清，不尽如人意，但是，普纽玛的作用明显类似于运动神经系统。

[300] 狄俄克勒斯的生理学也涉及普纽玛（辑语 32–34 等，vdE），他还区分了普纽玛的灵魂形式与其他形式（辑语 78，80，95，vdE）。赫罗斐洛斯尽管已经发现了神经的功能，他的生理学中仍有普纽玛的一席之地。他通过视神经而将视觉归因于"感觉的普纽玛"的运作（辑语 140 vS）。不过，如果伽伦的话可信，那么赫罗斐洛斯明显认为运动神经本身就是控制自发运动的器官，而不需要内在充满

---

① 《论动物生成》[Gen. an.] 卷二 2，736a1；参照卷二 5，736b34 以下。

② 《动物志》[Hist. an.] 卷七 7，586a15-17；参照卷十 2，634b34 以下；《论动物生成》卷一 6，718a2 以下。[中译编者按] 译文参考亚里士多德，《论动物生成》，崔延强译，收于《亚里士多德全集》，苗力田主编，北京：中国人民大学出版社，1997，第五卷，页 261；《动物志》，颜一译，收于《亚里士多德全集》，苗力田主编，北京：中国人民大学出版社，1996，第四卷，页 263；有改动。

③ 《论动物生成》卷二 6，741b37 以下。

④ 《论动物生成》卷二 6，742a15。

普纽玛（辑语 141 vS；参照 143）。[1]

厄拉希斯特拉托斯同样从理论上探讨了普纽玛，并且他明显如廊下派那样（《早期廊下派辑语》2.716），区分了生命的普纽玛和灵魂的普纽玛。[2]但不同于克律希珀斯（和文本 1 的作者），他认为心脏的左心室里只有生命的普纽玛。在厄拉希斯特拉托斯的思想体系中，（正常状态下）动脉仅起到作为普纽玛的导管的功能，但这里的普纽玛不是理智的普纽玛；任何侵入动脉的血液都是病态的（辑语 109 Garofalo），但这一观点被伽伦用实验证明是错的。心脏导管中有普纽玛这一观点，总体上无疑与廊下派心脏中心论中对理性灵魂的看法相契合，但这两种理论在细节上显然有相当多的差别，并且我们也没必要在它们之间插入多少相互影响方面的说辞。

但是，以上这些与廊下派的普纽玛之间的关联极其有限。一些内科医师或许用廊下派关于某种处于动态波动的张力之中的变动物的观点，来解释我们的神经传导时所产生的现象——但支持这一点的证据却非常少，更不用说有力的理据了。伽伦提到，[3]有许多问题本身虽有趣，但都与医学没有关联，且无法用任何经验实验来解决。这些问题包括世界的永恒性、超俗世的虚空（extra-mundane void）的存在，[4]而对我们的目标更为重要的问题则是灵魂的本性及它是否不朽。[5]

伽伦作为内科医师，没必要探寻灵魂的实体以及关于灵魂可能的存在性问题，他的非哲学兴趣［301］由临床的迫切需求所决定。于

---

[1] 伽伦的可信度在这里遭到了质疑，在其他地方也是如此，例见 Solmsen 1961，页 186；但见 von Staden 1989，页 252-259，他对此作出了一番明智的判断。

[2] 《论希珀克拉特斯和柏拉图的学说》卷五 184-185。

[3] 《论希珀克拉特斯和柏拉图的学说》卷五 791-795。

[4] 《论希珀克拉特斯和柏拉图的学说》卷五 771。

[5] 《论希珀克拉特斯和柏拉图的学说》卷五 763，766；参照《论胚胎的形成》(*On the Formation of the Foetus*) 卷四 700-702 Kühn。

是，认识到神经是感觉和运动功能的载体就相当重要，因为损坏神经必将影响甚至可能摧毁这些功能。但是，神经是否通过普纽玛的传导来起作用，如果是，普纽玛到底为何物，这些则不是很重要。虽然伽伦认为普纽玛是灵魂传输其力量的途径，但他否认灵魂就等同于普纽玛。[①] 在他看来，普纽玛的真正功能是充当任何实际负责这种因果传导的东西的位符。伽伦通过大量实验来证明，这种传导的诸模式里并不需要有某种中间液体，他援引的一个例子是，通过渔夫的三叉戟，电鳐发出电击。[②]

总而言之，尽管廊下派继承并发展了"普纽玛"这个在哲学和医学上曾有过一段长长历史的概念，但这是为了他们自己的目的而服务的，而这些目的很大程度上与医学并不相关。

3 原因

廊下派给予普纽玛一个独特的功能，那就是它能将事物联结在一起。这是除生命的和灵魂的普纽玛以外的第三种普纽玛，在文献中只有这种普纽玛被认为源于廊下派，[③] 而廊下派将之称为事物的"内含因"（containing cause，aition sunhektikon）。[④] 伽伦实际上认为廊下派是为了解决如下问题：为什么要安置某种东西来阻止坚实的事物瓦解？在任何情况下，像普纽玛这样变动的东西如何可以起到这一作用（《论维系因》6.1–3）？

但正如伽伦同时提出的，内含因这个术语并不只是用来作为对

---

① 《论希珀克拉特斯和柏拉图的学说》卷五 606，609。

② 《论患处》(*On Affected Parts*) 卷七 421–422 Kühn。

③ ［伽伦］，《医学引论》(*Introduction*) 卷十四 726 Kühn =《早期廊下派辑语》2.716。

④ 或"凝聚因"（cohesive cause）或"维系因"（sustaining cause）——对这个微妙的词语还没有一个确切精准的翻译。

象持续存在所需的充要条件，还作为事件和进程的充要条件，[1]虽然这一用法在医学学派里也有提及——以伽伦为例，他坚称这并不是廊下派对那一概念的原初用法——但似乎是廊下派相对较早地持有该用法。

［302］克律希珀斯为了阐述他的相容主义决定论学说，而在事件的内含因之间及其与事件的起始因（antecedent causes）之间作出了区分，事件的内含因决定着它们的结果并与之同在，它们在强度上的变化会相应引起其结果的变化。[2]起始因（aitia prokatarktika）[3]不足以产生结果（在一些解释中它们还完全不为结果所必需），但却是初始的驱动，能启动一系列事件。在医学用法中，起始因相当于希珀克拉特斯的 prophaseis，即在因果上先于某种病理进程的显著、外在的事件。实际上，起始因可以揭示病人在这种特定情况下所存在的内在虚弱性。这与起始因不足以产生结果这一事实有关。[4]

伽伦为了这一主题写了一部短小的论著，主要意在恢复起始因真正的原因身份，从而恢复它们在诊断和预后（prognosis）中的重要性，以驳斥厄拉希斯特拉托斯及其追随者的攻击。这些人坚称，所有的原因一定固定不变地与它们的结果联系在一起。[5]伽伦说，在一个炎热

---

[1] 《驳朱利安》（*Against Julian*）卷十八 A 278–279 Kühn。

[2] 参照恩披里柯，《皮浪学说述要》卷三 15；克雷芒，《杂缀集》卷八 9.33=《早期廊下派辑语》2.352。出于技术上的原因，去谈论进程而不是事件或事态或许更好，见 Hankinson 1996。关于其他接下来的主题，比较弗雷德撰写的本书第七章。

[3] 同样，对这个词也没有一个公认的译法：《希腊化哲人》译为"初始因"（preliminary causes），并留用"起始因"来翻译 aition prohêgoumenon，该词被我译作"在前因"（preceding cause）；对 aition prokatarktikon 的其他译法有"最初因"（initial cause）和"显著因"（salient cause）。

[4] 关于这些问题，见 Hankinson 1987a。

[5] 伽伦，《论起始因》（*On Antecedent Causes*, Hankinson 编，1996b），尤其是卷一 6 至卷二 11；卷八 96 至卷十三 172。

的夏天，一个剧场里的所有人之中或许只有四人会中暑，这四人中其实又只有一人会严重病倒，但这并不能说明暑热无需背负原因之责；而只能说，个人对中暑的特别易患性，可以解释只有这一个人屈服于暑热的影响。如果其他所有人暴晒久了，或者暑热变得更加猛烈，那么他们最终应该也会中暑。因而，起始因[①]启动易患病的病人身体之内的某种蠢蠢欲动的机制；到了某个时间点，发病已不可避免，而启动的过程就成为疾病的内含因（aition sunhektikon）。

[303] 伽伦明确地将这种医学学说与廊下派理论联系起来，并使其变得更加复杂：

> 阿塔雷亚的阿忒纳欧斯（Athenaeus of Attaleia）……创立了以普纽玛主义者（Pneumatists）闻名的医学学派。他对疾病之内含因的论及与其学说相适，因为他汲取了廊下派的思想，并且还是珀赛多尼俄斯的学生和弟子……阿忒纳欧斯所谓的三个类型如下：第一型由内含因构成，第二型是在前因，第三型则关于起始因；他们用起始因来称呼所有外在于身体、伤及身体而产生疾病的因素。如果身体内产生的某种东西属于引起疾病的物类，那么，当它还没有真正导致疾病的时候，他们则称其为在前因。自然的普纽玛发生改变，是因为这种[在前]因、那种外在的[起始因]，以及身体变湿或变干、变冷或变热这些疾病的内含因。（2：伽伦，《论维系因》2.1-4）

这段话确证了我们先前对起始因的作用与地位所作的概述，但同时也对原因分类增加了一个新的条目，即在前因（aition prohêgoumenon）。伽伦明确认为，这种原因分类的原创者是这位公元前1世纪的阿忒纳欧斯，此人系富有影响的普纽玛主义医学学派的创

---

① 参照恩披里柯，《皮浪学说述要》卷三 16。

立者（[托名]伽伦《医学引论》的作者是一名普纽玛主义者，我们先前提到此书，将其作为普纽玛类型划分的来源之一）。伽伦自己就广泛采用了这种分类。[1]

但是，有一些证据表明，像这样的区分在克律希珀斯的理论化研究中或许已有所体现。他把起始因与包含因的区分作为中心论点，来为他对命运和人类自由的相容论解释作辩护。阿弗洛底西亚的亚历山大（《论命运》）这类反廊下派的哲学家争辩说，如果宇宙如廊下派所坚称的那样在特征上彻底被决定了，[2] 如果所有出现在宇宙中的事物，包括我们的意志和行动，是因果必然性中无可避免的结果，那么，我们何以为自己所做之事负责呢？我们不就是机器上的一枚螺丝钉吗？

[304] 克律希珀斯的回应则称，命运是一系列必然的起始因：

> "某些因，"他说，"是完满的（perfectae）和首要的（principales），其他的则是辅助的（adiuvantes）和相邻的（proximae）。因此，当我们说所有事物的发生都依照着从起始因而来的命运时，不应该认为我们是在说依照完满的和首要的因，而要认为我们是在说依照辅助的和相邻的因。"由此，他这样反对了我刚才所给的论证："如果一切事物都依照命运而生，那么一切事物就必然由先前（prior, antepositae）因而生，但不是出自首要的和完满的因，而是出自辅助的和相邻的因。"（3：西塞罗《论命运》41 =《早期廊下派辑语》2.974 [部分] =《希腊化哲人》62C [部分]）

---

[1] 参照《论脉搏跳动的原因》（*On the Causes of Pulses*）卷九 2-3 Kühn。关于伽伦的原因理论，见 Hankinson 1998b，导论 2-3、评注等；Hankinson 1998a，第十一章；以及 Hankinson 1994。

[2] 《早期廊下派辑语》2.917，2.921，2.945，2.975，2.979，2.982，2.1000，2.1002，2.1003 等。

我们可以在医学传统的其他地方发现其中有提到辅助因（auxiliary causes，aitia sunerga），它们通常被认为能够提升结果的强度，尽管它们自身并不足以产生结果。"相邻因"（proximate causes），即西塞罗的拉丁词 causae proximae，从其他地方的证据来看（例如《早期廊下派辑语》2.997），必与 aitia prokatarktika［起始因］相对应，尽管最近似的希腊原词应该是 aitia prosechê，也尽管在其他语境里（特别是厄拉希斯特拉托斯的原因论：伽伦，《论起始因》卷十四 173-182），一种 aition proseches 貌似足以产生结果。（除非某物足以产生结果，不然厄拉希斯特拉托斯不会将它当作一种因：他认为发炎和发烧的 aition proseches 是血液传输至动脉，从而缩减和扰乱了生命的普纽玛的活动。）

而西塞罗所称的"完满因"（perfect causes，大致对应 aitia autotelê）[1]则明显是一种 aitia sunhektika［内含因］。于是，真正所谓的命运，并不等同于所有事物的原因结构，而只等同于进程或行动的启动因（initiating causes），即让进程或行动得以开启的外在刺激物。这种观点引起了普鲁塔克的嘲讽（也间接地引起了亚历山大的嘲讽），但它实际上并非无足轻重。克律希珀斯的看法在于，某种进程真正积极的因，就是那实际通常足以产生结果的事物——而起始因从定义上来看不具备这个特征。举一个与人类自由和责任之讨论相关的例子：那促使我寻求食物的东西可能是对某种可吃之物的感觉印象，而仅仅看到可吃之物并不足以使我去吃它，关于信念、欲望和意志的整个内在结构也会被调用起来并发挥出相应的作用。

［305］更重要的是，同样的刺激物会以不同的方式影响不同的人：牡蛎让我贪嘴过甚，而你却对它无动于衷。这种差异也很好地反映在那个关于唯一中暑的病人的医学例子中，解释这一差异的正确方式，就是要找到你我内在习性（dispositions）上的不同。我对我所做的事

---

[1] 参照克雷芒，《杂缀集》卷八 9.33 =《早期廊下派辑语》2.351。

负责，即使我的行为是被引起的，因为在结果的产生中发挥关键作用的正是我的习性和信念。说缺少了刺激物，这些习性和信念就不会起作用，又说给了刺激物，它们（在其他条件不变的情况下）不可能不会产生结果——这两个事实都不重要。

在几段之后，西塞罗记述了克律希珀斯那个著名的关于圆筒的例子：没有外在的推力（起始因），圆筒就不会开始滚动，而一旦滚动起来，它就"凭借它自己的力量和本性"而持续运动。[1] 起始因可以启动一种已经蓄势待发的机制，而这个机制一旦被启动，本身就构成了责任主体。

那么问题来了：在文本 3 中成对出现的因纯粹是同义的呢，还是说完满因不同于首要因，辅助因不同于相邻因？这个问题并不容易解决。[2] 但是，虽然 aitia prokatarktika［起始因］和 aitia sunerga［辅助因］都是关于外部影响的类型，但它们几乎不能相等同（aitia prokatarktika［起始因］并不是一种已存在的结果的增强剂），这意味着 causa principalis［首要因］或许并不单纯是 aitia autotelê［完满因］（也就是 aitia sunhektika［内含因］）的另一种提法；但 principalis［首要的］完全有可能是对 prohêgoumenon［在前的］的翻译，这表明该词源于廊下派而非阿忒纳欧斯，这就不同于伽伦在文本 2 的主张了。格利乌斯在一个类似的文段里提出，[3] 圆筒持续滚动是"因为它自身拥有这种适宜滚动的形状"。因此，克律希珀斯可能认为圆筒的内在形式是其滚动的 aition prohêgoumenon［在前因］，因外在刺激物而变成现实的那一形式则是滚动的 aition sunhektikon［内含因］。[4]

---

[1]　《论命运》43 =《早期廊下派辑语》2.974 =《希腊化哲人》62C。

[2]　比较 Hankinson 1987a 与 Hankinson 1999，里面有非常不同的观点；亦见 M. Frede 1980。

[3]　《阿提卡之夜》卷七 2.6–13 =《早期廊下派辑语》2.1000 =《希腊化哲人》62D。

[4]　对这种推测更为充分的研究，见 Hankinson 1999，节 3–6。

但即便这样的推测是对的，这种对原因的区分（而不是亚里士多德的）也明显与阿忒纳欧斯的医学版区分并不完全相符。[306]在后者那里，在前因并不等同于先于起始因影响的固定条件，而是等同于进程在展开时的内在特征。

4 迹象

在医学传统中，起始因还能以不止一种的方式来呈现症状。首先，这种因的影响至少是一种可制止的指示，表明某种病症随后可能会出现（且如果有人提前知道某个病人的易患病性，这种因的影响就可以提供一种比预先指示出毛病来得更加稳靠的指示）；退一步说，即便已经出现了坏结果，它也可以揭示这个病人的易患病性。

廊下派和他们的反对者，特别是伊壁鸠鲁派和皮浪主义怀疑派，都同样关注迹象（signs），而医学学派同样极大运用了关于一般的迹象推理和特定迹象的本性方面的主题。恩披里柯认为大体来说有两种迹象，他分别称它们为指示型（indicative）和后遗型（commemorative）：前者（为这名怀疑论者所不齿）被认为是隐蔽条件的明显迹象；而后者（恩披里柯持有这种概念）只可以表明某种当前不明显的事物的在场。因此，烟是火的后遗型迹象，因为火本身并不是不可感知的；出汗则被视为皮肤上存在不可感知的毛孔的一种指示型迹象（《皮浪学说述要》卷二 97–102）。出汗这个例子是廊下派提出来的，他们将指示型迹象定义成"一种在可靠的条件句中能够揭示出结果的前件"（卷二 101，104）。因而，他们认为迹象能将我们从明显的事实带向事物隐蔽的内核，这种观点在医学上显然能够引起共鸣。实际上，在希珀克拉特斯和前苏格拉底哲学家那里就有了它的前身。

恩披里柯一类的怀疑派争辩说，事实上并没有那种明显的迹象。拿出汗现象作为毛孔存在的决定性证据，凭靠的是"没有东西可以通过完全坚实的物体"这样的论点（该论点显然是廊下派的，但它或许不是那么无懈可击）(《皮浪学说述要》卷二 142)，同时还要假设湿气实际上从身体内部而来。

［307］廊下派显然认为，他们所谓的迹象显示了迹象所能指的东西。伊壁鸠鲁派的斐洛德谟斯称他们将"排除法"(eliminative method)作为迹象推理的基础，这本质上就是通过换质位(contraposition)来检验条件句（"如果出汗了，那一定就有毛孔"）的可靠性：如果皮肤没有毛孔的话又如何出汗呢？[①] 伊壁鸠鲁派宁愿主张通过"相似法"(method of similarity)即归纳法，来确定迹象推理的有效性。我们看到烟就想到火——显然斐洛德谟斯采用了恩披里柯关于后遗型迹象的例子——这是因为"烟总是火的分泌物"。[②] 伊壁鸠鲁派认为这种关联有某种概念上的必然性——比如我们必然只会认为人是有朽的——但这不是逻辑上的必然性。

恩披里柯将这类他预备采用的迹象称为"后遗型的"。他没有解释这个词的起源，但显然，以经验派(Empiricists)闻名的医学派在他们的认识论中充分利用了记忆(memory)。[③] 实际上，他们将"经验"(experience)这个他们由之得名的概念定义成"关于个人所见的以相同方式经常发生的事情的记忆"。[④] 而且，他们还区分了两种推理——他们认为前者可以接受而后者不行——并分别将这两者称为 epilogismos 和 analogismos。epilogismos 大体对应后遗型迹象和伊壁鸠鲁派的归纳（这个词本身就被斐洛德谟斯用来指某种类似"经验推

---

① 斐洛德谟斯，《论迹象》11.32–12.31 De Lacy =《希腊化哲人》18F。

② 斐洛德谟斯，《论迹象》24.29–36.17 =《希腊化哲人》18G。

③ 关于此，见 M. Frede 1990：他甚至将这种认识论称为"记忆论"(memorism)。

④ 伽伦，《经验论述要》(Outline of Empiricism) 4。《经验论述要》是我们关于该学派学说的主要文献之一；其他还有伽伦的《论诸派别》(On Sects)和《论医学经验》(On Medical Experience)。这三本书都由弗雷德(M. Frede 1985)翻译并配上有用的导论。

理"的东西）；analogismos 在他们看来则来自独断派，且大体对应指示型迹象。

医学上的经验论始于公元前 3 世纪末期的亚历山大里亚，开创者为赛拉皮翁（Serapion），他是赫罗斐洛斯的学生。经验派没时间研究生理学和病理学理论，他们认为，关于人体深层结构的知识，以及该结构运作背后具体的因果事实，都是不可得的。但幸运的是，或者说他们也由此认为，这些知识和因果事实对进行有效治疗并非必要。经验论医师只是观察搜集到的［308］迹象和症状，以及那些与预后（什么样的症状和场合会导致什么样的疾病）和治疗（对相似的病情有什么样的有效疗法）相关的情况；这就是 epilogismos。[①] 而所有其他东西，比如关于脾性或普纽玛的宏大理论，或关于身体内部运作的复杂解释，都不重要。

我们同样很难确定由此产生的确切影响，但至少很清楚一点：经验派拒绝那种被廊下派视为自身关于发现的方法之核心的推理，也正因为如此，他们用自己的方式，推进了主宰之后古希腊哲学和科学的方法论的、关于迹象的论战。相反地，经验派的独断论对手们却凭靠其所谓的"指示"（indication, endeixis：明显与指示型迹象有很密切的关系）：

> 基于事物本性之上的逻辑（也就是独断）过渡[②]借助指示（endeixis）来获取知识。但经验的变化凭靠通过经验所发现的东

[①] 见伽伦，《经验论述要》4 和 6。伽伦认为首先介绍 epilogismos 的人是美诺多托斯，此人是公元 1 世纪一位温和的经验论者。如果这是真的，那么这个词在被医师采用之前就已经被伊壁鸠鲁派使用很长一段时间了（《经验论述要》12 = 辑语 10b 87–88 Dr）；但伽伦可能只是指美诺多托斯承认它是一种推理方法。

[②] "过渡"（transition）仅仅是任何一种旨在从某事实通达另一事实的推理步骤，这里并不特指经验派的"过渡到相似者"这个专业表述，后者是某些（但并非全部）经验论者所持的一种类比推理（见 Hankinson 1987b；Frede 1990）。

西，不是因为我们确信或可能相信某物应该是其相似者的产物，或应该需要相似物，或应该遭遇相似物；不是基于诸如此类的原因，而是基于他们通过经验发现事物以如此方式运作，他们才认为可以做出那种过渡。（4：伽伦，《经验论述要》9）

文本4清楚表明，经验派的确证与任何推测性的形而上学都没有关系。据此，他们允许自己充分利用起始因，但即便如此，他们也只接受作为迹象的起始因——作为优秀的怀疑派，他们没有关于原因交互作用的理论（见 Hankinson 1987b）。

在希腊化时期，医学上不同的竞争学派会与它们同样好辩的哲学学派——包括廊下派——之间相互借用理论，这种情况［309］并不少见。然而这种交换到底如何进行，又朝何种方向发展却完全不清楚，但这不足为奇，因为我们关于这个时期的证据都是一些断简残篇。同样明显的是，医师和哲学家彼此相互学习。实际上，伽伦在这点上走得较远，他断言：一个人除非也是哲学家，不然不可能成为一名好医师。而他也有理由为自己的哲学能力自豪。但同样清楚的是，有些哲学家并没有对那个时代取得巨大进步的医学知识报以本该有的关注。而廊下派在伽伦尖酸讽刺的笔伐下，更需要承认他们的这种疏忽；他们若不是学了一点解剖学，将永远不会通过假设气管直接连接着心脏，来论证灵魂的位置在心脏（伽伦还指控廊下派错误地假设：那在因果上控制着某物的器官，必定与它所控制的事物相连）。[①] 伽伦清楚地看到，廊下派自己的科学研究成果无法解决关于灵魂本性的哲学问题；但他和其他医师也同样清楚地看到——比廊下派看得更为清楚——任何对这类问题的严肃解决办法，必须至少对廊下派那些成果所提供的理论框架保持敏感。

[①]《论希珀克拉特斯和柏拉图的学说》卷五 240-258。关于这些争辩，见 Hankinson 1991。

第十二章　廊下派对传统语法学的贡献

布兰克（David Blank）　艾瑟顿（Catherine Atherton）　撰
徐健　译

[310]"传统语法学"这个短语是指，至少在早期中世纪以降的西方传播的关于词形和句法之正确使用方面的知识体，旨在研究拉丁语和希腊语，而该研究的诸范畴被用作其他语言研究的范导。人们早就认识到，传统语法学共享了廊下派语言研究中的众多术语和概念。本章就是要考察两者的关系。①

1　原始文献

就像希腊化哲学常有的情况，可靠的、高质量的一手材料的匮乏，对重构廊下派这方面的思想来说是一个严重障碍。廊下派任何时期的语法学论著都没有留存下来，仅有一个具有广义上所谓的语法学旨趣的文本，几乎原模原样地留传下来。无论如何，这本书，即克律希珀斯的《逻辑学问题》（*Logical Questions*，赫库兰尼姆莎草纸文献第307号），更应该属于现代人所谓的哲理逻辑学（philosophical logic）和语言哲学，尽管这种重叠本身意味深长（见节2.2）。

关于这本廊下派语法学著作的一般特征和结构，以及它在廊下派哲学中的位置，我们所知的情况首先来自学述性文献，其中最重要

---

① 有关语法学的发展，例见 Pinborg 1975 和 D. J. Taylor 1986。

的有拉尔修对廊下派辩证法的长篇记述,① 还有拉尔修所录克律希珀斯的语言学主题相关的著作编目。② 这些文献能够引以为傲的通常只有 [311] 它们对所处理材料的有限理解,而这些理解本身在质量上还参差不齐。幸运的是,拉尔修记述中的相关部分,似乎可以追溯到克律希珀斯的学生巴比伦人第欧根尼(公元前 2 世纪)。陶里斯科斯(Tauriscus),马娄斯人克拉特斯(Crates of Mallos,公元前 2 世纪中期)的学生,他那受廊下派影响的语法学主要来源于公元 2 世纪晚期从事创作的皮浪主义(怀疑派)哲人恩披里柯(《驳学问家》卷一)。③相关信息还间接地来自一些特定的论题,这些论题或留存下来,或在非廊下派的语法学家和哲人的记述中——但通常是批判中——有见(见节 2.2)。

廊下派语法学理论的具体内容同样要从一些后世作家那里提取,诸如愤世者阿波罗尼俄斯(Apollonius Dyscolus,公元 2 世纪中期),或那些为近乎错误地归给色雷斯人狄俄尼索斯(Dionysius Thrax,约公元前 100 年)的语法术(grammatical Technê)作疏释的拜占庭注疏家。这些著述者与自己所记述的理论家相比,受到不同的忠诚对象和不同目的的约束。

另外一个难处在于,我们普遍缺乏关键时期(公元前 3 世纪至公元前 1 世纪)廊下派外部的语法学信息。在愤世者阿波罗尼俄斯的著作之前,没有一个语法学文本完整留存下来。最早的教学用的语法学或语法学手册是罗马的。而且,有证据表明,最早阶段的语法学就像一门独特的学科,呈现出人们在语法学的范围、内容和内在结构上有很深分歧(例见 Blank 2000)。后来留传下来的文本也呈现出类似的歧见,尽管分歧不再那么剧烈。公元前 4 世纪及以后的漫游派文本,

---

① 《名哲言行录》卷七 41–83。
② 《名哲言行录》卷七 190–192。
③ 翻译和注疏见 Blank 1998。

诸如很可能影响了语法学理论构建的忒俄弗拉斯托斯的《论措辞》(*On diction*,或《论文风》[*On style*],Peri lexeôs),也同样佚失了(不过亚里士多德的《诗术》[*Poetics*]和《修辞术》[*Rhetoric*]显然留存了下来)。结果是,无论是从结构和一般内容出发(见节2.2),还是从特定论题出发(见节4),区分并比较廊下派和非廊下派对传统语法学的贡献,充其量都只是一项冒险的任务。

我们甚至不能假定,古典时期产生过一门与现代语言学类似的"语法学"这样的独立学科。须注意,古今语法学研究之间有两个重要差别。[312]第一,我们所谓的"语法学"研究从一开始就寓居于种种学科之中,或被视为对种种学科有贡献,而这些学科本身则忠于广义上理解的哲学。这些学科是诗学、修辞学、文风学(stylistics)、文学考据和文本考据学,以及辩证法或逻辑学。一种广义上的学科内区分最终出现在希腊化时期。[①]一方是"语法学"的"组成部分""工具"或"责任",旨在根据几乎临时性的(ad hoc)、非系统的基础,对文本进行语文学、训诂和文学考据上的研究(例如研究文本的真伪、文本对宗教实践的解释、文本中提及的地形特征)。另一方是语法学的"技术性"语法、划分或功能,旨在系统处理口语和书面语的诸要素及其恰当组合,以及言辞的各个组成部分在形式和句法上的性质。

第二,技术性语法具有各种用途。从研究层面上看,技术性语法意在说明,各种语词用法以一种法典化的方式源于初的、正确的标准,进而证明存在着一种科学的语言研究,并为语法学在文学研究中的应用搭建框架。在教学上,技术性语法不能构成一门描述性的学科,相反,它是为书写和公共演讲制定一套规定。

然而,语法学编史必须相当明确地卸下自己一直以来背负的一个

---

① 例如参照瓦罗,《论拉丁语言》(*On the Latin Language*)卷八6;恩披里柯,《驳学问家》卷一57以下,91以下,248以下;《色雷斯人狄俄尼索斯评注》(DT Sch.)135.7以下。

包袱，那就是：佩尔伽蒙"学派"所创的廊下派的、哲学性的、异常的语法学，向亚历山大里亚的、语文学性的、基于类比推理的语法学所挑起的战争。此外，有人假定廊下派哲学有助于减缓一种"纯粹的"、语言学性的语法学从其他学科中跳脱出来，但这深刻地误解了古代语法学论述之本质（见节 2.2 和 3）。

最后，总的来说，"影响"这一概念极其模糊。比如，也许有一个公认的廊下派论题没有留存下来，但这并不能表明这个论题在塑造正统上没有什么作用，无论是激起相反的论证或理论建构的作用，还是获得普遍或有限赞同的作用（见节 4）。下文的探究必然是高度选择性的，只关注那些我们能够在其中识别出更加明确的积极或消极影响的主题。

2 不同的视角

2.1 古代 VS 现代

[313] 在语法学领域中，第一项关键区分，就是把古代重要而有影响的作品，与那些碰巧流传至中世纪、早期现代和最终的"传统"语法学中的东西区分开来。正是通过古代西方最伟大的专业语法学家，即亚历山大里亚的愤世嫉俗阿波罗尼俄斯的作品，廊下派在语法学领域中的理论构建才汇入中世纪传统。尽管阿波罗尼俄斯或隐或显地拒绝某些特定的廊下派论题，但他调整了廊下派的研究方式，使之符合句法规则（见节 4.1）。然而，廊下派语法学理论并非直接地汇入中世纪传统，而是以修正的形式且隔了两代人之后汇入的，因为阿波罗尼俄斯的论著本身也经过其拉丁追随者普里斯基安乌斯（Priscian，公元 6 世纪）的作品，才被慢慢传开。[1]

---

[1] 在东部的拜占庭，发挥类似作用的人有猪倌乔治俄斯（Georgios Choiroboskos，公元 9 世纪），还有其他对色雷斯人狄俄尼索斯所设想的"技艺"

另一个重要地影响了拉丁语语法学发展的人，是罗马的博学之人瓦罗（公元前1世纪）。瓦罗作品的辑语明显有着廊下派的模子，比如他用指涉上的"明确度"来划分不同类型的代词性表述，还有，他关于句法的作品（《论拉丁语言》卷十四至卷二十五）的仅存辑语，也呼应了《名哲言行录》中廊下派"可说内容之句法"（syntax of sayables）的内容。在技术性语法方面，有一个被人大量抄写且——我们能够通过相关评注的数量来判断——大量使用的文本，即一本归在我们已提到的色雷斯人狄俄尼索斯名下的手册，但它显然常常与廊下派构建的理论不相容（在古代就已有人质疑这本手册不是狄俄尼索斯的真作；例如《色雷斯人狄俄尼索斯评注》160.24以下，我们在很大程度上可以确定该手册是公元2世纪之后的产物）。可实际上，我们对狄俄尼索斯本人真正的作品所知的一点内容，却强烈表现出廊下派理论的特征，这证明了《手册》（Handbook）不是狄俄尼索斯的真作。①

不过，这并不意味着廊下派对技术性语法的形成阶段没有产生深远的影响（见节4）。我们不太清楚，在古代最广泛传播的"语法学"表征中，[314]比如首先是在教幼儿基本读写（grammatistikê）能力的时候，其次是在教八到十二岁左右的（男性精英）儿童学习背诵并解述经典文学文本及基础写作方面的更高级技艺，以便为修辞表演本身做好准备的时候，人们到底知道多少廊下派所构建的理论的要素或辑语。

2.2 廊下派语法学 VS 自足的语法学

我们不仅无法明确地识别出一门或可称为"廊下派语法学"的独特而自足的学科，而且，后来所谓的"语法学"理论构建至少根源于

（Technê）进行梳释的注疏家们，以及像普拉努德斯（Maximus Planudes，公元12世纪）那样的学者。

① 关于色雷斯人狄俄尼索斯，见 Linke 1977；关于这本以他之名传布的论著的真伪问题，例见 Di Benedetto 1958—1959 和 Lallot 1997。

廊下派哲学中的两个不同领域，甚至有可能根源于其中的四个不同领域。

首先，廊下派"逻辑学"中的"辩证法"部分旨在分析和描述逻格斯（logos，合理性、推理、理性思考以及话语）的性质，逻格斯与哲人充当人类推理活动的设计者和仲裁者相关，而完善人类推理活动对于人类幸福不可或缺。因此，这种辩证法部分组成了（使用最广泛接受的"逻辑学"划分）心理学、认识论、有关言辞要素和语句成分的理论、文风学、诗学和音乐理论、有关定义和歧义的研究、语义学和句法学、哲理的和形式的逻辑学，以及有关谬误的理论。

弗雷德已在其开创性之作（1987a、b）中表明：语句成分，常被称为"言辞成分"（merê tou logou），被归为辩证法的分部，与"声音"（phônê）或"能指"（signifiers, sêmainonta）相关；而句法主要被理解为言辞成分（的复合体）"所指"（signified, sêmainomena）各项之间的一种关系，从而是辩证法另一分部的主题。[1] 廊下派的形而上学强调声和词是物质客体，"声"指言说者所要形塑的少量空气，"词"指言说者的书面表述。而意义构成了四种无形体之一即 lekta，字面义是"可说内容"（也被归作 pragmata，"[所做的]事""意义"）。[2] 根据定义，可说内容（以某种必须被认为是不完全明显的方式）[315]依赖于理性思考，但它似乎是理性思考的内容和表达理性思考时所需的语句的内容。也因此，可说内容可被语言共同体的成员所分享和传递，而私密的心理状态则不然。[3]

可说内容本身要么是完整的，要么是不完整的。完整的可说内容中，最重要的是那种作为正确和错误的基本承载者的可说内容，即"命题"（axiômata）。现存的解释通过识别命题的如下两个主要成分

---

[1]　关于廊下派的句法理论，见 Egli 1986。

[2]　见布伦施维克撰写的本书第八章。

[3]　关于廊下派语言学理论中的关键概念，见 Müller 1947；Long 1971a；M. Frede 1974，1987a、b，1994a、b；Atherton 1993。

来研究句法："格"（case，ptôsis；例如"人""苏格拉底"），"谓述"（predicate，katêgorêma；例如"写""看到"），后者被定义成一种不完整的 lekton［可说内容］。（对其他完整的可说内容的句法分析没有留存下来。）"非复合型"动词性谓述（例如"走路"），或"复合型"谓述的动词性部分（例如"击打"）被动词（rhêma）所指（signified），动词是廊下派所谓的言辞的五个部分之一。"格"的特征和本体论地位显然在某种程度上与言辞的名词性部分（即专有名称［onoma］、称谓［appellative，prosêgoria］和代词）相关，但要更加不确定，相关讨论见节 4.3。

一般说来，对廊下派的辩证法和哲学而言，至关重要的是，完整的可说内容所具有的结构能够清晰地表达诸种区分——首先是物理客体与其性质之间的区分——这些区分没有物理上的相关者（因为性质是客体的物理部分，或者可以在没有其余形而上的部分的情况下化约为该客体）。语句中词的形式可以说明词在可说内容层面的相关者对整个语句的（诸）意涵之形成的贡献。此外，诸命题的复合构成了论证，而当我们说出论证时，就能够清晰地表达物理世界中真实的（例如，因果的）关联。因而，那些将命题连接起来的连词，某种程度上必定有意涵，同样能够捕捉到真实世界中的关系。可说内容的那些非偶然的性质大概不会变化，而词及其性质则不然；这两个层面之间完美的同构性还会因语病、同义和歧义而弱化。辩证法家因为有必要在自己的用语中把这三种缺陷降至最低，并探查和弥补其他人用语中的这些缺陷，所以才对语法学感兴趣。［316］正确的语言，会尽可能地体现语句和可说内容在成分和结构上的匹配性，其中可说内容为语句所表达，并构成印象的内容。但是，恰当地控制对个人印象的认可，对于建立正确的信念体系和管理正确的行为而言必不可少，因此对于廊下派哲人来说，对语言的正确性保持敏感就会是一种有用的技能——或许还是一种必不可少的技能。

廊下派的"语法学"理论构建在其哲学中的第三个源头很可能

是，在"声音"主题或语言学上的所指这一主题下，针对"言辞的德性和邪恶"（aretai kai kakiai tês lexeôs）的研究。① 不寻常的是，廊下派这部分的研究似乎是对忒俄弗拉斯托斯理论的改编，即在"纯净"（purity，希腊词 hellênismos，后来的拉丁词 latinitas）、"明晰"（clarity，saphêneia）、"恰当"（appropriateness, to prepon）以及"典雅"（elegance, kataskeuê）这些德性之外，增加了"简洁"的德性（conciseness，suntomia）。"邪恶"或"缺陷"就是——或包括——野蛮和语病。语病被定义成词的不协调的（akatallêlos）复合（logos）；有关"协调"（congruence, to katallêlon）的各种关键概念和"协调"的对立面，我们会在节 4.1 再次遇到。

还有，我们几乎不清楚廊下派会赞成以何种标准来判定语言的纯净性，但将廊下派与"异常"语法学关联在一起的惯常做法并非正确（见节 3）。而且，尽管词源学研究似乎很有兴趣认为，廊下派通过证明能指与意义之间的自然相配性（奥古斯丁，《论辩证法》[de dialectica] 第六章），在部分程度上对语言的起源做出了一般性的哲学解释，但是退一万步说，这并不排除这些原则适用于规范的语法学，或适用于作为诗歌创造性工作之特权的转义和比喻的理论以扩展语言的边界。②

据称，廊下派语法学理论构建完全绕过希腊传统而直接进入了罗马语法学中（Barwick 1922）。这个论点依托于有关希腊化之德性的廊下派文本——或诸文本——与非廊下派的《语法学手册》（Grammatical handbook [Têchnê grammatikê]）之间的鲜明区分。[317] 二者分别作为罗马语法学和希腊语法学的来源，然而，这项区分甚是不可信，因为我们对希腊化传统的流动性和多样性所知甚少。不仅如此，事实

---

① 见 Stroux 1912 和 Barwick 1957，但后者将太多的观念归给了廊下派，并且对此还信心满满。

② 昆体良（Quintilian），卷一 8.14 以下；塞尔维乌斯，《论多纳图斯》（Servius *Comm. in Don.*）447.5 以下。

上没有什么硬性的准则只要求罗马语法学家,而不要求希腊语法学家,除了研究言辞的正确性外还要研究言辞的德性和邪恶。此外,认为罗马语法学中这种假定的文风学部分取代了句法研究(以致损害了句法主题的后续发展),这一论点与廊下派实际上不只是(正如我们所见)——或主要不是——在希腊化的或言辞成分的理论背景下来对句法进行探讨的证据相冲突。

最后,廊下派的修辞学理论,作为廊下派"逻辑学"的另一重要分部,可能借用了那种文风学构想,并以某种方式使其符合制度化的、正式的话语的要求。除了纯净性以外,文风的其他德性为修辞学家所探讨,这一惯例可能为廊下派所沿袭。[1]

早期廊下派至少有兴趣从伦理视角来对文学文本进行考据,这反映在芝诺和克律希珀斯的某些作品的标题上,前者的作品如《论聆听诗歌》(On listening to poetry)、《荷马问题》(Homeric problems),见《名哲言行录》卷七 4,后者的作品如《如何聆听诗歌》(How to listen to poetry)。并且传统认为,廊下派与文学文本的"寓意"阐释有关联,尽管学者们在廊下派这方面兴趣的程度问题上同样存有分歧。[2]

一种更加实质性的文学语法学与马娄斯人克拉特斯有关。此人系巴比伦人第欧根尼的学生,据说他曾将(文本考据和文学考据意义上的)语法学研究引入罗马。[3] 令人震惊的是,他的"考据"(kritikê)训练包含了正统"语法学家"在重音标示和文学词汇方面的技能训

---

[1] 参照《修辞术:献给赫伦尼乌斯》(Ad Herennium)卷四 17;昆体良,《修辞术原理》(inst. rhet.)卷一 9.6。关于廊下派的修辞学,见 Atherton 1988。

[2] 普鲁塔克的《如何聆听诗歌》中收入了一种有关克律希珀斯对诗歌的伦理研究路径的观点;这种研究路径与语法学家有关诗人的伦理价值的看法之间的关系,或许可见恩披里柯,《驳学问家》卷一 270 以下,以及相关的注疏(Blank 1998);关于寓意,见 Long 1992 和 Most 1989。

[3] 苏维托尼乌斯,《论语法学家和修辞学家》(Suetonius On grammarians and rhetoricians) 2。

练，[1]但还要求熟悉全部"逻辑学知识"（epistêmê logikê）。因此，这种"考据"，至少在理论上，似乎依赖于（尽管不是内嵌于）廊下派的辩证法，正如这种"考据"也是拉尔修记述中所证实的那些"语法学"主题的理论阐述。

[318] 克拉特斯的学生陶里斯科斯将"考据"划分成"与措辞和语法形式相关的理性部分"、"与辩证法［希腊人的辩证法］和文风的不同形式或类型有关的"经验部分，以及"与先在的、无序的原始素材有关的"历史部分。[2] 廊下派的《声音手册》(Handbook on voice ［Technê peri phônês］) 原本的内容和形式成了大量研究和可观的学术争议的对象，[3] 其基本内容还是对《名哲言行录》中廊下派辩证法关于声音的部分的概述，但那些可能是间接的线索也出现在我们所被告知的对语法学最早的结构划分中，出现在马娄斯人克拉特斯的"考据"技能以及迈尔里人阿斯克勒皮阿德斯（Asclepiades of Myrlea）语法学的"专业部分"中。[4]

总之，我们仍然不清楚，而且也许一直不清楚，是什么东西从廊下派哲学的某个部分，准确进入了受廊下派影响的写过语法学主题的希腊化作家的某些论著或论文中，我们还不清楚，这些廊下派的或受廊下派影响的文献中，有什么东西留存在了专业语法学家的手册和论文中。然而，廊下派的影响不容置疑。

3 诸语法学派与异常论—类比论之争

我们可以观察到，在形式和语义上的异常（anomaly）与类比（analogy）之间有着重要的区分。据悉，克律希珀斯提到了语义异

---

[1] 恩披里柯，《驳学问家》卷一 79。
[2] 恩披里柯，《驳学问家》卷一 248 以下，Blank 译。
[3] 见 Ax 1986，页 240–252；Schenkeveld 1990。
[4] 关于陶里斯科斯和阿斯克勒皮阿德斯对语法学的划分，见 Blank 2000。

常的例子,也就是形式和意义不一致方面的例子。比如,希腊语形容词 athanatos[不死的、不朽的]不恰当的否定前缀形式,仿佛死亡是诸神所被剥夺的东西;[①] 又如月神不同名称的性别形式 mên 和 selênê——但一个无处不在的神祇事实上是无性别的。[②] 因此,尽管有时令人失望,但普遍的预期是词与词所指向的物之间具有某种相似性(这支持了廊下派的语义词源学[semantic etymology])。相比较而言,将廊下派与被称作"异常语法学"(anomalistic grammar)的东西关联在一起的传统做法,既无根无据(不存在"异常语法学"这种东西,[319] 而只有对规则原理在语言中的地位的不同态度),也甚是引人误解。

在 19 世纪,学者们描绘出一幅语法学早期发展的图景。他们以如下两个学派的争论为中心:亚历山大里亚的"语法学派",始于公元前 3 世纪的芝诺多托斯(Zenodotus)和拜占庭人阿里斯托芬(Aristophanes of Byzantium),并以公元前 2 世纪的萨摩色雷斯人阿里斯塔尔科斯(Aristarchus of Samothrace)及其学生为顶峰;与阿里斯塔尔科斯同时代的马娄斯人克拉特斯所建的佩尔伽蒙"考据学派"。[③] 这幅图景基于瓦罗在其《论拉丁语言》卷八至卷十的陈述:有人选择与一些词的形式相"类比"(也就是"类似")的形式,这些词本身据证明在相关方面"类似"于具有公认形式的词,而不是"类似"于具有和这种类比形式"不类似"的("异常")形式的词,从而来解决语法的使用问题(例如,应该使用某个特定名词的两种属格形式中的哪一种),而瓦罗对此提出了一套赞成或反对的论证。他援引克拉特斯来反驳阿里斯塔尔科斯和类比(卷八 63—65,68—69;卷九 2),而倚赖克律希珀斯,(我们已经看到)克律希珀斯谈到了名称与名称所指

---

① 辛普利基俄斯,《论亚里士多德〈范畴篇〉》396.3 以下。
② 斐洛德谟斯,《论虔敬》11 =《早期廊下派辑语》2.1076。
③ 有关细节和参考文献,见 Fehling 1956—1957 和 Blank 1982/1994。

的东西之间的"异常"关系。此外,据悉克拉特斯[①]与克律希珀斯的学生巴比伦人第欧根尼一起开展研究,并且他还根据廊下派的物理学来阐释荷马史诗,由此,学者们假定,克拉特斯的学派持有那些源于廊下派的"异常论"学说。

然而,我们无法接受这些观点。瓦罗本人业已指出,阿里斯塔尔科斯不愿推荐使用习惯用法所厌恶的"类比"形式(卷九3)。而极端的"异常论"立场认为语言毫无规则,同样也不可信,尤其对于廊下派来说更是如此,因为该学派将语言视为神圣理性之显现。我们不知道,除了克律希珀斯所注意到的语义异常之外,廊下派实际上是否还谈论过形式的不规则,但即使他们谈过,他们也只能在语言的逻辑性和规则性这一压倒性的背景下来表明这种不规则。"类比—异常之争"乃是古代发生在理性主义者和经验主义者之间的一场更大争论的一部分,[320]这场争论的对象是语言准则的特征和使用:一个人在控制自己的用语时,是应该参照那些据称源于对语言本性之理解的准则,还是应该观察其他人在相关的地理、社会和技术背景下的用语?恩披里柯明显赞成后者,同时他概述了"异常论"的情况(《驳学问家》卷一)。

正如廊下派和克拉特斯显然是这场论战中的理性主义者一方,廊下派的或"哲学性的"佩尔伽蒙异常论语法学,也无疑与那或许深受漫游派影响的亚历山大里亚"技术性"语法学派之间相对立。亚历山大里亚和佩尔伽蒙的语文学家们都对文学文本最感兴趣,他们想确立正确的文本并对其加以阐释。在为这项工作做准备的时候,他们很重视语言使用上的准则,这些准则主要被其他人用来教阅读、写作和修辞。语法学家们在自己关于语言的作品中接受了漫游派尤其是廊下派理论中有用的东西,并应用到自己的领域,同时还按照他们认为合适

---

① 见布罗贾托(M. Broggiato)即将出版的克拉特斯辑语编本。关于克拉特斯的诗学理论,见 Janko 2000。

的方式加以修正。因此，我们不必认为，假设语文学家们对哲学和语法学的关系问题存有分歧，就掩盖了亚历山大里亚语法学及后来的传统语法学受惠于廊下派哲学这一事实。

4 个例研究

我们将从语法学理论的核心出发，选取四个特定的领域，来说明廊下派语法学与传统语法学之间的关系。

4.1 句法

人们业已注意到，愤世者阿波罗尼俄斯如何采纳某种形式的廊下派句法概念，但不是在词的层面（即作为书面语或口语实体的词形），而是在"可理解物"（intelligibles, noêta）的层面。①[321] "可理解物"被等同于现代语法学中所谓的词形（phônai, lexeis）的词素句法的性质（morphosyntactic properties），诸如格、数、性、语态、语气，以及相关的语义上和功能上的性质（例如，副词的或某些种类的动词和介词的句法）。而且，句法关系严格说来永远都是"正确的"或"协调的"（katallêla），只有在表达或词形的层面上才会出现不一致性或语病。还有，句法关系可以被视为"异常"（pathê），即，以一种有规则的、能得到合理解释的方式，背离了与纯粹理性结构相同构的、具有正确形式的 logos [逻格斯]。

不完美的语言形式与可理解的完美结构之间的区分，极有可能还是借自廊下派的语言学理论。该理论认为，语言在语义和结构上的缺陷，如歧义和语病，是就清晰表述（lexis）或话语（logos）层面而

---

① 《句法学》（*Synt.*）卷一 2，页 2.3 以下。参照 Baratin / Desbordes 1981 和 Blank 1982；关于阿波罗尼俄斯，亦见 Sluiter 1990 和 Ildefonse 1997，以及 Lallot 1997（带注疏的新编译本）。

言的。相比较而言，非原子化的 lekta［可说内容］，如命题、询问或命令，则永远都是具有完美形式的构设物，由谓述和格这样的基本构建模块（还有其他一些要素，如连词）所构成。廊下派对"语病"的定义（见节 2.2）暗示了一种理性的、有规则的句法概念，此种理解的句法，其特征在于内在的"协调性"，而不在于以使用或权威来解释和证明什么在句法上应视为正确的，并禁止那些不正确的。但我们必须承认，我们对廊下派所承认的关于希腊化的一般标准所知甚少（正统语法学确立了四个或五个标准：类比［有时包括词源］、历史、使用和权威）。阿波罗尼俄斯显然将上述那种区分与较古老的正字法（orthography）学科中常见的"病理学"方法（pathê［疾病］的鉴别和分类）结合了起来，从而构建起他自己特有的论证程序，证明语言基本的合理性。其他语法学家倾向于认为，语法学分析的基本单位是表达层面上的项，即由言辞成分（merê tou logou）或者词（lexeis）所组成的完整的 logos 或语句，① 但我们在其中或可寻得廊下派观点的痕迹。②

廊下派句法学理论另一个不太受待见的遗产，似乎是它很独特地关注那起到集合功能的句法（尤其是关注使格和谓述集合并形成命题的句法）。我们可在廊下派对歧义类型的两种现存的分类中，窥见这种句法的概念的局限性［322］。③ 两种分类都含有一个关于表达的范畴，其中的表达的"意义成分"（大致就是言辞的成分，见节 4.2）能经过不同的集合而产生具有不同意涵的语句，但两种分类都不能轻易地容纳歧义，导致可能意涵的多样性的，是两个（或更多）成分可能进入多样性的语法关系之中：这些成分进入某种句法集合这点是没有争议的。

---

① 例如，《色雷斯人狄俄尼索斯评注》57.12 以下。
② 例如，《色雷斯人狄俄尼索斯评注》211.27 以下，354.7 以下。
③ 伽伦，《论语言的智术》（De sophismatis）第四章 Kalbfleisch, 卷十四 591.1 以下 Kühn；忒翁，《修辞术初阶训练》（Theon Prog.）81.30 以下。

因此，在 touto horâi，即"这个人看到"这一希腊文语句中，不清楚的是（使用传统语法学的表述），这个人是动词的主语还是宾语。这里，廊下派可能会将这个人（1）视作主格，与之相集合的是"直接的"（orthê；大意是"及物的"）"准谓述"（sub-predicate；直译作 less-than-predicate，"次谓述"，即缺少间接格［the oblique case］的谓述的动词部分，间接格是谓述所必需的），或者（2）视作宾格，其与准谓述相集合而形成谓述，谓述又需要与主格形成句法关联以构成命题。尽管这种分析从廊下派观点来看显然行得通，但令人震惊的是，在各种关于歧义的清单中并没有它适用的空间；实际上，支配（governance）的概念虽在传统语法学分析中如此重要，但明显没有融入廊下派的语法学理论中，尽管在廊下派逻辑学中已有某种大致的对等者（例如，否定词与命题之间的关系）。

然而，上述那个例子显示，廊下派语法学理论家们熟悉某种形式的及物和不及物的概念，（我们通过简化相当困难的文献发现）他们似乎在"直接的"（ortha = 及物的）谓述或准谓述、"反向的"（= 被动的，huptia）谓述或准谓述、"中立的"（neutral, oudetera = 不及物的）谓述或准谓述以及"反身的"（antipeponthota）谓述或准谓述之间作出了区分，其中最后一种对应于专业语法学家们所谓"中动态的"（mesa）动词形式（《名哲言行录》卷七 64）。动词所指的动作"传递"给句法集合中的一个"人"（或"中动态"造句中的一个人），这一观念在语法学中是确定的，而这样的动词通常被指定为"主动态的"（energêtika, drastika），[1]尽管主语/宾语的句法并非古代的"发现"。据证明，这种谓述之间的区分原本反映的是廊下派原因论中的区分。但两者间的系统相关性方面的证据［323］比较模糊且有争议，这一点非常遗憾。因为，更清楚地理解廊下派在这一领域的工作的哲学基础，将大大有助于我们准确评估在廊下派所做的工作中，有哪些在非

---

[1] 例如，《色雷斯人狄俄尼索斯评注》548.34 以下。

廊下派的语法学中得以延续，又有哪些消失了。

4.2 言辞的成分

根据我们现有的主要文献记载，廊下派先是认定言辞的成分（merê tou logou）有三种，后认定有四种，再往后认定为六种，但均非后来标准的八种。[①] 留存下来的一些相关定义带有强烈的语义和/或功能特征，但也含有一些形式的要素。在关于名词的唯一的、原初的范畴中，克律希珀斯区别了两种类型的名词，它们分别能指着两种不同类型的属性（根据廊下派的形而上学，属性是有形体）：一类是专有名称（onoma），能指着特定的属性；一类是通称的（prosêgoria）、普通的名称。专业语法学家们拒绝了这一区分，他们偏向于把名词区分为"一般的"名词性词和"特殊的"（idion）名词性词。[②]

据有些廊下派思想家的定义，动词（rhêma）是"词尾不会发生变格"（aptôta），且能指着谓述（的成分）。

连词（sundesmos）也无词尾变化，用于使言辞的其他成分相结合。这个定义令人困惑，因为连词已知的用法在于使诸完整的 lekta [可说内容] 相结合，例如，"如果"这个连词使诸命题结合，以形成条件命题。而且，我们尚不清楚连词在 lekton [可说内容] 层面是否具有自身专有的意义。如果我们视连词为有意义的，那也不是将它们孤立起来看待的结果，而是因为它们对语句意涵的形成有所贡献。或者，我们应当将连词归为言辞的功能成分而非语义成分。

冠词（arthron）词尾会发生变格，细分为"定（hôrismenon）冠词"和"不定（aoriston, aoristôdes）冠词"，前者在后来被称为代词

[①] 例如，《色雷斯人狄俄尼索斯的语法术》（DT）23.1 以下，《色雷斯人狄俄尼索斯评注》354.4 以下。

[②] 例如，《色雷斯人狄俄尼索斯的语法术》23.2 以下，24.4 以下；《色雷斯人狄俄尼索斯评注》58.21 以下。

（antônumia），而后者对应于传统语法学中的定冠词。①

言辞的最后一种成分是"中项"（mean，mesotês），也许就是副词，②但据其他文献的记述，分词（metochai）可与名词性词或动词归作一类，副词（epirrhêmata）可与动词归作一类，而介词可归入连词类。

[324] 刚刚我们曾提到，文献记述说连词能使诸完整的 lekta［可说内容］相结合，这加剧了我们的困惑，就好像连词本身属于 lekta［可说内容］层面，而非能指的 logos［逻格斯］层面。格也会使我们产生这方面的困惑（见节 4.3）。某些格是"指示性的"（deiktikai），例如，这个[男]人（houtos），它等同于指示代词和（某些）人称代词，或被它们所指。大致说来，语法学家所讲的代词，就是廊下派的定冠词。这里，在我们掌握的首要文献《名哲言行录》卷七 58 中，定冠词被描述成纯粹形式和功能的术语（用以区别专有名称的数和性），这样的定义显然无法令人满意，且不符合廊下派因为"定"冠词具有归纳作用而将其称作"不定"冠词的做法（例如，"这个走路的人在移动"相当于"任何走路的人都在移动"）。③ 令人困惑的是，该定义没有理会或忽视了后来的语法学家极为熟悉的定冠词的前指替代用法（the anaphoric use）。阿波罗尼俄斯本人赞成一种或许有着廊下派渊源的语义性定义（代词能指着某东西的存在，而非它的属性）。

在关于专有名词（onoma）和普通名词或者说称谓（prosêgoria）的语法学理论上，廊下派与非廊下派也有类似的分歧。克律希珀斯似乎是第一个将这些词看作言辞的不同成分的人（《名哲言行录》卷七

---

① 阿波罗尼俄斯，《论代词》(Pr.) 5.13 以下；《色雷斯人狄俄尼索斯评注》页 356.12 以下。

② 参照《色雷斯人狄俄尼索斯的语法术》74.3；《色雷斯人狄俄尼索斯评注》30.2 以下，75.5 以下。

③ 参照阿波罗尼俄斯，《句法学》卷一 111，页 94.11-13；卷二 32，页 149.8 以下。

57以下），他的做法主要出于语义上的理由，尽管也诉诸了形式上的原因；[1] 这种形式和语义的同构将会是语言的原始状态的特征。语法学传统拒绝廊下派对那些词所作的划分，但接受了他们将"称谓"归入一个单一范畴的做法。"称谓"就是传统语法学后来所谓的普通名词和形容词。

4.3 格与词素句法的性质

相比亚里士多德，[2] 廊下派显然大大压缩了技术术语"格"（ptôsis）的适用范围。正如在非廊下派语法学中的情况，廊下派只在名词性词中使用它。但除了这个基本的出发点，学界关于廊下派（诸）观点还有大量分歧。[325] 一个重要的前提是，廊下派形而上学在物理客体与无形体之间做出了鲜明的区分：前者"存在"（exist, einai），而后者只是"准存在"（subsist, huphistanai），也就是说，其存在（being）依赖于有形的个体（正如 lekta [可说内容] 根据理性印象而准存在）。[3] 因此，词这种物质客体（及其书面表述）与语句（至少是语句的某些成分）的无形意涵之间，必有一个鲜明的分界线。然而，相当奇怪的是，我们的原始文献并不总是清楚地指出某些特定的关键项的本体论地位，尤其是"格"这样的项——其可以构成（某些特定种类的）谓述、命题，（大概）还有其他完整的 lekta [可说内容]——的本体论地位。

有学者发现，格是（1）对谓述进行补充的另一种不完整的 lekton [可说内容]（这表现在它们出现于拉尔修对廊下派辩证法的"意义"成分的记述中，也表现在它们与谓述的结合中 [卷七 64]）。也有学者发现，格是（2）作为专有名称和称谓之意义的属性（这些属性应该被归为有形的还是无形的，此乃另一个充满争议的话题）。还

---

[1] 《色雷斯人狄俄尼索斯评注》214.18 以下。
[2] 《诗术》1457a18 以下；《修辞术》1364b34 以下，《论题篇》114a34 以下。
[3] 《名哲言行录》卷七 63。见布伦施维克撰写的本书第八章。

有学者发现，格是（3）词，也就是某些特定形式的词：对廊下派来说，物体的性质完全可以化约为特定状态下的这些物体，同样，格作为词的形式，从而作为词的性质，也可以化约为这些词，这些词是可依照其在语句中的角色变化而在形式上加以区分的物理客体。一般的语法学家们不承认有这种形而上学的限制，这很可能使他们跟廊下派的语法学家拉开了距离。因而，根据阿波罗尼俄斯对格的定义来判断，他似乎支持像（3）那样的观点，而色雷斯人狄俄尼索斯的一位注疏者则认为，"五种格属于意涵而非词形"，并援引例子来说明意涵具有单一性，而词形却具有多样性。[1]

廊下派的语法学家似乎不承认"呼"（klêtikê）格，[2] 即使廊下派辩证法认定有一种用作"称呼"（prosagoreutikon）的完整的可说内容，其只能包含格，而没有谓述（《名哲言行录》卷七 67）。然而，我们可以在人们广泛接受"主格本身就是一种格"的论点中感觉到廊下派的影响，[326] 主格被廊下派称为"直接"（direct, orthê）格，[3] 也被其他语法学家称为"径直"（straight, eutheia）格或"主"格。[4] 廊下派之所以持有这种立场，其动机虽有文献记载，但含混不清，让人特别难以解释。[5] 不过，用现代的话语说，廊下派或许是为了反映实用与语义之间的区分：尽管主格与其脱离语境的名词性词在形式上不可区分，但特定的言说者有意将主格用在语句的语境中，以表明一个客体（"我们灵魂中的关于主格的思想"）[6] 使它与名词性词本身相分

---

[1] 《色雷斯人狄俄尼索斯评注》551.10 以下。

[2] 《名哲言行录》卷七 63，例如参照《色雷斯人狄俄尼索斯的语法术》31.5–7，《色雷斯人狄俄尼索斯评注》384.16 以下。

[3] 《名哲言行录》卷七 64；亦见《色雷斯人狄俄尼索斯的语法术》31.5。

[4] 参见亚里士多德，《解释篇》16a31–b5。

[5] 阿摩尼俄斯，《论亚里士多德〈解释篇〉》（Ammonius Int.）42.30 以下；参照《色雷斯人狄俄尼索斯评注》383.5 以下。

[6] 阿摩尼俄斯，《论亚里士多德〈解释篇〉》43.10 以下。

离，而名词性词持久的语义性质有其他来源，也许源自言说者们所组成的更大的共同体。但这在很大程度上只是推测。

廊下派语义学体系中可能的缺陷无助于解释这样或那样的廊下派文本，根据现有的证据来判断，这种语义学体系没有在诸意涵模式之间作出系统的区分，尤其是没有区别两种语言项（的特性）：一种语言项能指着无形的项（lekta[可说内容]），或者通过句法（比如与连词一起）或因其形式（例如通过表明时态、语气、格），对整个表达的语义内容的形成有所贡献；另一种则具有词汇意涵，指向有形体或者有形体的性质或状态。就本章的目标而言，最重要的是，廊下派似乎没有对词（形）、格（如果格不是词或词形）或谓述与它们的词素句法性质（如果有的话）之间的关系展开全面分析。我们已经注意到，对廊下派语法学家来说，句法上的（不）协调性至少必定在某种程度上是可说内容的成分之间的（不）匹配性，但我们不清楚，那些相关的性质——也就是第三人称单数谓述的直陈式和现在时，也许还有格的单数和主格形式——是否可以像在语言层面上那样，在 lekton [可说内容]层面上加以形式上的区分，如果不可以的话，那它们对整个语义的形成的不同贡献又能否加以不同的理解。谓述的分类当然要求对格进行形式上的区分（《名哲言行录》卷七 64：例如，"直接的"准谓述需要一种间接格来形成完整的谓述；被动谓述要通过"被动小品词"即介词 by [hupo]，大概还有属格来解释）。

实际上，有一些证据表明，"蕴意"（implicature, [par] emphasis）的概念或许有助于区分词汇的或指称的意涵[327]与其他各种意涵，正如"能指"（sêmainein）和"指代"（denote, dêloun）分别适用于称谓和专有名词（《名哲言行录》卷七 58）。因而，据克律希珀斯所言，"惯常的否定词"如无鞋的，"能指着某种蕴意"（paremphasis），即惯常没有的事物属于那缺乏它的事物。[①] 某些由一个词所组成的

---

① 辛普利基俄斯，《论亚里士多德〈范畴篇〉》395.12–14。

可说内容也可以（不）"暗示"（implicate）局部的分离。[①] 克律希珀斯撰写了《论蕴意》（On implicature）这部作品，此书可与《论语法格》（On the grammatical cases）和《主语正解》（On enunciations definite as regards the subject）归作一类（《名哲言行录》卷七 192）。他在《逻辑学问题》中使用 emphainein 来指一种可说内容的"示意"（revealing）（赫库兰尼姆莎草纸文献第 307 号，卷十二 17；卷十一 29[27 Marrone] 显示，这种用法并不完全是技术性的），并提到"在与其他东西的关系中隐晦地（implicitly，paremphatikôs）说出的东西"（第三条辑语，22 以下 [21 Marrone]）。在某些特定的造句中，定冠词"暗示"多数人；[②] 这种语境中的术语"暗指"并非一定但极有可能源于廊下派，正如一份有关廊下派动词时态系统方面的记述所表明的。[③] 这份文本陈述说，某个使用现在时动词的人"暗示"（emphainei）他的行为延伸到过去和将来，经过必要的修改（mutatis mutandis），同样的道理也适用于过去未完成时（imperfects）。

愤世者阿波罗尼俄斯也用"蕴意"这个术语——不过是在明显模糊和未系统化的语义学词汇表的背景下使用的——这或许也证明了廊下派在这方面的影响。因而，诸所有物的物主代词和（诸）持有人的物主代词在"蕴意"上的区分，[④] 可能源于《逻辑学问题》卷六所讨论的那种类型的问题（"我们的"[hêmeteros] 应归作单数还是复数？）。将不定式称作"缺乏蕴意的"（aparemphaton）动词——即缺乏人称和语气而非时态或语态的蕴意[⑤]——这或许也起源于廊下派，尽管其

[①] 伽伦，《论希珀克拉特斯和柏拉图的学说》卷二 2, 15.11 以下，尤其是 16.1。

[②] 阿波罗尼俄斯，《句法学》卷一 111, 页 94.11–13；卷二 32, 页 149.8 以下。

[③] 《色雷斯人狄俄尼索斯评注》250.25 以下。

[④] 《句法学》卷三 112, 页 366.5 以下。

[⑤] 例如，《句法学》卷三 60, 页 326.1 以下。

他原始文献质疑这一点。[1] 但遗憾的是，我们只能推测，廊下派曾用某些词（形）来（不）"暗示"性[2]或数，[3] 并推测，时态"暗示"时间上的差异，[4] 或某些介词"暗示"空间关系。[5]

---

[1] 参照阿波罗尼俄斯，《句法学》卷一 50，页 44.14 以下；克雷芒，《杂缀集》卷八 9.26.4 以下。
[2] 例如，愤世者阿波罗尼俄斯，《论代词》11.23，28.14，61.10。
[3] 《句法学》卷二 152，页 247.6。
[4] 哈利卡尔纳索斯的狄俄尼索斯，《论文学创作》(Dionysius of Halicarnassus De compositione uerborum) 卷六 4。
[5] 愤世者阿波罗尼俄斯，《论副词》(Adv.) 204.19-23。

第十三章 廊下派与天文科学

琼斯（Alexander Jones） 撰

朱雯玪 徐健 译

[328] 在廊下派和伊壁鸠鲁派那里，如何理解人类在宇宙中的自然位置这一论题，是这两个学派的伦理信条所依托的整个思想体系的组成要素。同时，在这两个学派兴盛之时，有一些非哲学学科也逐渐成形，成为上述论题的知识储备：天文学，关注天本身的构成及规律；地理学，考察地球及地球上居住物的形式和特征；占星学，强调天体运动与俗世生活之间的联系。这些科学学科的基本设想，从一开始就与伊壁鸠鲁那基于原子和偶然性的宇宙论充满争执，以至于只要伊壁鸠鲁主义与确切的科学共同存在，它们就注定陷入相互无关联的关系中。相比之下，廊下主义与诸科学之间的相互关系似乎更大一些，尽管我们将会看到，它们并不那么愿意采用彼此的方法。

1 天文学

在希腊化时期，astronomia[天文学]公认的核心问题是关于星体在星座中的组织，以及星体一年内的升起和降落的循环同天气模式及人类活动（多为农业活动）的关联。① 但是，欧多克索斯的天文学著作

---

① Goldstein / Bowen 1983. 许多关于早期希腊天文学的论述都不成比例地强调了托勒密（Ptolemy）天体力学的不同前身；唯一的例外是 Dicks 1970。现在

[329] 例示了——乃至很可能引领了——科学在广度上的一次可观延伸，尽管我们只能从摘录和二手文献中来理解这些著作。除了星座、天气模式和历法周期这些传统主题，欧多克索斯还考察了观念上的几何模型以解释天体的诸现象，并认为这些模型能够反映宇宙的物理本质。①

欧多克索斯的建模为随后的希腊数理天文学设定了条件，表现在两个层面上。在第一层面，欧多克索斯为星体构思出了一个基本的参照架构，诸星体被看成一个球体，这就是天球（celestial sphere），天球围绕在一个比它小得多的（静止）球体即地球的周围，并与地球同中心。天球以一种恒定的速度绕极轴（polar axis）旋转，而其运转一周期的时间比一天加一夜的时间要稍短一些。一位观测者处于地中海区域，此人所看到的这个球体是倾斜的，因此它的最北端即北天极（north celestial pole），位于观察者的北地平线以上；而它的最南端即南天极（south celestial pole）则位于南地平线以下，观察者看不到（参见图 1）。

当诸星体被天球带着旋转时，它们运转所描绘出的轨道可能位于北地平线以上而能够完全可见，也可能位于南地平线以下而完全不可见，又或者会被地平线分成可见的部分和不可见的部分——也就是说，观测者能看到这些星体的升起和降落。观测者正南面和正北面地平线上的各点所勾勒出的天球上特殊的圈，就被称为北极圈和南极圈，它们也使那些有升起降落的星体和那些总是位于地平线以上或地平线以下的星体区分开来。②另外一些特殊圈由观测者正东面和正西面的各点所勾勒（这就是天赤道 [celestial equator]，它将天球进行二等分），还有一些特殊圈则由那一标记出日升和日落时最北端和

的研究风尚或许已经完全不同了。

① Lasserre 1966.

② 必须注意，关于南极圈和北极圈的古希腊常见定义和现代定义有所不同，所有圈的半径随着观测点所在的地球纬度不同而有所变化。

最南端的点的地平线上的各点所勾勒（这就是北回归圈和南回归圈[northern and southern tropic circles]）。

　　黄道是另一个圈，它是太阳在天球上长达一年的运行轨道，它也把球面一分为二，但它和天赤道存在倾斜角，并且和方位相反的各个点所勾勒出的两个回归圈相切。所有这些圈之间的关系和性质，确立了诸星体、诸星座升起降落的秩序和时间点，并且构成了[330]一个在希腊天文学中被称为球面几何学（spherics）的相当深奥的数学子科目。但是，关于所谓的双球模型（two-sphere model）及其各个主要的圈方面的基本事实，在初学者看来是天文学和地理学的根本要素。

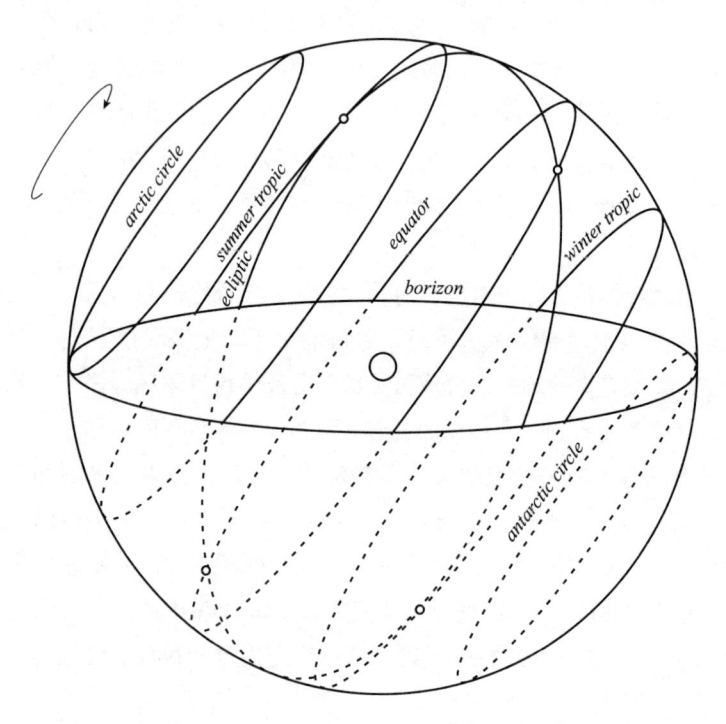

　　图 1　双球模型以及天球的各个主要的圈。假定那位划定了地平线的观测者处在地球球体这个模型中心的最高点，并且他的左边是北面。

欧多克索斯的建模的第二个层面就是解释太阳、月亮和肉眼看得见的五大行星（水星、金星、火星、木星和土星）的现象，这些物体随着天球的旋转呈现出升起降落的态势，但它们自身也明显会做出更加缓慢的运动。据亚里士多德和辛普利基俄斯所述，欧多克索斯解释了这些物体显得复杂的运动。他假设它们中的每一个都是[331]可见的对象，处于由一些（不可见的）旋转球体所组成的系统中的某一个球体的表面，这个系统中每一个球体的旋转轴都由下一个球体表面上两个彼此正对的极点之间的连线所构成，而每一个系统中最外层的球体要么就是天球本身，要么就和天球有着相同的周日旋转（diurnal revolution）。尽管到了公元前 2 世纪的希帕尔科斯（Hipparchus）时代，欧多克索斯的嵌套式同心球体系统（systems of nested concentric spheres）已经完全不能充分解释天体现象了，但这个系统里运用组合式统一圆周运动——虽然未必是同心的运动——这一根本原理成了希帕尔科斯和托勒密的天体力学传统中的公理。

当亚里士多德谈到天文学（astronomia 或 astrologia）时，他一般想到的就是该科学中的这种几何学方面的领域。从他提及的内容中我们可以看到，天文学同样涵盖了运用几何光学资源对天体——尤其是太阳和月亮——的大小和形状所进行的考察，以及探讨蚀的成因。另一方面，公元前 4 世纪末期到公元前 3 世纪初期，天文学丝毫不关注对天体现象的确切预测（比如使用数表），而这在托勒密时代非常流行（公元 2 世纪）。公元前 3 世纪初期以降，我们就开始有第一批关于月亮和诸行星的不同位置方面的系统而有日期的观测记录，尽管我们并不知道这些记录作何用途。

尽管关于最早的廊下派的记述（testimonia）提到芝诺和克勒昂忒斯关于天的质料性本质（炽热的以太，fiery aether），以及天体的构成、维持和理智方面的学说,[①]但这些宇宙论上的思考很难称得上属于天文学范畴。拉尔修曾说,芝诺在其《论整全》中支持天文学家对日食的解释,认为日食由月亮正穿行在我们和太阳之间所导致,而月食则是由月亮正横穿在地球的阴影中所导致。[②]司忒拜俄斯认为芝诺有一个稀松平常的观察,那就是太阳和月亮除了展现出宇宙的周日旋转以外,还展现出第二种运动。[③]

[332] 拉尔修的另一处记载更为有趣。[④]他提到,克勒昂忒斯在其著述中曾抨击萨摩斯人阿里斯塔尔科斯(Aristarchus of Samos,全盛时期是公元前 280 年)。克勒昂忒斯针对的大概不是阿里斯塔尔科斯的《论太阳和月亮的大小及距离》(On the Sizes and Distances of the Sun and Moon)这部现存著作,而是他"关于某些假说的作品"(hypothesiôn tinôn...graphas)。阿基米德告诉我们,在这些作品中,

> 他假定诸恒星和太阳静止不动,而地球在绕着太阳进行圆周运动,[太阳]处在这个运动路线的中央(en mesôi tôi dromôi),而诸恒星所形成的球体同样以太阳为中心,这个球体实在太大,致使从他假定的地球所绕行的圈到诸恒星的距离,和从一个球体的中心到表面的距离之间存在着一定比率。(《数沙者》[Arenarius] 4-6)

我们可以从这一记述中推断出,阿里斯塔尔科斯的观点是一次普通的几何光学原理在天文学上的应用:如果眼睛处于运动中,那它所

---

① 《早期廊下派辑语》1.115–122 和 1.506–513。从这层面上看,他们在志趣上就像 phusikoi [物理学家],亚里士多德在《物理学》卷二 2 认为这种人和数理科学家正相反。

② 《名哲言行录》卷七 145 =《早期廊下派辑语》1.119。

③ 《读本》卷一 25.3 =《早期廊下派辑语》1.120。

④ 《名哲言行录》卷七 174 =《早期廊下派辑语》1.481。

看到的对象就好像朝着相反方向运动。我们无法判断阿里斯塔尔科斯是否坚持主张他的日心假说的真理性，也无法判断他是否从物理学方面考虑过这个问题，比如，假设地球必定绕轴自转并绕太阳公转，从中可以推出我们处在运动中，但我们为什么不觉得自己在运动呢？我们也不知道克勒昂忒斯通过何种方式来反对阿里斯塔尔科斯的假说。只有普鲁塔克提供的轶闻中记载说：

> ［克勒昂忒斯］认为希腊人应该为萨摩斯人阿里斯塔尔科斯的不虔敬而控告他，理由是他转移了宇宙的炉膛，因为这个人试图维护这样的现象假说，即天是静止的，而地球沿着一个倾斜圈转动，同时绕自身的轴旋转。(《论月面》[*De facie*] 923a =《早期廊下派辑语》1.500)[①]

阿拉托斯（Aratus）的诗作《天象》(*Phaenomanena*) 或许是早期廊下派涉足技术天文学的证据。据为他作传的众多古代作家中的一位称，阿拉托斯师从芝诺，而他的诗开篇（1–18）就反映了克勒昂忒斯的宇宙崇拜思想（cosmolatry）。[②] 但阿拉托斯的计划几乎不容许他将自己的论题与他所属流派的物理学教诲关联起来。《天象》三分之二的篇幅都在用诗体形式重述欧多克索斯那本与之同名的作品，后者谨慎地描绘了想象中的星座图，[333]确定了诸星座所包含的星体及其相关构型。尽管欧多克索斯的这一著作已佚失，但希帕尔科斯富有争议的评注《论阿拉托斯和欧多克索斯的〈天象〉》(*In Arati et Eudoxi Phaenomena*) 尚存，我们可以从中看到阿拉托斯的诗作有多忠于原作。

诗作的最后详述了天气迹象，这是整部诗里最不天文学且与欧多

---

① ［中译编者按］译文参考普鲁塔克，《论月面》，孔许友译，北京：华夏出版社，2016，页9，有改动。

② 关于《天象》中这里和其他地方的廊下派化元素，见Kidd 1997，页10–12。

克索斯的天文学只有微弱联系的部分。这个部分在后期廊下派手里原本可以成为探讨因果性和共感（sumpatheia）问题的丰富材料，但其诗意的表达却只能告诉我们，阿拉托斯对天气迹象的处理，与忒俄弗拉斯托斯《论迹象》(*De signis*) 之间有怎样一个实质性区分。古代的阿拉托斯诸传记里有一则故事提到，他在"屈膝"安提戈诺斯（Antigonus Gonatas）的怂恿下以诗体形式来创作《天象》。这虽然可能不是正史，但象征着这部著作背离了阿拉托斯拥护哲学这一惯常立场。

很久以后，一种真正属于廊下派的天文学出现在克勒俄梅德斯两卷本论著中。这部著作传统上被冠以一个奇怪的标题，《关于天上事物的理论及诸圈》(*Kyklikê Theôria Meteôrôn*, "Theory, involving circles, of the things in the heavens")，不过最新的编者采纳了一个更为精练的书名《论天体的循环运行》(*Meteôra*)（Todd 1985）。我们实际上对克勒俄梅德斯一无所知，甚至对他的生卒年份都充满争议。珀赛多尼俄斯是他援引过的最晚近的作者，同时也是他广泛引用的作者，他也见过或听说过对珀赛多尼俄斯观点的批评；没有一个古代作者通过援引克勒俄梅德斯来使读者接受更晚近的时间节点。对此最好的解释是，克勒俄梅德斯的风格是帝国式的而不是希腊化式的，且他厌恶"被奢华和软弱所败坏的今人"中间风行的伊壁鸠鲁主义（卷二1），他的这一抱怨会随着伊壁鸠鲁流派自公元 2 世纪末期以来的式微而失去作用。[①] 不论如何，克勒俄梅德斯的著作在内容和着重点方面，

---

① Neugebauer 1964, 页 418 注 1, 1975, 2.960, 他认为克勒俄梅德斯生活在公元 370 年前后的半个世纪里，因为可以假定，1.11 中毕宿五（Aldebaran）和心宿二（Antares）这两个星体位于托勒密星表中所指的、经过岁差校准的回归经线（tropical longitudes）上。鉴于克勒俄梅德斯的哲学偏向与如此晚的日期十分不符，所以我们似乎只能认为星球经线是根据恒星测定的，对推测日期来说毫无用处。见 Neugebauer 1975, 3.960–961, 那里有间接证据表明克勒俄梅德斯生活在临近赫勒斯滂海峡（Hellespont）的地区。

都与拉尔修(《名哲言行录》卷七 140-146)对廊下派天文学见解所作的简要回顾极为相似。这证实了克勒俄梅德斯在描述后珀赛多尼俄斯的廊下派对天文学的共识上表现不俗。

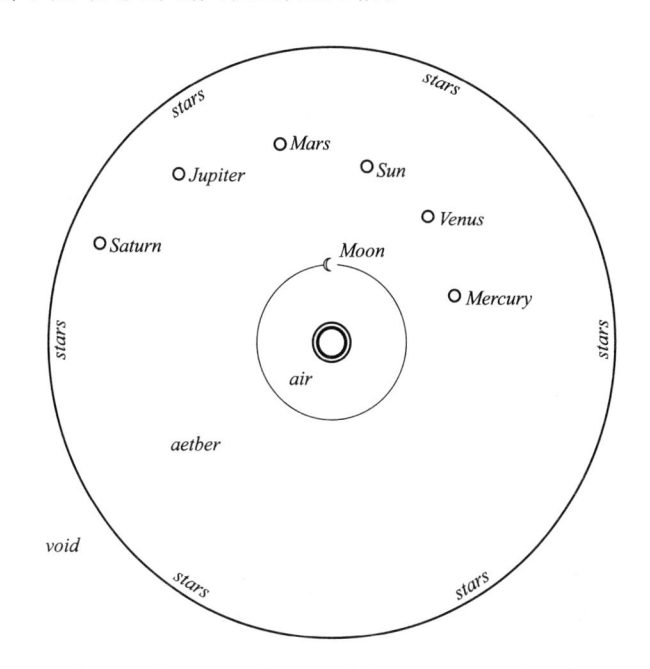

图 2　克勒俄梅德斯的宇宙论(未按比例绘制)。最内层的球体由土和水组成。

[334]克勒俄梅德斯呈现这一主题的顺序并非总是前后一致，并且两卷中不少材料有重复，然而，读者慢慢就能从他那里拼出一幅关于宇宙结构及其与天象之间的关联的图像。他的宇宙论有很多基本思想自然来自亚里士多德，尽管明显也有不少和亚里士多德观点冲突的地方(参见图 2)。质料性宇宙是一个有限的球形空间，四周是一片无限的虚空(卷一 1)。它根据其构成元素而分成多层：中心处是由土及其周围的水所组成的地球；再往外是由气组成的球形壳体；最外层则是由以太组成的壳体，它相当于稀薄化的火。以太所组成的壳体

就是天，它绕地球旋转，使得天球具象化。克勒俄梅德斯［335］引入了天球各个主要的圈（卷一 2），但主要讨论它们与地理问题之间的关系，这些问题我们会在本章最后部分谈到。

克勒俄梅德斯与天文学家在关注点上的差异最明显地体现于对可见天体的研究，其中最主要的是，他对天体现象的，尤其是行星的具体细节和数学模型的描述显得很模糊，而在天体的物质构成上着墨甚多。恒星随着以太所组成的天的旋转而绕地球转动，且最靠近宇宙外围。诸行星，包括太阳和月亮，作为天的一部分也在每天旋转，但每一颗行星也会进行自转。克勒俄梅德斯认为行星的自转是它们"有意选择"（prohairetikê）的结果，这符合廊下派归给行星的理智特质。要估测地球和诸行星间的相对距离，首先要假设各行星的自发运动的实际速度都是相同的，如此，它们在黄道带上的旋转周期，就跟它们和我们的距离成比例（卷二 1）。（从亚里士多德［《论天》（De caelo）卷二 10］起，有许多天文学作家运用了这一假设，只是用得严谨度不一。）因而，从最外层到最内层，我们依次看到的是土星、木星、火星、太阳和月亮——金星和水星因为有着和太阳相同的平均旋转周期，所以被放置在太阳与月亮之间。月亮实际上就正处于以太组成的壳体和气组成的壳体的交界处，且和其他天体不一样的是，它由以太和气所合成，因此，它或许运动得更慢一些。

克勒俄梅德斯之所以关注诸天体的距离问题，是因为一场论战。伊壁鸠鲁对天体现象作过许多奇怪的解释，其中最臭名昭著的是，他声称太阳只有"像它看上去的那么大"——这经常被添油加醋地描述为其直径只有一英尺。伊壁鸠鲁或许是在反驳某类天文解释及其所要表明的某种反科学的认识论，我们在一些记载中发现，廊下派自芝诺起就开始阐述"环境如何显示出能或不能被观测到的蚀的成因"的问题，并给出一种反科学的认识论解释。在克勒俄梅德斯著作的第二卷开篇几章中，他就非常明显地攻击了伊壁鸠鲁，毫不掩饰地、连续不停地粗言谩骂此人。不过，克勒俄梅德斯至少部分由于受到珀赛多尼俄斯的影响，而给科学论证留出了余地，他利用地球的大小，再加上俗世中的测距单位（斯塔德，stades）来估算太阳、月亮以及其他天体的实际距离及其大小。

[336] 若用当时希腊的数理天文学标准来判断，这些珀赛多尼俄斯式的论证是十分粗糙的。阿里斯塔尔科斯早在他的著作《论太阳和月亮的大小及距离》中就已经表明，我们原则上如何根据一小部分关于太阳和月亮所看上去的大小和蚀方面的经验事实，并运用数学方法，来确定它们的直径和离地球的距离；而希帕尔科斯也已在公元前150年后的二十五年里发展了这种技术，他用两种分别有着百分之三十和十七的准确性的方法来测算月亮的距离（Toomer 1975）。

但是克勒俄梅德斯却忽视了这些改进的方法，在他几次相关主题的论证中最好的那次论证里（卷二1），他只是假定，那位于地球和月亮之间的地球阴影和地球本身的宽度相同（这就使得太阳和地球变得大小相等），而月亮只有地球阴影一半的宽度。克勒俄梅德斯所推论出的月亮的大小和距离远远超过了希帕尔科斯所发现的，但克勒俄梅德斯的测算方法可以从一些非技术性层面来加以解释。如果说他能够代表他所属的流派，那么，比起一种大多数读者无需深究就能接受其结果的连续的数学演绎，廊下派似乎偏爱多种容易理解的论证，[①]但这些论证中没有一个能够单独经受行家的仔细检验。

克勒俄梅德斯对天体力学基本没有任何涉猎，唯有一次指出了诸天体"有意选择"的运动中的几何学特征：在卷一6，他把夏至、冬至和春分、秋分之间所具有的各个不等的间隔时间，解释为太阳运行的圆形轨迹与宇宙不是同心的结果。希帕尔科斯的影响在此非

---

① 对比塞涅卡在《自然问题》中的论证方法（Inwood 2002，以及吉尔撰写的本书第二章）。像克勒俄梅德斯那样，塞涅卡在这部著作中批判性地利用了珀赛多尼俄斯（虽然还批判性地利用了珀赛多尼俄斯的一些追随者）；塞涅卡的一些著作还包含了对伊壁鸠鲁派享乐主义的典型的论辩式攻击。

常明显，但在其他地方几不可见。[1] 除了回避数学测量，克勒俄梅德斯还运用了更多手段来规避天体力学。那些建立在统一的圆周运动的原理之上的模型［337］能够成功地解释天体现象，就此而言，它们中不变的半径和周期性显示出天是永恒不变的。这种对天的看法更加符合柏拉图主义者或漫游派的宇宙论，在柏拉图主义者和漫游派那里，天的材料的运作与我们地球环境的运作完全不同；但它不怎么符合廊下派的宇宙论，后者认为诸星体由世界海洋的蒸发所养育。

廊下派找到了一种方式来调和太阳、月亮、诸行星的周期性与宇宙大火（ekpurôsis），那就是他们自信标识出了宇宙长期反复的生死交叠循环中的终点和起始点。一些学述性文本（《早期廊下派辑语》2.596，599，625）把宇宙大火（ekpurôsis）与"大年"联系起来。大年就是一段相当漫长且恒定的间隔时间，据说它包含了所有天体运行周期的全部数值，于是每一个天体都在大年的结束点同时回归到它的原始位置。从纯粹天文学观点来看，追求这种共同的周期性似乎毫无价值。但是，大年的观念出现在了公元前1世纪玫瑰岛上的克斯基托（Keskinto）一篇谜一般的天文学铭文中，而它在印度天文学中的盛行，或许得归因于印度思想传统在部分意义上依赖于业已佚失的希腊思想资源。[2]

---

[1] 希帕尔科斯的太阳模型在设计时考虑到了后为克勒俄梅德斯所引的春季和夏季的时长，从而交替使用了偏心轨道（eccentric orbit）和本轮模型（epicyclic model）；参照托勒密，《天象学大成》（*Almagest*）卷三1和卷三4，士麦那的忒翁（Theon），页151–172（Hiller 编）。

[2] 关于克斯基托铭文及其与印度天文学的可能关系，见 Neugebauer 1975, 3.698–705。Hahm 1977, 页185–199，其中对大年和廊下派宇宙大火之关联作出了明智的讨论。Van der Waerden 1953，其观点则是高度推测性的，在采纳时需相当谨慎。

2　星象占卜与星相学

人们常说，廊下派与星相学之间关系密切。[①] 不过，二者的关系紧密到何种程度，就要看我们如何理解"星相学"（astrology）所指的意思了。最宽泛意义上讲，这门学科的定义或多或少就是托勒密在《占星四书》（Tetrabiblos）中所下的定义（卷一 1–3），即一种关乎天上的境况与地球环境的境况之关系的科学。在历史状态中，"星相学"涵盖了三种闻名于古典世界的占卜传统：第一种是本土的希腊传统，它将星座升降和月亮盈亏等可观测到的周期性现象同天气和农业周期关联起来；[338] 第二种是近东的实践，它将天上的据说是预兆性的现象阐释为俗世中即将发生之事的标志；第三种则是希腊化晚期和罗马时期的古典星相学，它通过天体在黄道带上瞬时的方位及与之相关的黄道带构型，还有特定位置的地平线来进行预测。星相学史家经常把星相学限定在最后一种形式上，这种形式的星相学传统延续到了中世纪直至近现代。

不像其他两种星象占卜的变体，那种关注天气和农业的星象学思潮传统上被看作天文学的一部分，其诸要素可追溯到赫西俄德的《劳作与时日》（Works and Days）。某种程度上这种星相学思潮可以算作累积的民间知识（traditional lore），譬如用多种箴言告诫人们，在朔望月（lunar month）里何时是进行各种作业的恰当时间。但是，在希腊化晚期和罗马时期，有关天气历法（parapêgmata）的知识（information）大体来自某些特定的天文学家，譬如欧多克索斯和希帕尔科斯。这些人记载了一年中的天气模式以及诸星体出现和消失的日期。尽管不知道这种天文学传统的实践者们根据什么原理来确证其做法的有效性，但毫无疑问，那些可观测到的天文现象并不仅仅起到计时的作用，它们还被看成天气变化的真实标志。就此而论，这些

[①] 见 Long 1982，他对此做了一番周全的修正。

实践者引入了廊下派的天文学解释来作为"共感"（sumpatheia）的明显例证；事实上，恩披里柯（《驳学问家》卷九 79）还认为，廊下派在论证宇宙是如单一物体那样的整体时有过这样的说法：

> 随着月亮的或盈或亏，许多陆生和水生动物也会或盈或亏，某些海域会出现潮涨潮落；同样，当诸星体以某种形式升起或降落时，环境也会出现变化，天空会出现复杂的逆转，有时候会变好，有时则会变坏。

令人惊奇的是，在关于廊下派物理学的资料中，我们没有发现哪里暗示到广为人接受的诸星体与天气之间的联系。

星象预兆仅仅是古美索不达米亚众多预兆文献的组成要素之一，在这些预兆文献中，预兆与结果（有一份关于预兆的文本将之分别记作 protasis 和 opodosis）之间的关系存在着宗教性的参考框架：预兆由诸神发出，[339] 作为将要发生的情况或事件的标志。① 在完全进入公元前第一个千年期以前，星象预兆的结论句一律在民族而非私人的范围内有意义，而其条件句则由天空中异象的显现随即激发而来。在［公元前］5 世纪末期第一次出现了所谓的巴比伦天宫图（或者称之"原天宫图"[proto-horoscopes] 更为贴切），这些天宫图记有一个人出生时所对应的星象（Rochberg 1998）。这些文档表面上类似于后来希腊—罗马星相学里的天宫图，但其解释框架仍和预兆文本一样，也就是将现象与预测一一对应。然而现在，有关的预兆文本涉及的是预兆性事件发生当时出生的个人的命途和品性。

西塞罗在引述欧多克索斯时，认为他曾对"迦勒底人"（Chaldeans）通过生辰时日来预测个人的命途提出过怀疑（《论占卜》卷二 87）。由此可见，某些关于美索不达米亚的生辰预兆方面的知识，

---

① Rochberg-Halton 1988，页 8–17。

在公元前4世纪时已为希腊世界所知。西塞罗（《论命运》12）曾谈到克律希珀斯在涉及未来事件的确定性时所辨析的那个条件断定的例子，"如果某人出生于天狼星上升之时，那么他将不会死于海中"，这时西塞罗很可能想到的是巴比伦的生辰预兆，譬如那句久经检验的经文："巨蟹座的方位：海洋中的死亡。"[1] 还是根据西塞罗的说法（《论占卜》卷二 87-97），巴比伦的第欧根尼不完全接受的和帕奈提俄斯所拒绝的那类"星相学"，一定也是这种类型，因为他们生活的年代还没有出现真正的古典天宫图。在此西塞罗评论说，帕奈提俄斯不相信生辰时的星象预兆，这在廊下派中是少有的。而珀赛多尼俄斯对这种预兆似乎又回到了不那么保守的立场上。[2]

古典星相学的第一次出现似乎不早于公元前2世纪末期，地点也许是埃及。[3] 其发明者身份未知，但可以看出此人融合了美索不达米亚的占卜元素和希腊的某种宇宙论，从而构建起一种［340］相比生辰预兆而言视域更广阔、应用性更强也远为复杂的预言体系。巴比伦人阐释天体在特定时刻（比如受孕或出生的时候）处于黄道带上的位置，而古典星相学在其中又添加了双球模型。于是，黄道带在数学上被理想化为黄道圈（ecliptic circle），黄道圈又基于特定位置（比如受孕或出生的地点）而被地平线与子午面（meridian planes）所分割，这是古典星相学的重中之重。"天宫图"（horoscope）这个词本意也就是黄道上的时刻指示点（horoskopos），这个基点在上述特定时刻从东地平线上升起，且总是被显著地标记在星相学中的星象图上。

古典星相学中的原理显然是物理学意义上的：在讨论上述问题的星相学文本中，天体被看成与俗世具有因果关系。如果说我们能够给

---

[1] Pingree 1997，页 23-24。
[2] 奥古斯丁，《上帝之城》卷五 2 和卷五 5；西塞罗，《论命运》5-6。
[3] Pingree 1997，页 26-29。

这种基本的宇宙论安上一个特定的哲学学派的话，那应该就是亚里士多德学派，因为该学派预设了天是绝对有规则的、可预测的，并且不受下层世界的影响。[1] 不过，该学派没有很清楚地分析天体对月下世界的影响的机制。形容这种影响的专业术语是 aporrhoia，即"溢出"（flow away），这个词暗示出质料的某种流溢（emanation）；但星相学家们写作 aporrhoiai［溢出物］，就好像它们是一些有定性的（qualitative）东西，从天上的质料中出来，进入地上的质料中，并因此改变了地上的质料。[2] 有趣的是，溢出物（aporrhoiai）有时同天体和地上事物之间的共感（sumpatheia）这一廊下派化的观念相联系。恩披里柯（《驳学问家》卷五 4）曾强调一种"迦勒底人"（这里他指的是天宫图的制作者）的假说：

> 地上的事物都和天上的事物拥有共感（sumpatheia），它们由于天上事物的溢出物（aporrhoiai）而不断更新。

实际上，溢出（aporrhoia）和共感（sumpatheia）之间的联结［341］或许源于星相学界之外的知识界；譬如戈米努斯（Geminus，公元前 1 世纪中叶），他对星相学的了解几乎仅限于巴比伦风格的生辰预兆。他在一处与星相学毫无关系的上下文中论证说，太阳和月亮明显拥有某种力量（dunamis），这种力量使那些和它们拥有共感（sumpatheia）的俗世中的对象发生了改变，但共感（sumpatheia）或溢出（aporrhoia）没有使地上的事物与恒星产生联系（《天象学要义》

---

[1] 在托勒密的《占星四书》中，星相学的物理学解释呈现出了它最"纯粹的"漫游派形式；但需记住，就像少数真正的星象学实践者的情况那样，托勒密的星相学探究有着复杂的哲学背景（参见《谐和论》[Harmonics] 开篇数章）。

[2] 比如，瓦伦斯，卷九 8，页 330（Pingree 编）："因为自然通过将溢出物（aporrhoiai）从不朽的诸元素中送入我们体内，而[在我们体内]进行各种组合，逐渐制造出一切非混合也非复杂的事物……"

[*Isagôgê*] 17.15–17）。①

以决定论问题为准，可对星相学家进行划分。以瓦伦斯（Vettius Valens，公元2世纪晚期）为首的思想派别认为，个人生活被天体的能动（agency）所严格命定，因为当星相科学不再受制于天文理论的不完美时，它就能不出差错地预测每个人生活的所有细节。另一方面，托勒密则主张，天体产生的影响只不过是诸多干预地上状态的力量中的一种，而且，一旦把解释对象从整个地理区域置换到个人，星相学的解释就变得不那么准确和可信了（《占星四书》卷一 2–3）。星相学的决定论或许是廊下派决定论思想的一个分支，很难说它还会具有其他思想来源。但星相决定论显得并不那么精妙，因为它强调，命运机制是一条严苛且可认知的动力因之链，于是星相学家借助一套天文表，并在传承下来的某种星相学智慧传统的启迪下，就能够预知未来。塔西陀写道，廊下派很注意这其中的差别，并且拒斥星相学的决定论（《编年史》卷六 22）。②

公元1世纪，马尼利乌斯（Manilius）在一首诗歌中呈现出一种令人惊异的技术审查，把星相学诸原理放到了某种开放的廊下派思想框架中。但是，这两种思想体系的统一经不起细致检验。马尼利乌斯只在序言中调用廊下派的宇宙神学，相关段落鲜少提及星相学，借此，他避开了廊下派宇宙神学和星相学在观念上的所有严重冲突。反之，诗歌第四卷的开头那篇关于命运的长论中也丝毫没有哲学的内容。

［342］罗马帝国时期的廊下派作者鲜少提到星相学，虽说星相学在3世纪和4世纪达到了前所未有的受欢迎程度。该学派似乎没什么

---

① 戈米努斯《天象学要义》中唯一的星相学内容出现在第二章。其中，"迦勒底人的"天气模式学说，以及在黄道十二宫的某些配对所产生的影响下出生的人之间的共感（sumpatheiai），看上去像是披着哲学外衣的巴比伦思想。关于戈米努斯的生卒年份，见 Jones 1999。

② Long 1982，页171。

兴趣来讨论那种有着独特因果原理的占卜。

3 地理学

在古希腊—罗马时期，地理学还不是一门研究主题清晰明确的独立科学。公元前4世纪以降，关于地球及其可居住部分的系统思考，是从地球是球体这一被广泛关注并承认的事实出发的，该事实也无疑是双球模型至关重要的基础。双球模型预测，观测者所处位置的不同，会导致观测到的天象也不同，这有助于对不同地区所面对或所记录的不同的气候条件、环境条件和人类学条件作出物理学解释。

在希腊化罗马时期的地理学文献中，经常被认为具有"科学"特征的那部分文献几乎全都在关注同一个问题，那就是如何确定诸地点之间的位置关系，以便制作地图。这一传统起源自公元前3世纪中叶的厄拉托斯忒涅斯，我们主要从斯特拉波参考的文献中知道，此人写了一部关于绘制世界地图的论著。厄拉托斯忒涅斯的地理学开始时像是天文学的一个分支，因为他知道如何在春分秋分或夏至冬至时，利用一根竖立在正午阳光下的木棍与所观察到的它的阴影之间的长度比例，来计算出一个地点的纬度。众所周知，他把这类信息与对亚历山大里亚和赛伊尼（Syene，即阿斯旺［Aswan］）之间南北距离的大致估算结合起来，从而用土地单位（斯塔德）来测算地球的周长；而这让他得以将他测算的纬度和大量其他种类的证据相结合，来建立一个已知世界的轮廓图。希帕尔科斯和推罗人马里诺斯（Marinus）已经佚失的地理学著述，以及现存的托勒密《地理志》（Geography）都延续了这种地图制作传统。

卓越的廊下派地理学家有珀赛多尼俄斯[1]和斯特拉波。一些后来的作者，包括克勒俄梅德斯、老普林尼和斯特拉波证实了珀赛多尼俄

---

[1] 相关辑语收于 Edelstein-Kidd（1972等）。

斯对地理学问题的关注。[343] 贡献最大的是斯特拉波,他为我们提供了一份详尽的对珀赛多尼俄斯所著《论海洋》的批评性概要。① 珀赛多尼俄斯从数理地理学家们研究的地方开始,先认为地球是球状的,并对它的大小进行天文测算。② 但此后,他的看法就跟他们不一样了:数理地理学家将气候现象和天文现象作为一种确定地理位置的手段来加以考察,但珀赛多尼俄斯却颠倒了优先顺序,他把纬度带(latitudinal belts)作为气候区研究中的特别对象,认为不同纬度带中的气候条件随着太阳绕黄道圈旋转所造成的区域转变,而或多或少呈现相似状态(热带、寒带、温带)。③

珀赛多尼俄斯的地球尤其是一个物理实体,而不仅是一个地理实体,它受到天的影响而呈现出不同的气候区、季节和潮汐。但反过来,它也影响着天,因为"炎热"地区丰沛的海水通过蒸发而养育了诸恒星和行星(克勒俄梅德斯,卷一 4)。地球是动态的,在长时间的间隔后会产生局部地块的抬升和下沉(斯特拉波,卷二 3.6)。并且,地球不仅为人类提供了居住地,还通过气候变化而从物理上确定了不同民族之间外貌、品性甚至理智活动的差异(斯特拉波,卷二 3.7-8)。

与珀赛多尼俄斯相反,斯特拉波的廊下派思想没有指引他深入考

---

① 辑语 49 Edelstein-Kidd。对珀赛多尼俄斯地理学著述的特点的细致讨论,见 Clarke 1999,页 129-192。

② 克勒俄梅德斯,卷一 7 既是我们理解厄拉托斯忒涅斯研究步骤的重要资料,也是理解珀赛多尼俄斯研究步骤的关键,因为后者是对前者的一种改编。珀赛多尼俄斯似乎对地球周长的实际值犹豫不决,因为克勒俄梅德斯所给出的数值(240000 斯塔德,接近厄拉托斯忒涅斯的 252000)不同于斯特拉波在卷二 2.2 和卷二 3.6 归给珀赛多尼俄斯的数值(180000 斯塔德)。

③ 在记述珀赛多尼俄斯的区理论的细节时,斯特拉波(卷二 1.2-卷二 3.3)和克勒俄梅德斯(卷一 4)之间有所出入;或许珀赛多尼俄斯在其他一些著作中修改了他的观点。

虑人类环境中的物理基础。① 尽管斯特拉波在其著作的两卷总论性内容中评述了双球模型、数理地理学以及气候区的诸多基本原则，但他几乎没有让这些概念［344］在占了他著作大部分篇幅的区域地理学中发挥作用。斯特拉波出人意料地在他对珀赛多尼俄斯《论海洋》所作的摘要最后指出（卷二 3.8），廊下派（"我们这些人"，hoi hêmeteroi）摒除了珀赛多尼俄斯对原因和"亚里士多德化"所作的考察，这种摒除乃是基于这样的事实：原因是"被隐藏"起来的。不过，他不反对去探讨"天意"（pronoia）如何为了人类的利益而安排宇宙这样的问题（比如在卷十七 1.36）。之所以斯特拉波能够把他探讨的学科看作哲学的从属，而我们则能够把他的著作描述为一部廊下派地理学的著作，都主要是因为，斯特拉波的研究被他所认为的某种地理学家的伦理动机所塑造，这种地理学家努力提供人类所有事业，尤其是智慧的统治者的事业方面的有用信息，从而对 eudaimonia［幸福］展开研究。②

---

① Dueck 2000，页 62–69，讨论了斯特拉波的廊下派思想及其作为哲学的地理学的概念。

② 斯特拉波，卷一 1.1 和卷一 1.16–22。

第十四章　廊下派的自然论及其批评者

欧文（T. H. Irwin）　撰

朱雯琤　徐健　译

1

[345]廊下派有三种学说深深地影响了后世的道德哲学发展历程。（1）幸福论（Eudaemonism）：理性行动的最终目的是行动者自身的幸福。（2）自然论（Naturalism）：幸福和德性在于根据自然而生活。（3）道德论（Moralism）：道德德性因其自身而被选择，且优先于那些具有非道德价值的事项的任一组合。[①] 这些廊下派学说为后世的某些道德论者提供了他们试图发展和细化的研究起点和纲领，这些道德论者包括将被我称为"经院自然论"（Scholastic naturalism）的那种立场的支持者们。但还有一些后世的道德论者则把廊下派作为批判的对象，他们通过解释为什么拒绝廊下派的立场来发展自己的立场。还有其他道德论者拥护上述廊下派学说中的某些学说，而拒绝其中另一些学说。

出于某些明显的原因，我将对这些廊下派学说的影响进行高度选

[①]　廊下派的强调不仅于此，因为他们并不仅仅将德性当成幸福的主导元素，还将其等同于幸福。不过我不会讨论他们这种立场。一些相关的讨论见 Irwin 1986、1998；Annas 1993，第十九章；Cooper 1996。

择性的解释。我会通过介绍阿奎那、苏亚雷斯（Suarez）和格劳秀斯来简单描述一下经院自然论。另一方面，我也会考察普芬道夫拒绝经院自然论的理由，以及巴特勒和哈奇森（Hutcheson）拥护其中某些廊下派学说而拒绝其他学说的尝试。

在这些对廊下派思想和经院自然论所作的回应方面，我的兴趣根本上是哲学式的。我希望了解到不同的人如何支持或反对这些学说，并看看他们的论证如何言之成理。当然，我无法在这一章的篇幅中完成这项任务，[346]因此我将只是尝试去辨识出主要的论证，并提出一些相关问题。

这些问题从根本上来说是道德哲学的问题，但也并不绝对如此。它们涉及了关于自然的问题，因此已经超越了（狭义的）道德哲学范畴。廊下派的伦理学理所当然地将自然概念看成属于廊下派的自然哲学，里面也包括自然神学。由此我们或许有理由认为，对廊下派自然概念的态度转变，能够解释对廊下派伦理学的态度转变。

这种推测关系到我所提到的三种廊下派学说以及后世对其有过讨论的哲人，就此而言，我相信它在很大程度上是不成立的。因此，我将不会过多谈论关于自然哲学的问题，只在需要更为统括性地考察后世对廊下派自然概念的回应时，我才不得不去讨论自然哲学问题。然而，在开始考察道德哲学中反对自然论的观点时，也会对廊下派自然哲学中的自然概念发表某些看法。①

2

廊下派认为前述三种学说不可分离。要正确把握人的幸福，就要根据自然而生活，这要求根据德性而生活优先于其他任何目的。②

---

① 见本章后面对普芬道夫的讨论。
② 西塞罗，《论义务》卷三 21–28。

幸福与德性之间的联系存在于廊下派对自然的声明中。廊下派跟随亚里士多德的观点，将人的善当成人的本性（也被理解成理性能动者的本性）的实现。当他们声称人的善就是根据自然而生活时，[①] 他们首先指的是人类的理性本性（《名哲言行录》卷七 89）。与这种理性本性所相符的东西包括健康、安全、财富，以及其他亚里士多德称为"外在的善"，而廊下派称为"较可取的中性事物"的东西；但它还包括了理性本性在理性地争取这些对象时的运用。这种理性本性的运用就是德性。[②]

在自然发展的过程中，我们开始认识到德性的一个特殊处所。我们从自爱（self-love）开始，进而指向我们自身的 [347] 本性和构造。为了保障我们为自己的本性和构造所寻求的善，我们开始运用实践理性。但在运用实践理性的过程中，我们开始偏爱我们行动中的"秩序与和谐"[③] 而不是最初所寻求的自然的善。[④]

廊下派声称，运用实践理性要优先于我们试图由此获得自然的善，故此，他们引起了人们对有德性的行动中的非工具性价值的普遍认同。[⑤] 此种认同如果不依赖于认识到有德性的行动中的非工具性价值，就没有根据。廊下派自称辨识到了这种非工具性价值，他们声称，德性会规定行动能给予实践理性中的非工具性价值以合适的处所。有德性的人理性地行动，因此他们的生活合乎一个理性能动者的本性。[⑥]

---

① 司托拜俄斯，《读本》卷二 76.16–23；77.16–19。
② 《名哲言行录》卷七 88；司托拜俄斯，《读本》卷二 75.11–76.15。
③ 西塞罗，《论至善与极恶》卷三 21。
④ 我已稍微深入地讨论过这个问题，见 Irwin 1998，页 160–164。
⑤ 恩披里柯，《驳学问家》卷十一 99；《名哲言行录》卷七 127；西塞罗，《论法律》卷一 40, 48。
⑥ 《名哲言行录》卷七 85–89；伽伦，《论希珀克拉特斯和柏拉图的学说》卷五 6；司托拜俄斯，《读本》卷二 75.11。

于是，根据德性而生活就是根据人的本性而生活，也就是根据正确理性的要求而生活。[1] 正确理性的要求表达在一部法律当中；因为关于人之本性的诸事实确定了正确理性的要求，所以这些要求属于自然法。[2] 这样，根据廊下派的自然法学说，有德性的人为了人的本性而跟随正确理性的要求，去履行对所有理性能动者都适用的自然法。[3]

要履行自然法，选择采取有德性的行动并不足够；我们还必须因为这些行动中运用了实践理性而选择它们。在这种前提下选择有德性的行动，就是因为它们具有非工具性价值的因素而选择它们；它们的非工具性 [348] 价值让它们变得"美好"或"正直"（"fine" or "right"; kalon, honestum）。[4] 以下是一些关于正直的特征：（1）正直倚靠于一些关于美、可爱、适当或合适（fittingness or appropriateness, convenientia）、坚毅以及秩序方面的构想。[5] 廊下派则利用了比例恰当的正直与美之间的类比。[6]（2）正直不只是涉及为了个人自己和自身

---

[1] 当廊下派说到根据自然而生活时，他们不仅想到了人的自然，还想到了宇宙的自然。我相信，诉诸宇宙的自然可以构成我刚才总结的幸福论论证以外的另一种论证，而不是幸福论论证中的一部分。这种看法引起了争论，例见 Striker 1991, 页 228；Long 1989, 页 185-189。宇宙的自然还与我所讨论的后世的自然论版本有关系。我不会阐述这一点，因为我相信我讨论的那些问题值得单独加以讨论。

[2] 西塞罗，《论法律》卷一 23；拉克坦提乌斯，《神圣原理》卷六 8.6-9 = 西塞罗《论共和国》卷三 33。

[3] 我在提出这些关于廊下派自然法学说的主张时略过了一些争议点，对这些争议点的研究或可见 Striker 1987, DeFilippo / Mitsis 1994 和 Vander Waerdt 1994b。

[4] 格利乌斯，《阿提卡之夜》卷十二 5.7；塞涅卡，《致鲁基里乌斯的道德书简》76.9。

[5] 西塞罗，《论义务》卷一 14。

[6] 司托拜俄斯，《读本》卷二 63.1-5。

利益而做出的行动；这就是为什么关心正直有别于关心个人自身的利好。①（3）正直与喜欢（liking）、快乐（pleasure）或羡慕（admiration）不同，它是一种得当的赞扬对象，它让人变得值得赞扬。②（4）正直的客观性可以解释这些特征之间的联系。正直是一种赞扬的对象，因为不管它实际上有没有得到赞扬，它本身是值得赞扬的。③它吸引我们，是因为它自身的特点，而不是因为它能够满足我们的某些首要欲望。④

廊下派相信，认识到德性和有德性的行动是美好的，这不仅关乎理论，还关乎实践。因为他们相信，如果我们既没有将美好这种价值归给它们，又没有看到美好与幸福之间的联系，我们就不可能拥有德性。如果我们不将终极的善与德性关联起来，我们就会以自身利好而不是以正直（honestas）去衡量终极的善；倘若如此，我们就不可能持续培育友爱、正义、大度与勇敢。⑤

据廊下派所说，每种德性都肯定了它所规定的行动是有价值的。比方说，正义的人不仅会做出正义的行动，而且是因其本身才做的，他们坚信这些是值得做的，不是为了某些事后的成果，而仅仅因为这样做是正义的。诸如伊壁鸠鲁派和库瑞涅派关于终极善的概念忽略了正直，从而将德性降至一种纯粹工具性的地位，这有悖于有德性的人的观点。⑥

廊下派关于道德论与幸福论之联系的声明强调，当且仅当我们将德性和有德性的行动看成幸福的一部分时，我们才有理由赋予它们以一种非工具性的善这样的价值。廊下派在强调这一点时不理会或忽视

---

① 西塞罗,《论义务》卷一 5。
② 《名哲言行录》卷七 100；西塞罗,《论至善与极恶》卷三 27。
③ 西塞罗,《论义务》卷一 14。
④ 司托拜俄斯,《读本》卷二 100.21–22 W。
⑤ 西塞罗,《论义务》卷一 5。
⑥ 西塞罗,《论至善与极恶》卷二 35。

了一点，即对德性和正直的合适尊重要求我们不以自身幸福来衡量其价值，这样我们就有［349］充分理由在所有其他善和利好之外继续追寻德性与正直，即使它们会与我们的幸福产生冲突，或对幸福起不到任何影响。如果说廊下派对这一观点不予理会是错误的，那他们就无权断定，我们只有在将德性作为幸福的一部分时才能赋予德性以合适的价值。

3

廊下派立场中的三个元素，幸福论、道德论与自然论，同样是一些中世纪伦理学理论的元素。阿尔伯特（Albert）和阿奎那的理论被正确地描述为"亚里士多德式的"，但他们加入了廊下派的一些特别的正直观；因此，即便是简要地描述廊下派自然论的影响，这两个人也值得被置于突出的位置。

在确证幸福论时，阿奎那对廊下派的认同不亚于他对亚里士多德的认同，但他对最终目的的解释却并非特别属于廊下派。阿奎那同时跟随着亚里士多德和廊下派的观点，将最终的善当成诸善的组合，里面既有本身作为目的的善，也有因最终的善而值得选择的善。① 故此，他相信，我们可以因德性本身而选择德性作为我们更加直接的目标客体，尽管我们的最终目标集中在最终的善上。②

阿奎那关于道德上的善和道德德性的观点并非直接源自亚里士多德。③ 阿奎那将廊下派的 honestum 概念作为典型的道德上的善来加

---

① 见《神学大全》（Summa Theologiae），1–2 q1 a5 ad 1；a6 ad 1, 2；《论恶》（De malo）6；《论真理》（De veritate），q22 a7。

② 2–3 q123 a7；《亚里士多德〈尼各马可伦理学〉疏证》（In Decem Libros Ethicorum），节 549–550。

③ 中世纪的拉丁文译者通常将 kalon 翻译为 bonum［善］，而从不用 honestum。例 见 1094b15, 1099a27, 1100b27, 30, 1104b31, 1110b15, 1114b6,

第十四章　廊下派的自然论及其批评者　415

以利用，他认为，有德性的和正直的行动要求人们公正而理性地追寻善，这种善无关个人的快乐或利好，而是关乎友爱、其他人的善以及共同体的共同善（common good）。阿奎那将道德的这些方面与 honestum 关联起来，把握住了廊下派的立场。

[350] 阿奎那将 honestum 描述成一种非工具性的善，[①] 确切来说是一种道德上的善。[②] honestum 行动本质上是无私的。[③] honestum 从属于作为整体的德性；[④] 诸德性是 honestum，因为它们本身就是目的，尽管不是最终的目的。[⑤] honestum 的特性就是指引所有人类事务，使之合乎理性；这让它变得"适当"（decorum）。[⑥] honestas 是一种被理性所发现的善，它详细规定了什么是契合理性本性的，[⑦] 而且它不仅仅是个人的善，还能通过增进正义所维系的共同善而备受赞誉。

关于德性、正直与自然之间的这种联系，苏亚雷斯作了更全面的解释。在他看来，正直就像快乐和有用那样，包含某种适当性（convenientia）。但正直不可能只是其他某些善所同时具有的适当性。[⑧]

1115a30，b23，1116a11，b3，1117a8，1120a27，1122b6，1168a33，1169a6 以下。不过，阿奎那经常认为亚里士多德在探讨 honestum 的段落中用的是 kalon，而拉丁文译者则用了 bonum。例见《亚里士多德〈尼各马可伦理学〉疏证》节 33，273，827，533，695，714，824-825，1544，1737，1848，1857，1881，2051，2070。阿奎那关于 honestum 的主张很可能源于阿尔伯特的亚里士多德《尼各马可伦理学》疏证。例见阿尔伯特，《阿尔伯特全集》（*Opera*）（十四），1.48。

① 《神学大全》1-2 98 a2 ad 2；98 a3，ad sc。
② 见 1-2 q34 a2 ad 1；q39 a2。
③ 2-2 q26 a12；q110 a2。
④ 2-2 q145 a1。
⑤ a145 a1 ad 1。
⑥ q145 a2。
⑦ q145 a3。
⑧ 苏亚雷斯，《论人类行为的善恶》（*De bonitate*）（=《苏亚雷斯全集》[*Opera*][四]）卷二 1.5。

作为正直的善属于人之意志的对象,从而让某种行动在道德上是善的。[1] 正直既非快乐,也非有用。[2] 这种被正确理性所把握的道德上的善,必定适合作为自由而理性的能动者的人类的本性。[3] 适合一个人的本性并不意味着符合他的私人利好,而应当以目的论角度来理解,即以适合于理性能动者的目的作为参照。这里苏亚雷斯把握住了廊下派关于正直的主张,即正直具有一种与便利相对的无私的特性。

他同样把握住了正直中的客观性。正直必然与正确理性关联在一起,但它与正确理性并不具有亲缘关系。如果它们之间有亲缘关系的话,那么某个事情会因为被判断为正直的而被证明是正直的;但这是错误的解释方向。[4] 正确的道德判断中的正确性由它遵从被判断客体的某种特性而形成,它并没有创造这种特性。[5] [351] 理性或判断之所以正确,是因为它们遵从理性能动者的本性,反之则不然。出于相似的理由,正直也不由遵从法律而形成,但法律的正确性预设了与这种正确性不同的正直。[6]

在这些关于正确理性和法律的主张中,苏亚雷斯偏离了廊下派和阿奎那的某方面的自然论。按廊下派和阿奎那的观点来看,遵从自然法紧随着遵守正确理性而来,实际上也可化约为遵守正确理性。苏亚雷斯对此并不认同,因为他相信,自然法的存在除了需要自然正直以外,还需要神的指令和立法。[7] 虽然苏亚雷斯对法律特征有这种不同的观点,但这并不影响他从根本上依旧认同廊下派和阿奎那关于自然

---

[1] 《论人类行为的善恶》卷二 1.3。

[2] 《论人类行为的善恶》卷二 1.4。

[3] 《论人类行为的善恶》卷二 2.11。

[4] 《论人类行为的善恶》卷二 2.3,11。

[5] 《形而上学辩》(*Disputationes Metaphysicae*)卷十 2.12(=《苏亚雷斯全集》[二十五]),Gracia 和 Davis 译,1989。

[6] 《论人类行为的善恶》卷二 2.6。

[7] 《论人类行为的善恶》卷二 6.12。

正直的存在和本性的看法。[①]

因此，廊下派关于德性与 honestum 的自然论，在经院派看来似乎非常契合他们自己的亚里士多德理论框架。

4

这种经院自然论支持格劳秀斯的信念，即相信"从人内在的原理"出发的自然权利（natural right, ius）。[②] 格劳秀斯在这里不仅指我们天生就知道这些原理，而且指这些原理适合具有人类本性的理性能动者。为了先验地证明某事物属于自然权利，我们就需要展示它"必然适合或不适合理性的和社会的本性"。[③]

格劳秀斯在这一问题上认同经院派中的自然论者。他的认同体现在，即使我们打算认为上帝不存在或祂不关心人类事务，他也觉得自己的话仍然有些道理。[④] 自然权利（ius）意味着［352］某种行动因为不适合或适合理性本性，所以在道德上是错误的或必需的。[⑤]

如果某些行动因为适合人的本性而在道德上是正直的（honestum），那么，我们就拥有正义的某种自然基础，它不同于正义在维系社会方面的有用性。在格劳秀斯看来，正义的自然基础就是人的本性，特别是人对社会的欲望与需求。[⑥] 据格劳秀斯所说，人的本性中的"社会"方面，就是廊下派在探讨每个人与自己、与他人的"协

[①] 这种关于苏亚雷斯和阿奎那之关系的观点存在争议，我希望在其他地方为之辩护。其他不同的观点或可见 Finnis 1980，页 42-48；Darwall 1995，页 23-33；Haakonssen 1996，页 16-26；Schneewind 1997，页 59-66。

[②] 格劳秀斯，《论战争法权与和平法权》（*JBP*）导言，节 12。

[③] 《论战争法权与和平法权》卷一 1.12.1。

[④] 《论战争法权与和平法权》导言，节 11。

[⑤] 《论战争法权与和平法权》卷一 1.10.1。

[⑥] 《论战争法权与和平法权》导言，节 6。

调"(conciliation, oikeiôsis)时的心中之所想。他尝试把握住亚里士多德将人称为"政治的"(politikon)动物——或如一些中世纪文献所译的"社会的"(sociale)动物——时所得出的观点。①

格劳秀斯通过诉诸人类的社会本性,来寻找我们追寻正直(honestum)和利好(the advantageous, utile)的自然基础。他根据廊下派资源声称,我们对正直的认识源自理性的增长,正如我们为"协调"找到了某种得当的对象。我们对于正直的概念,来自我们认识到什么才与一种理性的和社会的本性相符。②

在确证这些关于社会性和自然权利的主张时,格劳秀斯跟随着亚里士多德、廊下派和经院自然论接受了幸福论。人的社会本性是人本性中的一部分,为了人的幸福,它必须实现。由此,声称人应该在社会中承担某种合适的角色,以及声称每一个人都首先追求自己的幸福,这两者一点都不冲突。格劳秀斯从未挑战过这种观点,即对社会的自然欲望存在于个人欲望其自身的善之中。他既没有为这些幸福论论点辩护,也不认为有辩护的必要。③

5

尽管阿奎那的立场对后世经院道德理论的发展产生了强烈影响,但我们还是能够看到,从苏亚雷斯到格劳秀斯,并不是只有经院派的立场。司各脱(Scotus)提出了一个[353]针对亚里士多德、廊下派和阿奎那之共同观点的重要问题,他辩称,道德论同时要拒绝自然论和幸福论。在他看来,不为了个人利好(commodum)的理性行动以对正义的爱为前提,有德性的人不根据其自身幸福而追随这种

---

① 见巴贝拉克(Barbeyrac)对《论战争法权与和平法权》导言第 6 节的疏证(Whewell 版)。

② 《论战争法权与和平法权》卷一 2.1-3。

③ 对比 Darwall 1995,页 6。

爱。对正义的爱是人类自由的一个方面，而不是对某种自然目的的自然欲望。[1]

　　苏亚雷斯并没有被司各脱拒绝幸福论与自然论的这些理由说服，他不承认司各脱所说的正直行动适合理性本性。[2] 但司各脱的一些疑虑却在后世对经院自然论的唯意志论（voluntarist）批评中复又见到。普芬道夫辩称，道德性质和道德事实必须是上帝经过慎思的强制和立法后的结果，这让我们得以检验那些拒绝经院自然论立场的理由。[3]

　　与此相关的，或许还有早期现代学者对经院派（从相关方面看，还有廊下派）自然概念的回应。亚里士多德目的论的怀疑论者或许最终想要怀疑的是亚里士多德的自然概念，因为这是彻头彻尾的目的论。这种怀疑论调应该同样被用于廊下派，因为廊下派也利用了同样目的论色彩的自然概念。[4]

　　乍看之下，普芬道夫为自然哲学在道德哲学中的影响提供了一个绝佳例子；我们甚或可以用他来说明传统经院自然论在面对现代的自然科学和自然哲学时的不堪一击。他同意波义耳的主张，即自然论者们相信某种独立于上帝、与上帝永远共存且对上帝的自由施以限制原理，因为（在他看来）他们所相信的自然的正直和不正直是独立于上

---

[1] 司各脱，《关于第三份判决书的讲演》（*3 Sent.*），d26 q1，参见 Wolter 编，页 178；《关于第二份判决书的讲演》（*2 Sent.*），d6 q2，参见 Wolter 编，页 470。

[2] 《论人类行为的善恶》卷二 2.13。

[3] 我并不认为司各脱直接影响了普芬道夫。

[4] 但拒绝亚里士多德的目的论并不等同于完全拒绝目的论。波义耳（Boyle）的驳斥集中体现于，漫游派的自然观（在他看来）容易导致在上帝之外引入其他能动者，或容易导致对上帝的自由与超越作出调和；在这种对"引起偶像崇拜的"自然观念的一般性驳斥中，他还针对了廊下派的观点。见《庸俗自然观的自由探究》（*Free Inquiry*），第四部分，页 48-51。莱布尼茨也回应了将漫游派的自然观与偶像崇拜之间关联起来的企图，见《论自然本身》（"On Nature Itself"）。

帝意志的。①

[354] 据普芬道夫所说，经院派的传统自然论有悖于一个明显的事实，即道德性质不可能属于自然本身，除非通过强制。这一事实在现代物理科学中显而易见，现代物理科学表明，自然本身只由运动着的物体以及它们之间的相互作用所组成。仅在物理力量的运动和运用之中不可能发现道德，因为单纯的物理运动本身不可能是正直的或者不正直的。因此，正直和不正直必定是被强加给自然的，而其本身不可能属于自然。②

普芬道夫对道德性质与纯粹自然性质之间所做的对比很具启发性，因为这种划分强烈地影响到了现代的元伦理学。③ 他表达出一种广为人知的观点，即有一种后亚里士多德的科学的自然观，它反对亚里士多德将规范的特别是道德的性质本身构想成自然的一部分。这种自然观也许可以表达成"价值不是世界的一部分"这样的观点。

为什么普芬道夫相信，道德性质必定是被强加的，若没有强制就无法出现于自然世界之中呢？他或许是以这种方式论证的：（1）物理学家的描述中没有提到道德性质，也就是说，道德性质不属于物理物体的性质，从而不能解释由物理法则所解释的运动；（2）物理学家的描述中未提到的所有性质都是被强加的性质；（3）因此，道德性质是被强加的。

此番论证尽管保证了普芬道夫关于道德性质的结论是可靠的，但还是值得反驳。因为第二条前提论据让太多性质都成了被强加的因素。比如，生物与医学性质并未在物理学家的描述中被提到，但由此不可推出，饮用海水之所以对牛来说不健康，仅仅是因为有人通过立法做

---

① 《自然法与万民法》（*JNG*）卷一 2.6。

② 《自然法与万民法》卷一 2.6。对普芬道夫关于自然和强制的主张的强调，见 Schneewind 1997，页 120。

③ 关于道德实体，见 Shneewind 1997，页 120。亦见 Korsgaard 1996，页 21–27。

出如此规定。

普芬道夫认同这类反驳,因为他相信,对人类而言,有着自然利害的性质产生于神圣立法之前(卷二 3.5)。普芬道夫(跟随坎伯兰[Cumberland])区分了自然的善与道德上的善,[①] 并且相信自然的善不是被强加的。对人类来说,有些事物在自然上就是善的[355]或恶的,但上帝的善致使祂要在这创造行为之上再加上一种立法行动,规定自然的善行并禁止自然的恶行。正是这一立法行动把道德上的善加在了自然的善之上。于是"谨慎的性质"(prudential properties;与个人的利害有关)就成了自然的一部分,而不是被强加给自然的东西。普芬道夫相信这些性质都是自然的,但在物理学家的描述中,它们并未得到明确的承认;于是,他不可能用物理学家的描述来说明一种既定的性质不是自然的;于是,他关于道德性质不具有自然性的这番论证也就坍塌了。

我们或许要尝试修正我们一开始的论证,以便将自然的善包括在非强加的性质之中。修改后的论证如下:(1a)道德性质不由物理学家的描述中提到的那些事件和性质所形成;(2a)所有不由物理学家的描述中提到的事件或性质所形成的性质都是被强加的性质;(3)因此,道德性质是被强加的。按非强加的性质这种概念来看,海水对牛来说的不健康性也是一种非强加的自然性质,尽管物理学对此没有明确提及;因为它是由自然性质所形成的。我们只需要将物理学承认的那类性质进行合适的组合,就能证明海水对牛来说不健康这一事实,尽管这种事实不为物理学所关心。

我们或许会承认,(2a)提供了一种对非强加的自然性质较为合理的解释,且它较之(2)更能把握住普芬道夫的意图。但是,如果接受(2a),我们就必须面对一种指向(1a)的反对意见,(1a)远比(1)富有争议。按照(2a)的标准,为什么道德性质不算作非强加的

[①] 他在卷二 5.9 里提到了坎伯兰。

自然性质呢？乍看起来，物理科学的世界观中似乎明显没有给正直和不正直留下余地。但是，如果我们承认物理学给健康性和不健康性留有余地，那我们或许也就会深信，形成道德性质的是关于什么是健康的和不健康的事实，或者换句话说，是对理性能动者来说的、关于什么是善的和恶的事实。无论如何，物理性质和健康性之间必为我们所承认的形成和被形成关系表明了一种解释途径，用于解释正直和不正直如何可能从属于自然的和非强加的性质。普芬道夫的论证显示，必须强加上去的道德性质毫无价值，并且他所利用的现代科学世界观对他也没什么帮助。

6

[356] 如果普芬道夫对现代科学的利用并没有捣毁经院自然论，那么，我们就须转向他的其他关于道德需要立法的思想尝试。他和苏亚雷斯一样，认为法律存在需要某种立法行为，他因此也不认同构成廊下派和阿奎那观点之基础的法律概念。但是他同时也拒绝了苏亚雷斯、廊下派和阿奎那之间的一致观念，因为他否认自然在没有立法行为的情况下包含道德性质。在某些时候，他承认我们对自然的善的反思会推动我们做出道德所要求的行动，但他否认这种反思形成了道德视野。在他看来，指向我们自然善的行动仅仅依赖于我们对利好（commodum, utile）的考虑，这种考虑缺乏道德原理所具有的独特的理性地位。这同样也是司各脱反对以幸福论的方式来利用自然善的原因之一。

这种反对表明，阿奎那和苏亚雷斯的幸福论使一切都服从于个人自身的利好。然而阿奎那与苏亚雷斯对此予以否认，因为他们区分了正直（honestum）与利好，他们只是认为，它们都能促使能动者去获得最终的善。他们在这一点上跟随廊下派的观点。格劳秀斯在这里则跟随经院自然论的观点。普芬道夫貌似在这一方面误解了经院自然论，因为他似乎不由分说地假设，我们若将自身的善当成我们的最终目的，就会仅仅着眼于我们自身的利好行动，从而不可能去追寻道德正直本身。

这种对廊下派和经院自然论的误解，在巴贝拉克反对莱布尼茨而为普芬道夫的辩护中清晰地显露出来。[1] 巴贝拉克宣称，莱布尼茨的幸福论忽视了"智慧的异教徒们"在正直（l'honnête）与有用（l'utile）之间所作的区分（445）；由此，莱布尼茨在解释动机时就将所有价值都归为有用。不管莱布尼茨是否真这样做了，但就莱布尼茨尝试为之辩护的传统幸福论立场来说，这种观点显然是错误的。巴贝拉克像许多其他人那样，不承认传统的幸福论者［357］有权在不抛弃幸福论的前提下区分正直与有用；[2] 他无权不由分说地假定这些幸福论者是错的。

普芬道夫针对经院自然论的反对意见并不只有这些，但它们至少和他的其他反对意见一样，具有一定的可信度。然而通过检验普芬道夫的反对意见可以看出，经院自然论有很强的理由对此作出回应。

7

普芬道夫认为道德论要求同时拒绝幸福论和自然论，但巴特勒却试图通过捍卫自然论与道德论，来捍卫一种更接近经院自然论的立场。可他还跟随普芬道夫一起拒绝幸福论。因此，他一面尝试解释德

---

[1] 莱布尼茨的反驳出现在他的《普芬道夫的原理之我见》（"Opinion on the Principles of Pufendorf"）中。巴贝拉克的回应则出现在普芬道夫1718，页429-495。关于这场莱布尼茨和普芬道夫之间的争论，讨论见 Hochstrasser 2000，第五章。关于巴贝拉克为普芬道夫所作的辩护，讨论见 Schneewind 1996b，这是一篇颇有助益的论文。

[2] 我已用类似的方式批判过瑞德（Reid），见 Irwin 1996，页89-92。

性何以在于遵循自然,[1]一面却又否认我们最终是因为德性能促使我们获得幸福而有理由追寻它。我们没有理由相信巴特勒异常关心格劳秀斯与普芬道夫之间的争论。[2]但他试图回应理性主义道德论者的反对意见,这些道德论者相信,自然论会鼓励一种被霍布斯通过解释人的本性而加以辩护的道德立场。

为了澄清与理解廊下派关于德性的自然论相关的自然概念,巴特勒试图将它区别于那些似乎让这种廊下派自然论变得完全不可信的概念。我们或许认为"自然的"是指:(1)合乎这种或那种自然驱动,或者(2)合乎个人最强烈的自然驱动。[3]但这些含义都无法让自然论者的主张变得合理可信。在把握住了廊下派意图的层面而言,"自然的"[358]是指(3)被作为一个整体的系统所必需,而不仅仅被这个系统中的某部分或某方面所必需。

有一种观点认为,关于德性和幸福的自然论,仰赖于一种已被现代自然科学捣毁的宇宙目的论,对此巴特勒做出了含蓄的回应。[4]他仰赖于自然与系统之间的联系。当我们研究某系统或整体时,我们对它的理解来自我们理解它的功能,以及理解它各个部分的要点。巴特勒采用了手表的例子(序言,14),他坚称,我们不能理解手表,除非我们把握到"它对这一种或更多目的的有益性",而这些目的就是

---

[1] 《布道书》(*Sermons*),序言 13。我通过伯纳德(Bernard)版中的布道场次和段落编号来引用巴特勒的观点。我已对巴特勒做过更全面的讨论,见 Irwin(即出)。

[2] 巴特勒应该了解普芬道夫的《自然法与万民法》,这本书最早出版于 1672 年,并在 1703 年被肯内特(Basil Kennet)翻译成英文。他也应该会从坎伯兰的《论自然法》(*de Legibus Naturae*)里了解到普芬道夫唯意志论中的某些方面,此书也在 1672 年出版,普芬道夫在《自然法与万民法》的第二版(1684)中讨论了它。麦克斯韦(John Maxwell)翻译的坎伯兰一书在 1727 年出版,"尊敬的巴特勒先生"是其捐助者之一(不过我并不确定这是否就是我们所讲的巴特勒)。

[3] 巴特勒,《布道书》2.5–6。

[4] 我并不是说巴特勒不相信宇宙目的论。

作为一个整体系统的目的。类似地，我们在把握人之本性的系统时，不是靠观察一些激情本身，而是靠考虑它们之间的关系。

我们或可称这种自然概念为"目的论的"，因为它是指在一种系统中，各部分的运行受到整体的诸典型功能的规定。但它又不以宇宙目的论为前提，因为它没有说明个体事物如何成为这种类型的系统。而且它似乎也不是特别难以理解。如果有一位医生说"你需要动手术"，并且解释说，我们为了清除癌性肿瘤就需要动手术，那么，虽然癌性肿瘤本身并不需要被清除，而且比起杀死这个肿瘤，让它继续生长还要更好一些，但我们也不会因此反对医生的建议。又或者，如果我说"我需要多锻炼"，那么，虽然享受懒惰的那一部分的我并不需要锻炼，但我确实还是需要锻炼。在这两个例子中，我们都能证实巴特勒的提议，即我们要认识到在作为一个整体的系统的需求与各部分的需求之间的差异。我们将自我视为有其自身的目的和利益，使它区分于作为我们的构成部分的动机、欲望和驱动所组成的单纯集合。

巴特勒试图通过诉诸诸高级本源来澄清自然的行动。他声明：(1)高级本源不只以力量，还以权威来推动我们（2.14）；(2) 在根据权威性本源行动时，我们的行动符合我们作为一个整体系统的本性；(3) 因此，通过根据高级本源来行动，我们的行动就是自然的。

巴特勒坚称自爱（self-love）是整体性的，从而将上面的论证运用到自爱上。当对理性自爱的反思与我们的诸 [359] 激情相冲突时，很明显我们就应该服从那种反思；不论相关欲望的相对力量如何，"从人之本性的计算和构造来看"，这一事实都很明显。自爱的视野源于我们在反思满足这个或那个激情时所产生的优点，因此它表达出一种高级本源。因为自爱顾及了我们作为有未来需要关照的能动者的利益，所以，在保卫我们作为一个整体的本性中的利益时，自爱就成了必需。于是，我们作为一个整体的本性就要求我们去跟随理性的自爱。

此番关于自然行动和关于自爱的自然性的讨论，能准确而有益地澄清廊下派和经院派有关适合自然的主张。

8

然而，巴特勒在两点上拒绝廊下派的立场。(1)他采纳了享乐主义的某个方面，因为他将自爱——我在乎我自己的利益——当成只为了我自己的幸福，即为了我自己的快乐（11.5，7，9）。(2)他拒绝幸福论，因为他认识到两种理性本源——理性的自爱和良心（conscience）——之间差异过大而无法化约。

巴特勒在拒绝幸福论上认同司各脱和普芬道夫，但他不认同这两人保留自然论的做法。自爱和良心都是自然本源（3.9），但良心比自爱更高，实际上它是至高的本源，因为它恰当地顾及了所有与之相关的因素。良心不仅考虑到我的不同激情以及这些激情对我的利益的影响，它还联系我与他人的关系来考虑我的利益与合法要求。

因此，我们如果接受巴特勒那种狭义上的自爱概念，就很容易从自爱中区分出良心。根据这种概念，自爱从对我自己的快乐的一种非常有限的观点出发，来评估行为。如果这是理性的自爱所提出的唯一问题，那么很明显，这个问题无法涵盖所有与之相关的其他问题。

尽管巴特勒将良心看得比自爱更高，但他也声明，道德和自爱必须一致（11.20）。成功捍卫这一声明将会加强一种信念，即相信跟随良心就是符合自然。我们如果不愿意相信与道德相关联的诸种态度跟自利冲突，就会更愿意承认这些态度就是我们本性中的重要方面。[360]我们可能出于我们自己的利益而省却任何道德关怀，来对行动作出其他的计划。而我们若抱有这样的想法，就会更容易怀疑我们的道德关怀是不是自我中可有可无的、非本质的方面。

然而，巴特勒那种享乐主义式的自爱概念，很难让人赞同道德与自爱之间存在着和谐。他假设，当自爱开始考虑听从良心而行动的利与弊时，它所考虑的仅仅是快乐、满足等事物的可能结果。这种自爱观的基础在于假设自爱不关心行动本身，而只关心行动的后果，因为行动会带来痛苦或快乐。但是，我们如果接受这种对自爱的看法，就很难认同巴特勒关于自爱和良心之间存在和谐的观点。不同的人会找到不同的快乐或痛苦的东西,而且,我们也不知道,为何跟随良心就应该期待良心会最大化每个人的快乐。

我们可以如下总结巴特勒与传统自然论和幸福论之间的关系。(1)他关于自然以及高级本源的自然性的主张与传统自然论相符。(2)他享乐主义式的自爱概念背离了传统自然论。(3)他从自爱中分离出了良心,这让他背离了传统自然论。(4)他享乐主义式的自爱概念将良心从自爱中分离了出来。(5)但同样,这种享乐主义式的自爱概念也很难让人相信自爱与良心之间存在和谐。

如果这是公正的总结,那么巴特勒虽然背离了传统的自然论,却并非站在一个具有完备防御的立场上。

9

大多数巴特勒的后继者都认同他对廊下派和经院派的自然论的背离,他们还推出,巴特勒的错误在于依旧保留了自爱与良心之间存在和谐这一传统信念。根据他们的观点,如此和谐观是巴特勒应该抛弃的传统自然论中的一个方面。

对巴特勒思想的这种修正容易招致反对。如果两种高级本源——自爱和良心——基本上相互敌对,那么[361]就很难证明这两者中的某一个真正满足了作为整体的本性所提出的要求。而假如巴特勒放弃和谐说,那么他就严重削弱了他的自然论。司各脱已经清楚意识到这一点,于是他拒绝了幸福论,就像我之前提到过的那样。司各脱不仅拒绝了幸福论,还拒绝了自然论。我们或许有理由得出结论:在抛弃了幸福论之后,巴特勒就没有足够的理由保留自然论了。

如果拒绝和谐说确实会带来如此结果,我们就应该考虑一下,是否有可能对巴特勒的立场作出不同的修订。我们有足够的理由拒绝他一开始背离经院自然论时的做法,还有他的享乐主义式的自爱概念。如果具有整全性的概念更为可取,自爱就不能限定为一种对我自己的快乐的欲望;它必须同样考虑到我对他人的善和对道德德性的依恋,它也必须将这些欲望的成就算作我自己的利益的一部分。如果自爱是我们本性中的一部分,从而对我们的自我整体以及关切道德本源来说必不可少,那么它就必须顾及我们对道德本源的关怀。如果自爱在其自我观里没有给予道德本源以应有的突出地位,那么它就会被误导。

整全的自爱概念让巴特勒保留自爱与良心之间的和谐变得更加合理。假如他在这一点上依旧执着于传统幸福论,或许他就能够在捍卫他余下来的自然论立场时有更多说服力。

如果我们将这种传统幸福论中的元素归给巴特勒,那么我们应该对他余下来的立场说些什么呢?如果他要接受一种整全的自爱概念,那么他就拥有足够的理由来保留他的良心观,让他的立场与传统自然论区别开吗?

整全的自爱概念似乎能够吸收道德所产生的要求,而无需将良心看成至高本源。这样的概念依旧区分道德所产生的要求与谨慎所产生的要求,因为后者并不涉及对其他人的关怀;这些都是 honestum 在反对那些狭隘利好后所产生的要求。但这两套要求都没有跳脱出自爱。因此,巴特勒似乎没有理由坚持他将良心从自爱中分离出去的做法。经院自然论立场似乎比巴特勒的替代解释来得更加前后一贯,也更加可行。确实,比起巴特勒本人[362]为了自爱和良心的自然性,以及这两种本源之间的和谐性所做出的解释,经院自然论为之提供了更加可行的辩护。

10

我们可以通过比较哈奇森和巴特勒的辩词,来阐明捍卫自然论却不采纳幸福论存在的困难。哈奇森在就职演说《论人类的自然社会性》("On the natural sociality of human beings")中，一开始就捍卫了他认为属于古代道德论者的一个主题。不像巴特勒，哈奇森明确地提到 17 世纪关于自然法的讨论，并声明他捍卫格劳秀斯而反对普芬道夫和霍布斯。[①] 哈奇森赞赏了廊下派，这符合他整体上对廊下派的同情态度。[②] 这场就职演说讨论到卡迈克尔（Gerschom Carmichael）提请哈奇森注意的普芬道夫的某个立场。[③]

在哈奇森对自然论主题的解释中，有几点和巴特勒的很接近；特别是他用了一些巴特勒关于高级本源和良心的至高性的观点（尤见节 15）。在捍卫自然正直时，他还反驳了普芬道夫的立场，因为普芬道夫将自然限定为快乐和便利（节 22）。

然而哈奇森对普芬道夫的回应没有顾及自然论和道德论的基础问题，而这些问题普芬道夫和巴特勒都构想过。哈奇森将问题转向人类是否有自然行善的欲望上（节 24）。如果有，那么在他看来，道德就符合人的本性，反自然论的立场也就不攻自破了。

哈奇森对普芬道夫的回应甚至没能处理他自己开始提的问题。他跟随巴特勒，通过参照作为整体的人所立下的要求，而从目的论和整体论上辨识出自然的行动和状态（节 7-9）。从这一点来看，我们或许可以将行善的欲望看成自然的，如果我们 [363] 能够表明它们可以促成那些被人类的需求和本性所要求的行动的话；但是，单凭"行善的欲望是自然出现的，而不是源于对便利的追求"这一事实，并不能表明它们符合巴特勒为"自然的"所设下的条件。哈奇森试图捍卫

[①] 此次演说发表于 1730 年并于同年出版，时为巴特勒的《布道书》第一版出版四年之后。它被翻译为《论人性》(*On Human Nature*)。

[②] 关于苏格兰启蒙运动对廊下派思想的主流态度，讨论见 Stewart 1991。关于哈奇森与廊下派思想，见斯科特（Scott）1900，页 246-254（里面夸大了哈奇森对廊下派思想的亲近）。

[③] 卡迈克尔作为格拉斯哥的道德哲学教授，是哈奇森的前辈。见 Moore / Silverthorne 1984。

这种自然论观点,但事实表明他并没有理解这一观点。

如果我们回到巴特勒开始提的自然论立场,就能清楚地看到巴特勒和哈奇森所持立场的不同。巴特勒认识到了三种意义上的"自然的",且正确地坚称只有第三种(指的是整个系统的需求)才能把握住古代道德论者的自然论立场。哈奇森试图捍卫自然论,以表明行善的欲望在巴特勒的前两种意义上是自然的(作为属于自然的欲望,或作为有时最强烈的欲望)。正如巴特勒所见,这不是一次称职的为道德的自然性所作的辩护。① 在第一种意义上,许多欲望都是自然的,而不同的人或许发现在不同场合,最为强烈的欲望是不同的——但在不同的人里面,道德的理性权威会随着这种变化而变化吗?

要回击巴特勒的反对意见,一种方式是对上述问题进行肯定的回答。这就是休谟对巴特勒的回应,也是对哈奇森部分思想的回应——在休谟看来,哈奇森不正确地同情了巴特勒的立场。休谟发现,我们如果接受了这种回应,就必须认同,对"德性是自然的,邪恶是非自然的"这种传统观念的拥护是完全"非哲学性的"。② 我们还必须认同,普芬道夫试图接受关于非道德上的善的自然论,并且只会因为道德上的善而拒绝它,这是一种不稳固的妥协。

若我们从此番对廊下派和经院派的自然论的回应中得出结论说,任何对自然论立场的重大背离,都将我们带入休谟式的关于自然、理性和道德的立场,那就未免太过草率了。但我们很有必要考虑一下[364] 普芬道夫、巴特勒和哈奇森都曾面对的困难,他们的困难出于不同理由,但都是因为他们拒绝了自然论中的一些核心元素。我们或

---

① 巴特勒在批评沙夫茨伯里(Shaftesbury)没能把握住良心的权威性中的本质特征时,含蓄地指出了哈奇森的错误(《布道书》,序言 26)。

② 《人性论》(Treatise of Human Nature),卷三 1.2(页 475 Selby–Bigge)。如果从这段文本中推断出自然观在休谟本人的道德理论中并不重要,那是完全错误的。但我相信,对自然观在休谟那里的重要性加以更充分的解释,就能看出他如我所说的那样,反对廊下派的自然论。

许会断定，除却那些困难，他们拥有强有力的理由去拒绝他们所拒绝的自然论的这些方面。但是在检验了他们的论证之后，我们应该会知道，他们的理由不仅不够有力，还出人意料地很脆弱。如果真是如此，我们也许应该追问，自然论立场是否真如格劳秀斯的后继者们所说的那么不可信。

第十五章　哲学传统中的廊下主义：
斯宾诺莎、利普西乌斯、巴特勒

朗格（A. A. Long） 撰

罗勇　译

[原文注] 本章最初乃是提交给"廊下派遗产座谈会"（panel on Legacies of Stoicism）的论文。此次座谈会由美国哲学协会在其1996年的亚特兰大十二月会议中举办。感谢那时的评议人赛德勒（Michael Seidler），他对此文给出了非常出色的评论。在多伦多大学的英伍德和米勒（Jon Miller）于2000年9月组织的"希腊化哲学与早期现代"（Hellenistic Philosophy and the Early Modern Period）研讨会上，本文得到进一步回应。感谢与会者的提问和评价，尤其感谢我的评议人马夸特（Sarah Marguardt）。在修订本文关于斯宾诺莎的部分时，我极大地受益于米勒和梅恩的书面评论，同样，我也受益于同卢瑟福（Don Rutherford）的讨论。

1　扩散与缩减

[365] 就所有古代哲学而言，廊下主义对西方思想的影响可能最为深厚，但也最不明晰且未得到充分承认。[①] 在文艺复兴时期，除

---

① 关于一个并不自命为原创性研究的简短叙述，见 Long 1974/1986，页

了西塞罗的《论义务》、塞涅卡的《致鲁基里乌斯的道德书简》和《对话集》(Dialogues),以及爱比克泰德的《手册》之外,再也没有什么世俗著作被人们更广泛地阅读了。莫尔的乌托邦把德性定义为"根据自然而生活",而大约从 1500 年到 1750 年,廊下派伦理学的口号和概念常以这种方式被折中地(eclectically)挪用。"新廊下主义"(Neo-Stoicism)这个说法经常用来指 17 和 18 世纪的思想潮流,[366]十分适用于诸如利普西乌斯和杜·瓦尔这样一些人物。[①] 廊下派对笛卡尔、斯宾诺莎、莱布尼茨、卢梭、格劳秀斯、沙夫茨伯里、斯密和康德也都有影响(这是现代学者逐渐发觉的影响),但相比于中世纪亚里士多德主义、文艺复兴以及后来的怀疑主义,还有 17 世纪的伊壁鸠鲁主义,或是文艺复兴时期的柏拉图主义和剑桥的柏拉图主义,新廊下主义几乎没有任何可辨识的活力。新廊下主义尚不足以完全标识一个完整的时期或一场完整的智识运动。

最近几十年,古代廊下主义已成为学术关注的主流之一。[②] 并非

232-247。关于 6 世纪基督教拉丁思想中的廊下主义,见 Colish 1985,卷二。Fundenstein 1986("索引"), Barker 1985 以及 Dobbs 1985,其中确定了廊下派物理学的影响。常见参考文献:Barbour 1998, Morford 1991, Oestreich 1982 以及 Spanneut 1973。关于卢梭和弗洛伊德"都出于相当不同的治疗目的而改动了廊下派学说"这一看法,见 Rorty 1996。

[①] 杜·瓦尔(Guillaume du Vair, 1556—1621)刊行了三本著作,以表明廊下主义作为一种生活哲学的价值:《廊下派的道德哲学》(La philosophie morale des Stoiques)、《论公共灾难中的坚贞和慰藉》(De la constance et consolation ès calamités publiques),以及《圣人哲学》(La sainte philosophie)。关于利普西乌斯,见下文第 3 节。

[②] 黑格尔对希腊化哲人相当负面的评价,见于其《哲学史讲演录》(Lectures on the History of Philosophy), E. S. Haldane 和 F. H. Simon 译(New Jersey, 1983),卷二,尤其是页 232-236。他的评价对古代哲学史家产生了有害的影响,古代哲学领域直到现在才恢复原貌。马克思在其博士论文《德谟克利特的自然哲学与伊壁鸠鲁的自然哲学的差别》(Differenz der demokritischen und epikureischen Naturphilosophie, Jena, 1841)的序言中注意到并批评了黑格尔的评价。马克思在

偶然的是，此次复兴体现在诸如福柯、麦金太尔（MacIntyre）和泰勒（Taylor）这些著名思想家的作品中。我们如今又有了贝克尔引人注目的著作《新廊下主义》（*A New Stoicism*），这部著作提出了一种现代廊下派能够捍卫且应当捍卫的伦理学理论。但是，作为系统性哲学的廊下主义则几乎在任何时候都没有得到重塑。①

关于这一零散得出奇的遗产，我们会发现诸多解释。与柏拉图、亚里士多德、伊壁鸠鲁和恩披里柯的哲学相比，古代廊下主义的原创性和综合性形式绝非人们所能获得。关于前罗马时期的廊下派，我们只拥有零星破碎的材料。关于廊下派物理学和逻辑学的一般性观点，我们可以从拉尔修编纂的广泛被人阅读的概要，以及从西塞罗的《论神性》《学园派》《论命运》中收集到。[367] 但是廊下主义的这些分支的哲学意义，则主要通过过去半个世纪的学术研究才为人所知。对于文艺复兴和启蒙运动而言，最易获得且最重要的东西是西塞罗、塞涅卡、爱比克泰德和奥勒留对廊下派伦理学的处理。

除了古代资料来源的残损状态之外，人们也会仅凭对廊下主义的泛泛了解，而轻易地将其合并或同化到与"柏拉图主义"和"亚里士多德主义"这些更加熟悉的名称相关的观点之下。当然，合并并非总

序言中宣告，他要撰写一部"更大的著作，在其中我将联系整个希腊思辨详细阐述伊壁鸠鲁派、廊下派和怀疑派哲学"的意图（并未实现）。[中译编者按] 译文参考《马克思恩格斯全集》，第一卷（上册），北京：人民出版社，2002，页10-11，有改动。

① 见福柯 1986，尤其是页 39-42、50-68、183-184；MacIntyre 1981、1988（对麦金太尔的廊下派伦理学解释的批评，见 Long 1983a）；以及 Taylor 1989，页 147-153、251-259，他评价了他在笛卡尔和沙夫茨伯里作品中发现的新廊下主义，值得注意。泰勒几乎没有提到利普西乌斯，还忽略了巴勒特，甚至没有把斯宾诺莎的观点与廊下主义联系起来。摩尔（Moore 1903）对廊下主义做出了少许评论，我已经对此进行了讨论，见 Long 1970/1971。关于密尔对作为一种伦理原则的"遵循自然"（following nature）的批评，见 Long 1983a，页 196-197。英伍德（1998）带着欣赏与批评的有趣混合态度，评论了贝克尔（1998）的观点。

是错误的。除了形而上学和专业的逻辑学之外,这三种哲学确实有许多共同之处,西塞罗的朋友和老师、学园派的安提俄科斯就认识到了这一点。而在亚历山大里亚的斐洛甚至是普罗提诺笔下,我们尤其可以看到三种哲学如何轻易就被折中地综合起来。在诸如俄里根、德尔图良、亚历山大里亚的克雷芒,以及卡尔基狄乌斯这些早期基督教思想家的作品中,这种同化变得更加复杂。有些廊下派学说,比如神(God)等同于火,以及否认灵魂的不朽性,遭到早期教父们的厌恶——这有助于解释为何早期廊下派哲人没有任何完整文本保存下来。但是,早期基督教也大量挪用了廊下派伦理学而没有承认这一点。

这一复杂传播过程的结果,无助于古代廊下主义以任何诸如其古典形式的方式复苏。首先,大量有着典型的廊下派起源的观点,被融入一个犹太人和希腊人教诲的复杂混合体之中,成为基督教神学和伦理学——因此,廊下主义是基督教传统的一个部分,但在很大程度上是未获承认的部分。其次,基督教和廊下派伦理学的同化,往往模糊了实际存在于这两种信仰体系之间的重要差异,结果损害了廊下派的原创性。

然而,关于新廊下主义中为何没有出现古代廊下派完全成熟的表述,还有第三个更深刻的原因。就全部的希腊学派而言,克律希珀斯时期的廊下派在方法论方面最为体系化、最全面也最正式。正如我们将看到的,在这方面最好是与斯宾诺莎进行比较。尽管古代廊下主义遭到了折中主义者的劫掠,但在其最伟大的解释者克律西珀斯看来,廊下主义就是个要么全有、要么全无的体系。我不是指廊下派一开始就把世人分成愚者(fools)和极其罕见的圣贤(sage),也不是指该学派毫不妥协地坚持[368]理性的完满性;相反,我的意思是,正如西塞罗代表该学派所陈述的,廊下派哲学是一致的——一种删掉一个字就会摧毁全部论述的体系。[1] 尽管廊下主义没有斯宾诺莎的几何

---

[1] 西塞罗,《论至善与极恶》3.74。参照 Long 1970/1971,页 90–91。

学式严密，但其理性主义雄心却与他类似。据我所知，任何现代哲人都未曾认真对待彻底一致性这一廊下派要求，但我相信，廊下派的原创思想体系及其巨大吸引力的核心正在于此。

当人们思考这一点的时候，就会更容易看到，为何少数对古代资料来源具备丰富知识的创造性哲人，会被禁止冒险尝试任何诸如综合性的新廊下主义这样的东西。对于伊壁鸠鲁式的原子论或享乐主义，我们有现代对应物，但我们却没有什么概念对应于廊下派的"世界"概念：生机论的和彻底理性的体系，被完全内在且有远见的神因果地决定。我认为，如果这些概念对于廊下派的伦理学基础至关重要，那么完全地道的新廊下主义就不能抛弃它们。但不能由此得出我们现代人不能使用廊下派的个别概念，我们可以让这些概念脱离它们原初的宇宙论、神学和认识论基础。但在我看来，的确会由此得出，如果没有这些基础，廊下派关于幸福和好生活的规定，在理性和情感上似乎就很难有说服力。[1]

在本章的主体中，我打算关注三位思想家：巴鲁赫·斯宾诺莎（Baruch Spinoza）、尤斯图斯·利普西乌斯（Justus Lipsius）和约瑟夫·巴特勒（Joseph Butler）。我这样选择，是因为我希望展示廊下派遗产的各个不同方面。这些不同方面与这一古代学派具有显而易见的亲缘关系，尽管必然是部分相关。就利普西乌斯而言，他是第一位试图通过系统性地引用古代文本，以表明廊下主义实际上等同于基督教神学和伦理学的现代作家。巴特勒对廊下主义的关注不那么直接。为了驳斥霍布斯和许多同代人，巴特勒援用廊下派"遵循自然"的概念，这是他把道德奠基于人类的心理结构的努力的一部分。巴特勒的多数推理都是他自己的，但他对自爱（self-love）和仁慈（benevolence）这两个基本本能的处理，[369]与廊下派的 oikeiôsis［亲近］观念过于类似，以至于显得并非偶然，而且他分派给良心（conscience）的

---

[1] 关于这个判断的完整陈述，见 Long 1989，页 97–101。

首要作用具备某种真正的廊下派前身。斯宾诺莎只顺带提到廊下派。关于他在多大程度上自觉受他们的影响,我一无所知,但是,他的"神(God)相当于自然(Nature)"这一观念,以及他从其形而上学命题中引出的伦理学推论,可与廊下主义进行精彩的对比。

2 斯宾诺莎(1632—1677):一位准廊下派思想家?

莱布尼茨指责斯宾诺莎和笛卡尔是"新廊下派"(the sect of the new Stoics)的领导者,但他的评价更多是表明了他对他们的伦理学和神学的忧虑,而没有告诉我们这两位哲人中的任何一位如何看待自己同廊下主义的关系。[1] 现代学者对斯宾诺莎的廊下派倾向有两种极端的评价。一些对斯宾诺莎的权威研究完全忽视廊下主义;另一些研究则认为斯宾诺莎极大受益于廊下主义并有意对之进行重塑。[2]

---

[1] 见莱布尼茨,《哲学论文集》(Philosophical Essays), R. Ariew 和 D. Garber 编译(Indianapolis, 1989),页214-218;转引自卢瑟福关于莱布尼茨对廊下主义的批评的未刊论文。

[2] 前者的例子,见 Hampshire 1951, Garrett 1993, 以及 Lloyd 1994。后者的例子——有些至少要追溯到狄尔泰——认为斯宾诺莎是个彻底的新廊下派,参照 Dilthey 1977,页285:"斯宾诺莎整个的个体伦理学、他的作品的目的,都建基于廊下派——实际上,正是由于这种全面性和这种具体的一致性,似乎必然应认为,斯宾诺莎使用了荷兰人文主义者利普西乌斯在其《论和谐》(De constantia)中对该古代传统进行改造的最广泛解读。"(翻译自格雷瑟尔[Graeser 1991]中所引的狄尔泰的德文)有一项研究表明"《伦理学》的诸多要义和结构……构成了对廊下主义的改造",见 James 1993。詹姆斯是在回应那种认为斯宾诺莎主要受其当代人尤其是笛卡尔影响的倾向。同样,克里斯特勒(Kristeller 1984)发现斯宾诺莎的决定论"显然是廊下派的",还说斯宾诺莎"在将激情学说放在其伦理学的核心时,追随了廊下派"(页5)。根据克里斯特勒(页12,注23)的说法,斯宾诺莎的藏书中就有塞涅卡和爱比克泰德的作品。格雷瑟尔(1991,页336,注5)同意柯利(Curley 1988,页137)和班尼特(Bennett 1984,页16)的观点,认为"原始资料研究(Quellenforschung)并未极大促进关于斯宾诺莎的体系问题

[370] 就这些评价的目的而言，我倾向于从概念相似性和差异性的角度来看待斯宾诺莎与廊下主义的关系，把他是否自觉地受益于廊下主义这个几乎不可控的问题放在一边。斯宾诺莎有可能完全故意地转向廊下派的文本或观点，或者他的工作处于一个他不得不大量吸收它们的环境中。但即便情形如此，我也不太愿意像詹姆斯那样，把斯宾诺莎刻画为"改造了……廊下主义的伦理学和形而上学"，或是对那种哲学有"一笔巨大的理智债务"。因为正如我将表明的，斯宾诺莎对廊下主义的惊人喜好与同廊下派的惊人差异共存。我一开始将比较廊下派宇宙论与斯宾诺莎的某些主要命题。在完成这一点之后，我就能检查他们在伦理学方面的主要一致之处，以及他们在论天意和神性时的差异。

下面是阿弗洛底西亚的亚历山大通过导论的方式就廊下派宇宙论所说的话，斯宾诺莎几乎不可能熟悉这个文本：

> 他们（廊下派）说这个世界是一，其自身之中包含了所有存在者；世界由有生命的、理性的且有理智的自然组织起来，而且，世界也将存在者组织起来，这种组织根据的是某种特定的序列和秩序，是永恒和发展的。首先生成的事物是之后事物的原因，这样，所有事物就彼此绑在一起。在这世界上，没有什么事物以下面的方式生成：没有别的事物必然在此事物之后，就像附属于原因那样附属于该事物。另一方面，也没有任何之后生成的事物能够与之前生成的事物分离，以至于不用跟在好像与之绑在一起的事物之后……在这世界上，如果没有原因的话，就无物存在或

的讨论的理解"。相反，他关注"斯宾诺莎的本体论中对廊下派思想的明显改造"。正如我所做的，他注意到了斯宾诺莎单一实体的两个主要属性与廊下派两个分别是"积极的"和"消极的"本源之间的亲缘关系。然后，他详细讨论了在斯宾诺莎和廊下派笔下，这两个属性或本源是被视为客观上不同的，还是说只是人类经验并理解一元实在的方式。

第十五章　哲学传统中的廊下主义：斯宾诺莎、利普西乌斯、巴特勒

生成，这是由于在世界上的事物中，没有什么事物可以独立且分离于所有之前的事物。因为如果任何无原因的运动被引入这个世界的话，那么，根据一种秩序和组织而被组织起来的世界就会被撕裂和分解，不再保持永久为一……与此类似，宇宙的组织也会积极且毫不停歇地从无限走向无限……他们称命运本身、自然，以及宇宙所借以被组织起来的理性为神；神出现在所有存在者和事件之中，通过这种方式，为了将宇宙组织起来而利用所有存在者的个体自然（individual nature）。（《论命运》191，30 Bruns =《早期廊下派辑语》2.945）[1]

这个文段的语境是廊下派的决定论，其也包含了廊下派的其他四个重要学说。第一，世界是［371］包含了所有存在者的统一体系；第二，世界在时间上是无限的；第三，神或自然（Nature）作为将世界组织起来的本源，普遍存在于世界之中；第四，神或自然相当于命运或因果关系，也相当于理性。

亚历山大的文本内容与斯宾诺莎形而上学的表面相似之处很明显。和廊下派一样，斯宾诺莎将神等同于自然（第四部分，序言）。[2] 还是和廊下派一样，他认为神既是永恒的也是万物的内因（《伦理学》第一部分，命题 18-19）。正如廊下派那样，斯宾诺莎坚持严格的因果关系（第一部分，命题 36）。还是和廊下派一样，他认为神是因果关系的基础（第一部分，命题 29）：

> 自然中没有任何偶然的东西，相反，一切事物都受神的本性的必然性所决定而以一定的方式存在和动作。[3]

---

[1] 译文采自 Sharples 1983，页 70-71，稍有修改。
[2] 我引用的斯宾诺莎《伦理学》为柯利版（1985），并采用他的译文。
[3] ［译按］译文参考斯宾诺莎，《伦理学》，贺麟译，北京：商务印书馆，2011，页 29，有改动；下同。

对于神或自然的因果力量及其与必然性的关系，对于万物都取决于神或自然，以及神或自然普遍存在于实在之中，斯宾诺莎和廊下派似乎有着惊人相似的观点。

但是，在亚历山大对廊下派的记述中，有一个术语或许表明，我所提出的那些密切相似之处实际上只是表面的。在此处，有时候也在其他地方，廊下派以一种暗示世界在概念上不同于神或自然的方式谈论世界。斯宾诺莎没有这样做，因为他在这个命题中提出，只有一种实体，即神，而且"一切存在的东西，都存在于神之内，没有神就不能有任何东西存在，也不能有任何东西被认识"（第一部分，命题15）。对于斯宾诺莎而言，世界只不过是神或自然。廊下派对此有异议吗？这个问题的答案是复杂的。

另一方面，廊下派物理学的基础是两个本源的假定：一个是积极本源＝神（theos），另一个是消极本源＝质料（hylê）。廊下派的质料具有三维广延，但他们认为质料本身除此之外没有别的属性："它本身不会运动，也无形状。"[1] 神，即积极本源，是有形的原因或质料中的理性。由于神和质料常常结合在一起，所以它们的结合构成了"被定性的"（qualified）的实体。因此，当廊下派描述他们的两个本源时，他们把"实体"（能指着无定性的[unqualified]实体）这个术语留给质料，把"原因"这个术语留给神。[2] 因此严格地说，廊下派的神不是实体本身，而是实体的"规定性"（qualification）。[372]另一方面，由于质料（能指着无定性的实体）除了三维广延之外没有任何属性，所以实体只是由于神在其中持续的因果性相互作用而成为某种限定的事物。

此外，廊下派的本源尽管是二元的，但却是完全不可分离和相

---

[1] 恩披里柯，《驳学问家》卷九 75 ＝《希腊化哲人》44C。

[2] 《名哲言行录》卷七 134 ＝《希腊化哲人》44A［中译编者按：应当是《希腊化哲人》44B］；《希腊化哲人》44C。

互关联的，因此，这些本源构成的世界是统一而非二元的。世界的统一性体现在廊下派的如下主张中：在永恒视角下（sub specie aeternitatis），世界（kosmos）就是"神自身，是构成所有实体的单一属性"。[①] 或者，世界被认为是由神通过其固有活动而周期性地产生和毁灭的有限体系（diakosmêsis）。我们在此似乎预感到了斯宾诺莎对能动的自然（natura naturans）与被动的自然（natura naturata）的区分，他借此向他的读者建议，把自然认作要么是主动的——"神，就其被认为是自由因而言"，要么是被动的——"出于神的本性或神的任何属性的必然性的一切事物"（第一部分，命题29，附释）。这个区分接近于廊下派所区分的作为普遍原因的神与作为神的必然结果的有序世界。

另外，我们需要注意斯宾诺莎始于其《伦理学》第二部分的两个命题：（1）"思想是神的一个属性，或者神是一个能思想的东西"；以及（2）"广延是神的一个属性，或者神是一个有广延的事物"。廊下主义接近于斯宾诺莎关于神、思想和广延之关系的观点吗？

答案必定还是肯定的。首先，廊下派的神是个有思想的存在者。神的别名有努斯（nous），即心灵，或逻各斯（logos），即理性。[②] 正如思想对斯宾诺莎而言，这些术语能指着廊下派的神的一种本质属性。其次，廊下派的神是个有广延的事物；神会物理性地出现在质料的任何部分中。鉴于廊下派二元本源的复杂性，"思想的实体和广延的实体是同一个实体，时而通过这个属性，时而通过那个属性被理解"（第二部分，命题7，附释），这对于斯宾诺莎是正确的，但对于廊下派而言，严格来说并非如此。然而，尽管在廊下主义中神和质料在概念上有区别，而且每一个都是有广延的事物，但正如我们已经看到的，它们的连续结合产生了一种非常类似于斯宾诺莎的统一实体

---

① 《名哲言行录》卷七 137 =《希腊化哲人》44F。
② 《名哲言行录》卷七 135 =《早期廊下派辑语》1.102。

的概念。此外，廊下派可能会赞同他的主张：

> 不论我们借广延这一属性，或者借思想这一属性，[373] 还是借任何别的属性来认识自然，我们总会发现同一的因果次序或同一的因果联系。(同上)

在廊下派的世界中，每一个可命名的事物都是神与质料相互物理作用的结果。而且由于神是普遍存在的心灵，神的思想以及神的广延也出现在所有地方。对于斯宾诺莎也是如此：

> 特殊事物只不过是神的属性的分殊（affections），或是以某种有限的方式表示神的属性的样式（modes）(第一部分，命题25，绎理)。

斯宾诺莎究竟如何建构这些分殊或样式，这是个有争议的问题，我必须留给专家们来讨论。对斯宾诺莎和廊下派而言，似乎毫无疑问共有的是这样一种看法，即所有个体事物最终都从这个单一的神圣实体那里获得各自的存在样式。在廊下主义中，我们发现了如下表述：

> 神圣心灵或思想普遍存在于世界的每个部分，就如灵魂之于我们的身体那样。但是在一些部分它的普遍存在要多一些，另一些部分要少一些。它会像灵魂穿透到骨骼和肌腱中那样，作为"凝聚力"穿透到某些部分，就像灵魂穿透到我们的头脑中那样，作为"理智"渗透到其他部分。(《名哲言行录》卷七 138-139 =《希腊化哲人》47O)

这个文本说明，不论是有生命还是无生命的，所有特殊事物的同一性（identity）最终都是神的一种功能。神的思想，或心灵，或活动，其自身显现于石头的凝聚之中，或植物的生长之中，或生命物的灵魂之中。根据廊下派的这种自然阶梯（scala naturae），正如斯宾诺莎所写，每一种有限事物最终都是"神之中的观念，而神是这个观念的原因"（第二部分，命题 13，附释）。廊下派称这些观念为 spermatikoi logoi，即"种子理性"，而且由于神是世界的 spermatikos logos[种子理性]，所以神是万物的因果本源。

于是，对于廊下派的神而言，斯宾诺莎的命题，即"观念的次序和联系与事物的次序和联系是相同的"（第二部分，命题 7），似乎是有效的，他的绎理的部分内容也是如此："由此推知，神的思想力量即等于神的行动的现实力量。"然而，与斯宾诺莎不同，廊下派并未说神有无限的属性或无限的广延。廊下派的神尽管是永恒的，但在空间范围上是有限的。在神或世界之上还有无限的虚空。

到目前为止，在形而上学或宇宙论领域中，廊下主义与斯宾诺莎的亲缘关系已明白无误。当然，[374] 斯宾诺莎推导其体系的方式，与廊下派的推导方式的确没有什么共同之处。廊下派并没有像斯宾诺莎那样，从关于属性和本质、有限、自因（causa sui）等等的定义和公理开始。斯宾诺莎的神或自然，也确实比廊下派显现为火或普纽玛（pneuma）的神更抽象、更远离经验实在。尽管如此，两种体系的最终结果却都是一种大体相似的关于实在的概念——就其认为神是万物的终极原因而言是一元论的，就神的思想和广延两个方面而言是二元论的，就神在特殊存在者中的属性具有不同层面或样式而言是等级制的。这种实在严格来说是决定论式的，在物理上是完全积极的。①

---

① 比较廊下派的普纽玛概念和斯宾诺莎的 conatus[努力]概念（第三部分，命题 7）："一物竭力保持其存在的努力不是别的，就是那物的现实本质。"廊下派凭借事物内在普纽玛的"维系"（sustaining）力来解释特殊存在者的持续同一性，这也解释了每一事物的单个实体；参考《希腊化哲人》47I, J, M, N。就斯宾诺莎而言，汉普舍尔（Hampshire 1951，页 92）所说的"自我维持"（self-maintenance）非常类似于廊下派的这一学说，在这两方哲人笔下，这种维持与有生命和无生命

为了检查这些关联的意义,我现在要转而比较这两种伦理学。鉴于斯宾诺莎分析的严密和廊下派对一致性的要求,如果我们发现这种相似性持续存在于他们那精细的伦理学理论之中的话,那么,我到目前为止的发现或许更多属于哲学上的关注。在一定程度上,这种关联依旧惊人。以下首先从廊下派的角度来看这种关联的迹象。①

个体的人是"普遍自然的一部分",这就是说个体的人就像别的所有事物一样,都必然与神作为其原因的世界体系相关。神或自然尤其在有生命的自然物中显示自身,以作为自我保存的驱动。这种驱动最初是本能性的,然后随着人的成熟而变得理性,促使人对适合或不适合他们生存的事物做出价值判断。然而,这些判断的合理性一般而言是不完善的,因为大多数人未能理解自然的安排和他们自己的个体自然。这种不完善的结果表明他们自己处于激情之中,而激情是错误的价值[375]判断。② 激情包括了认为外在于心灵的事物本身是好的或坏的,但实际上这些事物在伦理上是中性的。幸福和自由完全取决于让人自己的心灵和目的适应自然的必然因果序列。人们无法实现那种适应,除非他们理解了德性在于根据人本身的自然而生活,而这必然就是一致地遵循正确推理的命令,并因此获得关于神或自然的知识。作为这种知识的结果,一个人会看到,他或她自己在世界中的瞬

的事物有关。柯利(1988,页112–115)注意到廊下派是斯宾诺莎 conatus [努力]学说的来源,但他也错误地将之与伊壁鸠鲁主义关联起来。

① 接下来的内容,我主要使用了《名哲言行录》卷七 85–88 =《希腊化哲人》57A 和 63C,司托拜俄斯,卷二 88.8 =《希腊化哲人》65A,希珀吕托斯,《驳斥一切异端》卷一 21 =《希腊化哲人》62A,以及爱比克泰德,卷一 1.7–12 =《希腊化哲人》62K,和卷二 14.7–13。

② 斯宾诺莎曲解了廊下派,他写道(第五部分,序言):"心灵并没有绝对统治[激情]。尽管如此,廊下派认为激情完全依赖于我们的意志,我们可以绝对支配它们。"斯宾诺莎在此似乎混淆了"激情是理性心灵的判断或功能"这一廊下派论点与免于起始因果关系(antecedent causation)的意志自由。利普西乌斯与此类似(《物理学》[*Phys.*] 卷一 14)。

时处境就是如此。理想的智者具备这样一种心态：这种心态的各种观念及其实践蕴意之间的一致性，无不在反映自然事件的必然和理性序列。

斯宾诺莎赞成所有这些命题的要点。下面是一些例证性的选段："一个人不可能不是自然的一部分"（第四部分，命题 4，节选）；"绝对遵循德性而行，在我们看来不是别的，而是在寻求自己的利益的基础上，以理性为指导，而行动、生活、保存我们的存在"（第四部分，命题 24）；"关于神的知识是心灵的最大的善；心灵的最大德性就是知道神"（第四部分，命题 27）；"凡符合我们自然之物必然是善的"（第四部分，命题 31）；"只要人屈服于激情，他们就不可能说是与自然相符的"（第四部分，命题 32）；"自由的人绝少想到死亡"（第四部分，命题 67，节选）。

与其进一步引用更多例证，我倒宁愿引用汉普舍尔（1951，页 212，他从未提到廊下主义）："对斯宾诺莎而言，似乎人并不能获得幸福和尊严，除非借助他们的知识和理解，通过把他们的个体利益融入这种理解之中，从而把自己与整体的自然等同。"关于完全相同的要旨，我们可以给出大量廊下派的引文。[①]

[376]除此之外，斯宾诺莎还以大量十分明确的方式认同廊下派。在双方的思想体系中，怜悯（pity）、谦逊（humility）、希望（hope）和后悔（repentance）都作为心灵的欲望状态而被拒绝。[②] 廊下派也赞

[①] 比如，奥勒留，卷四 40："要不断地思考，世界是一个生物，具有一个实体和一个灵魂……以及其所有行动如何来自一个驱动"；以及爱比克泰德，卷二 14.7："哲人要让自己的意志与发生的事件和谐一致，这样，凡发生的事情就都不会违背我们的意志，凡我们期望发生的事情也都不会不发生。"

[②] 怜悯：《早期廊下派辑语》3.452，斯宾诺莎，第四部分，命题 50。谦逊：《早期廊下派辑语》3.107，斯宾诺莎，第四部分，命题 53。希望：塞涅卡，《道德书简》5.7-8，斯宾诺莎，第三部分，情绪的界说 12。后悔：《早期廊下派辑语》3.548，斯宾诺莎，第四部分，命题 54。

同斯宾诺莎把遵循德性的价值从个体扩展到社会，而且他们也是出于相同的理由而这样做的。在两种体系中，被建构为理性和知识的德性，被视作所有人类共有的一种善。因此，廊下派认为所有的善都为有德性之人所共有，而且当一个智者行动的时候，所有其他智者也会因此受益，[1] 而斯宾诺莎则写到，"每一个追求德性的人为自己所希求的善，他也为他人而渴求"（第四部分，命题 37，节选）。

当斯宾诺莎写下如下这些内容时（第三部分，附录 32），[2] 他的伦理学变得明显起来，且极具廊下派色彩：

> 人的力量相当有限，而且无限地为外界的力量所超过，因此我们并没有绝对的力量，能使外界事物皆为我用。但是，有时许多事发生，与考量我们自己利益的要求，却大相违背，我们也只好以宽大的态度去忍受，只要我们自己觉得我们已经尽了自己的职责，我们已竭尽所有的力量，但是仍无法避免此种不幸之事，并且觉得我们是整个自然的一部分，我们必须遵循自然的秩序。如果我们清楚明晰地了解这点，则我们为理智所决定的那一部分，亦即我们的较高部分，便可得到充分的满足，而且要努力保持在这种满足中。因为，我们既了解到我们只能追求必然之物，则我们只有对于真理才能满足。所以，只要我们对于这点有了正确的了解，则我们较高部分的努力，将可与整个自然的秩序和谐一致。

斯宾诺莎与廊下派之间的这些伦理关联，尤其是当这些关联与两种体系中的神或自然的观念相关时，很难说是偶然的。然而，在我看来，认为这些关联主要是由于斯宾诺莎故意但未公开承认就挪用了廊

---

[1] 司托拜俄斯，《读本》卷二 101.21 =《希腊化哲人》60P。
[2] 被卢瑟福（1999，页 457）巧妙引用。[译按] 应当是第四部分，附录 32。

第十五章　哲学传统中的廊下主义：斯宾诺莎、利普西乌斯、巴特勒

下主义，这有些粗暴。廊下派的遗产与其说与斯宾诺莎的直接映现（direct mirroing）有关［377］（尽管可能如此），不如说与斯宾诺莎在理智、神学和方法上的倾向有关。

如果你假设了严格的决定论，所有事物都取决于一个单一的、有理智的因果原则，这一原则在任何地方的物理延伸，所有生物的自保倾向，人的自然与理性和理智之间的理想和谐，幸福与受激情束缚、取决于尘世中的偶然事件之间的不相容；如果你也像斯宾诺莎和廊下派那样，认为与自然完全和谐的心灵具有一种符合事件因果序列的逻辑结构——如果你相信所有这些并遵照它们的蕴意，那么对你的伦理学的理性限制将把你引向一种斯宾诺莎和廊下派共有的基础——否认自由意志（在面向开放未来的意义上），接受事物所是的方式，以及关注于培育理智以作为获取德性、自主和情感满足的唯一基础。

在这个意义上，而且肯定在很大程度上，斯宾诺莎为我们提供了一种廊下派或准廊下派哲学的十分富有启发性的表述。然而，尽管我认为这些发现绝非表面的，但如果我们抛开此处的问题的话，那这些发现必定不完整且十分具有误导性。在我们到目前为止所忽略的两个相关方面，斯宾诺莎和廊下派截然相反。

首先一个方面与目的论和神圣天意有关。廊下派认为他们的宇宙神不仅等同于因果关系或命运，也等同于天意，他们认为世界由神造成，是神的实例化，因此世界是极其善的、美的，而且有意促成其人类居民的利益。相反，在斯宾诺莎看来，作如下假定尤其错误，正如他所写的：

> 神自身引导万物朝向某种目的……自然没有预定的目的……这种学说否定了神的完满性。因为如果神为了某种目的而行动，则神必然在寻求他所缺乏的某种东西（第一部分，附录）。[①]

[①]　尽管詹姆斯（1993，页306）提到了斯宾诺莎"坚决反对目的论解释"，

在这些说法中，斯宾诺莎的目标不是廊下主义，而是犹太—基督教传统及其创造者与创造物分离的学说。他所考察的观点不同于廊下派的，后者认为神内在于万物之中，[378] 同时其行动是为了整全的善。然而，毫无疑问的是，斯宾诺莎拒绝了这种观点，这既是由于我刚才提到的原因，也是因为这种观点与他的"神的无限本性和非目的论推理"这个概念冲突。

第二个重点不同是，斯宾诺莎坚称，虽然我们的观念也是神的观念（因为它们是神的样式）且从神那里获得这种充分性，但神的理智必定完全不同于我们的，因为我们只是神的有限样式（第一部分，命题17，绎理2，附释）。另一方面，廊下派则假定，尽管神不与人同形同性，但神圣心灵具有的官能与人类相同，而且一个人在智慧和卓越方面理论上可等同于神。①

廊下派倘若采用斯宾诺莎否认神圣天意的方式，就会避免一连串从古代以降针对他们的反驳。事实上，廊下派所面对的是，必须以我们按理能够理解且在理性上可接受的方式，来解释世界明显的不完满性，因为这个世界的创造者是个完满的存在。我不打算在此讨论廊下派对这种反驳的回应。然而，尽管斯宾诺莎有"对神的理智的爱"的学说，但廊下派在天意和神圣理智方面与斯宾诺莎的不同，使得斯宾诺莎的体系就神人关系的含义而言（如果这意味着什么东西话）更不同于廊下派的体系。

廊下派认为，善意且理性的神圣心灵是人类理智的完美范型，其意在表明，我们居住于这个宇宙中的方式类似于公民居住于一个治理出色的城邦。廊下派的神让我们作为世界公民而生活得好，这种世界公民能够在宇宙秩序中发现一种理性模式，我们可以通过培育自己在

但我认为她忽视了由此导致的斯宾诺莎根本不像廊下派那样无限制地相信天意，以及神对人类的特殊关注。

① 参照西塞罗，《论神性》卷二 58，以及《早期廊下派辑语》3.245–252。

正义、节制等等方面的德性，使这种理性模式成为我们自己的。我们中的大多数人之所以未能朝着这个目标取得巨大进步，是因为我们的习性缺乏必不可少的力量和知识。但廊下派的神显然与斯宾诺莎的神不同，前者确实在我们自己的推理和恰当选择中直接对我们说话，发出德性行为的指令。出于明显的理由，[379] 与如此令人震惊地预示了斯宾诺莎形而上学的廊下派物理学学说相比，这些思想更易被基督徒和犹太人接受。

3 利普西乌斯：基督徒的廊下主义

佛兰德斯（Flemish）学者利普西乌斯（1547—1606）在严格意义上并不是哲人。[①] 他是一位杰出的古典语文学学者，同时还就古代史、基督教，以及他那个混乱时代的政治和宗教问题写下了大量作品。对于本章的目的而言，他之所以重要，是因为他对廊下主义的诸多古代资料来源的前所未有的知识，以及他对大约从 1600 年到 1750 年的文化影响。在《论和谐》、《廊下派哲学指南》（*Manuductionis ad Stoicam philosophiam*）以及《廊下派物理学》（*Physiologia Stoicorum*）这三部论著中，利普西乌斯以希腊语和拉丁语引文的海量选段为基础，对廊下主义进行了解释。[②] 这些作品，特别是其中的第一部作品，在 17 和 18 世纪相当流行。利普西乌斯尤其借鉴了他最喜欢的作家塞涅卡，但他的著作也包含了廊下主义的现代学者必须利用的大量希腊语材料，而且他有时候还会以一种预示了现代学术的方式，衡量不同

[①] 关于利普西乌斯生平及其有关廊下主义的著作概要，见 Saunders 1955。这是一本有用的著作，但对利普西乌斯却相当无批判性，而且在处理古代廊下主义方面非常过时。法语的 Lagrée 1994 一书是对利普西乌斯的杰出研究。

[②] 我引用的这些著作来自如下版本，可见于加利福尼亚大学伯克利分校班克罗夫特图书馆（Bancroft Library）：《论和谐》（Leiden，1584），《廊下派哲学指南》和《廊下派物理学》（Antwerp，1610）。

证词的价值。任何在当时认真关注廊下主义的人都必须阅读利普西乌斯，他对该学派的叙述最为完整可用。

遗憾的是，对于解释作为一种体系哲学的廊下主义而言，利普西乌斯的著作是一场灾难。有三个主要原因。首先，尽管他异乎寻常地掌握了大量古代资料来源，但他并不知道或没有使用伽伦、恩披里柯、亚里士多德学派的注疏家，或是奥勒留的证据，与他对塞涅卡和爱比克泰德的援引相比，他甚至很少引用西塞罗。因此，他忽视了关于廊下派宇宙论的大量更为专业的材料。其次，他倾向于通过额外引用柏拉图主义者和基督教作家，来确认或纠正他引用的资料来源，[380]从而模糊或歪曲了原初的廊下派学说。第三，最具灾难性的是，他接受了基督教作为标准来评价廊下主义的意义和适当性。

在下一代人中，斯宾诺莎在廊下主义中所发现的尤为相合的东西正是利普西乌斯的目标——神内在于万物之中、神与质料的统一、普遍决定论。利普西乌斯试图让廊下派关于这些问题的说法符合他对基督教神学的理解。结果，廊下主义失去了其区别性特征，成了对基督教有神论多半是不温不火的预示。

利普西乌斯知道，对于廊下主义而言，神或自然，以及质料，都是永恒的和同延的（coextensive）本源；这些本源共同构成了生命有机体，这就是宇宙；在火或火一般的气息，或理性，或心灵的命令下，神或自然作为万物的原因发挥作用。利普西乌斯没有赋予"自然"这个术语独立的含义，而是建议他的读者将之转化为神："他们所说的自然，要理解为神（Naturam dixi, intellego Deum）。"（《廊下派物理学》卷一2）与斯宾诺莎"神或自然"（Deus sive Nature）的相反用法相比，这种差异是惊人的。利普西乌斯反对质料与神同在，以及没有质料（广延）神就无法存在这样的观点。他说"神包含在事物中，但不被事物充满"（《廊下派物理学》卷一8），神确实且首先是心灵，其次才是世界（同上）。利普西乌斯可以从廊下派那里获得这种解释的证据，但他所追求的，以及他所希望发现以作为廊下派的原义的东西却表明,他离根据廊下派来理解廊下派有多远。

作为基督徒,利普西乌斯不能容忍泛神论、唯物主义,或认为神如同从人的层面所理解的那样赞同任何坏的事物,抑或认为神可以完全向人类心灵呈现。于是,他不惜笔墨地试图让廊下派摆脱对这些主张的字面赞成。他赞成廊下派,因为廊下派持有一种生机论的自然概念,以区别于那些让自然既野蛮又无感觉(bruta et sine sensu)的人(伊壁鸠鲁派?)(《廊下派物理学》卷一 5)。然而,他拒绝认为神和质料是自然。他说,我们应当把廊下派的神圣之火理解为卓越的(par excellence)自然,理解为在质料之上(above),而且我们应当借助圣经中提到的上帝的火中显现来解释神圣之火。当廊下派说神在事物之中(in)时,正如圣经教诲的,他们的意思是"我们位于上帝之中"(《廊下派物理学》卷一 9)。

[381] 借助不同于严格廊下派学说的柏拉图主义,利普西乌斯赋予质料以否定性的价值,认为质料是恶的来源(《廊下派物理学》卷一 14)。这不是正统廊下派的学说,但却让利普西乌斯能够解除廊下派的神义论在试图调和天意与严格的决定论时所面临的问题。以相同的方式,他认为廊下派关于人的意志(voluntas)的说法暗示了"自由"意志,因此是符合基督教的(《廊下派物理学》卷一 14)。

我刚刚非常简要地指出的这些方面,其实问题都很复杂。利普西乌斯主要凭靠的资料来源并非没有含混之处。我并不想造成这样一种印象:鉴于他的时代和地位,他原本有充分的理由更加历史地、批判地研究廊下派。在其《论和谐》这一最流行的作品中,他所关注的不是廊下主义的基本原理,而是哲学作为加强心灵以抵抗焦虑和外部困扰的手段这一功用。

由于极度依赖塞涅卡,他想象自己在逃离佛兰德斯的动乱时碰到了某位叫朗吉乌斯(Longius)的人,此人以下面的话阻止了他:

> 利普西乌斯,我们需要逃离的不是我们的国家,而是我们的

激情；我们需要加强我们的心灵，以便在动乱和战争中获得宁静与平静。(《论和谐》1）

朗吉乌斯继续指导利普西乌斯，说坚毅精神的主要敌人是"错误的善恶观"(《论和谐》7）。就外部事物而言，利普西乌斯应当自问是否真的失去了什么东西。就廊下派的天意和决定论而言，他被告知要承认自然现象受到一种"永恒法"(eternal law)的控制，这就是神（《论和谐》13-20)。这部论著的要旨是，我们需要培育"对所有人类意外事件的自愿且毫无怨言的忍耐"(《论和谐》3）。用于这种培育的工具是我们从神那里获得的"善的心灵"(a good mind)或理性。

利普西乌斯以他所收到的命令违背人的自然这个论题为基础，对他的导师进行了大量反驳，而朗吉乌斯则回应了这些反驳（《论和谐》11）。这部作品包含了某些原创的观点，比如下面这个主张：就错误的价值观而言，公开的错误价值观要比私下的错误价值观更加有害，因为这种附属于爱国主义和怜悯的错误赞扬有一个糟糕的结果，即向那些听到的人进行灌输（《论和谐》7）。朗吉乌斯令人信服地论证说，人们在悲伤于公共不幸（public woes）时，会产生一种高度模仿：这些人大多都是没有遭受实际损失的人，[382]但他们之所以受到公共不幸的影响，是因为他们缺乏保持超然状态的坚毅精神。

利普西乌斯的《论和谐》要比他关于廊下主义的那些专业作品更富创造力，后者只包括少许诠释。鉴于他那混乱的时代满是宗教争论与迫害，所以当时的人们被这部著作吸引完全可以理解。我认为，这部著作要比他的其他作品都更真正地具有廊下派色彩，特别是在强调心灵和内在才是真正的善之唯一所在方面。然而，与他极度依赖塞涅卡一致，《论和谐》的道德化及其严格论证的缺乏，或许只会惹怒像斯宾诺莎或洛克或休谟那种资质的哲人。[①] 同样遗憾的是，现代世界

---

① 与狄尔泰（1977）不同，我认为斯宾诺莎对廊下主义的喜好不可能由

对廊下主义的一般印象,很大程度要归因于利普西乌斯只狭隘地关注对命运毫无怨言的忍受。

4 巴特勒:遵循自然的伦理学

我现在转向一位哲人,他赞赏廊下派伦理学的某种更深刻的结构。约瑟夫·巴特勒是 18 世纪中期达勒姆(Durham)的圣公会主教(Anglican Bishop),一位虔诚的基督徒。但是,不同于他的作品《自然宗教和启示宗教与自然的构造和过程的类比》(*The Analogy of Religion, Natural and Revealed, to the Constitution and Course of Nature*),他的《布道书》寻求一种和诉诸启示或神圣法无关的道德哲学的基础。[1] 巴特勒批判的主要对象是霍布斯对人的自然的机械论处理和沙夫茨伯里的道德感(moral sense)理论,尽管沙夫茨伯里"已经表明超越了所有歧见,表明德性自然地就是人这样一种造物的利益或幸福,而邪恶则是不幸",但他无法[383]回应"一位没有被德性的这种幸福倾向说服,或是持有相反看法的怀疑论者"("序言",20)。

巴特勒把他的伦理学建基于对人的"构造"(constitution)或"自然"的分析。他从这样一种观点开始:任何特殊的自然都由全体在目的论

阅读利普西乌斯促成。

[1] 关于巴特勒的作品,我引用的是 W. E. Gladstone,两卷版(Oxford,1986)。"序言"(*Pref.*) = 第十五篇布道书的序言,《论文》(*Diss.*) = 《论文二:论德性的本质》(*Dissertation II. Of the Nature of Virtue*)。我只是出于好奇才读到巴特勒的《自然宗教和启示宗教与自然的结构和过程的类比》。他在书中的目的是在自然的天意产生过程中确认基督教的启示学说。这部作品中有大量同廊下主义相似的东西,但我还没有找到它们。关于巴特勒的伦理学,我从阅读 Penelhum 1986 中受益良多。该书实际上没有说到廊下派,我为同巴特勒的比较负全责。关于巴特勒更详细的讨论,以及在中世纪思想脉络中强调他与廊下派的关系,见欧文撰写的本书第十四章。

上有序的部分构成。由此他认为，对于一块表，我们只有考察其所有部分如何关联从而实现表示时间的目的，才会进而获得表的观念。[①]对于人类也是如此，要想理解人的构造，我们不需要单独考察我们内在的部分（"欲望、激情、情感以及反思原则"），而需要"[考察]这些部分之间的彼此关系；而首要的关系就是反思或良心的权威"（"序言"，12）。

通过这种在目的论上有序的方式来看待人的构造，巴特勒的要旨是，"这将充分表明，我们的这一自然，亦即构造，是适合于德性的，正如表的观念表明的，表的自然，亦即构造或系统，是适合于测量时间的"，决定性的差别在于，"我们的结构为我们所掌控（in our own power）……因此其任何的无序或受干扰都是可解释的"（"序言"，13）。他认为，"古代的道德学家们有某种内在感受（inward feeling）或别的什么"对应于他的论旨，他们将这表达为"人生来就有德性，而德性在于遵循自然，邪恶要比痛苦或死亡更违背这种自然"（"序言"，8）。在给出表喻之后，他写道：

> 他们感知到，不义违背他们的自然，还感知到痛苦也是如此。他们观察到，这两种感觉是完全不同的，不是在程度上，而是在种类上：随着他们如此理解他们的自然，对每一种感知的反思就会产生一种完全直觉性的信念，这种信念更多是源于且正当地属于这些内在感知中的一种，而不是其他；这种内在感知在所有情况下都要求支配人这样的生物。（"序言"，14）

[①] 麦金太尔（1981，页55-56）在没有提到巴特勒的情况下使用了表的例子，以说明一个"评价性的"结论，即"这是一块坏表"如何有效地出自诸如"这块表非常不准"这样的事实性前提。麦金太尔在该语境下的目的是捍卫亚里士多德式的人作为一个功能概念的观点："'人'与'好人'恰如'表'与'好表'。"麦金太尔所提出的本质主义（essentialism）非常类似于巴特勒关于人的自然的目的论看法。

第十五章　哲学传统中的廊下主义：斯宾诺莎、利普西乌斯、巴特勒　　455

巴特勒所说的古代的道德学家显然就是廊下派。对于他所使用的被称为"良心、道德理性、道德感或神圣[384]理性"的官能，他诉诸爱比克泰德的第一篇清谈的开端（《论文》1），而在认为这种能力的目标是"在事实和事件方面，从所有和所是（what is）有关的事物中提取出这一能力的结果"时，他则提到了奥勒留《沉思录》卷九6和西塞罗《论义务》卷一6（《论文》4）。①

巴特勒意识到，"遵循自然"是个含混不清和备受争议的表述。在他对人的构造的分析中，一个人可以以三种不同的方式遵循自然：（1）按照任何心理习性（propensity）而行动；（2）服从任何碰巧最强大的激情；（3）服从反思原则，根据他的目的论论证，这一原则高于我们的所有其他官能。只有在这第三种意义上，巴特勒才认为遵循自然是唯一（the）的道德原则。他说，这意味着人的自然是道德行为者（moral agent），是人自己的法律，是接受反思的自然权威，"从而指导并调整所有处于原则、激情和行动动机之下的事情"（《布道书》2.19）。

巴特勒认为，人类的自然动机既有常见的对其自身幸福的渴求，他称之为"自爱"，也有"大量特殊的情感、激情和对特定外部对象的欲望"（《布道书》11.3）。他认为，毋庸置疑，"我们生来就适合于社会并且对我们的同类（fellow-creatures）行善"（《布道书》1.3）。出于分析的目的，他区别了"作为重视自我的、倾向于私人的善及自我的保存和幸福的人的自然，与作为重视社会的、倾向于促进公共善的人的自然"（同上）。他承认，这两种首要的动机会在个体身上发生冲突，但这种远非必然的冲突实际上干扰了我们的自然构造：

---

① 在巴特勒引用的文段中，奥勒留区分了正确判断和道德行动的"充分性"与所有因外部原因发生的事情。在西塞罗的文段中，吸引巴特勒的一定是这样一种主张：高尚（honestas）"因其自身而被追求"（propter se expetenda）。关于提到爱比克泰德，见下文的讨论。

> 这些目的确实会完全一致；致力于公共的善和致力于私人的善，这根本就不冲突，它们是相互促进的。（同上）

对于自爱和关心后代，我们的自然广泛类似于其他动物的自然。使我们不同于动物的，主要是我们独一无二的、支配性的"良心或反思"原则。

[385] 我们已经看到，巴特勒援引西塞罗的《论义务》来支持他的这一主张：他称为"良心、道德理性、道德感或神圣理性"的官能，其对象是不同于任何现实结果的预期行动（intended action）。在西塞罗的《论义务》1.6（巴特勒引用了这个文段）之后不久的 1.11–15，西塞罗解释了廊下派的根据自然而生活，这看起来过于接近巴特勒的一般思想，因而不是巧合。① 西塞罗开始于主张动物通常的自保本能，结束于认为高尚（honourableness, honestum）是完全成熟和理性之人的目的和实现（fulfillment）。西塞罗的文本并未提到神或者神圣法以及强烈人格化的宇宙自然，而这些原本常见于对廊下派伦理学的古代解释。对这些表面上的他律性（heterogeneous）原则的排除，可以解释为何巴特勒如我将认为的那样，受到了《论义务》后续部分的强烈影响。与巴特勒一样，在西塞罗的解释中，人的自然是核心概念。

西塞罗告诉我们，所有生物在生命一开始，就寻求亲近那些有助于其生存和自然构造的事物，而避开一切对其构成威胁的事物。根据廊下派的看法，自爱是首要的动机，他们称这个概念是对自我的

---

① 西塞罗这一文段的来源或主要来源可能是帕奈提俄斯，他明确使用了帕奈提俄斯来说明他在《论义务》前两卷中关于廊下派的理论。在本章更早的版本中，我认为巴特勒受到了西塞罗在《论至善与极恶》3.16–21 所叙述的廊下派伦理学的影响。那个文本和《论义务》1.11–19 有很多相同之处，而后者依然更多地适用于《论至善与极恶》2.45–47 对廊下派伦理学的说明。然而，巴特勒之熟悉《论至善与极恶》可不只是个猜测，尽管我们知道他至少读过部分《论义务》；因此，就我目前关于巴特勒使用西塞罗这一提议而言，我只使用这后一部作品。

oikeiôsis［亲近］。

同样是天生但却显现于后来的，是第二种或次要的 oikeiôsis［亲近］——对生物后代的亲近，廊下派认为这是人类社会性的基础。[①] 当写到它如何在人类中显示时，西塞罗说：

> 这种自然依靠理性的力量使人们互相接近，形成共同的语言和共同的生活，首先赋予人们对后代的某种特别的爱，促使人们希望［386］会合……并因而努力为了舒适和生存准备所需要的一切东西，不仅为了自己，也为了妻子、儿女和所有他所喜爱、他认为应该保护的人们。(《论义务》1.12)[②]

巴特勒排在首位的两种本能动机，即自爱和仁慈，确切地说已经预示于廊下派 oikeiôsis［亲近］的自指和他指对象之中。与巴特勒一样，廊下派认为这两种本能同样都是自然的、合适的、互容的。至此，根据西塞罗对廊下派的叙述，人类就他们的自然动机而言大致类似于其他动物。但随着我们变得成熟，理性能力的发展使得我们区别于动物。

正如我们观察到的，西塞罗在处理人的社会性时，诉诸理性（rationality）这一自然的馈赠。然而，这能指的已经远远不是作为有效管理社会生活的方式的理性（reason）的工具性运用。他说，理性赋予人类理解世界，培育真理、正义和礼节的驱动。换句话说，由于理性，我们拥有了一种特殊的道德自然（moral nature），因为，

> 我们是唯一能够感觉什么是秩序、什么是合宜和言行应有怎样分寸的动物。因此，没有任何一种其他动物能够感知视觉接受

[①] 赛德勒让我注意到格劳秀斯在他的《论战争法权与和平法权》(1652) 开篇所提到的"廊下派将社会倾向称作社会性（oikeiôsis）"。

[②] ［中译编者按］译文参考《西塞罗文集（政治学卷）》，王焕生译，北京：中央编译出版社，2010，页 329，稍有改动；下同。

的东西的各部分的优美、动人和协调一致。此外，我们的自然和理性把这种形象由眼睛传至心灵，认为在思想和行动方面更应该保持优美、一致和秩序。(《论义务》1.14)

与巴特勒一样，廊下派认为，我们的自然在目的论意义上被构造，从而可以促进我们的属人的卓越，进而证明，我们作为人类的特殊的善，不可能参照我们与其他生物广泛共有的那些只不过是自然的构造来确定。① 我们的构造的特殊之处在于其理性。因此，按照理性行动对我们就是自然的，这完全不同于保持健康或照看我们的后代这种自然性。尽管一般而言，我们有很多理由去追求自保和社会团结，但我们这样做的本能总是服从于我们的统治性能力，以便 [387] 为自然目的是德性的生物判断出最佳行动，亦即运用于人类行为的理性的完善。

于是，巴特勒和廊下派同意如下命题：

1. 就人类而言，自然是一个有着多重指涉的术语。对我们而言，寻求实现那些有助于我们自己的和我们的同类的物质幸福 (material well-being) 的欲望，这是自然的。但是作为道德原则，"遵循自然"指的是我们独一无二的人类能力，这种能力可以使我们反思自己的思想或可能的行为，认可或反对它们在道德上是恰当的，以及认为与这种官能的一致是我们统治性的善或德性。

2. 在我们给定的自然中，自爱和仁慈，或仁慈与我们的个体幸福之间的任何必然冲突都是毫无基础的。实际上，巴特勒表述了廊下派 oikeiôsis [亲近] 的自指和他指方面，他写道："我们生来就是社会的，并且要促进社会的幸福，这是明显的，正如

---

① 参见《名哲言行录》卷七 87–89 =《希腊化哲人》63C；塞涅卡，《致鲁基里乌斯的道德书简》76.9–10 =《希腊化哲人》63D；爱比克泰德，《清谈录》1.6.12–21 =《希腊化哲人》63E。

我们想要照看自己的生命、健康和私人的善。"(《布道书》1.9）他和廊下派还同意，人类能够像忽视他人的利益一样忽视自己的利益。

当我首次阅读巴特勒时，我认为他是在基督教的影响下把反思官能描述为"良心"的。但由于他明确诉诸爱比克泰德，我现在觉得，他认为自己在廊下派那里找到了这种说法的证明。当把良心解释为"这种道德上认可或反对的官能"时，巴特勒注意到"这种言说方式来自爱比克泰德，作为似乎是最完整的、最不可能遭到挑剔的方式来使用"（《论文》1）。[1] 十分重要的是，巴特勒引用的是爱比克泰德的《清谈录》，而不是更为流行和简略的《手册》。除了巴特勒引用的文段，爱比克泰德通常还使用 aidôs 这个词，其字面意思是"羞耻"或"自尊"，以及 aidêmôn（对应的形容词），以此来指他认为对所有人类都是自然的内在的自我判断官能（尽管很难说有效）。[2] 下面是两个出自《清谈录》的例子：

> 神已经把你自己委托了你，并且说："除了你，我没有任何人更信赖（pistoteron）了；请你替我将这个人看管好，让他保持自己的自然状态——自尊（aidêmôn）、可信、正直、不沮丧、无激情、不烦乱。"（2.8.23）
> 我们被赋予的自然是什么样子的？是自由的，是高贵的，是自尊（aidêmones）的。难道还有什么其他的动物会有羞耻（aischron）之事的印象吗？（3.7.27）

---

[1] 巴特勒（在同一处）甚至引用了爱比克泰德用希腊语表达的"认可和反对"（dokimastikê ê apodokimastikê,《清谈录》1.1.1）。

[2] 关于爱比克泰德的 aidôs 概念及其某种类似于"良心"的作用，见 Kamtekar 1998。

我们不知道巴特勒是否熟悉爱比克泰德的这些文段，但由这些文段可以看出，他很有理由把诸如他的"良心"观念这样的概念归给这位廊下派思想家，巴特勒笔下"良心"的含义是：

> 一种对行动和性格进行反思的能力，[这样]我们就会自然且不可避免地认可某些行动，认为它们是有德性的和有好处的；同时反对其他行动，因为它们是邪恶的和有害处的。（《论文》1.1）

在同一语境中，就巴特勒对于良心的观察而言，他透露了对爱比克泰德的同情，他说"这就是'自尊'的含义"。

显然，巴特勒在相当深刻的程度上挪用了廊下派伦理学。然而，我不会称他为新廊下派。有两个重要理由。首先，他认为廊下派彻底摆脱激情的理想不适合于"人类……不完美的生物"，

> ……只有理性，无论任何人希望什么，实际上不是人这样一种生物获取德性的充分动机；相反，这种理性与神刻印在人心之上的那些情感结合在一起：当这些情感有机会发挥作用但却在理性的严格支配和指导之下的时候，我们就按照自己的自然，按照神置于我们之中的情势行动。（《布道书》5.4）

与斯宾诺莎和早期廊下派不同，巴特勒认可怜悯（同上），并暗中拒绝了廊下派的主张：激情是错误的判断。（他可能不知道廊下主义中用于描述有德性者的"好激情"[eupatheiai]这一糟糕的学说。）[①]

其次也是更重要的，巴特勒并没有把德性等同于幸福。相反，他

---

① 见布伦南撰写的本书第十章。

的观点是，神把幸福分派给［389］这个世界中的德性，尽管明显的证据与此相反（《自然宗教和启示宗教与自然的结构和过程的类比》1.3.15-20）。在巴特勒看来，幸福和不幸都包含了个人的物质情势，而且仅仅在"许多方面""为我们所掌控"（同上，18）。与此相反，对于廊下派而言，幸福只由德性构成且完全取决于我们。因此，尽管巴特勒认为个体对幸福的渴望是完全自然和适当的，但他不是幸福论者（eudaimonist）。他的计划不是——或首先不是——确立幸福的必要和充分条件，而是通过分析人的自然来表明"人于是凭其自然本身而成为自己的法律"（"序言"，24）。

有趣的是，对廊下派伦理学的西塞罗式解释——我已经将之与巴特勒的主要观点结合起来——实际上只字未提幸福。其主要论证意在表明，被理解为理性的人的自然提供了德性的种子，并认为这仅把终极价值赋予高尚的事物（honestum）。在确立这一点之后，西塞罗要我们同意"高尚的事物同生活得好和幸福有关"（《论义务》1.19），但在论证过程中，我们并未得到任何可以把德性和幸福联系起来的东西。这一关联被他轻描淡写带过，以至于似乎只不过是事后想法。西塞罗不仅没有说到幸福，他也没有说到廊下派的宇宙论或神学。我猜想，如果巴特勒认真研究过西塞罗的文本，那这就有助于解释他在其伦理学中对廊下主义的选择性使用。西塞罗的解释主要依靠与本能冲动和人的自然的目的论相关的主张，此外还有理性提供的伦理敏感（ethical sensibility），这是理解高尚及其构成的特殊德性的基础。这样，连同爱比克泰德"认可和反对的官能"概念一起，我们就会对巴特勒的自然官能和在反思监管下的欲望的等级制有一种可观的期待。鉴于西塞罗希望在人的自然而不是神圣命令或经文中确立道德判断的基础，西塞罗对廊下派伦理学的解释——以及该解释只字未提宇宙自然和神圣的因果关系——就具有一种恰当性，这是巴特勒没有在引起斯宾诺莎共鸣的廊下主义的学说中发现的。

5 廊下派遗产的复杂性

关于廊下主义的创立者认为什么是他们的伦理学理论的基础,现代学者的意见有分歧。根据我经常为之辩护的传统看法,[390]廊下派的起点是宇宙自然的或神的目的论和理性,人的自然被假定为宇宙自然或神必不可少的部分。少数现代学者质疑这种解释,他们指出,宇宙自然并不见于西塞罗《论至善与极恶》卷三对道德意识看似权威的论证之中,他们还认为,即便在宇宙自然显眼的证据中,这一概念也没有清晰或有益地促成廊下派关于属人之善的重要发现。① 我仍然相信,传统的解释,即伦理学的基础在于神学和宇宙自然,是廊下派最初的和最重要的立场,但我也乐于承认,我们的所有资料来源并未强调这一点,包括西塞罗的《论义务》,我们已经在前面几页关注了这一文本。我们要如何解释这一差异?

我们必须承认,与伊壁鸠鲁主义不同,廊下主义不是一座独石教堂(monolithic church)。我们在资料中所发现的不同重点,不仅反映了这些资料所属作家的特质(idiosyncracies)——与塞涅卡、爱比克泰德或奥勒留相比较的西塞罗的思想方法(mentality)和兴趣。这些不同之处也出于如下事实:廊下派哲人本身在表现他们的体系的方法上是具有创造性和批判性的。克律希珀斯坚称,要研究伦理学,"普遍自然和宇宙结构是唯一恰当的切入点",② 但我们没有听到帕奈提俄斯对此说过任何话,他是廊下派后来的领袖人物,也是西塞罗《论义务》的主要来源。通过关注人的自然并理解"我们的自然是宇宙自然的一部分"这一早期廊下派的命题,诸如帕奈提俄斯这样的该学派后来的领袖,会认为廊下派伦理学是一种可轻易与其对手的道德哲学比

---

① Annas 1993,页 159-166,以及 Engberg-Pedersen 1990,页 16-63。我曾说明过我为何不同意这些学者的观点,见 Long 1996,页 152-155。关于我所认为的廊下派最初立场的进一步研究,见 Striker 1991 和 Copper 1996。

② 普鲁塔克,《论廊下派的自相矛盾》1035C =《希腊化哲人》60A。

第十五章　哲学传统中的廊下主义：斯宾诺莎、利普西乌斯、巴特勒　**463**

较的理论。相关的争论也聚焦于这样一些问题：德性对于完全幸福的充分性，或者激情在好的生活中的作用。这为把廊下派伦理学视作哲学的一个独立的、与物理学和逻辑学分离的分支揭开了序幕。

关于巴特勒和廊下派，我已经说过的话充分表明，廊下派在如此理解的伦理学领域为我们留下了重要遗产；[391]就康德而言也是如此。廊下派是仅有的认为德性生活的"高尚"（to kalon 或 honestum）断然不同于所有其他积极价值的古代哲人。因此，把特殊"道德上的"善这样的概念归属于他们，这是诱人的，因为这预示了康德所区分的两类行为——由通常的人类利益引发的行为，和纯粹出于责任而履行的行为。然而，尽管廊下派在这些要点上明显类似于康德，但很难说他们预示了康德伦理学的那些最独特的原理。① 他们的确没有通过先验（a prior）推理得出关于高尚的论点，而是通过反思我们完善作为理性存在者的自己的经验性能力——通过将我们自己的功用（utility）或幸福等同于德性而不是别的什么。十分不同于康德，廊下派是幸福论者、决定论者、自然神论者，还是人的理性可以牢靠地理解实在的基本原理这一主张的捍卫者。一旦我们追问，为何奉行廊下派伦理学就会获得幸福——把完全幸福仅仅等同于德性为何是合理的——这些非康德式的主张就需要注意。

廊下派会说，德性对于幸福是必要且充分的，因为（1）德性是我们的理性自然的完善；（2）我们的幸福受限于宇宙自然，我们是其必不可少的一部分；（3）只有幸福＝道德德性才是这样一些存在者欲求的理性目标：他们的自然的自主性只是就他们理解并同意事件的因果序列而言的。

这种思想可见于最早和最晚的古代廊下主义中。如果我们想要全面描述廊下派的思想方法和基本原理，我认为这里就是我们发现这种描述的最佳之处。决定性的一步是我刚说到的三个命题中的第二

---

① 见 Long 1989 和 Schneewind 1996a。

个——我们的作为德性的幸福受到宇宙自然的限制,我们是其必不可少的一部分。与某些现代学者所认为(以及巴特勒可能认为)的相反,这一步并未断定伦理学的他律基础;正如我早先说过的,廊下派认为宇宙自然的命令与人的良好推理一致。这一步所涉及的是这样一个论题:[392]人的良好推理服从事物所是的方式,就像被神或自然决定一样。

*****

在本章中,我试图表明,犹太人斯宾诺莎和基督徒利普西乌斯模仿了廊下派伦理学的有神论基础,尽管他们的方式非常不同。他们也有助于我们看到存在于廊下主义之中的不可化约的张力,这种张力的一方是其物理主义(physicalism)和决定论(预示了斯宾诺莎),另一方是其赞成的神圣天意和被规定的人的自主性(预示了利普西乌斯)。[1]巴特勒尽管忽视了这些复杂之处,但他表明了某些廊下派概念对于发展一种自然主义伦理学的丰富性,而在这种伦理学中,特殊道德上的善这一观念与幸福的观念无关。正如贝克尔正在指出的,新廊下派伦理学面临的挑战,是在不采用宇宙目的论的情况下重新把这些概念结合起来。[2]

---

[1] 鉴于罗蒂(Rorty 1996)在她对廊下主义的同情解释中正确地赋予天意的重要性,我很困惑她竟只字未言天意为现代解释者带来的各种明显困难。

[2] 这正是贝克尔(1998)勇敢地尝试去做的。

参考文献

Algra, K. (1995). *Concepts of Space in Greek Thought* (Leiden: Brill).
―― (2001). 'Comments or Commentary? Zeno of Citium and Hesiod's *Theogonia*', *Mnemosyne* 54, 562–81.
―― (forthcoming). 'Zeno of Citium's Contribution to Stoic Cosmology. Some Notes and Two Case Studies' in *Elenchos* 24, 1.
Algra, K., J. Barnes, J. Mansfeld, and M. Schofield (eds.) (1999). *The Cambridge History of Hellenistic Philosophy* (Cambridge: Cambridge University Press).
Algra, K., M. H. Koenen, and P. H. Schrijvers (eds.) (1997). *Lucretius and his Intellectual Background* (Amsterdam: Koninklijke Nederlandse Akademie van Wetenschappen).
Algra, K., and D. Runia (eds.) (1996). *Polyhistor: Essays Presented to Jaap Mansfeld* (Leiden: Brill).
Allen, J. (1994). 'Academic probablism and Stoic epistemology', *Classical Quarterly* 44, 85–113.
―― (1997). 'Carneadean argument' in Inwood and Mansfeld (1997), 217–56.
André, J.-M. (1987). 'Les écoles philosophiques aux deux premiers siècles de l'Empire', *Aufstieg und Niedergang der römischen Welt* II 36.1, 5–77.
Annas, J. (1980). 'Truth and knowledge' in Barnes et al. (1980), 84–104.
―― (1990). 'Stoic epistemology' in Everson (1990a), 184–203.
―― (1990a). 'The Hellenistic version of Aristotle's *Ethics*', *The Monist* 73, 80–96.
―― (1992). *Hellenistic Philosophy of Mind* (Berkeley: University of California Press).
―― (1993). *The Morality of Happiness* (Oxford: Oxford University Press).
―― (1996). 'Aristotle and Kant on Morality and Practical Reasoning' in Engstrom and Whiting (1996), 237–58.
―― (1999). *Platonic Ethics, Old and New* (Ithaca: Cornell University Press).

—— (ed.) (2001). *Cicero: On Moral Ends* (Cambridge: Cambridge University Press). With a translation by R. Woolf.
—— (forthcoming). 'Marcus Aurelius: ethics and its background'.
Arthur, E. P. (1983). 'The Stoic analysis of mind's reactions to presentations', *Hermes* 111, 69–78.
Asmis, E. (1989). 'The Stoicism of Marcus Aurelius', *Aufstieg und Niedergang der römischen Welt* II 36.3, 2228–52.
Athanassiadi, P., and M. Frede (eds.) (1999). *Pagan Monotheism in Late Antiquity* (Oxford: Oxford University Press).
Atherton, C. (1988). 'Hand over Fist: the Failure of Stoic Rhetoric', *Classical Quarterly* 38, 392–427.
—— (1993). *The Stoics on Ambiguity* (Cambridge: Cambridge University Press).
Aubenque, P. (ed.) (1991). *Études sur le Sophiste de Platon* (Naples: Bibliopolis).
—— (1991a). 'Une occasion manquée: la genèse avortée de la distinction entre l'"étant' et le 'quelque chose'' in Aubenque (1991), 365–85.
Auroux, S., E. F. K. Koerner, H -J. Niederehe, and K. Versteegh (eds.) (2000). *History of the Language Sciences* (Berlin: Walter de Gruyter).
Ax, W. (1986). *Laut, Stimme, und Sprache* (Göttingen: Vandenhoeck und Ruprecht).
Babut, D. (1974). *La religion des philosophes grecs, de Thales aux Stoïciens* (Paris: Presses Universitaires de France).
—— (1979). *Plutarque et le Stoicisme* (Paris: Presses Universitaires de France).
Backhouse, T. (2000). 'Antipater of Tarsus on false "phantasiai" (PBerol. inv. 16545)', in *Studi e testi per il Corpus dei papiri filosofici greci e latini* 10, *Papiri filososofici, Miscellanea di Studi III* (Florence: Olschki), 7–31.
Baratin, M., and F. Desbordes (eds.) (1981). *L'Analyse linguistique dans l'antiquité classique: I. Les Théories* (Paris: Klincksieck).
Barbour, R. (1998). *English Epicures and Stoics: Ancient Legacies in early Stuart Culture* (Amherst: University of Massachusetts Press).
Barker, P. (1985). 'Jean Pena and Stoic physics in the 16th century', *Southern Journal of Philosophy*, XXIII suppl., 93–107.
Barnes, J. (1978). 'La Doctrine du retour éternel', in Brunschwig (1978), 3–20.
—— (1980). 'Proof destroyed', in Barnes et al. (1980), 161–81.
—— (1986). 'The Logical Investigations of Chrysippus', *Wissenschaftskolleg Jahrbuch* 1984/5 (Berlin), 19–29.
—— (1989). 'Antiochus of Ascalon', in Griffin and Barnes (1989), 51–96.

—— (1993). 'Meaning, Saying and Thinking', in Döring and Ebert (1993), 47–61.
—— (1997). *Logic and the Imperial Stoa* (Leiden: Brill).
—— (1999). 'Linguistics: meaning', in Algra et al. (1999), 193–216.
Barnes, J., M. F. Burnyeat, and M. Schofield (eds.) (1980). *Doubt and Dogmatism* (Oxford: Oxford University Press).
Barnes, J., M. Burnyeat, J. Brunschwig, and M. Schofield (eds.) (1982). *Science and Speculation: studies in Hellenistic theory and practice* (Cambridge: Cambridge University Press).
Barnes, J., and M. Mignucci (eds.) (1988). *Matter and Metaphysics* (Naples: Bibliopolis).
Barney, R. (forthcoming). 'A Puzzle in Stoic Ethics' (forthcoming *Oxford Studies in Ancient Philosophy*).
Barton, T. (1994). *Ancient Astrology* (London: Routledge).
Barwick, K. (1922). *Remmius Palaemon und die römische ars grammatica* (*Philologus* XV Suppl.; Leipzig: Dieterich'sche). Reprint 1967 (Hildesheim: Georg Olms).
—— (1957). *Probleme der stoischen Sprachlehre und Rhetorik* (Abhandlungen der Sächsischen Akademie der Wissenschaften zu Leipzig, Philologisch-Historische Klasse 49.3. Berlin: Akademie-Verlag).
Becker, L. (1998). *A New Stoicism* (Princeton: Princeton University Press).
Bennett, J. (1984). *A Study of Spinoza's Ethics* (Cambridge: Cambridge University Press).
Billerbeck, M. (1985). 'Aspects of Stoicism in Flavian Epic', *Papers of the Liverpool Latin Seminar* 5, 341–56.
—— (1986). 'Stoizismus in der römischen Epik neronischer und flavischer Zeit', *Aufstieg und Niedergang der römischen Welt* II 32.5, 3116–51.
Birley, A. (1987). *Marcus Aurelius: A Biography* (London: Batsford).
Blank, D. (1982). *Ancient Philosophy and Grammar: the Syntax of Apollonius Dyscolus* (Chico, CA: Scholars Press).
—— (1993). 'Apollonius Dyscolus', *Aufstieg und Niedergang der Römischen Welt* II 34.1, 708–30.
—— (1994). 'Analogy, Anomaly, and Apollonius', in Everson (1994), 149–65.
—— (1998). *Sextus Empiricus Against the Grammarians* (Oxford: Oxford University Press).
—— (2000). 'The Organization of Grammar in Ancient Greece', in Auroux et al. (2000), I 400–417.

Bloos, L. (1973). *Probleme der stoischen Physik* (Hamburg: Helmut Buske Verlag).
Bobzien, S. (1986). *Die stoische Modallogik* (Würzburg: Königshausen und Neumann).
────── (1993). 'Chrysippus' Modal Logic and its Relation to Philo and Diodorus', in Döring and Ebert (1993), 63–84.
────── (1996). 'Stoic Syllogistic', *Oxford Studies in Ancient Philosophy* 14, 133–92.
────── (1997). 'The Stoics on Hypotheses and Hypothetical Arguments', *Phronesis* 42, 299–312.
────── (1998). *Determinism and Freedom in Stoic Philosophy* (Oxford: Oxford University Press).
────── (1998a). 'The inadvertent conception and late birth of the free-will problem', *Phronesis* 43, 133–75.
────── (1999). 'Chrysippus' Theory of Causes', in Ierodiakonou (1999), 196–242.
────── (1999a). 'Logic: The Stoics', in Algra et al. (1999), 92–157.
────── (1999b). 'Logic: The "Megarics"', in Algra et al. (1999), 83–92.
────── (2000). 'Wholly hypothetical syllogisms', *Phronesis* 45, 87–137.
Bonhöffer, A. (1890, reprinted 1968). *Epictet und die Stoa. Untersuchungen zur Stoischen Philosophie* (Stuttgart: Frommann).
────── (1894, reprinted 1968). *Die Ethik des Stoikers Epictet* (Stuttgart: Frommann) = Bonhöffer, A. (1996). *The Ethics of the Stoic Epictetus*, trans. W. O. Stephens (New York: Peter Lang).
Boudouris, K. J. (ed.) (1994). *Hellenistic Philosophy* (Athens: International Center for Greek Philosophy and Culture).
Boyancé, P. (1962). 'Les preuves stoïciennes de l'existence des dieux d'après Cicéron', *Hermes* 90, 45–71.
Boys-Stones, G. (2001). *Post-Hellenistic Philosophy* (Oxford: Oxford University Press).
Bramble, J. (1974). *Persius: The Programmatic Satire* (Cambridge: Cambridge University Press).
Brandom, R. (1998). 'Action, Norms, and Practical Reasoning', in Tomberlin (1998), 127–39.
Branham, R. Bracht, and M.-O. Goulet-Cazé (eds.) (1996). *The Cynics: The Cynic Movement in Antiquity and its Legacy* (Berkeley: University of California Press).
Braund, S. (1988). *Beyond Anger: A Study of Juvenal's Third Book of Satires* (Cambridge: Cambridge University Press).

―――― (1997). 'A passion unconsoled? Grief and anger in Juvenal, *Satire* 13', in Braund and Gill (1997), 68–88.
Braund, S., and C. Gill (1997). *The Passions in Roman Thought and Literature* (Cambridge: Cambridge University Press).
Bréhier, E. (1910). *La Théorie des incorporels dans l'ancien Stoicisme* (Paris: Vrin).
Brennan, T. (1996). 'Reasonable Impressions in Stoicism', *Phronesis* 41(3), 318–34.
―――― (1998). 'The Old Stoic Theory of the Emotions', in Sihvola and Engberg-Pedersen (1998), 21–70.
―――― (2000a). 'Reservation in Stoic Ethics', *Archiv für Geschichte der Philosophie* 82 (2), 149–77.
―――― (2000b). Review of Algra et al. (1999). *The Cambridge History of Hellenistic Philosophy*, in *Bryn Mawr Classical Review*, 2000.09.11
―――― (2001). 'Fate and Free Will in Stoicism', *Oxford Studies in Ancient Philosophy* 21, 259–86.
―――― (2003). 'Demoralizing the Stoics', forthcoming in *Ancient Philosophy*.
Brittain, C. (2000). 'Seeing Interesting Things' (unpublished).
―――― (2001). *Philo of Larissa: the last of the Academic sceptics* (Oxford: Oxford University Press).
Brody, B. A. (ed.) (1989). *Suicide and Euthanasia* (Dordrecht: Kluwer).
Brunschwig, J. (ed.) (1978). *Les Stoïciens et leur logique* (Paris: Vrin).
―――― (1980). 'Proof defined' in Barnes et al. (1980), 125–60.
―――― (1984). 'Remarques sur la théorie stoïcienne du nom propre', *Histoire Épistémologie Langage* 6 (Lille: Presses Universitaires de Lille) 3–19. English translation in Brunschwig (1994a), 39–56.
―――― (1986). 'The cradle argument in Epicureanism and Stoicism', in Schofield and Striker (1986), 113–44.
―――― (1988). 'La théorie stoïcienne du genre suprême et l'ontologie platonicienne', in Barnes and Mignucci (1988), 19–127. English translation in Brunschwig (1994a), 92–157.
―――― (1988a). 'Sextus Empiricus on the *kritêrion*: The Sceptic as conceptual legatee', in Dillon and Long (1988), 145–75.
―――― (1991). 'On a Book Title by Chrysippus: "On the Fact that the Ancients Admitted Dialectic Along with Demonstrations"', *Oxford Studies in Ancient Philosophy*, Supplementary Volume, 81–95.
―――― (1994). 'Did Diogenes of Babylon Invent the Ontological Argument?', in Brunschwig (1994a), 170–89.

―― (1994a). *Papers in Hellenistic philosophy* (Cambridge: Cambridge University Press).
―― (1994b). 'On a Stoic Way of Not Being', in Brunschwig (1994a), 158–69.
―― (1994c). 'Remarks on the classification of simple propositions in Hellenistic logics', in Brunschwig (1994a), 72–91.
―― (forthcoming). 'Sur deux notions de l'éthique stoïcienne: de la 《réserve》 au 《renversement》', in G. Romeyer Dherbey and J.-B. Gourinat (forthcoming).
Brunschwig, J., and M. Nussbaum (eds.) (1993). *Passions & Perceptions* (Cambridge: Cambridge University Press; Paris: Editions de la Maison des Sciences de L'Homme).
Brunschwig, J., and G. E. R. Lloyd (eds.) (1996). *Le Savoir grec* (Paris: Flammarion).
Burnyeat, M. F. (1982). 'Gods and Heaps', in Schofield and Nussbaum (1982), 315–38.
―― (ed.) (1983). *The Skeptical Tradition* (Berkeley: University of California Press).
Butts, R. E., and J. Hintikka (eds.) (1977). *Historical and Philosophical Dimensions of Logic, Methodology, and Philosophy of Science* (Dordrecht: D. Reidel).
Caston, V. (1999). 'Something and Nothing: The Stoics on Concepts and Universals', *Oxford Studies in Ancient Philosophy* 17, 145–213.
Cavini, W. (1996). 'Essere ed essere vero – Sull' uso assoluto di *huparcho* nella logica stoica', in Funghi (1996), 141–45.
Cherniss, H. F. (ed.) (1976). *Plutarch: Moralia*, vol. XIII (London: Heinemann; Cambridge, MA: Harvard University Press).
Clarke, K. (1999). *Between Geography and History: Hellenistic Constructions of the Roman World* (Oxford: Oxford University Press).
Codoñer, C. (1989). 'La physique de Sénèque: Ordonnance et structure des "Naturales Quaestiones"', *Aufstieg und Niedergang der römischen Welt* II 36.3, 1779–822.
Colish, M. C. (1985). *The Stoic Tradition from Antiquity to the Early Middle Ages*, 2 vols. (Leiden: Brill).
Cooper, J. M. (1989). 'Greek Philosophers on Suicide and Euthanasia', in Brody (1989), 9–38.
―― (1995). 'Eudaimonism and the Appeal to Nature', *Philosophy and Phenomenological Research* 55, 587–98.
―― (1996). 'Eudaimonism, the appeal to Nature, and "moral duty" in

Stoicism', in Engstrom and Whiting (1996), 261–84.

——— (1998). 'Posidonius on Emotions', in Sihvola and Engberg-Pedersen (1998), 71–111.

Cooper, J. M., and J. F. Procopé (eds.) (1995). *Seneca: Moral and Political Essays* (Cambridge, Cambridge University Press).

Couloubaritsis, L. (1986). 'La psychologie chez Chrysippe', in *Aspects de la philosophie Hellenistique*, Entretiens Hardt 32, 99–146.

Craig, E. (ed.) (1999). *Routledge Encyclopedia of Philosophy* (London: Routledge).

Crivelli, P. (1994). 'Indefinite propositions and anaphora in Stoic logic', *Phronesis* 39, 187–206.

Curley, E. (1988). *Behind the Geometrical Method. A Reading of Spinoza's Ethics* (Princeton: Princeton University Press).

——— (ed.) (1985). *The Collected Works of Spinoza*, vol. 1 (Princeton: Princeton University Press).

Darwall, S. L. (1995). *The British Moralists and the Internal 'Ought'* (Cambridge: Cambridge University Press).

Deichgräber, K. (1930). *Die Griechische Empirikerschule: Sammlung und Darstellung der Lehre* (Berlin: Weidmann).

DeFilippo, J., and P. T. Mitsis (1994). 'Socrates and Stoic natural law', in Vander Waerdt (1994a), 252–71.

De Lacy, P. H. (1945). 'The Stoic categories as methodological principles', *Transactions and Proceedings of the American Philological Society* 76, 246–63.

Denyer, N. (1988). 'Stoicism and token reflexivity', in Barnes and Mignucci (1988), 375–96.

Detel, W., K. Hülser, G. Krüger, and W. Lorenz (1980). *'lekta ellipê* in der stoischen Sprachphilosophie', *Archiv für Geschichte der Philosophie* 62, 276–88.

Di Benedetto, V. (1958–9). 'Dionisio Trace e la Techne a lui attribuita', *Annali della Scuola Normale Superiore di Pisa. Serie Lettere, Storia e Filosofia* II 27, 170–210; 28, 87–118.

Dicks, D. R. (1970). *Early Greek Astronomy to Aristotle* (Bristol: Thames and Hudson).

Dillon, J. (1977, revised with a new Afterword, 1996). *The Middle Platonists: A Study of Platonism 80 B.C. to A.D. 220* (Ithaca: Cornell University Press).

Dillon, J., and A. A. Long (eds.) (1988). *The Question of 'Eclecticism'* (Berkeley: University of California Press).

Dilthey, W. (1977). *Gesammelte Schriften* Bd. II: *Weltanschauung und Analyse des Menschen seit der Renaissance und Reformation* 10th ed. (Göttingen/Stuttgart: Vandenhoek und Ruprecht/Teubner).
Dobbin, R. (1991). '*Προαίρεσις* in Epictetus', *Ancient Philosophy* 11, 111–35.
—— (1998). *Epictetus, Discourses Book 1*, translated with an Introduction and Commentary (Oxford: Oxford University Press).
Dobbs, B. J. T. (1985). 'Newton and Stoicism', *Southern Journal of Philosophy*, XXIII suppl., 109–23.
Donini, P.-L. (1979). 'L'eclettismo impossibile: Seneca e il platonismo medio', in Donini and Gianotti (1979), 151–274.
—— (1982). *Le scuole, l'anima, l'impero: la filosofia antica da Antioco a Plotino* (Turin: Rosenberg and Sellier).
—— (1994). 'Testi e commenti, manuali e insegnamento: la forma sistematica e i metodi della filosofia in età postellenistica', *Aufstieg und Niedergang der römischen Welt* II 36.7, 5027–100.
Donini, P. L., and G. G. Gianotti (eds.) (1979). *Modelli filosofici e letterari: Lucrezio, Orazio, Seneca* (Bologna: Pitagora Editrice).
Dorandi, T. (1991). *Filodemo: Storia dei filosofi: Platone e l'Academia (Pherc. 1021 e 164)* (Leiden: Brill).
—— (1994). *Filodemo: Storia dei filosofi: La Stoa da Zenone a Panezio (PHerc. 1018)* (Leiden: Brill).
—— (1997). 'Lucrèce et les Épicuriens de Campanie', in Algra et al. (1997), 34–48.
—— (1999). '2. Chronology' and '3. Organization and structure of the philosophical schools' in Algra et al. (1999), 31–62.
Döring, K., and T. Ebert (eds.) (1993). *Dialektiker und Stoiker – Zur Logik der Stoa und ihrer Vorläufer* (Stuttgart: Franz Steiner).
Dragona-Monachou, M. (1976). *The Stoic Arguments for the Existence and the Providence of the Gods* (Athens: National and Capodistrian University of Athens).
Dueck, D. (2000). *Strabo of Amasia: A Greek Man of Letters in Augustan Rome* (London: Routledge).
Ebert, T. (1993). 'Dialecticians and Stoics on the Classification of Propositions', in Döring and Ebert (1993), 111–27.
Egli, U. (1986). 'Stoic Syntax and Semantics', *Historiographia Linguistica* 13, 281–306.
Engberg-Pedersen, T. (1990). *The Stoic Theory of Oikeiosis* (Aarhus: Aarhus University Press).

Engstrom, S., and J. Whiting (eds.) (1996). *Rethinking Duty and Happiness: Aristotle, the Stoics, and Kant* (Cambridge: Cambridge University Press).
Erskine, A. (1990). *The Hellenistic Stoa* (Ithaca: Cornell University Press).
Everson, S. (ed.) (1990a). *Epistemology. Cambridge Companions to Ancient Thought 1* (Cambridge: Cambridge University Press).
—— (1990b). 'Epicurus on the truth of the senses', in Everson (1990a), 161–83.
—— (ed.) (1991). *Psychology. Cambridge Companions to Ancient Thought 2* (Cambridge: Cambridge University Press).
—— (ed.) (1994). *Language. Cambridge Companions to Ancient Thought 3* (Cambridge: Cambridge University Press).
—— (ed.) (1998). *Ethics. Cambridge Companions to Ancient Thought 4* (Cambridge: Cambridge University Press).
Fantham, E. (1997). ' "Envy and fear the begetter of hatred": Statius' *Thebaid* and the genesis of hatred', in Braund and Gill (1997), 185–212.
Fehling, D. (1956–1957). 'Varro und die grammatische Lehre von der Analogie und der Flexion', *Glotta* 35, 214–270; 36, 48–100.
Ferrary, J.-L. (1988). *Philhellénisme et Impérialisme* (Rome: École française de Rome).
Festugière, A.-J. (1949). *La révélation d'Hermès Trismégiste*, vol. II: Le Dieu cosmique (Paris: Gabada).
Fillion-Lahille, J. (1984). *Le de Ira de Sénèque et la philosophie stoïcienne des passions* (Paris: Klincksieck).
Finnis, J. M. (1980). *Natural Law and Natural Rights* (Oxford: Oxford University Press).
Flashar, H. (ed.) (1994). *Die Philosophie der Antike*, vol. 4, 2 Die Hellenistische Philosophie (Basel: Schwabe).
Forschner, M. (1981). *Die stoische Ethik: über den Zusammenhang von Natur-, Sprach- und Moralphilosophie im altstoischen System* (Stuttgart: Klett-Cotta).
Fortenbaugh, W. W. (ed.) (1983). *On Stoic and Peripatetic Ethics. The Work of Arius Didymus* (New Brunswick and London: Rutgers University Press).
Foucault, M. (1986). *The Care of the Self = The History of Sexuality*, vol. 3, transl. R. Hurley (NewYork: Random House).
Frede, D. (1982). 'The Dramatisation of Determinism: Alexander of Aphrodisias' *De Fato*', *Phronesis* 27, 276–98.
—— (1990). 'Fatalism and Future Truth', *Proceedings of the Boston Area Colloquium in Ancient Philosophy* 6, 195–227.
—— (1992). 'Accidental Causes in Aristotle', *Synthese* 92, 39–62.

Frede, D., and A. Laks (eds.) (2002). *Traditions of Theology: studies in Hellenistic theology, its background and aftermath* (Leiden: Brill).

Frede, M. (1974). *Die stoische Logik* (Göttingen: Vandenhoeck und Ruprecht).

—— (1980). 'The original notion of cause', in Barnes et al. (1980), 217–49. Repr. in Frede (1987), 125–50.

—— (1983). 'Stoics and skeptics on clear and distinct impressions', in Burnyeat (1983), 65–93. Repr. in Frede (1987), 151–76.

—— (1985). *Galen: Three Treatises on the Nature of Science* (Indianapolis: Hackett).

—— (1986). 'The Stoic Doctrine of the Affections of the Soul', in Schofield and Striker (1986), 93–110.

—— (1987). *Essays in Ancient Philosophy* (Minneapolis: University of Minnesota Press).

—— (1987a). 'The Origin of Traditional Grammar', in Butts and Hintikka (1977), 51–79. Repr. in Frede (1987), 338–59.

—— (1987b). 'Principles of Stoic Grammar', in Rist (1978), 27–75. Repr. in Frede (1987), 301–37.

—— (1990). 'An Empiricist view of knowledge: memorism', in Everson (1990a), 225–50.

—— (1994). 'The Stoic Conception of Reason', in Boudouris (1994), 50–63.

—— (1994a). 'The Stoic notion of a *lekton*', in Everson (1994), 109–28.

—— (1994b). 'The Stoic notion of a grammatical case', *Bulletin of the Institute of Classical Studies* 39, 13–24.

—— (1999). 'On the Stoic Conception of the Good', in Ierodiakonou (1999), 71–94.

—— (1999a). 'Monotheism and Pagan Philosophy in Later Antiquity', in Athanassiadi and Frede (1999), 41–69.

—— (1999b). 'Stoic epistemology', in Algra et al. (1999), 295–322.

—— (1999c). 'Epilogue', in Algra et al. (1999), 771–97.

Funghi, M. Serena (ed.) (1996). *OΔOI ΔIZHΣIOΣ-Le vie della ricerca: Studi in onore di Francesco Adorno* (Florence: Olschki).

Funkenstein, A. (1986). *Theology and the Scientific Imagination* (Princeton: Princeton University Press).

Gabrielsen, V., P. Bilde, and T. Engberg-Pedersen (eds.) (1999). *Hellenistic Rhodes* (Aarhus: Aarhus University Press).

Garrett, D. (1993). *The Cambridge Companion to Spinoza* (Cambridge: Cambridge University Press).

Gerson, L. P. (1990). *God and Greek Philosophy. Studies in the Early History*

of Natural Theology (London: Routledge).
Geytenbeek, A. C. van (1963). *Musonius Rufus and Greek Diatribe* (Assen: Van Gorcum).
Giannantoni, G. (ed.) (1981). *Lo Scetticismo Antico* (Naples: Bibliopolis).
Gill, C. (1983). 'Did Chrysippus understand Medea?', *Phronesis* 28, 136–49.
────── (1988). 'Personhood and personality: the four-*personae* theory in Cicero, *De Officiis I*' *Oxford Studies in Ancient Philosophy* 6, 169–99.
────── (ed.) (1995). *Epictetus, The Discourses, Handbook, Fragments*, translated by Robin Hard (London: Dent).
────── (1997). 'Passion as madness in Roman poetry', in Braund and Gill (1997), 213–41.
────── (ed.) (1997a). *Marcus Aurelius, Meditations*, translated by R. Hard (Ware: Wordsworth).
────── (1998). 'Did Galen understand Platonic and Stoic thinking on emotions?', in Sihvola and Engberg-Pedersen (1998), 113–48.
────── (2000). 'Stoic Writers of the Imperial Era', in Rowe and Schofield (2000), 597–615.
Glucker, J. (1978). *Antiochus and the Late Academy. Hypomnemata* 56 (Göttingen: Vandenhoek und Ruprecht).
Goldman, A. (1977). 'Discrimination and perceptual knowledge', *Journal of Philosophy* 73.20, 771–91.
Goldschmidt, V. (1953). *Le système stoïcien et l'idée de temps* (Paris: Vrin).
────── (1972). '*huparchein* et *huphestanai* dans la philosophie stoicienne', *Revue des Etudes Grecques* 85, 331–44.
Goldstein, B. R., and A. C. Bowen (1983). 'A New View of Early Greek Astronomy', *Isis* 74, 330–40.
Göransson, T. (1995). *Albinus, Alcinous, Arius Didymus* (Göteborg: Acta Universitatis Gothoburgensis) = *Studia Graeca et Latina Gothoburgensis* LXI.
Görler, W. (1994). 'Fünftes Kapitel: Älterer Pyrrhonismus. Jüngere Akademie. Antiochus aus Askalon', in Flashar (1994), 717–989.
Gosling, J. (1987). 'Stoics and *akrasia*', *Apeiron* 20, 179–82.
Gould, J. B. (1970). *The Philosophy of Chrysippus* (Albany, New York: State University of New York Press).
Goulet, Richard (ed.) (1989). *Dictionnaire des philosophes antiques* (Paris: Centre National de la Recherche Scientifique).
Goulet-Cazé, M.-O. (1996). 'Religion and the Early Cynics', in Branham and Goulet-Cazé (1996), 47–81.
────── (ed.) (1999). *Diogene Laërce: Vies et doctrines des philosophes illus-*

tres (Paris: Le Livre de Poche). Translation of Book 7 by R. Goulet.
Graeser, A. (1971). 'A propos ὑπάρχειν bei den Stoikern', *Archiv für Begriffsgeschichte* 15, 299–305.
—— (1978). 'The Stoic categories', in Brunschwig (1978), 199–222.
—— (1978a). 'The Stoic theory of meaning', in Rist (1978), 77–100.
—— (1991). 'Stoische Philosophie bei Spinoza', *Revue Internationale de Philosophie* 45, 336–46.
Graver, M. (2000). 'Philo of Alexandria and the Origins of the Stoic *Propatheiai*', *Phronesis* 44, 300–25.
Greenspan, P. (1988). *Emotions and Reasons* (New York: Routledge).
Griffin, M. T. (1976, paperback edition with Postscript 1992). *Seneca, A Philosopher in Politics* (Oxford: Oxford University Press).
—— (1986). 'Philosophy, Cato, and Roman Suicide', *Greece and Rome* 33, 64–77, 192–202.
—— (2000). 'Seneca and Pliny', in Rowe and Schofield (2000), 532–558.
Griffin, M. T., and J. Barnes (eds.) (1989). *Philosophia Togata* (Oxford: Oxford University Press).
Griffith, M., and D. J. Mastronarde (eds.) (1990). *Cabinet of the Muses. Essays on Classical and Comparative Literature in Honour of Thomas G. Rosenmeyer* (Atlanta: Scholars Press).
Grimal, P. (1989). 'Sénèque et le Stoïcisme Romain', *Aufstieg und Niedergang der römischen Welt* II 36.3, 1962–92.
Haakonssen, K. (1996). *Natural Law and Moral Philosophy* (Cambridge: Cambridge University Press).
Hadot, I. (2001). *Simplicius: Commentaire sur le manuel d'Epictète, tome 1* (Paris: Les Belles Lettres).
Hadot, P. (1969). 'Zur Vorgeschichte des Begriffs "Existenz", ὑπάρχειν, bei den Stoikern', *Archiv für Begriffsgeschichte der Philosophie* 13, 115–27.
—— (1987). 'Théologie, exégèse, révélation, écriture, dans la philosophie grecque', in Tardieu (1987), 13–34.
—— (1995). *Philosophy as a Way of Life*, translated by M. Chase with Introduction by A. I. Davidson (Oxford: Blackwell).
Hahm, D. E. (1977). *The Origins of Stoic Cosmology* (Columbus: Ohio State University Press).
Hampshire, S. (1951). *Spinoza* (London: Penguin). Reprinted with revisions 1962.
Hankinson, R. J. (1987a). 'Evidence, externality, and antecedence', *Phronesis* 32, 80–100.
—— (1987b). 'Causes and empiricism', *Phronesis* 32, 329–48.

——— (1990). 'Saying the phenomena', *Phronesis* 35, 194–215 (critical notice of von Staden 1989).
——— (1991). 'Galen's anatomy of the soul', *Phronesis* 36, 197–233.
——— (1991). 'A purely verbal dispute? Galen on Stoic and Academic epistemology', *Revue internationale de Philosophie* 45, 267–300.
——— (1993). 'Action and passion: affection, emotion, and moral self-management in Galen's philosophical psychology', in Brunschwig and Nussbaum (1993), 150–83.
——— (1994). 'Galen's theory of causation', *Aufstieg und Niedergang der römischen Welt* II 37.2, 1757–74.
——— (1996). 'Cicero's rope', in Algra et al. (1996), 185–205.
——— (1997). 'Natural criteria and the transparency of judgment: Philo, Antiochus, and Galen on epistemological justification', in Inwood and Mansfeld (1997), 161–216.
——— (1998a). *Cause and Explanation in Ancient Greek Thought* (Oxford: Oxford University Press).
——— (1998b). *Galen: On Antecedent Causes* (Cambridge: Cambridge University Press).
——— (1998c). *The Sceptics* (London: Routledge).
——— (1999). 'Explanation and causation', in Algra et al. (1999), 479–512.
——— (forthcoming). 'Academics and Pyrrhonists', in C. Shields (ed.), *The Blackwell Guide to Hellenistic Philosophy*.
Heintz, W. (1932). *Studien zu Sextus Empiricus* (Halle: M. Niemeyer)
Henrichs, A. (1974). 'Die Kritik der stoischen Theologie im PHerc. 1428', *Cronache Ercolanesi* 4, 5–32.
Hicks, R. D. (ed.) (1925). *Diogenes Laertius: Lives of Eminent Philosophers* (London: Heinemann; Cambridge, MA: Harvard University Press).
Hijmans, B. L. (1959). *Askêsis: Notes on Epictetus' Educational System* (Assen: Van Gorcum).
Hine, H. M. (ed.) (1996). *L. Annaeus Seneca: Naturalium Quaestionum Libros* (Stuttgart and Leipzig: Teubner).
Hochstrasser, T. J. (2000). *Natural Law Theories in the Early Enlightenment* (Cambridge: Cambridge University Press).
Hope, V. (ed.) (1984). *Philosophers of the Scottish Enlightenment* (Edinburgh: Edinburgh University Press).
Horst, P. W. van der, and J. Mansfeld (1974). *An Alexandrian Platonist against dualism* (Leiden: Brill).
Hoven, René (1971). *Stoïcisme et Stoïciens Face au Problème de l'Au-delà* (Paris: Société d'Edition Les Belles Lettres).

Huby, P., and G. Neal (eds.) (1989). *The Criterion of Truth* (Liverpool: Liverpool University Press).
Ierodiakonou, K. (1990). *Analysis in Stoic logic* (Diss. London, London School of Economics).
——— (ed.) (1999). *Topics in Stoic Philosophy* (Oxford: Oxford University Press).
Ildefonse, F. (1997). *La naissance de la grammaire* (Paris: Vrin).
Inwood, B. (1984). 'Hierocles: theory and argument in the second century A.D.', *Oxford Studies in Ancient Philosophy* 2, 151–84.
——— (1985). *Ethics and Human Action in Early Stoicism* (Oxford: Oxford University Press).
——— (1991). 'Chrysippus on Extension and the Void', *Revue internationale de philosophie* 45, 245–66.
——— (1993). 'Seneca and Psychological Dualism', in Brunschwig and Nussbaum (1993), 150–83.
——— (1995). 'Review of *The Morality of Happiness*', *Ancient Philosophy* 15, 647–65.
——— (1995a). 'Seneca in his philosophical milieu', *Harvard Studies in Classical Philology* 97, 63–76.
——— (1995b). 'Politics and paradox in Seneca's *De beneficiis*', in Laks and Schofield (1995), 241–65.
——— (1998). Review of Becker (1998), *Apeiron* 31, 293–308.
——— (1999). 'Rules and Reasoning in Stoic Ethics', in Ierodiakonou (1999), 95–127.
——— (2000). 'The Will in Seneca the Younger', *Classical Philology* 95, 44–60.
——— (2002). 'God and Human Knowledge in Seneca's *Natural Questions*', in Frede and Laks (2002), 119–57.
Inwood, B., and P. Donini (1999). 'Stoic ethics', in Algra et al. (1999), 675–738.
Inwood, B., and L. Gerson (eds.) (1997). *Hellenistic Philosophy: Introductory Readings*, Second edition (Indianapolis: Hackett).
Inwood, B., and J. Mansfeld (eds.) (1997). *Assent and Argument: Studies in Cicero's Academic Books* (Leiden: Brill).
Ioppolo, A. M. (1980). *Aristone di Chio e lo stoicismo antico* (Naples: Bibliopolis).
——— (1981). 'Il concetto di "*eulogon*" nella filosofia di Arcesilao', in Giannantoni (1981), 143–61.
Irwin, T. H. (1986). 'Stoic and Aristotelian conceptions of happiness', in

Schofield and Striker (1986), 205-44.
—— (1996). 'Kant's criticisms of eudaemonism', in Engstrom and Whiting (1996), 63-101.
—— (1998). 'Socratic paradox and Stoic theory', in Everson (1998), 151-92.
—— (forthcoming). 'Stoic naturalism in Butler', in Miller and Inwood (forthcoming).
Jagu, A. (1989). 'La morale d'Epictète et le christianisme', *Aufstieg und Niedergang der römischen Welt* II 36.3, 2164-99.
James, S. (1993). 'Spinoza the Stoic', in Sorell (1993), 289-316.
Janko, R. (2000). *Philodemus: On Poems I* (Oxford: Oxford University Press).
Johnston, D. (2000). 'The Jurists', in Rowe and Schofield (2000), 616-34.
Jones, A. (1999). 'Geminus and the *Isia*', *Harvard Studies in Classical Philology* 99, 255-67.
Jones, C. P. (1978). *The Roman World of Dio Chrysostom* (Cambridge, MA: Harvard University Press).
Joyce, R. (1995). 'Early Stoicism and Akrasia', *Phronesis* 40, 315-35.
Kahn, Charles (1973). *The Verb Be in Ancient Greek* (Dordrecht: D. Reidel).
—— (1988). 'Discovering the will: from Aristotle to Augustine', in Dillon and Long (1988), 234-59.
—— (1997). 'Greek Philosophy and Religion in the Sisyphus Fragment', *Phronesis* 42, 247-62.
Kamtekar, R. (1998). ΑΙΔΩΣ in Epictetus', *Classical Philology* 19, 136-60.
Kidd, D. (1997). *Aratus: Phaenomena* (Cambridge: Cambridge University Press).
Kidd, I. G. (1978). 'Philosophy and science in Posidonius', *Antike and Abendland* 24, 7-15.
—— (1989). '*Orthos Logos* as a criterion of truth in the Stoa', in Huby and Neal (1989), 137-50.
Klauser, T. (ed.) (1950-). *Reallexicon für Antike und Christentum*, 18 vols. (Stuttgart: Hiersemann).
Kneale, W., and M. Kneale (1962). *The development of logic* (Oxford: Clarendon Press).
Korsgaard, C. M. (1996). *The Sources of Normativity* (Cambridge: Cambridge University Press).
Kristeller, P. O. (1984). 'Stoic and Neoplatonic sources of Spinoza's Ethics', *History of European Ideas* 5, 1-15.
Labarriere, J. L. (1993). 'De la "nature phantastique" des animaux chez les Stoïciens', in Brunschwig and Nussbaum (1993), 225-49.

Lafollette, H. (ed.) (2000). *The Blackwell Guide to Ethical Theory* (London; Malden, MA: Blackwell).
Lagrée, J. (1994). *Juste Lipse et la restauration du stoicisme* (Paris: Vrin).
Laks, A., and M. Schofield (eds.) (1995). *Justice and Generosity* (Cambridge: Cambridge University Press).
Lallot, J. (ed.) (1997). *De la construction* (Περὶ συντάξεως), 2 vols. (Paris: Vrin).
Lamberton, R., and J. J. Keaney (eds.) (1992). *Homer's Ancient Readers: The Hermeneutics of Greek Epic's Earliest Exegetes* (Princeton: Princeton University Press).
Lang, H. S. (1998). *The Order of Nature in Aristotle's Physics: Place and the Elements* (Cambridge: Cambridge University Press).
Lapidge, M. (1973). '*archai* and *stoicheia*: A Problem in Stoic Cosmology', *Phronesis* 18, 240–78.
Lasserre, F. (1966). *Die Fragmente des Eudoxos von Knidos* (Berlin: Walter de Gruyter).
Ledbetter, G. (1994). 'The Propositional Content of Stoic Emotions', in Boudouris (1994), 107–13.
Lesses, G. (1999). 'Content, Cause, and Stoic Impressions', *Phronesis* 43, 1–25.
Linke, K. (1977). *Die Fragmente des Grammatikers Dionysios Thrax* (Sammlung griechischer und lateinischer Grammatiker 3) (Berlin: Walter de Gruyter), 1–77.
Lloyd, A. C. (1971). 'Grammar and metaphysics in the Stoa', in Long (1971), 58–74.
—— (1978). 'Emotions and Decision in Stoic Psychology', in Rist (1978), 233–46.
—— (1978a). 'Definite propositions and the concept of reference', in Brunschwig (1978), 285–96.
Lloyd, G. (1994). *Part of Nature: Self-Knowledge in Spinoza's Ethics* (Ithaca: Cornell University Press).
Lloyd, G. E. R. (1975a). 'A Note on Erasistratus of Ceos', *Journal of Hellenic Studies* 95, 172–5.
—— (1975b). 'Alcmaeon and the early history of dissection', *Sudhoffs Archiv* 59, 113–47; repr. in Lloyd (1991).
—— (1991). *Methods and Problems in Greek Science* (Cambridge: Cambridge University Press).
Long, A. A. (1967). 'Carneades and the Stoic *telos*', *Phronesis* 12, 59–90.
—— (1970/71). 'The logical basis of Stoic ethics', *Proceedings of the Aris-

totelian Society 71, 85–104. Repr. in Long (1996), 134–155.
—— (ed.) (1971). *Problems in Stoicism* (London: Athlone Press).
—— (1971a). 'Language and Thought in Stoicism', in Long (1971), 75–113.
—— (1974/1986). *Hellenistic Philosophy: Stoics, Epicureans, Sceptics* (1974, London: Duckworth; repr. 1986 London/Berkeley/Los Angeles: University of California Press).
—— (1975/1976). 'Heraclitus and Stoicism', *Philosophia* (Yearbook of the Research Center for Greek Philosophy at the Academy of Athens) 5/6, 132–153. Repr. in Long (1996), 35–57.
—— (1978). 'The Stoic distinction between truth and the true', in Brunschwig (1978), 297–316.
—— (1982). 'Astrology: Arguments pro and contra', in Barnes et al. (1982), 165–92.
—— (1983a). 'Greek ethics after MacIntyre and the Stoic community of reason', *Ancient Philosophy* 3, 184–97. Repr. in Long (1996), 156–78.
—— (1983b). 'Arius Didymus and the exposition of Stoic ethics', in Fortenbaugh (1983), 41–65. Repr. in Long (1996), 107–33.
—— (1985). 'The Stoics on World-Conflagration and Everlasting', *Southern Journal of Philosophy* XXIII Suppl., 13–58.
—— (1988). 'Socrates in Hellenistic philosophy', *Classical Quarterly* 38, 150–71. Repr. in Long (1996), 1–34.
—— (1989). 'Stoic eudaimonism', *Proceedings of the Boston Colloquium in Ancient Philosophy* 4, 77–101. Repr. in Long (1996), 179–201.
—— (1990). 'Scepticism about Gods in Hellenistic Philosophy', in Griffith and Mastronarde (1990), 279–91.
—— (1991). 'Representation and the Self in Stoicism', in Everson (1991), 102–20.
—— (1992). 'Stoic Readings of Homer', in Lamberton and Keaney (1992), 41–66. Repr. in Long (1996), 58–85.
—— (1996). *Stoic Studies* (Cambridge: Cambridge University Press).
—— (1999). 'Stoic psychology', in Algra et al. (1999), 560–84.
—— (2002). *Epictetus: a Stoic and Socratic guide to life* (Oxford: Oxford University Press).
Long, A. A., and D. N. Sedley (1987). *The Hellenistic Philosophers* (Cambridge: Cambridge University Press).
Longrigg, J. (1975). 'Elementary Physics in the Lyceum and Stoa', *Isis* 66, 211–29.
Lutz, C. E. (1947). 'Musonius Rufus: "The Roman Socrates"', *Yale Classical*

Studies 10, 3–147.
Lynch, J. P. (1972). *Aristotle's School: A Study of a Greek Educational Institution* (Berkeley: University of California Press).
MacIntyre, A. (1981). *After Virtue* (London: Duckworth).
——— (1988). *Whose Justice? Which Rationality?* (Notre Dame: University of Notre Dame Press).
Maconi, H. (1988). 'Nova non philosophandi philosophia', *Oxford Studies in Ancient Philosophy* 6, 231–53.
Mansfeld, J. (1979). 'Providence and the Destruction of the Universe in Early Stoic Thought', in Vermaseren (1979), 129–88; repr. in Mansfeld (1989), I 129–88.
——— (1986). 'Diogenes Laertius on Stoic Philosophy', *Elenchos* 7, 297–382.
——— (1989). *Studies in Later Greek Philosophy and Gnosticism* (London: Variorum).
——— (1991). 'The idea of the will in Chrysippus, Posidonius, and Galen', *Boston Area Colloquium in Ancient Philosophy* 7, 107–45.
——— (1992). *Heresiography in Context – Hippolytus' Elenchos as a Source for Greek Philosophy* (Leiden: Brill).
——— (1999). 'Theology', in Algra et al. (1999), 452–78.
Mansfeld, J., and D. Runia (1997). *Aëtiana* I (Leiden: Brill).
Mates, B. (1953). *Stoic logic* (Berkeley: University of California Press).
Menn, S. (1999). 'The Stoic Theory of Categories', *Oxford Studies in Ancient Philosophy* 17, 215–47.
Meyer, B. F., and E. P. Sanders (eds.) (1983). *Jewish and Christian Self-Definition, Vol. 3, Self Definition in the Greco-Roman World* (Philadelphia: Fortress Press).
Mignucci, M. (1988). 'The Stoic Notion of Relatives', in Barnes and Mignucci (1988), 129–221.
——— (1993). 'The Stoic *Themata*', in Döring and Ebert (1993), 217–38.
——— (1999). 'Logic: The Stoics: Paradoxes', in Algra et al. (1999), 157–76.
Miller, J., and B. Inwood (eds.) (forthcoming). *Hellenistic and Early Modern Philosophy* (Cambridge: Cambridge University Press).
Mitsis, P. (1999). 'The Stoic Origin of Natural Rights', in Ierodiakonou (1999), 153–77.
Moles, J. L. (1978). 'The career and conversion of Dio Chrysostom', *Journal of Hellenic Studies* 98, 79–100.
——— (1983). 'The date and purpose of the fourth kingship oration of Dio Chrysostom', *Classical Antiquity* 2, 251–78.
——— (1990). 'The kingship orations of Dio Chrysostom', *Papers of the*

Leeds International Latin Seminar 6, 297–375.
Moore, J., and M. Silverthorne (1984). 'Natural sociability and natural rights in the moral philosophy of Gerschom Carmichael', in Hope (1984), 1–12.
Moore, G. E. (1903). *Principia Ethica* (Cambridge: Cambridge University Press).
Morford, M. P. O. (1991). *Stoics and Neostoics: Rubens and the Circle of Lipsius* (Princeton: Princeton University Press).
Morrison, D. (1992). 'The Taxonomical Interpretation of Aristotle's *Categories*: A Criticism', in Preus and Anton (1992), 19–46.
Most, G. W. (1989). 'Cornutus and Stoic Allegoresis: A Preliminary Report', *Aufstieg und Niedergang der römischen Welt* II 36.3, 2014–65.
Mueller, I. (1979). 'The completeness of Stoic propositional logic', *Notre Dame Journal of Formal Logic* 20, 201–15.
Müller, R. (1947). *Die Stoische Grammatik* (Diss. Rostock, unpubl.).
Mygind, B. (1999). 'Intellectuals in Rhodes', in Gabrielsen et al. (1999), 247–93.
Natali, C. (1996). 'Lieux et écoles du savoir', in Brunschwig and Lloyd (1996), 229–49.
Neugebauer, O. (1964). Review of W. H. Stahl, *Roman Science*, *American Journal of Philology* 85, 418–23.
—— (1975). *A History of Ancient Mathematical Astronomy*, 3 vols. (Berlin: Springer-Verlag).
Nock, A. D. (1933). *Conversion* (Oxford: Oxford University Press).
Nuchelmans, G. (1973). *Theories of the proposition: Ancient and medieval conceptions of the bearers of truth and falsity* (Amsterdam: North-Holland).
Nussbaum, M. (1993). 'Poetry and the Passions: Two Stoic Views', in Brunschwig and Nussbaum (1993), 97–149.
—— (1994). *The Therapy of Desire* (Princeton: Princeton University Press).
Oestreich, G. (1982). *Neostoicism and the Early Modern State* (Cambridge: Cambridge University Press).
Osborne, M. J. (1981–3). *Naturalization in Athens* (Brussels: Paleis der Academiën).
Osler, M. J. (ed.) (1991). *Atoms, Pneuma, and Tranquillity* (Cambridge: Cambridge University Press).
Palladini, F., and G. Hartung (eds.) (1996). *Samuel Pufendorf und die europäische Frühaufklärung* (Berlin: Akademie Verlag).
Penelhum, T. (1985). *Butler* (London: Routledge).

Pinborg, J. (1975). 'Classical Antiquity: Greece', *Current Trends in Linguistics* 13, 69–126.
Pingree, D. (1997). *From Astral Omens to Astrology: from Babylon to Bîkâner* (Rome: istituto italiano per l'Africa e l'Oriente).
Pohlenz, M. (1938). 'Zenon und Chrysipp', *Nachrichten der Akademie der Wissenschaften in Göttingen* 1.2, 173–210.
––––– (1948). *Die Stoa: Die Geschichte einer geistigen Bewegung*, 2 vols. (Göttingen: Vandenhoeck und Ruprecht).
Preus, A., and J. P. Anton (eds.) (1992). *Essays in Ancient Greek Philosophy 5: Aristotle's Ontology* (New York: State University of New York Press).
Price, A. W. (1994). *Mental Conflict* (London: Routledge).
Rackham, H. (ed.) (1931). *Cicero: De Finibus Bonorum et Malorum* (London: Heinemann; Cambridge, MA: Harvard University Press).
Randall, J. H., Jr. (1962). *The Career of Philosophy*, 2 vols. (New York: Columbia University Press).
Reesor, M. E. (1954). 'The Stoic concept of quality', *American Journal of Philology* 75, 40–58.
––––– (1957). 'The Stoic categories', *American Journal of Philology* 78, 63–82.
––––– (1972). '*Poion* and *poiotês* in Stoic philosophy', *Phronesis* 17, 279–85.
Reydams-Schils, G. (1999). *Demiurge and Providence: Stoic and Platonist Readings of Plato's Timaeus* (Turnhout: Brepols).
Rieth, O. (1933). *Grundbegriffe der stoischen Ethik* (Berlin: Weidmann).
Rist, J. M. (1969). *Stoic philosophy* (Cambridge: Cambridge University Press).
––––– (ed.) (1978). *The Stoics* (Berkeley: University of California Press).
––––– (1983). 'Are You a Stoic? The Case of Marcus Aurelius', in Meyer and Sanders (1983), 23–45, 190–2.
––––– (1989). 'Seneca and Stoic orthodoxy', *Aufstieg und Niedergang der römischen Welt* II 36.3, 1993–2012.
Rochberg-Halton, F. (1988). *Aspects of Babylonian Celestial Divination: The Lunar Eclipse Tablets of Enûma Anu Enlil.* Archiv für Orientforschung Beiheft 22 (Horn: F. Berger).
Rochberg, F. (1998). *Babylonian Horoscopes.* Transactions of the American Philosophical Society 88.1. (Philadelphia: American Philosophical Society).
Romeyer Dherbey, G. (dir.), and J.-B. Gourinat (ed.) (forthcoming). *Les Stoïciens* (Paris: Vrin).

Rorty, A. (1996). 'The two faces of Stoicism: Rousseau and Freud', *Journal of the History of Philosophy* 34, 335–56.
Rosenmeyer, T. (1989). *Senecan Drama and Stoic Cosmology* (Berkeley: University of California Press).
Rowe, C., and M. Schofield (eds.) (2000). *The Cambridge History of Greek and Roman Political Thought* (Cambridge: Cambridge University Press).
Russell, D. A. (1992). *Dio Chrysostom, Orations VII, XII, XXXVI* (Cambridge: Cambridge University Press).
Rutherford, D. (1999). 'Salvation as a state of mind: the place of *acquiescentia* in Spinoza's Ethics', *British Journal for the History of Philosophy* 7, 447–73.
Rutherford, R. B. (1989). *The Meditations of Marcus Aurelius: A Study* (Oxford: Oxford University Press).
Salles, R. (2001). 'Compatibilism: Stoic and Modern', *Archiv für Geschichte der Philosophie* 83, 1–23.
Sambursky, S. (1959). *The Physics of the Stoics* (London: Routledge and Kegan Paul).
Sandbach, F. H. (1971a). '*Phantasia Katalêptikê*', in Long (1971), 9–21.
—— (1971b). '*Ennoia* and *Prolêpsis*', in Long (1971), 22–37.
—— (1975). *The Stoics* (London: Chatto and Windus).
—— (1985). *Aristotle and the Stoics* (Cambridge: Cambridge Philological Society).
Sartre, J. P. (1933). *Esquisse d'une théorie des émotions* (Paris: Éditions Scientifiques Hermann).
Saunders, J. (1955). *Justus Lipsius: The Philosophy of Renaissance Stoicism* (New York: Liberal Arts Press).
Scaltsas, D. (ed.) (forthcoming). *Zeno of Citium and his Legacy* (Larnaca).
Schenkeveld, D. (1990). 'Studies in the History of Ancient Linguistics III: The Stoic ΤΕΧΝΗ ΠΕΡΙ ΦΩΝΗΣ', *Mnemosyne* 43, 86–108.
Schneewind, J. B. (1996a). 'Kant and Stoic Ethics', in Engstrom and Whiting (1996), 285–301.
—— (1996b). 'Barbeyrac and Leibniz on Pufendorf', in Palladini and Hartung (1996), 181–9.
—— (1997). *The Invention of Autonomy* (Cambridge: Cambridge University Press).
Schofield, M. (1980). 'Preconception, Argument, and God', in Schofield et al. (1980), 283–308.
—— (1983). 'The Syllogisms of Zeno of Citium', *Phronesis* 28, 31–58.

——— (1984). 'Ariston of Chios and the unity of virtue', *Ancient Philosophy* 4, 83-96.

——— (1988). 'The Retrenchable Present', in Barnes and Mignucci (1988), 329-74.

——— (1991). *The Stoic Idea of the City* (Cambridge: Cambridge University Press), Repr. (1999) with new epilogue.

——— (1999a). 'Social and political thought', in Algra et al. (1999), 739-70.

——— (1999b). 'Morality and the law: the case of Diogenes of Babylon', in Schofield (1999c), 160-77.

——— (1999c). *Saving the City* (London: Routledge).

Schofield, M., M. Burnyeat, and J. Barnes (eds.) (1980). *Doubt and Dogmatism. Studies in Hellenistic Epistemology* (Oxford: Oxford University Press).

Schofield, M., and M. Craven Nussbaum (eds.) (1982). *Language and Logos: Studies in Ancient Greek Philosophy presented to G. E. L. Owen* (Cambridge: Cambridge University Press), 315-38.

Schofield, M., and G. Striker (eds.) (1986). *The Norms of Nature: Studies in Hellenistic Ethics* (Cambridge: Cambridge University Press/Paris: Editions de la Maison des Sciences de L'Homme).

Schubert, A. (1994). *Untersuchungen zur stoischen Bedeutungslehre* (Göttingen: Vandenhoeck und Ruprecht).

Scott, W. R. (1900). *Francis Hutcheson* (Cambridge: Cambridge University Press).

Sedley, D. (1982). 'The Stoic criterion of identity', *Phronesis* 27, 255-75.

——— (1985). 'The Stoic theory of universals', *Southern Journal of Philosophy* XXIII Suppl., 87-92.

——— (1989). 'Philosophical allegiance in the Greco-Roman world', in Griffin and Barnes (1989), 97-119.

——— (1993). 'Chrysippus on Psychophysical Causality', in Brunschwig and Nussbaum (1993), 313-31.

——— (1999). 'Stoic physics and metaphysics', in Algra et al. (1999), 382-411.

——— (1999a). 'The Stoic-Platonist Debate on *kathêkonta*', in Ierodiakonou (1999), 128-52.

Seidler, M. (1981). 'Kant and the Stoics on the emotional life', *Journal of Philosophical Research* 7, 1095-1149.

——— (1983). 'Kant and the Stoics on suicide', *Journal of the History of Ideas*, 429-53.

Sharples, R. W. (1975). 'Aristotelian and Stoic conceptions of necessity in

the de fato of Alexander of Aphrodisias', *Phronesis* 20, 247–74.
——— (1983). *Alexander of Aphrodisias On Fate* (London: Duckworth).
——— (1986). 'Soft Determinism and Freedom in Early Stoicism', *Phronesis* 31, 266–79.
——— (1996). *Stoics, Epicureans, Sceptics: an introduction to Hellenistic philosophy* (London: Routledge).
Sharvy, R. (1983). 'Aristotle on Mixtures', *Journal of Philosophy* 80, 441–48.
Shields, C. (1993). 'The Truth Evaluability of Stoic *Phantasiai*: *Adversus Mathematicos VII*', *Journal of the History of Philosophy* 31, 242–46.
Sihvola, J., and T. Engberg-Pedersen (eds.) (1998). *The Emotions in Hellenistic Philosophy* (Dordrecht: Kluwer).
Slote, M. (1999). 'Moral psychology', in Craig (1999).
Sluiter, I. (1988). 'On *ê diasaphêtikos* and propositions containing *mallon/hêtton*', *Mnemosyne* 41, 46–66.
——— (1990). *Ancient Grammar in Context: Contributions to the Study of Ancient Linguistic Thought* (Amsterdam: Vrije Universiteit Press).
Solmsen, F. (1961). 'Greek philosophy and the discovery of the nerves', *Museum Helveticum* 18, 150–97.
Sorabji, R. (1980). *Necessity, Cause, and Blame* (London: Duckworth).
——— (1983). *Time, creation, and the continuum* (London: Duckworth).
——— (1993). *Animal Minds and Human Morals* (London: Duckworth).
——— (ed.) (1997). *Aristotle and After*, Bulletin of the Institute of Classical Studies Supplement 68 (London: Institute of Classical Studies).
——— (2000). *Emotion and Peace of Mind: From Stoic Agitation to Christian Temptation* (Oxford: Oxford University Press).
Sorell, T. (ed.) (1993). *The Rise of Modern Philosophy* (Oxford: Oxford University Press).
Spanneut, M. (1962). 'Epiktet', in Klauser (1962), vol. 5, 599–681.
——— (1973). *Permanence du Stoicisme de Zénon à Malraux* (Gembloux: Duculot).
Steinmetz, P. (1986). 'Allegorische Dichtung und allegorische Deutung in der alten Stoa', *Rheinisches Museum* 129, 18–30.
——— (1994). 'Die Stoa', 'Viertes Kapitel: Die Stoa', in Flashar (1994), 491–716.
Stewart, M. A. (1991). 'The Stoic legacy in the early Scottish enlightenment', in Osler (1991), 273–96.
Striker, G. (1974). *Kritêrion tês aletheias. Nachtrichten der Akademie der Wissenschaften in Göttingen*, Phil.-Hist. Kl. 2 (Göttingen).
——— (1980). 'Sceptical strategies', in Barnes et al. (1980), 54–83.

―――― (1981). 'Über den Unterschied zwischen den Pyrrhoneern und den Akademikern', *Phronesis* 26, 353–69 (English version in Striker (1996a), 135–49.

―――― (1986). 'Antipater, or the art of living', in Schofield and Striker (1986), 185–204. Reprint in Striker (1996a), 298–315.

―――― (1987). 'Origins of the concept of natural law', *Proceedings of the Boston Colloquium on Ancient Philosophy* 2, 79–94. Repr. in Striker (1996a), 209–20.

―――― (1990). 'The problem of the criterion', in Everson (1990a), 143–60.

―――― (1991). 'Following nature: a study in Stoic ethics', *Oxford Studies in Ancient Philosophy* 9, 1–73. Repr. in Striker (1996a), 221–80.

―――― (1996a). *Essays on Hellenistic Epistemology and Ethics* (Cambridge: Cambridge University Press).

―――― (1996b). 'Plato's Socrates and the Stoics', in Striker (1996a), 316–24.

―――― (1997). 'Academics fighting Academics', in Inwood and Mansfeld (1997), 257–76.

Stroux, J. (1912). *De Theophrasti Virtutibus dicendi* (Leipzig: Teubner).

Tardieu, M. (ed.) (1987). *Les Règles de l'interprétation* (Paris: Cerf).

Taylor, C. (1989). *Sources of the Self* (Cambridge, MA: Harvard University Press).

Taylor, C. C. W. (1980). 'All perceptions are true', in Barnes et al. (1980), 105–24.

Taylor, D. J. (1986). 'Rethinking the History of Language Science in Classical Antiquity', *Historiographia Linguistica* 13, 175–90.

Thomas, L. (2000). 'Moral Psychology', in Lafollette (2000), 149–62.

Tieleman, T. L. (1996). *Galen and Chrysippus on the Soul: Argument and Refutation in the* de Placitis *Books II–III* (Leiden: Brill).

Todd, R. B. (1976). *Alexander of Aphrodisias on Stoic Physics: A Study of the De Mixtione with Preliminary Essays, Text, Translation, and Commentary* (Leiden: Brill).

―――― (1985). 'The Title of Cleomedes' Treatise', *Philologus* 129, 250–61.

―――― (1989). 'The Stoics and their cosmology in the first and second centuries A.D.', *Aufstieg und Niedergang der römischen Welt* II 36.3, 1365–78.

Tomberlin, J. E. (ed.) (1998). *Language, Mind, and Ontology*, Philosophical Perspectives 12 (Malden, MA: Blackwell).

Toomer, G. J. (1975). 'Hipparchus on the Distances of the Sun and Moon', *Archive for History of Exact Sciences* 14, 126–42.

Trapp, M. B. (1997). 'Philosophical sermons: The "Dialexeis" of Maximus of

Tyre"' *Aufstieg und Niedergang der römischen Welt* II 34.3, 1945–76.
—— (1997a). 'On the *tablet* of Cebes', in Sorabji (1997), 159–78.
van der Eijk, P. J. (2000). *Diocles of Carystus: a collection of the fragments with translation and commentary* (Leiden: Brill).
van der Waerden, B. L. (1952). 'Das grosse Jahr und die ewige Wiederkehr', *Hermes* 80, 129–55.
Vander Waerdt, P. A. (ed.) (1994a). *The Socratic Movement* (Ithaca: Cornell University Press).
—— (1994b). 'Zeno's *Republic* and the origins of natural law', in Vander Waerdt (1994a), 272–308.
Vermaseren, M. J. (ed.) (1979). *Studies in Hellenistic Religions* (Leiden: Brill).
Versnel, H. S. (1990). *Ter unus: Isis, Dionysos, Hermes. Three Studies in Henotheism* (Leiden: Brill).
Von Staden, H. (1975). 'Experiment and experience in Hellenistic Medicine', *Bulletin of the Institute of Classical Studies* 22, 178–99.
—— (1989). *Herophilus: The art of medicine in early Alexandria* (Cambridge: Cambridge University Press).
Vlastos, G. (1972). 'The Unity of the Virtues in the *Protagoras*', *Review of Metaphysics* 25, 415–458. Repr. in Vlastos (1973), 221–69.
—— (1973). *Platonic Studies* (Princeton: Princeton University Press).
—— (1983). 'The Socratic elenchus', *Oxford Studies in Ancient Philosophy* 1, 27–58. Reprint in Vlastos (1994), 221–69.
—— (1994). *Socratic Studies* (Cambridge: Cambridge University Press).
West, M. L. (1999). 'Towards Monotheism', in Athanassiadi and Frede (1999), 21–41.
White, M. J. (1985). *Agency and Integrality: Philosophical Themes in the Ancient Discussions of Determinism and Responsibility* (Dordrecht: D. Reidel).
—— (1986). 'Can Unequal Quantities of Stuffs Be Totally Blended?', *History of Philosophy Quarterly* 3, 379–89.
—— (1992). *The Continuous and the Discrete: Ancient Physical Theories from a Contemporary Perspective* (Oxford: Oxford University Press).
Williams, B. (1985). *Ethics and the Limits of Philosophy* (London: Fontana).
Wilson, M. (1997). 'The subjugation of grief in Seneca's *Epistles*', in Braund and Gill (1997), 48–67.
Wollheim, R. (1999). *On the Emotions* (New Haven: Yale University Press).
Zeyl, D. (ed.) (1997). *Encyclopedia of Classical Philosophy* (Westport, CT: Greenwood).
Zierl, A. (1995). *Alexander von Aphrodisias, Über das Schicksal* (Berlin: Akademie Verlag).

原作编目

本编目不敢妄称完备。罕见的作品基本上附有具体的出处，而我断定本书的读者群肯定熟悉的常见作品则没有列出。缩写名，特别是不常见的缩写名见下。

Aëtius. *Placita* included in *Doxographi Graeci* (see later reference), pp. 265–444.

Albertus Magnus. *Opera Omnia*, B. Geyer (ed.) (Münster: Aschendorff, 1960).

Alexander Aphrodisiensis. *De fato* [*On Fate* = *Fat.*], R. W. Sharples (ed.) *Alexander of Aphrodisias On Fate* (London: Duckworth, 1983).

—— *De mixtione* [*On Mixture* = *Mixt.*], R. B. Todd *Alexander of Aphrodisias on Stoic Physics: A Study of the De Mixtione with Preliminary Essays, Text, Translation and Commentary* (Leiden: Brill, 1976).

—— *In Aristotelis Analyticorum Priorum librum I commentarium* [*On Aristotle's Prior Analytics* = *In Ar. An. pr.*], M. Wallies (ed.) *Commentaria in Aristotelem Graeca* [= *CAG*] II, i (Berlin: Reimer, 1883).

—— *In Aristotelis Topicorum libros octo commentaria* [*On Aristotle's Topics* = *In Ar. Top.*] M. Wallies (ed.) *CAG* II, ii (Berlin: Reimer, 1891).

—— *Scripta Minora* II, 2, I Bruns (ed.) (Berlin: Georg Reimers, 1892).

Apollonius Dyscolus [= AD]. *De adverbiis* [= *Adv.*], *De pronominibus* [= *Pr.*], R. Schneider (ed.) *Grammatici Graeci* 2, 1 (Leipzig: Teubner, 1878; repr. Hildesheim: Olms, 1965).

—— *De constructione* [= *Synt.*], J. Lallot (ed.) *De la construction* (Περὶ συντάξεως), 2 vols. (Paris: Vrin, 1997).

Apuleius. *De interpretatione* [*On Interpretation* = *De int.*], P. Thomas (ed.) (Leipzig: Teubner, 1908).

Aquinas, Thomas. *In Decem Libros Ethicorum Aristotelis ad Nicomachum Expositio*, R. M. Spiazzi (ed.), 3rd edn. (Turin: Marietti, 1964).

Boyle, R. *A Free Enquiry into the Vulgarly Received Notion of Nature* (1686), E. B. Davis and M. Hunter (eds.) (Cambridge: Cambridge University Press, 1996).
Butler, J. *Works of Joseph Butler*, J. H. Bernard (ed.), 2 vols. (London: Macmillan, 1900).
Cicero. *Academica* [*Academics* = *Acad.*], O. Plasberg (ed.) (Leipzig: Teubner, 1922).
―――― *De divinatione* [*On Divination* = *Div.*], *De fato* [*On Fate* = *Fat.*], R. Giomini (ed.) (Leipzig: Teubner, 1975).
―――― *De finibus bonorum et malorum* [*On Ends* = *Fin.*], L. D. Reynolds (ed.) (Oxford: Oxford University Press, 1998).
―――― *De natura deorum* [*On the Nature of the Gods* = *ND*], W. Ax (ed.) (Leipzig: Teubner, 1933).
―――― *De officiis* [*On Duties* = *Off.*], O. Plasberg and W. Ax (eds.) (Leipzig: Teubner, 1949).
―――― *Tusculanae disputationes* [*Tusculan Disputations* = *Tusc.*], T. W. Dougan and R. M. Henry (eds.) (Cambridge: Cambridge University Press, 1905–1934).
Clement (Clemens Alexandrinus). *Stromateis* [*Miscellanies* = *Strom.*], O. Stählin, L. Früchtel, and U. Treu (eds.) (Berlin: Akademie-Verlag, 1960).
Cleomedes. *Cleomedis Caelestia* (*Meteora*) [= *Cael.*], R. Todd (ed.) (Leipzig: Teubner, 1990).
Diocles. *Diocles of Carystus*, Volume 1: Text and Translation, P. J. van der Eijk (ed.) (Leiden: Brill, 2000) (= vdE).
Diogenes Laertius [= DL]. *Vitae Philosophorum* [*Lives of the Philosophers*], H. S. Long (ed.) (Oxford: Oxford University Press, 1964).
Dionysius Thrax. *Dionysii Thracis Ars grammatica* [= DT], G. Uhlig (ed.) *Grammatici Graeci* I, 1, 3 (Leipzig: Teubner, 1883; repr. Hildesheim: Olms, 1965).
―――― *Scholia in Dionysii Thracis Artem grammaticam* [*Scholia on Dionysius Thrax* = DT Sch.], A. Hilgard (ed.) *Grammatici Graeci* I, 3 (Leipzig: Teubner, 1901; repr. Hildesheim: Olms, 1965).
Duns Scotus. *Duns Scotus on the Will and Morality*, A. B. Wolter (ed.) (Washington: Catholic University of America Press, 1986).
Epictetus. *Dissertationes ab Arriano digestae* [*Discourses* = *Diss.*], *Enchiridion* [*Manual* = *Handbook* = *Ench.*], H. Schenkl (ed.) (Leipzig: Teubner, 1916).
Eusebius. *Praeparatio evangelica* [*Evangelical Preparation* or *Preparation for the Gospel* = *Pr. ev.*], K. Mras (ed.), 2 vols. (Berlin: Akademie-Verlag, 1954–56).

Galen. *De causis continentibus* [*On Sustaining Causes* = *Caus. cont.*] M. C. Lyons, K. Kalbfleisch, J. Kollesch, D. Nickel, and G. Strohmaier (eds.) *Corpus medicorum Graecorum, Suppl. orientale* II (Berlin: Akademie-Verlag, 1969).

—— *Galeni de Placitis Hippocratis et Platonis* [*On the Doctrines of Hippocrates and Plato* = *PHP*], P. H. De Lacy (ed.) *Corpus Medicorum Graecorum* V 4, 1, 2 (3 vols.) (Berlin: Akademie-Verlag, 1978–84).

—— [*Outline of Empiricism*], fr. 10b in K. Deichgräber *Die Griechische Empirikerschule: Sammlung und Darstellung der Lehre* (Berlin: Weidmann, 1930).

Gellius. *Noctes Atticae* [= *NA*], P. K. Marshall (ed.) (Oxford: Oxford University Press, 1968).

Grotius, H. *De jure belli et pacis* [= *JBP*], W. Whewell (ed.), 3 vols. (Cambridge: Cambridge University Press, 1853).

Herophilus. *Herophilus: The Art of Medicine in Early Alexandria*, H. von Staden (ed.) (Cambridge: Cambridge University Press, 1989) (= vS).

Hierocles. *Elementa Moralia* [*Elements of Ethics*], G. Bastianini and A. A. Long (eds.) in *Corpus dei Papyri Filosofici Greci e Latini*, pt. I vol. 1**: Autori Noti (Florence: L. S. Olschki, 1992).

Hippocrates. *Oeuvres Complètes d'Hippocrate*, vol. 6, É. Littré (ed.) (Amsterdam: Hakkert, repr. 1962).

Hume, D. *A Treatise of Human Nature* (1739), L. A. Selby-Bigge (ed.) (Oxford: Oxford University Press, 1888).

Hutcheson, F. *On Human Nature*, T. Mautner (ed.) (Cambridge: Cambridge University Press, 1993).

Lactantius. *Divinae institutiones* [*Divine Institutes* = *Div. inst.*], P. Monat (ed.) (Paris: Éditions du Cerf, 1973–).

Leibniz, G. W. 'On Nature Itself' in L. E. Loemker (ed.) *Philosophical Letters and Papers*, 2nd edn. (Dordrecht: Reidel, 1969), 498–508.

—— 'Opinion on the Principles of Pufendorf' in P. Riley (ed.) *Leibniz: Political Writings*, 2nd edn. (Cambridge: Cambridge University Press, 1988), 64–75.

Marcus Aurelius. *Meditations*, J. Dalfen (ed.) (Leipzig: Teubner, 1987).

Origen. *Origen: Contra Celsum*, H. Chadwick (ed.) (Cambridge: Cambridge University Press, repr. 1965).

Philodemus. *De pietate* [*On Piety* = *Piet.*], D. Obbink (ed.) *Philodemus: On Piety*, pt. 1 (Oxford: Oxford University Press, 1996).

—— *De signis* [*On Signs* = *Sign.*], P. and E. De Lacy, *Philodemus, On*

Methods of Inference (Naples: Bibliopolis, 1978²).

Plutarch. *Adversus Colotem* [*Against Colotes* = *Col.*], *De communibus notitiis adversus Stoicos* [*On Common Conceptions* = *Comm. not.*], *De Stoicorum repugnatiis* [*On Stoic Self-contradictions* = *St. rep.*], M. Pohlenz and R. Westmann (eds.) (Leipzig: Teubner, 1959).

—— *De virtute morali* [*On Moral Virtue* = *Virt. mor.*] W. R. Paton, M. Pohlenz, and W. Sieveking (eds.) (Leipzig: Teubner, 1929).

Posidonius. *Posidonius: Volume I, The Fragments* [= EK], L. Edelstein and I. G. Kidd (eds.) (Cambridge: Cambridge University Press, 1972). Kidd, I. G. (1988) *Posidonius II. The Commentary*, 2 vols. (Cambridge: Cambridge University Press).

Praxagoras. *The Fragments of Praxagoras of Cos and His School*, F. Steckerl (ed.) (Leiden: Brill, 1958).

Ptolemy. *Tetrabiblos*, W. Hübner, post F. Boll and Ae. Boer (ed.) *Claudii Ptolemaei Opera quae exstan omnia*, III, 1, ΑΠΟΤΕΛΕΣΜΑΤΙΚΑ (Stuttgart/Leipzig: Teubner, 1998).

Pufendorf, S. *Les Devoirs de l'Homme et du Cityoen*, trans. J. Barbeyrac, 4th edn., (Amsterdam: Pierre de Coup, 1718).

Pufendorf, S. *De jure naturae et gentium* [= *JNG*] (Amsterdam: Hoogenhuysen, 1688). Trans. C. H. Oldfather and W. A. Oldfather (Oxford: Clarendon Press, 1934).

Seneca. *Ad Lucilium epistulae morales* [*Letters* = *Ep.*], L. D. Reynolds (ed.) (Oxford University Press, 1965).

—— *De beneficiis* [*On Benefits* = *Ben.*], F. Préchac (ed.) (Paris: Les Belles Lettres, 1972).

—— *De ira* [*On Anger*], in L. Annai, *Senecae Dialogorum Libri, Duodecim*, L. D. Reynolds (ed.) (Oxford: Oxford University Press, 1977).

—— *Naturales quaestiones* [*Natural Questions* = *NQ*], H. H. Hine (ed.) (Stuttgart/Leipzig: Teubner, 1996).

Sextus Empiricus [= S. E.]. *Adversus mathematicos* [*Against the Professors* = *M*], *Pyrrhoneae hypotyposes* [*Outlines of Pyrrhonism* = *PH*], H. Mutschmann and J. Mau (eds.) (Leipzig: Teubner, 1912–1954).

Simplicius. *In Aristotelis Categorias Commentarium* [*On Aristotle's Categories* = *In Ar. Cat.*], K. Kalbfleisch (ed.) *CAG* VIII (Berlin: Reimer, 1907).

—— *In Aristotelis Physica Commentaria* [*On Aristotle's Physics* = *In Ar. Phys.*] H. Diels (ed.) *CAG* IX–X (Berlin: Reimer, 1882–95).

Spinoza. *The Collected Works of Spinoza*, Vol. 1, E. Curley (ed.) (Princeton: Princeton University Press, 1985).

Stobaeus. *Anthologium* [*Eclogae* = *Ecl.*], C. Wachsmuth (ed.) (Berlin: Weidmann, 1884, reprinted 1958).

Suarez, F. *Opera Omnia*, C. Berton (ed.), 28 vols. (Paris: Vivès, 1866).

——— *The Metaphysics of Good and Evil According to Suarez*, J. J. E. Gracia and D. Davis (eds.) (Munich: Philosophia Verlag, 1989).

COLLECTION OF TEXTS

Döring, Klaus (1972). *Die Megariker* (Amsterdam: Brüner).

Dox. Gr.: Diels, H. (repr. 1965). *Doxographi Graeci* (Berlin: Walter de Gruyter and Associates).

FDS: Hülser, K. (1987–88). *Die Fragmente zur Dialektik der Stoiker*, 4 vols. (Stuttgart: Frommann-Holzboog).

LS: Long, A. A., and D. N. Sedley, eds. (1987). *The Hellenistic Philosophers* (Cambridge: Cambridge University Press).

SVF: Arnim, H. von (1903–5). *Stoicorum Veterum Fragmenta*, Vols. 1–3 (Leipzig: Teubner); Vol. 4 (1924), indexes, by M. Adler (Leipzig: Teubner).

图书在版编目（CIP）数据

剑桥廊下派指南/（加）布拉德・英伍德(Brad Inwood)编；徐健等译. —— 北京：华夏出版社有限公司，2021.6
（西方传统：经典与解释）
书名原文：The Cambridge Companion to the Stoics
ISBN 978-7-5222-0079-8

Ⅰ.①剑… Ⅱ.①布… ②徐… Ⅲ.①西方哲学－研究 Ⅳ.①B5

中国版本图书馆 CIP 数据核字(2020)第 253822 号

This is a Simplified-Chinese translation edition of the following title published by Cambridge University Press：The Cambridge Companion to the Stoics（ISBN 978-0-521-77985-2）
Copyright © Cambridge University Press 2003
This Simplified-Chinese translation edition for the People's Republic of China (excluding Hong Kong, Macau and Taiwan) is published by arrangement with the Press Syndicate of the University of Cambridge, Cambridge, United Kingdom.
© Cambridge University Press and Huaxia Publishing House Co., Ltd.2021
This Simplified-Chinese translation edition is authorized for sale in the People's Republic of China (excluding Hong Kong, Macau and Taiwan) only. Unauthorised export of this Simplified-Chinese translation edition is a violation of the Copyright Act. No part of this publication may be reproduced or distributed by any means, or stored in a database or retrieval system, without the prior written permission of Cambridge University Press and Huaxia Publishing House Co., Ltd.
Copies of this book sold without a Cambridge University Press sticker on the cover are unauthorized and illegal.

本书封面贴有 Cambridge University Press 防伪标签，无标签者不得销售。

北京市版权局著作权合同登记号：图字 01-2015-3045 号

剑桥廊下派指南

编　　者	［加］布拉德・英伍德
译　　者	徐　健　等
责任编辑	刘雨潇
责任印制	刘　洋
出版发行	华夏出版社有限公司
经　　销	新华书店
印　　装	北京汇林印务有限公司
版　　次	2021 年 6 月北京第 1 版　　2021 年 6 月北京第 1 次印刷
开　　本	880×1230　　1/32
印　　张	16
字　　数	430 千字
定　　价	118.00 元

华夏出版社有限公司　地址：北京市东直门外香河园北里 4 号　（邮编：100028）
网址：www.hxph.com.cn　电话：(010)64663331（转）

若发现本版图书有印装质量问题，请与我社营销中心联系调换。

西方传统：经典与解释
Classici et Commentarii
HERMES
刘小枫 ◎ 主编

古今丛编

克尔凯郭尔　[美]江思图 著
货币哲学　[德]西美尔 著
孟德斯鸠的自由主义哲学　[美]潘戈 著
莫尔及其乌托邦　[德]考茨基 著
试论古今革命　[法]夏多布里昂 著
但丁：皈依的诗学　[美]弗里切罗 著
在西方的目光下　[英]康拉德 著
大学与博雅教育　董成龙 编
探究哲学与信仰　[美]郝岚 著
民主的本性　[法]马南 著
梅尔维尔的政治哲学　李小均 编/译
席勒美学的哲学背景　[美]维塞尔 著
果戈里与鬼　[俄]梅列日科夫斯基 著
自传性反思　[美]沃格林 著
黑格尔与普世秩序　[美]希克斯 等著
新的方式与制度　[美]曼斯菲尔德 著
科耶夫的新拉丁帝国　[法]科耶夫 等著
《利维坦》附录　[英]霍布斯 著
或此或彼(上、下)　[丹麦]基尔克果 著
海德格尔式的现代神学　刘小枫 选编
双重束缚　[法]基拉尔 著
古今之争中的核心问题　[德]迈尔 著
论永恒的智慧　[德]苏索 著
宗教经验种种　[美]詹姆斯 著
尼采反卢梭　[美]凯斯·安塞尔-皮尔逊 著
舍勒思想评述　[美]弗林斯 著
诗与哲学之争　[美]罗森 著
神圣与世俗　[罗]伊利亚德 著
但丁的圣约书　[美]霍金斯 著

古典学丛编

赫西俄德的宇宙　[美]珍妮·施特劳斯·克莱 著
论王政　[古罗马]金嘴狄翁 著
论希罗多德　[古罗马]卢里叶 著
探究希腊人的灵魂　[美]戴维斯 著
尤利安文选　马勇 编/译
论月面　[古罗马]普鲁塔克 著
雅典谐剧与逻各斯　[美]奥里根 著
菜园哲人伊壁鸠鲁　罗晓颖 选编
《劳作与时日》笺释　吴雅凌 撰
希腊古风时期的真理大师　[法]德蒂安 著
古罗马的教育　[英]葛怀恩 著
古典学与现代性　刘小枫 编
表演文化与雅典民主政制
[英]戈尔德希尔、奥斯本 编
西方古典文献学发凡　刘小枫 编
古典语文学常谈　[德]克拉夫特 著
古希腊文学常谈　[英]多佛 等著
撒路斯特与政治史学　刘小枫 编
希罗多德的王霸之辨　吴小锋 编/译
第二代智术师　[英]安德森 著
英雄诗系笺释　[古希腊]荷马 著
统治的热望　[美]福特 著
论埃及神学与哲学　[古希腊]普鲁塔克 著
凯撒的剑与笔　李世祥 编/译
伊壁鸠鲁主义的政治哲学
[意]詹姆斯·尼古拉斯 著
修昔底德笔下的人性　[美]欧文 著
修昔底德笔下的演说　[美]斯塔特 著
古希腊政治理论　[美]格雷纳 著
神谱笺释　吴雅凌 撰
赫西俄德：神话之艺
[法]居代·德拉孔波 编
赫拉克勒斯之盾笺释　罗逍然 译笺
《埃涅阿斯纪》章义　王承教 选编
维吉尔的帝国　[美]阿德勒 著
塔西佗的政治史学　曾维术 编

古希腊诗歌丛编
古希腊早期诉歌诗人　[英]鲍勒 著
诗歌与城邦　[美]费拉格、纳吉 主编
阿尔戈英雄纪（上、下）
[古希腊]阿波罗尼俄斯 著
俄耳甫斯教祷歌　吴雅凌 编译
俄耳甫斯教辑语　吴雅凌 编译

古希腊肃剧注疏集
希腊肃剧与政治哲学　[美]阿伦斯多夫 著

古希腊礼法研究
宙斯的正义　[英]劳埃德-琼斯 著
希腊人的正义观　[英]哈夫洛克 著

廊下派集
剑桥廊下派指南　[加]英伍德 编
廊下派的苏格拉底　程志敏 徐健 选编
廊下派的神和宇宙　[墨]里卡多·萨勒斯 编
廊下派的城邦观　[英]斯科菲尔德 著

希伯莱圣经历代注疏
希腊化世界中的犹太人　[英]威廉逊 著
第一亚当和第二亚当　[德]朋霍费尔 著

新约历代经解
属灵的寓意　[古罗马]俄里根 著

基督教与古典传统
保罗与马克安　[德]文森 著
加尔文与现代政治的基础　[美]汉考克 著
无执之道　[德]文森 著
恐惧与战栗　[丹麦]基尔克果 著
托尔斯泰与陀思妥耶夫斯基
[俄]梅列日科夫斯基 著
论宗教大法官的传说　[俄]罗赞诺夫 著
海德格尔与有限性思想（重订版）
刘小枫 选编
上帝国的信息　[德]拉加茨 著
基督教理论与现代　[德]特洛尔奇 著
亚历山大的克雷芒　[意]塞尔瓦托·利拉 著
中世纪的心灵之旅　[意]圣·波纳文图拉 著

德意志古典传统丛编
论荷尔德林　[德]沃尔夫冈·宾德尔 著
彭忒西勒亚　[德]克莱斯特 著
穆佐书简　[奥]里尔克 著
纪念苏格拉底——哈曼文选　刘新利 选编
夜颂中的革命和宗教　[德]诺瓦利斯 著
大革命与诗化小说　[德]诺瓦利斯 著
黑格尔的观念论　[美]皮平 著
浪漫派风格——施勒格尔批评文集　[德]施勒格尔 著

美国宪政与古典传统
美国1787年宪法讲疏　[美]阿纳斯塔普罗 著

启蒙研究丛编
浪漫的律令　[美]拜泽尔 著
现实与理性　[法]科维纲 著
论古人的智慧　[英]培根 著
托兰德与激进启蒙　刘小枫 编
图书馆里的古今之战　[英]斯威夫特 著

政治史学丛编
古希腊传记的嬗变　[意]莫米利亚诺 著
伊丽莎白时代的世界图景　[英]蒂利亚德 著
西方古代的天下观　刘小枫 编
从普遍历史到历史主义　刘小枫 编
自然科学史与玫瑰　[法]雷比瑟 著

地缘政治学丛编
克劳塞维茨之谜　[英]赫伯格-罗特 著
太平洋地缘政治学　[德]卡尔·豪斯霍弗 著

荷马注疏集
不为人知的奥德修斯　[美]诺特维克 著
模仿荷马　[美]丹尼斯·麦克唐纳 著

品达注疏集
幽暗的诱惑　[美]汉密尔顿 著

欧里庇得斯集
自由与僭越　罗峰 编译

阿里斯托芬集
《阿卡奈人》笺释　[古希腊]阿里斯托芬 著

色诺芬注疏集
居鲁士的教育 [古希腊]色诺芬 著
色诺芬的《会饮》 [古希腊]色诺芬 著

柏拉图注疏集
挑战戈尔戈 李致远 选编
论柏拉图《高尔吉亚》的统一性 [美]斯托弗 著
立法与德性——柏拉图《法义》发微 林志猛 编
柏拉图的灵魂学 [加]罗宾逊 著
柏拉图书简 彭磊 译注
克力同章句 程志敏 郑兴凤 撰
哲学的奥德赛——《王制》引论 [美]郝兰 著
爱欲与启蒙的迷醉 [美]贝尔格 著
为哲学的写作技艺一辩 [美]伯格 著
柏拉图式的迷宫——《斐多》义疏 [美]伯格 著
哲学如何成为苏格拉底式的 [美]朗佩特 著
苏格拉底与希琵阿斯 王江涛 编译
理想国 [古希腊]柏拉图 著
谁来教育老师 刘小枫 编
立法者的神学 林志猛 编
柏拉图对话中的神 [法]薇依 著
厄庇诺米斯 [古希腊]柏拉图 著
智慧与幸福 程志敏 选编
论柏拉图对话 [德]施莱尔马赫 著
柏拉图《美诺》疏证 [美]克莱因 著
政治哲学的悖论 [美]郝岚 著
神话诗人柏拉图 张文涛 选编
阿尔喀比亚德 [古希腊]柏拉图 著
叙拉古的雅典异乡人 彭磊 选编
阿威罗论《王制》 [阿拉伯]阿威罗伊 著
《王制》要义 刘小枫 选编
柏拉图的《会饮》 [古希腊]柏拉图 等著
苏格拉底的申辩(修订版) [古希腊]柏拉图 著
苏格拉底与政治共同体 [美]尼柯尔斯 著
政制与美德——柏拉图《法义》疏解 [美]潘戈 著
《法义》导读 [法]卡斯代尔·布舒奇 著

论真理的本质 [德]海德格尔 著
哲人的无知 [德]费勃 著
米诺斯 [古希腊]柏拉图 著
情敌 [古希腊]柏拉图 著

亚里士多德注疏集
《诗术》译笺与通绎 陈明珠 撰
亚里士多德《政治学》中的教诲 [美]潘戈 著
品格的技艺 [美]加佛 著
亚里士多德哲学的基本概念 [德]海德格尔 著
《政治学》疏证 [意]托马斯·阿奎那 著
尼各马可伦理学义疏 [美]伯格 著
哲学之诗 [美]戴维斯 著
对亚里士多德的现象学解释 [德]海德格尔 著
城邦与自然——亚里士多德与现代性 刘小枫 编
论诗术中篇义疏 [阿拉伯]阿威罗伊 著
哲学的政治 [美]戴维斯 著

普鲁塔克集
普鲁塔克的《对比列传》 [英]达夫 著
普鲁塔克的实践伦理学 [比利时]胡芙 著

阿尔法拉比集
政治制度与政治箴言 阿尔法拉比 著

马基雅维利集
君主及其战争技艺 娄林 选编

莎士比亚绎读
脱节的时代 [匈]阿格尼斯·赫勒 著
莎士比亚的历史剧 [英]蒂利亚德 著
莎士比亚戏剧与政治哲学 彭磊 选编
莎士比亚的政治盛典 [美]阿鲁里斯/苏利文 编
丹麦王子与马基雅维利 罗峰 选编

洛克集
上帝、洛克与平等 [美]沃尔德伦 著

卢梭集
论哲学生活的幸福 [德]迈尔 著
致博蒙书 [法]卢梭 著
政治制度论 [法]卢梭 著

哲学的自传 [美]戴维斯 著
文学与道德杂篇 [法]卢梭 著
设计论证 [美]吉尔丁 著
卢梭的自然状态 [美]普拉特纳 等著
卢梭的榜样人生 [美]凯利 著

莱辛注疏集
汉堡剧评 [德]莱辛 著
关于悲剧的通信 [德]莱辛 著
《智者纳坦》（研究版） [德]莱辛 等著
启蒙运动的内在问题 [美]维塞尔 著
莱辛剧作七种 [德]莱辛 著
历史与启示——莱辛神学文选 [德]莱辛 著
论人类的教育 [德]莱辛 著

尼采注疏集
何为尼采的扎拉图斯特拉 [德]迈尔 著
尼采引论 [德]施特格迈尔 著
尼采与基督教 刘小枫 编
尼采眼中的苏格拉底 [美]丹豪瑟 著
尼采的使命 [美]朗佩特 著
尼采与现时代 [美]朗佩特 著
动物与超人之间的绳索 [德]A.彼珀 著

施特劳斯集
论僭政（重订本） [美]施特劳斯 [法]科耶夫 著
苏格拉底问题与现代性（增订本）
犹太哲人与启蒙（增订本）
霍布斯的宗教批判
斯宾诺莎的宗教批判
门德尔松与莱辛
哲学与律法——论迈蒙尼德及其先驱
迫害与写作艺术
柏拉图式政治哲学研究
论柏拉图的《会饮》
柏拉图《法义》的论辩与情节
什么是政治哲学
古典政治理性主义的重生（重订本）

回归古典政治哲学——施特劳斯通信集
苏格拉底与阿里斯托芬

* * *

施特劳斯的持久重要性 [美]朗佩特 著
论源初遗忘 [美]维克利 著
政治哲学与启示宗教的挑战 [德]迈尔 著
阅读施特劳斯 [美]斯密什 著
施特劳斯与流亡政治学 [美]谢帕德 著
隐匿的对话 [德]迈尔 著
驯服欲望 [法]科耶夫 等著

施米特集
宪法专政 [美]罗斯托 著
施米特对自由主义的批判 [美]约翰·麦考米克 著

伯纳德特集
古典诗学之路（第二版） [美]伯格 编
弓与琴（重订本） [美]伯纳德特 著
神圣的罪业 [美]伯纳德特 著

布鲁姆集
巨人与侏儒（1960-1990）
人应该如何生活——柏拉图《王制》释义
爱的设计——卢梭与浪漫派
爱的戏剧——莎士比亚与自然
爱的阶梯——柏拉图的《会饮》
伊索克拉底的政治哲学

沃格林集
自传体反思录 [美]沃格林 著

大学素质教育读本
古典诗文绎读 西学卷·古代编（上、下）
古典诗文绎读 西学卷·现代编（上、下）

柏拉图读本（刘小枫 主编）
吕西斯 贺方婴 译
苏格拉底的申辩 程志敏 译

中国传统：经典与解释
Classici et Commentarii

刘小枫　陈少明◎主编

《孔丛子》训读及研究 / 雷欣翰 撰
论语说义 / [清]宋翔凤 撰
周易古经注解考辨 / 李炳海 著
浮山文集 / [明]方以智 著
药地炮庄 / [明]方以智 著
药地炮庄笺释·总论篇 / [明]方以智 著
青原志略 / [明]方以智 编
冬灰录 / [明]方以智 著
冬炼三时传旧火 / 邢益海 编
《毛诗》郑王比义发微 / 史应勇 著
宋人经筵诗讲义四种 / [宋]张纲 等撰
道德真经藏室纂微篇 / [宋]陈景元 撰
道德真经四子古道集解 / [金]寇才质 撰
皇清经解提要 / [清]沈豫 撰
经学通论 / [清]皮锡瑞 著
松阳讲义 / [清]陆陇其 著
起凤书院答问 / [清]姚永朴 撰
周礼疑义辨证 / 陈衍 撰
《铎书》校注 / 孙尚扬 肖清和 等校注
韩愈志 / 钱基博 著
论语辑释 / 陈大齐 著
《庄子·天下篇》注疏四种 / 张丰乾 编
荀子的辩说 / 陈文洁 著
古学经子 / 王锦民 著
经学以自治 / 刘少虎 著
从公羊学论《春秋》的性质 / 阮芝生 撰

刘小枫集

城邦人的自由向往
民主与政治德性
昭告幽微
以美为鉴
古典学与古今之争［增订本］
这一代人的怕和爱［第三版］
沉重的肉身［珍藏版］
圣灵降临的叙事［增订本］
罪与欠
儒教与民族国家
拣尽寒枝
施特劳斯的路标
重启古典诗学
设计共和
现代人及其敌人
海德格尔与中国
共和与经纶
现代性与现代中国
现代性社会理论绪论
诗化哲学［重订本］
拯救与逍遥［修订本］
走向十字架上的真
西学断章

编修［博雅读本］

凯若斯：古希腊语文读本［全二册］
古希腊语文学述要
雅努斯：古典拉丁语文读本
古典拉丁语文学述要
危微精一：政治法学原理九讲
琴瑟友之：钢琴与古典乐色十讲

译著

普罗塔戈拉（详注本）
柏拉图四书

经典与解释辑刊

1 柏拉图的哲学戏剧
2 经典与解释的张力
3 康德与启蒙
4 荷尔德林的新神话
5 古典传统与自由教育
6 卢梭的苏格拉底主义
7 赫尔墨斯的计谋
8 苏格拉底问题
9 美德可教吗
10 马基雅维利的喜剧
11 回想托克维尔
12 阅读的德性
13 色诺芬的品味
14 政治哲学中的摩西
15 诗学解诂
16 柏拉图的真伪
17 修昔底德的春秋笔法
18 血气与政治
19 索福克勒斯与雅典启蒙
20 犹太教中的柏拉图门徒
21 莎士比亚笔下的王者
22 政治哲学中的莎士比亚
23 政治生活的限度与满足
24 雅典民主的谐剧
25 维柯与古今之争
26 霍布斯的修辞
27 埃斯库罗斯的神义论
28 施莱尔马赫的柏拉图
29 奥林匹亚的荣耀
30 笛卡尔的精灵
31 柏拉图与天人政治
32 海德格尔的政治时刻
33 荷马笔下的伦理
34 格劳秀斯与国际正义

35 西塞罗的苏格拉底
36 基尔克果的苏格拉底
37 《理想国》的内与外
38 诗艺与政治
39 律法与政治哲学
40 古今之间的但丁
41 拉伯雷与赫尔墨斯秘学
42 柏拉图与古典乐教
43 孟德斯鸠论政制衰败
44 博丹论主权
45 道伯与比较古典学
46 伊索寓言中的伦理
47 斯威夫特与启蒙
48 赫西俄德的世界
49 洛克的自然法辩难
50 斯宾格勒与西方的没落
51 地缘政治学的历史片段
52 施米特论战争与政治
53 普鲁塔克与罗马政治
54 罗马的建国叙述
55 亚历山大与西方的大一统
56 马西利乌斯的帝国
57 全球化在东亚的开端
58 弥尔顿与现代政治